◎山西省人民检察院“数字检察战略研究”课题成果

◎“基于多元关联分析的大数据法律监督关键技术研究”项目成果

数字检察

基础理论与模型应用

彭瑞峰 褚尔康 梁晓艺

— 著 —

中国检察出版社

图书在版编目（CIP）数据

数字检察基础理论与模型应用 / 彭瑞峰，褚尔康，梁晓艺著. -- 北京：中国检察出版社，2024.7

ISBN 978-7-5102-3048-6

Ⅰ. ①数… Ⅱ. ①彭… ②褚… ③梁… Ⅲ. ①数字技术—应用—检察机关—工作—中国 Ⅳ. ① D926.3-39

中国国家版本馆 CIP 数据核字（2024）第 055297 号

数字检察基础理论与模型应用

彭瑞峰　褚尔康　梁晓艺　著

责任编辑：柴凯菲
技术编辑：王英英
封面设计：天之赋设计室

出版发行：中国检察出版社
社　　址：北京市石景山区香山南路 109 号（100144）
网　　址：中国检察出版社（www. zgjccbs. com）
编辑电话：（010）86423768
发行电话：（010）86423726　86423727　86423728
（010）86423730　86423732
经　　销：新华书店
印　　刷：河北宝昌佳彩印刷有限公司
开　　本：710 mm × 960 mm　16 开
印　　张：28.5
字　　数：431 千字
版　　次：2024 年 7 月第一版　　2024 年 7 月第一次印刷
书　　号：ISBN 978 - 7 - 5102 - 3048 - 6
定　　价：98.00 元

《数字检察理论与实务》丛书
编 委 会

代序一

以“数字革命”驱动山西省检察工作高质量发展

杨景海*

坚持以习近平新时代中国特色社会主义思想为指导，深入学习贯彻习近平法治思想和习近平总书记关于数字中国建设的一系列重要指示精神，认真落实全国检察机关数字检察工作会议部署要求，积极投入数字化时代，深化检察大数据战略，加快山西省数字检察建设，以“数字革命”驱动新时代法律监督提质增效，更好服务保障山西省全方位推动高质量发展。

2022年以来，山西省院坚持高起点定位、高标准设计、高质量推进，制定出台了“1+4”制度体系，明确了山西数字检察建设的目标任务、工作思路、实现路径，为深化检察大数据战略，加快山西数字检察建设奠定了基础。这“1+4”制度文件分别是《山西省检察机关深化检察大数据战略加快数字检察建设实施意见》(以下简称全省数字检察《实施意见》)、《关于成立山西省人民检察院数字检察建设工作领导小组的通知》、《关于建立数字检察办案指挥中心的通知》、《山西省检察机关开展数字监督集中专项行动工作方案》、《山西省检察机关检察官业绩考核数字检察通用指标调整指引》。深化检察大数据战略，加快推进山西数字检察建设，要着力在“变”上求突破，着力在“用”上下功夫，着力在“融”上做文章，着力在“统”上抓落实。

---

* 山西省人民检察院党组书记、检察长。

一、着力在“变”上求突破，深刻认识数字化时代的革命性变化，增强加快推进全省数字检察建设的紧迫感、责任感

近年来，互联网、大数据、云计算、人工智能、区块链等技术加速创新，已经融入经济社会发展的各领域全过程，数字化正成为重组全球要素资源、重塑全球经济结构、改变全球竞争格局的重要手段。一个大规模产生、分享、应用数据的时代早已开启，“数字革命”正以新理念、新业态、新模式全面融入各领域、各行业，大数据正在极为深刻地影响、改变着人们的思维方式和生产生活方式。

党的十八大以来，习近平总书记以马克思主义政治家、思想家、战略家的深刻洞察力、敏锐判断力、理论创造力，把握世界技术革命和产业变革先机，统筹国内国际两个大局，围绕网络强国战略、大数据战略、数字经济发展、数字政府建设、数字化改革等提出了一系列战略性、前瞻性、创造性的重要论述，深刻阐明了数字化发展的趋势和规律，系统擘画了数字中国的宏伟蓝图。党的十八届五中全会提出实施国家大数据战略；党的十九大报告提出建设数字中国。中共中央印发的《法治中国建设规划（2020—2025年）》明确提出：“推进法治中国建设的数据化、网络化、智能化。”《中共中央关于加强新时代检察机关法律监督工作的意见》和全省数字检察《实施意见》也明确要求：“运用大数据、区块链等技术推进公安机关、检察机关、审判机关、司法行政机关等跨部门大数据协同办案。”习近平总书记主持召开中央全面深化改革委员会第二十六次会议，再次强调加快构建数据基础制度体系。国务院印发《关于加强数字政府建设的指导意见》，要求主动顺应经济社会数字化转型趋势，将数字技术广泛应用于政府管理服务，构建数字化、智能化的政府运行新形态。最高检召开全国检察机关数字检察工作会议，对加快数字检察建设、以“数字革命”驱动新时代法律监督提质增效、更好服务经济社会高质量发展作出部署。

2023年10月，最高检召开了全国检察机关数字检察工作推进会，会议要求以检察工作现代化服务保障中国式现代化，检察机关必须以数字赋能铸就法律监督的“利器”，以“数字革命”驱动新时代法律监督提质增效。省院党组认真贯彻落实党中央决策部署和习近平总书记重要指示，按照最高检

和省委部署要求，统筹推进信息化基础上的检察数字化建设，取得了阶段性成效。一是网络断点基本打通。我省检察政务内网（涉密专线网）和检察工作网实现了省、市、县和驻监所检察室全面覆盖，检察工作网也已全面接入省电子政务外网和政法网，实现与各政法机关、党政各部门的互联互通，消除了数据交换共享的网络断点。二是大数据基础平台已经建成。山西检察大数据中心基础设施建设已全面完成，正在构建纵向涵盖市县院、横向跨越各业务条线的检察工作大数据资源库，可为全省检察机关开展大数据法律监督提供充足的存储和运算资源。三是服务模式实现创新。我们充分利用信息化建设成果，战“疫”特殊时期通过“三远一网”，有力地保障了全省诉讼活动的顺利进行。部署律师互联网远程阅卷系统，实现律师阅卷“一键办理”。建成 12309 山西智慧检察服务监督中心，诉讼服务监督系统、音视频综合业务系统、智能辅助系统三大系统在实践应用中得到了检验，受到了各方的好评。四是内部数据有效运用。通过检察业务应用系统，汇集“四大检察”办案信息形成检察业务“数据池”，并据此构建了山西检察高质量发展指标体系，定期开展业务数据分析研判，及时调度业务工作。结合办案数据开展专项犯罪分析，发布法律监督工作年度报告，准确提出社会治理建议。五是监督模型探索推进。各地各业务条线有针对性地构建了一批有自身特色的大数据法律监督模型，有些已经经过实践检验，在具体检察办案中发挥了重要作用。长治沁源“益 + 绿色沁源”公益诉讼监督平台，在全国检察机关大数据法律监督模型竞赛中获得二等奖。

经过三级院持续不懈的努力，全省检察工作信息化、数字化建设取得初步成效。但是，面对数字化时代的革命性变化和新形势新任务的要求，我们的数字思维和理念还没有完全跟进跟上，我们的大数据应用还停留在较浅层次上，仅仅是初步实现了“业务数据化”，距离数字检察、大数据战略要求的“数据业务化”还有很大的差距。深化检察大数据战略，加快推进数字检察建设，必须紧紧围绕经济社会高质量发展、法律监督的深层次需求，把总体还沉睡着的各类数据唤醒，让它们的内在规律链动起来，通过关联分析、深度挖掘，为强化法律监督、深化能动履职、做实诉源治理提供前所未有的线索、依据，实现检察机关传统监督办案模式发生质的深刻变革，即实现由个案向类案、由被动向主动、由办理向治理转变的深刻变革。

这场深刻变革，是检察机关践行习近平法治思想，更好承担统筹发展和安全政治责任的必然要求。数字化时代，大数据、人工智能、区块链等技术在渗透、影响社会各领域的同时，也被各类违法犯罪者所利用，包括通过窃取个人信息，掌握大量数据后，以“数字画像”实施针对性经济金融诈骗，利用数字管理漏洞逃避政府监管、偷逃税款，利用“数据霸权”损害劳动者和消费者合法权益等高智商犯罪时有发生，对国家经济金融安全、社会和谐稳定构成严重威胁。作为法律监督机关，我们必须适应数字化大背景下犯罪的新特点新规律，充分运用大数据思维，努力实现检察监督从个别、偶发、被动、人工的监督转变为全面、系统、主动、智能的监督，从而充分发挥大数据在惩防违法犯罪、监督纠正违法、保护国家利益和社会公共利益方面的作用，促进国家治理，助力法治体系建设。

这场深刻变革，是检察机关补足法律监督短板，更好服务国家治理体系和治理能力现代化的必然要求。进入新时代新发展阶段，人民群众在民主、法治、公平、正义等方面有更高水平、更丰富内涵的新需求。《中共中央关于加强新时代检察机关法律监督工作的意见》和全省数字检察《实施意见》均明确指出，与人民群众新需求相比，法律执行和实施仍然是亟须补齐的短板，检察机关法律监督职能作用发挥还不够充分。存在这些不足的一个重要原因是，检察机关传统监督办案模式，总体是“别人送来什么检察办理什么”，存在线索发现难、监督工作碎片化、监督质效不明显等问题。在数字化时代，只有主动拥抱大数据，通过大数据赋能，才能实现法律监督工作由传统“数量驱动、个案为主、案卷审查”的个案办理式监督，向“质效导向、类案为主、数据赋能”的类案治理式监督转变，从整体上提升监督质效。

这场深刻变革，是山西检察推动自身高质量发展、持续走好第一方阵的必然要求。近年来，全省检察机关坚持以“四大活动”为牵引，以“四看”为标准，构建起山西检察高质量发展指标体系，矩阵式推动各项工作全面发力，特别是业务数据指标不断增比进位，目前已有超过一半的指标进入全国前十位，近五分之四的指标进入全国前二十位。成绩来之不易，始终保持稳进更是难上加难。如何持续走好全国第一方阵，数字检察就是新的“增长极”“火车头”。这不是选择题，而是必答题、抢答题！答不好这道题，我们不仅保不住现有成绩，而且将会以“代差”的距离被新时代所抛弃。因此，全省检察机关必须紧跟数字革命的发展步伐，因势而谋、应势而动、顺势而为，把深化检察大数据战略、加快推进数字检察建设，作为新时代山西检察创新发展、现代化发展、可持续发展的最新实践和重要支撑，进一步增强紧迫感、责任感，全力推进落实，作出成效。

二、着力在“用”上下功夫，把大数据深度融入检察履职全过程，实现新时代检察工作质的嬗变

对检察工作而言，“数字革命”的根本目的是为法律监督插上科技的翅膀，实现质效飞跃，更深更实贯彻习近平法治思想，更高质量为大局服务、为人民司法。深化检察大数据战略，加快山西数字检察建设，基础在建、关键在用。现阶段，要坚决摒弃“先抓数据共享、再抓实战”的错误思想，采取“建用并举”、边建边用、以建促用、边用边完善的工作思路，大胆探索、小心求证、一体推进。为此，省院专门部署了数字监督集中专项行动，以此作为突破口和练兵场，全面推进大数据在法律监督中的应用。

一是精准把握专项行动内容。省院部署的8个专项行动，是聚焦全省检察机关法律监督的重点、难点、关键点，在前期深入解析个案、梳理数据要素的基础上研究制定的。“拒不执行判决、裁定罪专项监督行动”由省院一部牵头，重点从法院、银行、不动产登记等部门获取被执行人的判决信息、资产信息、消费信息，比对、筛查出拒不执行判决、裁定罪立案监督线索。“涉毒犯罪领域专项监督行动”由省院二部牵头，重点筛查吸毒人员行政处罚数据、强制隔离戒毒人员数据，全面审查涉毒人员信息，研判是否存在遗漏毒品犯罪事实、共同犯罪人员以及涉毒洗钱犯罪线索。“行政执法机关移送侵权假冒犯罪案件专项监督行动”由省院四部牵头，通过行政执法与刑事司法信息共享平台，查询行政执法机关办理的侵权假冒案件，分析是否存在涉嫌犯罪案件应当移送而没有移送的情形，研判是否存在行政执法人员涉嫌徇私舞弊不移送涉嫌犯罪线索，推动完善行政执法与刑事司法衔接机制。“老病残罪犯‘假暂’专项监督行动”由省院五部牵头，通过审查老病残罪犯的认定、日常改造表现、计分考核等相关数据，筛查执行“假暂”是否规范、准确。“人民法院民事执行终结本次执行程序案件专项监督行动”由省

院六部牵头，通过查阅调取法院执行案件信息，对近3年法院作出的民事执行终结本次案件进行大排查，筛查是否存在违规终本、虚假结案情形以及背后可能存在的职务犯罪线索。“人民法院行政非诉执行终结本次执行程序案件专项监督行动”由省院七部牵头，通过调取被执行对象资产财产信息，筛查是否存在执行期间被执行对象有可供执行财产而未执行、终本裁定5年内被执行对象有了可供执行财产而法院未恢复执行的情况。“水资源保护公益诉讼专项监督行动”由省院八部牵头，通过调取用水单位各种数据，筛查发现取水单位超采地下水、未缴纳或不足额缴纳水资源税、水费等违法线索，推动行政机关依法履职，强化水资源保护利用。“侵害未成年人权益案件强制报告数据监督专项行动”由省院九部牵头，通过整合12309“未检专区”，未成年人救助服务热线12338（妇联）、12355（共青团）、12348（司法），网格员信息渠道以及省院政治部宣传处舆情监控平台中涉及侵害未成年人案件线索，畅通未成年人维权渠道。

二是强化对下指导，形成一体履职合力。开展数字监督集中专项行动，是全省检察机关充分运用大数据“智慧监督”破解执法司法中制约监督的堵点、难点的具体实践，是确保点上经验能够及时推广到面上、通过典型引领推动法律监督破难攻坚的客观要求。每个专项行动都具有跨区域、越层级、多条线的特点，开展过程中必须强化检察一体履职理念，形成纵向上下一体、横向多业务协同的团队作战模式。省院各牵头部门要加强对下指导，确保专项活动稳步有序推进。各级院要积极抓住专项行动的有利契机，全面参与，形成推进的合力。各业务部门在专项行动中，要加强协作配合，敏于发现其他检察业务问题线索，运用大数据促进各项业务实质性融合。要切实通过数字监督集中专项行动办理一批典型案件，解决群众反映强烈的难点、痛点问题。特别是要坚持双赢多赢共赢理念，同步帮助解决公安、法院、行政机关很难发现且一时无法解决的难题，通过实战赢得各方认同。

三是总结固化机制，促进诉源治理。习近平总书记强调：“要运用大数据提升国家治理现代化水平。”[①] 数字化时代，各种违法犯罪的智能化程度也

---

① 参见习近平总书记在中共中央政治局于2017年12月8日下午就实施国家大数据战略进行第二次集体学习时发表的讲话。

“水涨船高”，受传统法律监督方式被动性、碎片化、浅层次的影响，我们制发的检察建议也大多针对个案反映问题，监督办案促进治理的力度、广度、深度往往有限。各级院要从数字监督集中专项行动确定的监督多跨场景出发，通过这样的实战实训，促推检察人员熟练掌握大数据法律监督“深入解析个案，梳理数据要素；构建监督模型，获取监督线索；认真核实线索，开展类案监督”的“一般模式”，真正将大数据理念、方法运用到检察监督履职的全过程。要及时总结固化数字监督集中专项行动中的好做法和好经验，不断深化大数据法律监督，更加主动发现批量线索和监管漏洞，更加及时精准发布检察办案数据，更加精准把握发案特点及趋势，更有针对性地制发深层次社会治理检察建议，与相关职能部门一体提升执法司法科学管理水平，助力国家治理体系和治理能力现代化。

四是拓展运用范围，深化检察管理。科学管理是检察工作高质量发展的“指挥棒”。数字化时代，不仅检察监督办案要适应数字化要求，检察管理同样需要与时俱进，用好我们在监督办案、司法行政等各项工作中产生的海量数据，更好释放检察生产力、战斗力。在“案”的管理上，要全面推广数字卷宗办案模式，实现案件全部网上流转、全程在线办理，倒逼执法司法行为更加规范。要充分利用检察业务应用系统的办案流程数据，加强对案件办理的全流程监控和对案件管理的智慧分析研判，深化以“案－件比”为核心的案件质量评查监督体系建设，全面提升案件科学监管质效。在“人”的管理上，要探索建立检察队伍管理数据分析研判模型，以大数据指引检察队伍选、训、管、用，提升队伍管理科学化水平。要积极将监督办案和司法行政等数据进行整合，探索符合检察工作特点的考核数据分析方法，进一步提升考核的全面性、科学性。要将检察人员违纪违法信息、“三个规定”重大事项填报数据与案件办理数据关联分析，提升检察人员廉政风险预警防控的精准性，助力建设一支过硬检察队伍。

三、着力在“融”上做文章，以“五个融合”为重点，加快数字检察建设，为大数据法律监督提供有力支撑

山西省检察信息化、智能化经历了网络建设、应用构建、平台优化的发展阶段，实现了网络纵向贯通、应用横向联通，但与数字化新要求的“大融

合”还有不小的差距。当下的任务是，立足已有的信息化、智能化建设和应用的基础，紧紧跟上数字化发展的趋势，深化大数据法律监督的运用，重点是推进“五个融合”。

一是推进网络融合，消除数据交换共享断点。要持续深化网络内部融合。内部网络主要包含检察政务内网和检察工作网，目前，我们这两个网络已实现全省检察机关全覆盖。当前检察工作网延伸至派驻公安侦查监督与协作配合办公室，需要进一步加快工作推进力度。这项工作任务由省院统一实施，各级院要积极协商公安机关做好检察工作网线路规范入楼入室的准备工作。要主动推进检察网络与外部网络规范融通。山西省检察工作网已全部接入省电子政务外网和政法网，目前正在开展检察政务内网与山西电子政务内网的对接工作。

二是推进平台融合，补强数据资源配置弱点。大数据监督依赖数据碰撞、比对、分析，必须加强基础平台建设，这个基础平台就是国家检察大数据中心山西分中心，全省检察机关的数据都要汇集到这个大数据中心，各市县不再建设。目前省院已通过服务租用的方式完成了数据中心基础平台建设，为全省检察机关开展大数据法律监督工作提供了充足的存储运算资源支撑。下一步，各级院要把建设工作重点放在数据获取、数据上传和数据治理工作上来。

三是推进数据融合，破除数据汇集利用堵点。众所周知，数字化改革的基础是海量数据，没有数据支撑，大数据研判就无从谈起。做实大数据监督的重要条件就是要实现数据共享关联，这对优化法律监督模型，贯通各类监督，最终实现社会溯源治理具有重要意义。目前来讲，我们的数据来源共有三个渠道：第一，内部数据，就是我们业务系统沉淀下来的数据；第二，公开数据，就是根据政务公开要求，有关机关向社会公开发布的数据；第三，外部数据，就是各司法机关、行政部门自己掌握的数据。当前，大部分行政管理、司法执法和社会治理数据，都可以通过种种渠道实现共享。拓宽数据来源、推动数据共享不能靠“等”，也不能仅靠“要”。首先，盘活内部资源。目前，全省检察信息化系统已汇集 150 万余件案件，近 3000 万条业务数据。充分开发、整合并将之应用到分析研判中，更好发挥其应有价值。其次，打通外部数据壁垒。各级院要以双赢多赢共赢理念，紧紧依靠党委领导，充分运用检察智慧，赢得相关部门支持，共同推动落实党中央加快数字建设工作部署。省院要全力配合省委政法委加快推进政法跨部门大数据办案平台建设和应用。推进过程中，要以务实、开放态度主动提供检察数据，有“往”而迎“来”。最后，用好开放数据。在外部数据资源不够丰富的当下，要高度重视互联网开放数据的获取和利用，只要用心，公开数据一样能为我所用，服务大数据法律监督。

四是推进应用融合，解决数据深度运用痛点。数字化时代，国家层面、检察系统和山西省委、省政府都对信息化应用系统建设提出了更高要求，进行了全新定义，即必须在“大应用”理念下，加强对现有各类应用系统的整合，解决多头分散问题。省院将通过诉讼服务监督平台项目建设，构建全省检察机关软件统一开发平台，将目前分散的统一业务应用系统、信访系统、队伍管理系统、办公系统、12309 检察服务热线平台和远程视频应用等各种应用系统充分融合，并对各系统的数据进行充分整合，实现检察全部各类数据完整汇集、充分运用。同时，全省数字检察《实施意见》也明确要求，各级院新建政务信息化项目严格落实省政务信息化项目建设有关规定。省院要统筹全省检察大数据资源、平台、应用体系建设，统一受理、审核各级院政务信息化建设项目，对于需求不明确、建设条件不具备、重复建设或与省院数字检察总体规划不符的项目不予支持。这也是落实“大应用”理念，实现应用融合的具体体现。

五是推进监督模型融合，破解大数据监督难点。认识监督模型这个新事物，首先要准确理解监督模型的定义。我们所讲的监督模型不是软件公司开发业务应用软件，而是检察官和检察技术人员在模型开发平台上制作出来的可以编辑、管理、配置的算法，其功能就是从海量数据中“淘出”有价值的数据、碰撞形成监督线索，是可以通过共享方式提供给其他检察人员使用的。从数字检察的角度来讲，模型分为业务监督模型和技术模型；从产品角度来说，分为训练模型和应用模型（成熟实用的模型）。这些监督模型应当统一在一个平台上进行制作、配置和管理，这样才能共享大数据中心采集到的数据，才能汇集、整合全省各类优秀监督模型，实现效能最大化。目前，全省大数据法律监督模型开发管理平台已经建成，这既是全省监督模型的开发管理平台，也是数据分析判断平台，同时还是实战演训平台。各级院要树立监督模型融合、共享理念，积极登录使用。省院已在平台启动对全省数字检察人才团队的实战培训，下一步，要建立激励机制，对实用好用的模型，通过优秀模型评选、模型冠名，让构建模型的主要贡献者有更实的获得感、成就感。

四、着力在“统”上抓落实，切实加强组织保障，确保数字检察建设有力有序推进

建设数字检察是一项长期性、持续性、系统性工程，必须加强顶层设计、强化系统集成、统筹推进落实。各级院要严格落实省院部署要求，按照“1+4”制度体系，切实加强组织领导、细化落实举措、强化科学管理、建强人才队伍、优化评价机制，确保全省数字检察建设稳健推进。

一是加强组织领导。省院要切实担负起领导责任，统筹推进实施。省院检察技术处要实时跟进最高检数字检察顶层设计，确保全省数字检察建设既符合最高检要求，又契合山西实际、不走弯路。省院案件管理办公室要协调组建跨部门、跨层级、跨地域的数字检察工作专班。各业务部门重点加强对本条线大数据监督办案的指导和调度，促推检察官愿用、敢用、善用大数据开展监督办案。各市级院要成立本院数字检察建设工作领导小组和数字检察办案指挥中心，制订符合本地实际的工作计划，分阶段、分步骤，图表式列出任务清单、工作内容、落实部门，形成高效协同、一体推进的工作格局。各级院检察长作为第一责任人，要把加快推进数字检察建设作为“一把手工程”，积极思考，亲自谋划、亲自部署、亲自推动，协调解决重点难点堵点问题，特别是要积极向党委、政府报告，将数字检察纳入当地数字政府建设大盘子，争取政策、机制、资金支持和保障。各级院要将数字检察工作纳入检察人员考核，充分发挥考核“风向标”和“指挥棒”作用，推动形成全员参与、人人争先的数字检察建设良好工作氛围。省院将建立例会制度，定期听取各市级院、省院各业务条线数字检察建设工作情况汇报。

二是强化理论研究。作为一项全新课题，推进数字检察建设需要不断强化经验提炼和理论提升，通过理论与实践的“双循环”推动数字检察走深走实。要积极借助“外脑”，深化与高校、科研院所、高科技企业等合作，探索与高校等单位形成数字检察战略合作伙伴，充分利用各方资源力量，创建

数字检察理论研究基地，形成个案培育、理论研究、制度创新的数字检察实践体系。要积极开展数字检察理论研究，及时发现、深入破解数字检察监督办案中的实际问题，从鲜活的数字检察实践中吸取经验、提炼规律，更好地引领、促进检察实践。省院已向省财政厅申请了专门经费，在全省检察机关开展数字检察理论课题研究，努力为山西数字检察建设奠定坚实的理论基础。

三是建强人才队伍。科技应用能力已成为新时代政法干警五大能力之一。深化检察大数据战略、推进数字检察建设，最关键的就是人的能力。各级院党组特别是检察长，要把数字检察人才建设摆在突出位置来抓，加强大数据法律监督人才培养、储备。一方面要强化业务部门干警大数据运用能力培养，提升深度应用检察大数据的能力。另一方面也要丰富技术人员的检察业务知识，双管齐下，培养一批有数字思维，既懂信息技术、又懂检察办案的数字检察人才。

四是细化安全管理。推进数字检察建设，数据安全是底线，科学管理是关键。要坚持安全与发展并重，推进国产化应用，构建全要素、全方位安全保障体系，提升检察机关数字化发展安全保障能力。要坚持网络安全底线思维，严格落实网络安全法、数据安全法，筑牢网络安全防线，确保信息数据安全。坚持依规依法，防止超范围、超权限使用信息数据。要围绕关键环节和重点部位，完善、落实项目招标、经费使用管理等制度，建立健全各项监督管理制度。要加大对建设项目的内外部监督力度，防止利益寻租，确保项目优质、干部廉洁。

五是营造良好氛围。各级院要加大数字检察宣传力度，通过检察门户网站、新媒体等自有平台和报纸杂志等主流媒体，及时宣传检察大数据法律监督理念，普及数字检察知识，宣传数字检察的工作成效，提升社会公众对山西数字检察的认知度和参与度，形成良好的舆论氛围。省院要及时收集各地经验做法，进行总结推广。

“不论你是否‘知’与‘觉’，检察工作已经步入数字时代，‘数据’正在深刻改变着新时代检察工作。”全省检察机关和全体检察人员，要主动融入“数字革命”新浪潮，开拓进取、奋勇拼搏，敢作敢为、善作善成，以大数据法律监督成效、数字检察建设成果，为推进全面依法治国贡献更多的检察力量和检察智慧。

代序二

紧跟时代步伐　有效深化数字检察建设

崔国红*

以习近平新时代中国特色社会主义思想为引领，深入落实党的二十大精神，切实贯彻全省检察长会议要求，推进数字检察提速工程，部署“8+N”数字监督专项行动，持续推动全省数字检察工作走深走实。山西数字检察实质性启动，我们同步推进基础建设和应用办案，构建完善数字检察组织领导、考核评价等工作制度机制；推进“五个融合”建设，山西数字检察基础平台建设被列为全省数字政府重点建设项目；积极争取并协助省委政法委推进检务数据和相关部门数据融合；通过8个专项活动，办成了一批囊括“四大检察”的类案或个案，解决了一批社会治理问题；各级检察人员的数字检察理念也在“建用并举”的过程中不断深化。全省数字检察工作在四个“有效深化”中作出成绩。

一、紧跟数字中国步伐，有效深化数字检察新理念

近年来，数字检察理念，至少是数字检察的一些主要概念已经为每一名检察干警所了解；“解析个案、梳理要素、构建模型、类案治理、融合监督”的路径已经为多数检察官所知晓；每位检察长都极其重视数字检察在加强法律监督、有效服务本地现代化建设中的重要价值。可以说，数字检察的重要性、必要性和最核心的理念已被广大检察人员接受。但对孕育于数字中国大

---

* 山西省人民检察院党组副书记、副检察长。

背景下的数字检察，必然需要时刻紧跟快速发展的思想理念；对于一项新生事物，工作每往前推进一步就必然会有新的思想认识；对于一项全国各地都在奋勇争先的工作，我们与先进地区的理念、与最高检的要求都还有差距。这些都需要我们不断用先进的理论武装头脑、不断深化理念和认识。

（一）抬头看，数字时代扑面而来，数字检察时不我待

中共中央、国务院印发了《数字中国建设整体布局规划》，把建设数字中国作为中国式现代化的重要引擎。山西省委也提出了产业转型、数字化转型“两个转型”的方向，我们已经处在数字时代之中。从近年来的工作看，数字检察可以很好解决一些传统领域的问题，比如水资源保护、法院终本执行，这些问题受到传统监督手段的限制，做不好、做不深，法律监督的效能未能充分释放。数字检察是提升监督效能的利刃，助力检察监督实现新的突破。在数字时代，数字检察做得怎么样还关系到“能不能”的问题，违法犯罪分子已经在用数字化手段实施违法犯罪，其他政法机关、行政机关已经在用数字化方式司法执法，检察机关如果在数字化和智能化方面跟不上，法律监督工作就可能停留在低水平的重复上，无法实现检察工作的高质量发展。因此，无论是从“好不好”还是从“能不能”的角度，发展数字检察都刻不容缓、时不我待。与此同时，在检察系统内部，浙江等地先行探索，已经取得了许多成效，如果我们不加快推进数字检察的探索与实践，将会越落越远，甚至与先进地区出现“代差”。

（二）放眼望，数字检察是法律监督之利器，更是检察工作现代化必由之路

传统的检察办案，往往是被动受案、个案办理模式，面临的突出问题是线索来源渠道窄、发现获取难，不少法律监督工作呈现被动化、碎片化，监督发现的问题层次浅。通过大数据检察赋能，推动法律监督从个别、偶发、被动、人力监督，转变为全面、系统、主动、智能监督，对有效破解执法司法中制约监督的堵点、难点具有革命性意义。当前工作中，数字检察掌握更加全面、完整的信息，运用业务和法律规则，为法律监督寻找线索，展现了推动“四大检察”发展的工具性价值。在更高层面上，数字检察正逐步展现并发挥出其在推动检察工作现代化上的价值。“个案办理—类案监督—社会治理”的路径，体现的是胸怀“国之大者”的理念；“业务数据化”向“数据

业务化”的发展，极大丰富和完善了法律监督机制；数字“赋能”和一批数字检察人才的成长，将强力带动法律监督能力的整体提升。法律监督数字化和智能化必将在思维理念、体制机制、监督能力上为检察工作现代化提供强大的推动力。

（三）学思悟，先进理论指明方向，数字检察求真知

早在2000年，习近平总书记在福建工作时就提出了“数字福建”的概念，习近平新时代中国特色社会主义思想中包含着丰富的数字中国、数字法治、数字治理理念，是我们推进工作的根本遵循，如山西数字检察“五个融合”建设，就是对习近平总书记关于数字工作“三融五跨”（技术融合、业务融合、数据融合，实现跨层级、跨地域、跨系统、跨部门、跨业务的协同管理和服务）要求的具体实践。

二、紧扣工程目标任务，有效深化数字检察目标导向

2023年全省检察长会上，省院就实现山西检察工作现代化部署了“三大战略”“十三项工程”，其中“数字检察提速工程”是“检察工作自身现代化战略”的重要组成部分。省院按照省委重大工作具体化、项目化、工程化的要求，深入开展调查研究，制定了数字检察提速工程行动方案，谋划了1年、3年、5年三个重要节点的目标任务和工作举措。

数字检察工作的目标在于，“业务主导、数据整合、技术支撑、重在应用”的数字检察工作模式基本形成，数字化检察监督体系基本构建，数据共享、数据治理、数据应用能力全面增强，跨部门数据交换、业务协同实现全面应用。持续深化应用“解析个案、梳理要素、构建模型、类案治理、融合监督”的法律监督路径，数字检察应用总体迈入以数据赋能、共享协同、智慧监督为主要特征的新阶段。具体措施是：开展检务数据归集治理，初步建成检察工作大数据资源库，实现检察业务数据完整汇集和充分应用；完成全省检察机关大数据共享交换平台和共享目录网站建设，实现与各类外部数据的对接；开展“8+N”数字检察专项行动和模型竞赛，通过数据碰撞和案件“三查”，推动大数据法律监督模型应用化、实战化、成果化。

今后的三年，全省检察机关将不断建立完善的“个案办理—模型构建—

推广应用—类案监督”工作机制，进一步健全法律监督运行机制，稳步拓展数据来源，持续优化数据平台，促进数据与业务融合。以大数据法律模型建设和应用为主要抓手，探索建立上下一体的跨地区、跨部门研发应用机制，推动检察工作数字化转型升级，充分释放科技赋能检察效能，不断塑造检察高质量发展新动能新优势。具体措施是：进一步拓展数据来源，重点通过多源头、多渠道获取各单位、各行业的外部数据，运用人工智能技术，实现视频、文本、图片等非结构化数据的结构化转换，为监督模型提供更丰富的数据源；通过完善制度机制、优化模型平台、编印案例指引，不断提升检察官数字思维、数字技能和数字素养，构建若干具有山西检察辨识度、应用较为成熟的类案模型；打造数据治理、模型构建、应用共享的闭环机制，实现模型的全省共享，通过案件的协同办理、分级办理、跨区域办理，在关键领域办理一批有影响力的案件，助推解决一批深层次社会治理难题，有效提升全省检察机关的监督质效。

今后的五年，我们将不断探索构建智能化的法律监督体系。依托大数据赋能开展智能化类案监督，数字化场景应用向全方位全过程全领域拓展，智能化辅助办案水平大幅度上升，实现从系统监督向智能监督转变。以发现和监督纠正深层次问题为导向，更加有效发挥数字检察作用，促进解决法治领域突出问题，将类案监督打造成治理场景，全面激发法律监督内生动力，促进法律监督与社会治理的深度融合，实现从数字检察职能到智能检察的跨越。具体措施是：持续完善数字检察平台建设，不断优化业务规则，构建大数据分析平台，实现从检察数据中自动筛选监督线索和异常情况；组织办理跨区域、有影响力的案件，实现“四大检察”融合监督，形成办案合力，积累一批具有影响力的数字模型，在全国范围进行推广应用，打造山西检察法律监督品牌。

三、紧贴法律监督实际，有效深化数字检察机制体系

近年来，全省构建了“1+4”的数字检察制度体系，构建了三级检察长为组长的数字检察建设领导机制，构建了跨部门、跨层级、跨地域的数字检察工作专班办案机制，成立了数字检察办案指挥中心，形成了数字检察联系人、大数据法律监督工作定期会商、模型备案审查等一系列具体的工作制

度，制定了检察官业绩考核数字检察通用指标，新增了15个具有原创性、贴近检察实践的理论课题和28个大数据法律监督模型课题。在大数据法律监督模型构建方面，省院各业务部门分别制定了本条线专项行动实施方案、探索了建模路径和方法、编发了办案指引、组织了条线培训，形成了一整套模型开发、应用、推广的流程。这一系列体制机制创新，推动和保障了全省数字检察强势起步。各级院在建立完善数字检察组织领导和内部工作机制外，还注重在各机关相互协作、促进外部数据获取上有所突破，比如，省院五部在省委政法委的支持下，与监狱管理局沟通协调，在较短的时间内建成了老病残罪犯数据库；太原市公、检、法三长召开座谈会，专门就拒执罪数字检察监督数据来源问题进行座谈、建立机制；永济市院与法院会签拒执罪案件信息共享、协调监督机制的意见，在数据信息共享上破局。要围绕法律监督重点工作，按照最高检提出的“业务主导、数据整合、技术支撑、重在应用”工作模式要求，继续深化完善机制体系，真正把大数据赋能法律监督落实到司法办案一线。

（一）坚持规则自上而下，效果自下而上

数字检察深深根植于检察办案，办案一线是它的主要舞台。数字检察需要大量的数据，需要不同地区间共享、协同和互相验证，需要集中人力、财力等资源，避免重复建设，这又必然要求在一定范围内统筹管理。因此，要做到各有侧重，发挥好上级院和下级院两方面的积极性和作用。具体来说，省市院完善规则，发挥好“统”的作用。省市院要确保数字检察方向正确、基础牢固，避免各地重复低水平建设。持续优化大数据法律监督模型开发管理平台，筑牢山西检察大数据中心底座；完成全省检察机关大数据共享交换平台和共享目录网站建设，不断拓展省级、市级层面外部单位数据的获取渠道；组织部署数字监督专项行动；在全省、全市验证、推广优秀模型，提升监督效果。市县院抓实办案，发挥好“干”的作用。市级院是监督模型研发的重要主体和深入推进工作的重要依托。一线检察官发现问题、提供线索，市级院主导总结提炼监督规则、研发模型。市县两级院对排查出的线索要积极深入调查核实、开展法律监督，确保有价值线索能成案、效果好；要积极能动发挥法律监督职能，推进案件办理到社会治理的深化；要提炼总结数字检察工作经验，为继续深化工作积累实践经验。

（二）坚持整合优化，建立健全数据一体化管理体系

数据是数字检察的基础，没有数据这把“米”，检察官这个“巧妇”就难为数字检察之“炊”。一是不断推进数据整合优化、一体化管理。深挖内部数据。做好内部数据要素化工作，开展检务数据归集治理工作，将检察业务应用系统、12309系统等内部检务数据接入数据治理平台，初步形成检察工作大数据资源库。二是对资源库数据进行科学规范治理，为各级院数据采集、治理和应用研发提供更规范、可靠的支撑。三是拓展外部数据。省院争取省委政法委支持，成立专班，协调推进检务数据和政法、行政部门数据融合。积极推动相关政法单位线上协同办案和全流程办案监督，全面提升社会治理数字化、智能化水平。同时，推进与外部数据对接，拓展利用社会公共数据。各级院检察长要加强对外沟通协调，拓宽数据渠道。四是一体化管理数据。内部数据和各级获取的外部数据实行统一管理，使数据价值最大化。做好检察业务数据返还工作，坚持“应返还、尽返还”原则，将业务数据返还给市县级院使用，对于需要使用跨地区、跨条线数据的，依据数据管理权限审批后使用。强化数据安全防护。全面落实网络安全等级保护制度，完善检察数据安全保护工作机制，推进数据分类分级保护。严格规范与企业合作中的数据安全管理，特别是要做好涉及国家安全和个人信息安全的保护。

（三）坚持强队伍提素质，完善评价激励机制

人才是数字检察行稳致远的基础，组织全省数字检察人才实训，对于依托专项行动构建大数据法律监督模型具有重要作用，为人才培养提供了新路径。要大力培养、锻炼数字检察人才。结合专项行动继续开展人员实训，组织骨干力量到浙江参加数字检察培训。对三级院检察官进行数字检察模型应用的视频培训，为推进市县院数字检察工作打基础。各级院招录人员时要考虑对数字人才的需求。要组织好全省首届大数据法律监督模型竞赛。鼓励各地选取在办案中进行了实际应用，并取得良好成效的监督模型参赛，择优选送获奖模型参加全国竞赛。要完善数字检察相关考评规则，比如，一些地区担心专项行动推送的部分立案监督线索不能判处有期徒刑以上刑罚，影响本地考评。对此，要对相关问题梳理，将分值向模型构建、数据收集、线索查办等方面倾斜，进一步完善优化考评规则。

四、紧盯社会治理成效，有效深化数字检察监督效果

近年来，我们部署了 8 个专项行动，已经办理类案、个案监督 343 件，大数据赋能法律监督取得了较为明显的成效。比如，拒不执行判决、裁定罪专项行动中，通过应用类案监督模型，既发现了不应当立案而立案的淡某某涉嫌拒不执行判决、裁定案线索，经依法办理，运城市盐湖区院已监督公安机关撤案；又发现了应当立案而未立案的冯某某涉嫌拒不执行判决、裁定案线索，经依法审查，介休市院监督公安机关立案侦查，该案已提起公诉。比如，老病残罪犯假暂专项行动中，省院应用监督模型，发现某监狱一名年近 60 岁的罪犯属于病犯线索，经西峪检察院研判符合假释条件，向监狱提出检察建议，法院最终裁定予以假释。再如，行政非诉执行专项行动中，陵川县院通过监督模型比对筛查，发现法院在陵川县自然资源局与徐某某行政非诉执行案中，遗漏了未被查控的财产，提出监督建议后，法院已查封相关财产。各市县院在积极配合省院专项行动的同时，也结合自身实际主动开展个性化法律监督模型的构建，两级院共申报理论课题和模型课题 150 多项。比如，朔州市院开展财产刑执行类案监督专项活动，通过构建模型、碰撞数据，已督促市中院及朔城区法院分别执行罚金 44 万元和 16 万元。我们要继续坚持“解析个案、梳理要素、构建模型、类案治理、融合监督”的法律监督路径，具体抓手就是“8+N”数字监督集中专项行动。专项行动要特别注重坚持结果导向，始终坚持办案效果才是检验数字检察质效的“金标准”。

（一）以“高质效办好每一个案件”为基本价值追求，进一步深化监督效果

最高检新一届党组提出把“高质效办好每一个案件”作为检察办案的基本价值追求。数字检察作为法律监督手段的革命，打开法律监督新天地的“金钥匙”，也必须追求在实体上实现公平正义，在程序上让公平正义更好更快实现，在目标上让人民群众可感受、能感受、感受到公平正义。“8+N”专项行动从选择监督点、构建模型具体规则到开展具体的监督活动，每一步都要思考是否在实体上、程序上、目标上有助于做到“高质效”。例如，构建模型中的监督规则、算法是否公平合理合法。对省院专项行动交办的线索是否及时开展调查核实，是不是在程序上做到了更好更快。监督解决的问题是

不是人民群众急切期待解决的问题。是不是切实提升了群众的获得感。

（二）以促进社会治理为着眼点，进一步深化监督效果

“数字赋能监督、监督服务治理”是数字检察的意义所在，开展专项行动不仅仅是要发现几个违法行为，其根本着眼点在于解决社会治理难点问题、推动构建社会治理有效机制。从8个专项情况看，我们已经有了一些实践，但一些检察人员还局限于就线索办个案的传统思维，数字检察整体上还缺少有足够影响力和辨识度的案例。未来，我们的工作经验更加丰富、基础更加扎实、舞台更加宽广，要聚焦社会治理难点、热点，聚焦全省现代化建设的重点、焦点，着力突破典型类案，在诉讼监督、行政执法监督、环境资源保护等关键领域办理一批有影响力的案件，助推解决一批深层次社会治理难题，全面提升数字检察质效。

（三）以履职保障为支撑，进一步深化监督效果

监督效果好不好，机制保障很重要。一是完善线索管理和督办。对于专项行动推送的线索，各地要及时进行处理，符合监督条件的，尽快开展监督活动。省院要定期督办，既要对线索成案情况、监督效果等进行监督检查，更要加强指导，协调解决办案中遇到的问题和困难。二是强化和规范调查核实。模型发现的是线索，最终落实要依靠调查核实。《中共中央关于加强新时代检察机关法律监督工作的意见》明确检察机关开展调查核实“有关单位和个人应当协助配合”，对于无正当理由拒绝协助调查的“可以建议监察机关或者上级主管部门依法依规处理”。我们要用足、用好党中央以及法律法规赋予的调查核实权，加强调查核实的技术手段、经费、制度等保障。三是提升检察建议刚性。检察建议是检察机关推动社会治理的重要手段，要推动将社会治理检察建议落实情况纳入法治山西建设考核体系，争取实现省市县三级全覆盖。四是加强数字检察经验的总结和宣传。数字检察工作开展以来，我们取得了不少经验，全省数字检察工作经验和做法被最高检《检察工作简报》《检察技术和信息化工作情况》专题报道；我省民事终本执行数字检察专项行动做法被最高检《民事检察工作情况》刊发；长治市潞州区数字检察专项行动成效被最高检《检察工作简报》刊载。我们要围绕数字检察促进社会治理、解决群众难题等主题，继续讲好数字检察故事，大力向社会、相关单位宣传推广数字检察工作的理念和成绩，为数字检察战略营造良好的

舆论氛围。

数字时代，未来已来，将至已至。相信在“高质效办好每一个案件”基本价值追求的指引下，在全体检察人的求真务实、真抓实干下，全省数字检察必将扬帆远航，为谱写中国式现代化山西篇章贡献更亮眼的检察色彩！

代序三

加快建设数字检察　全面融入改革大局

苑　涛[*]

中共中央、国务院印发了《数字中国建设整体布局规划》，把建设数字中国作为中国式现代化的重要引擎。2023年3月17日，最高检应勇检察长在全国检察机关学习贯彻两会精神电视电话会议上强调深化实施数字检察战略，构建“业务主导、数据整合、技术支撑、重在应用”的数字检察工作机制，以数字革命赋能法律监督。山西省检察机关数字检察推进会提出加快推进数字检察提速工程，部署“8+N”数字监督专项行动，持续推动全省数字检察工作走深走实。为落实山西省检察长会议要求，加快推进全省数字检察提速工程，深入学习领先地区的先进经验，我们在浙江大学开展了数字检察能力提升培训。

一、提高政治站位，增强数字意识，充分认识开展数字检察人才培训的重大意义

开展数字检察能力提升培训，提升检察干警数字检察能力，是有效推动检察机关法律监督能力提升的有力抓手和重要保障。

第一，开展数字检察能力提升培训是落实数字检察战略，推进数字检察加速工程的需要。数字检察战略是提高法律监督能力的重要依托，深入推进数字检察工作是站在历史和时代前沿，落实党的二十大精神的重要举措，是

---

* 山西省人民检察院党组成员、副检察长。

加强检察机关法律监督工作战略性、全局性、长远性的重要举措。深化检察大数据战略、推进数字检察建设，最关键的就是人的能力，检察干警有效运用数字思维与法律能力，真正让数字办案成为工作常态，方能多办案、办好案，提供更多、更优、更高效的检察产品，实现新时代检察机关法律监督工作的质效跃升和价值重塑。

第二，开展数字检察能力提升培训是提升法律监督能力的需要。推进数字检察工作，人才是第一资源，培养人才是第一要务。数字检察工作是开创性的，对专门人员的业务素养要求很高，既要懂业务，又要懂技术。培养一批有数字思维，能够统筹运用数字技术、数字思维、数字认知，既懂信息技术，又懂检察办案，践行“数字赋能监督，监督促进治理”的大数据法律监督人才，对于推进提升检察机关法律监督能力至关重要。

第三，开展数字检察能力提升培训是推动检察工作现代化的需要。数字检察是检察工作实现现代化的重要命题，促使检察机关紧扣法律监督职责使命，从整体上系统重塑法律监督功能、模式、流程、手段和体制机制，从根本上实现监督质效大飞跃、社会治理大作为。推进检察工作高质量发展、实现检察工作现代化，离不开一支适应新时代更高要求、具有现代化专业能力的高素质检察队伍。当前和今后一个时期，要把数字检察工作能力的提升摆在更加突出的位置，以培训促提升，以实战促监督，以数字检察有效服务与保障检察工作现代化。

二、聚焦业务需求，下足“学”的功夫，助力数字赋能法律监督提质增效

最高检张雪樵副检察长在“大数据法律监督方法论”论坛上指出要做好数字检察培训工作。省院积极响应最高检号召，院党组高度重视培训工作，由政治部与数字检察建设工作领导小组办公室牵头制定培训方案，组织省院各部门、各级院、派出院和第三批数字检察实训人员等百余人参训。培训工作是在山西数字检察工作进入“关键”阶段组织的一次集体培训学习，是落实全省检察机关数字检察工作推进会“四个有效深化”的重要举措，对于提升我省数字检察工作的专业化、规范化水平，推动我省“数字检察加速工

程”战略，加快实现数字检察目标任务具有重要意义。

浙江数字检察走在全国前列，为数字检察、数字中国作出了典范。培训工作是一个很好的载体和形式，学习借鉴好浙江数字检察经验的同时，进一步强化理论武装，推动转变理念，拓展创新监督举措，不断提高个案线索发现能力、监督要素梳理能力、模型构建运用能力、线索核查监督能力、类案融合治理能力，以过硬的队伍，过硬的能力与素质，迎接数字时代的法律监督革命与挑战。各地在实践中要注重构建个性化、专业化、应用化、实战化、成果化的监督模型，打造具有山西检察辨识、应用较为成熟的法律监督模型。同时，要避免出现多头研发、重复建设、互不兼容情况，积极稳妥推进检察机关大数据法律监督模型研发和应用工作，不断推动打造数据治理、模型构建、应用共享的闭环机制，助推破解深层次社会难题，提升全省检察机关的监督质效。

三、坚持重在应用，确保“做”的实效，切实把学习成果转化到推动各项检察工作中去

第一，扎实开展学习调研。加强培训工作，让每一位检察人员都能参与到培训中，让培训人员进一步提升思想认识，以树立大数据监督思维为前提，切实以业务应用为主导，以“务实管用”为出发点和落脚点，认真学习、研讨，要将培训转化成数字检察工作成效。

第二，抓好数据归集与模型研发应用工作。学习培训的目的，最终还是要落到促进实践、推动工作上，绝对不能“就学习而学习”。要坚持学思用贯通、知信行合一，切实把数字检察能力提升培训的过程作为认识不足、补齐短板、强化弱项、提高能力的过程，带着责任、带着问题、带着思考去学习，有针对性地强弱项、补短板，在学思践悟中融会贯通，推动数据归集治理与数字检察专项行动出实效、见真章，形成“个案办理—类案监督—社会治理”的大数据法律监督路径。

第三，聚焦数据思维，撬动法律监督。在检察信息化、数字化建设应用过程中，核心是大数据的充分、深度运用。用大数据思维，通过大数据筛查、比对、碰撞，看似孤立、偶然、平常的信息点之间就有了交集、串联，

问题线索就能清晰显露出来。大数据思维与运用就是检察机关有力惩治违法犯罪，积极主动、更深参与国家治理的利器。

数字检察的未来已来，检察人责无旁贷。唯有充分履职、担当作为，积极为数字检察贡献激情和能量，才能充分享受数字检察时代红利，在检察事业发展的大我中实现检察人的小我。

目　录

数字检察机制实现篇

数字检察实践应用篇

数字检察机制实现篇

第一章

数字检察概论

在数字时代，以“数字革命”驱动新时代法律监督提质增效，推动数字检察建设具有重要理论意义。党的十八大以来，各级检察机关认真履行法律监督职责，在维护司法公正、服务国家发展大局方面持续发力，为保障经济社会高质量发展作出了积极贡献。2023 年 9 月，最高人民检察院应勇检察长在山西调研时指出：努力做到检察业务“一网运行”、为民服务“一网通办”、法律监督“一网赋能”，逐步实现技术支持“一网运维”。法律监督应用模型是数字检察在检察履职中的重要应用形式。党的二十大报告提出：“加强检察机关法律监督工作。”检察机关作为法律监督机关，是国家治理体系中的重要司法机关，在国家治理体系中发挥着重要作用，国家治理现代化必然要求检察工作现代化。同时，检察工作现代化也是政法工作现代化、国家治理现代化的应有之义。最高人民检察院高度重视现代科技在新时代检察工作创新发展中的作用，要求各级检察机关要坚持以司法办案为中心，以科技强检为支撑，以现实需求为导向，着重打造高智能化水平的全新检察运营模式。

一、数字检察的背景

当前，我国检察工作正处于检察信息化向检察智能化转型升级的关键时期，全国各级检察机关努力推进数字技术与检察业务深度融合。数字技术的应用作为提升法律监督工作质效的“智慧”依托，自然也要服务于维护司法公正这一终极价值追求。从实际情况来看，数字技术对提高办案、办公效率有着显著作用。2018 年最高人民检察院《关于深化智慧检务建设的意见》指出：智慧检务是一项全局性、战略性、基础性工程。要积极构建智慧检务“四梁八柱”的应用生态，全面实现检察工作数字化、网络化、应用化、智能化，应当遵循“统筹发展、需求导向、以人为本、融合创新、信息共享”

的基本原则。2022 年 6 月，全国检察机关数字检察工作会议对以“数字革命”驱动新时代检察工作高质量发展作出了重要部署。会议对推进检察机关加快数字检察建设，用好大数据推进“四大检察”，以“数字革命”驱动新时代法律监督提质增效提出了系统性安排。2023 年 3 月，应勇检察长在全国检察机关学习贯彻全国两会精神电视电话会议上强调“深化实施数字检察战略，构建业务主导、数据整合、技术支撑、重在应用的数字检察工作机制，以数字革命赋能法律监督”。2023 年 8 月，最高检印发了《2023—2027 年检察改革工作规划》，围绕“六大体系”部署 36 项改革任务，健全数字检察制度体系成为六大体系中的一项重要内容，在改革内容中要求进一步提升新时代法律监督质效。2023 年 10 月，最高检召开了全国检察机关数字检察工作推进会，会议要求：以检察工作现代化服务保障中国式现代化，检察机关必须以数字赋能铸就法律监督的“利器”，以“数字革命”驱动新时代法律监督提质增效。2023 年 11 月，最高检下发《数字检察建设规划》，从总体要求、重点工作内容、保障措施等方面作了具体规划设计，将数字检察建设积极融入数字中国整体基础设施和数据资源体系，全面推进检察业务更好融入“五位一体”发展格局。

检察工作已经步入数字时代，“数据”正在深刻改变着新时代的检察工作。数字检察是新时代检察机关法律监督工作的重要手段和提升法律监督质效的重要依托，也是数字中国的有机组成部分。山西省人民检察院依托国家先进计算太原中心建设山西检察大数据中心，在检察“一张网”建设和运维、数据互联互通、模型共享共用等方面取得很好成效，在数字检察建设中，逐步树牢可推广、可复制、能共享的理念，遵循“分头建设、分散储存、关联应用”的数据模式，加强研发和应用的统筹，丰富拓展模型应用场景，使之真正成为提升法律监督能力的重要手段。目前，在统筹推进信息化的基础上，检察数字化建设是最关键的一个步骤。各级检察机关要深刻认识到数字化时代的革命性变化，加快推进数字检察建设，深化落实检察大数据战略，而数字检察的基础理论体系构建问题也将成为核心环节，这对从整体上推动检察事业发展的质量提升、效率提高、动力提级具有重要意义。

二、数字检察基本特征

检察机关作为法律监督机关，应从法律监督理念、机制、工具、手段、方法等全方位、全过程进行深刻思考。在数字化时代，数字化思维、数字化技术、数字化应用将成为法律监督的重要方法。在传统的案件办理过程中，很难实现批量类案的办理，而在数字时代，监督办案模式的转型将通过数字赋能来实现，从而推进检察监督机制转换、流程重塑、模式转型创新。同时，在现行法律监督体制机制、组织架构、方式流程、监督工具的系统性变革中，对于数据化的法律监督对象，人们使用代码化的法律运行就可以快速、准确地执行特定数据的处理，这些过程和基于法律条文的文本化解释逻辑过程具有同构性。

（一）检察“数字化”的概念特征

当前，理论界和实务界普遍认为，所谓数字检察是指检察机关运用数字赋能深化法律监督，通过数据共享、线索归集、类案办理，能动推进社会治理体系、治理能力现代化。在法律监督过程中，要充分注重数字监督思维、数字监督理念、数字监督程序、数字监督跨越、数字监督引领、数字监督再造、数字监督重塑等。数字检察不仅是技术工具，更是一种思维方法的结构化转换；不仅涉及法律解释的方法论，更关系到检察业务发展的根本性问题；不仅涉及法律监督运行机制的技术转向的关键问题，更体现出法律解释的深层价值所在。近年来，与法律监督职能相适应的办案全流程质效感知体系等创新机制层出不穷，数据赋能、算法赋能、科技赋能等概念体系也不断推陈出新。如何进一步规范、系统界定数字检察的概念，明晰数字检察的技术特征和形式特点，成为开展数字检察研究的基础性问题。

1. 数字化

从本质上理解，所谓“数字化”并非建立在真实物质世界之上的虚拟环境，而是不断信息化的世界本身，更是一种数据形态的表达形式。作为数字化的技术载体，计算机是一个以系统方式处理表征的装置，每一个被表征的元素都可以用“0/1”代码表示。现代法律结构和运作程序的高度复杂化，实际是要为法律运行的简单化提供“代码”意义上尽可能充分的“数据”“场景”，以及更为先进的“计算装置”。通过编码和解码过程，真实世界和数字空间体系之间建立起一种建模关系。数字检察的法律监督运行模式和工具的主要形态就是数据库，通过与数据体系的相互关联和保持同步，实现对现实社会的重新校准，从而以新的规范形式和运行模态对社会基础结构与运行模式进行调整。

2. 模型化

从法理学角度理解，数字检察的核心是法律监督数字化过程，并不是简单地将法律体系从形式上转译成法律代码。构成法律的规则体系是对现实世界一种表征和模拟的法律解释过程，特别是当事件自身的高度复杂性与规则体系的结构复杂性相互耦合时，这些规则体系才能对现实世界的运行发挥调整和规制作用。作为数据的法律是将数字作为法律表达的载体，而模型化作为一种形式技术，通过算法的聚合把给定的法律监督信息通过算法的处理过程转化为符合算法设定预期的结果。目前，各地检察机关已经探索开发出“刑事审判法律监督模型”“民事裁判智慧监督系统”等诸多监督模型内容。基于上述原理可以看出，对于数据化的法律监督对象，人们使用代码化的法律运行过程就可以快速、准确地执行特定数据的处理，这些过程和基于法律条文的文本化解释逻辑过程具有同构性，即数字检察的核心分析模式是以数字化算法模型对具有法律意义的数据信息所进行的处理和分析。

3. 技术化

从解释学角度理解，法律规范运行和调整社会运行的过程，其本质是基于法律规范的抽象对象与社会事实现实对象之间进行解释，这一过程本质是社会现象结构与抽象对象结构之间发生的相互作用。因此，正如现代法律科学化理论认为，法律机制运行可以像一种技术合理性的机器来运作，尤其是对本身目的行动的法律效果与社会效果加以理性计算，拥有相对模式化和系统化运行自主性逻辑空间。此时法律系统的运行是在一种可计算的方式下运作，具有了高度技术性特征。而以数据为核心的数字检察运行体系建构是一项系统工程，其意义本身在于建设一种数据体系，即通过某种技术化符号系统的排列和组合，就能获得具有高度技术性的运行过程。

（二）检察“数字化”的机制运行特征

当前，推进“数字赋能监督、监督促进治理”法律监督模式变革，清晰定位数字检察工作发展路径成为检察理论研究的重大课题，即数字检察机制构建过程中“检察信息化”如何向“检察智能化”过渡，依托算法技术实现数据高效管理，通过智能化法律监督全方位发力，实现新的技术范式体系与检察业务体系的深度融合。

1. 监督对象“数据化”

在数字空间体系中，数据和信息是不可分离的，数据是信息的表达，信息是数据的内涵。作为一种信息的表现形式和载体，数据本身可以是符号、文字、数字等。此时，现实世界被符号化为数据世界，然后再现为计算机代码的世界，数据的运行与表达使得没有实质区别的比特流与现实社会运行的实体对象之间形成了耦合。因此，从法律监督角度看，数据本身无法获取独立的意义和价值，它必须与数据对象相结合才成为信息，数据才能对实体行为产生影响。此时，从本质上理解数字检察的对象体系本身是一种数据本体创设意义的信息实体，帮助人们从大量的数据流中提取出有价值的数据，并可对其进行多维度分类。法律监督数据库的结构或语法创造了不同信息之间的诸种关系，这些关系在数据库之外的原有关系中并非完全一一对应，而是一种新的结构化的要素体系。

2. 监督机制“算法化”

在法律监督领域中，事实认定、证据采信、罪与非罪的区分、量刑平衡以及案件效果等复杂的思维处理和判断过程引入算法体系与模式，逐步实现技术理性与现实法律监督实务工作的无缝衔接，这是数字检察业务发展的关键环节。数字检察的算法体系作为一种形式技术，通过算法的聚合把给定的信息转化为新的信息，并将复杂的现实缩减为一种有序的、可掌控的计算过程。作为“现实转换器”的代码体系，一头连接着真实世界，另一头连接着数字化的空间体系：一方面联通着一部连接在一起的机器上，另一方面涵盖着结构性的网络架构，产生话语的“程序”内含解释要素和规则的系统而产生一个相应的体系架构。算法形态就是网络空间的“法律”，从某种意义上理解，它对网络空间的支配作用与现实空间各种法律体系，决定了人们行为模式的机理呈现高度关联，进而实现从一种规范空间转向另一种规范空间，从一种规制转向另一种规制的模式。

3. 监督规范“代码化”

从数字检察运行机制特征角度理解，法律规范本身具有模糊性和灵活性，如何将法律转化为代码形式，并作为一种机器可以理解的“编程”语言具有极大的理论和现实挑战性。而代码化的规则体系与现实法律规范之间衔接的渠道和方法，是法学理论和科学研究数字化转向的重要领域和内容。法律规范是一种本质上用语言书写的一般规则，技术规范与法律规范相反，只能表现为代码形式，同时必然依靠算法形式和数学模型表达。法律秩序的代码——法律规则，就像设计精密的一套程序，通过“嵌套”，每个规则只是程序里面的一个命令，倘若要使这套程序运作，需要各个规则之间的相互配合。所以，法律秩序结构具有结构性特征。通过对法律文本语义进行提取和编码，可以将法律规范体系高度程序化，并以代码化的法律来规制信息时代的数字空间的对象行为，进而实现法律空间体系的秩序形态。

（三）检察“数字化”的监督规范特征

检察业务在数字检察应用场景中深度拓展，检察办案与检察服务“全景在线化”运行水平进一步升级。[①] 强化对建模工具方法的标准化控制、建模数据资源的制式化管理、建模过程结果的图形化呈现，研发数据兼容、有效服务于实战的监督应用平台是当前数字检察建设的重点。因此，有学者提出应当以工具化、实用性应用系统建设为导向，大力推进“网络—数据—算法—算力”四位一体的数字检察新型基础设施建设，推动数字检察平台应用成为检察监督的必要方法和手段。但在“业务数据化”与“数据业务化”的统一中，相关技术问题无法得到有效解答，将对数字检察建设产生极大挑战。

1. 监督规范体系转换

从实际情况看，数字化技术体系和空间特征改变了客体、主体的运行形态，并且把这种关系重构为一种人 / 机器的集成关系。由于数据空间对现实

---

① 王禄生、罗玮、孙慧芳：《拓展应用场景加快数字检察建设》，载《检察日报》2022 年 8 月 29 日。

社会的影响不断深化，法律监督业务形态也在发展和变化，使用传统物理空间思维和规制方式来调整与规制既有秩序，无疑是难以有效实现的。现代法律规范体系作为一个巨大的、结构复杂的系统，由相互融贯的各种抽象表达规范形成的结构。这些规范可在单个案件上获得解释，主要是由其结构来进行调整的。为了应对数字空间形态的不断发展和延伸，只有探索运用物理空间与网络空间新的技术手段和规制方式，才能在数字检察平台建设中更务实、更可靠、更有效地对数字空间个体行为进行规范。

2. 监督主体权限界定

在数字检察平台建设和运行过程中，算法设计者的转换能够将法律监督规则体系和司法经验反映在算法中，被难以处理的真实世界以准确无误的符号形式表示出来。为了保证技术作用的顺利实现，要求相关主体综合运用数学、统计学和计算机技术，以建立数学模型为主要手段，研究具有高度复杂数量关系的法律监督模型。但是，面对高度技术化的体系架构，以代码形态出现的监督算法晦涩难懂，其解释权、话语权必然掌握在少数技术专家和研发企业之手。而作为法律监督的实际权力行使者，检察机关相关业务部门如何有效监督算法开发者、算法训练者以及算法管理维护者，进而有效开展法律监督业务，确保算法依法规范开展，成为当前数字检察工作研究的重要领域和方向。

3. 监督价值意义体现

从法理学基本原理角度理解，法律被视为关于正义与非正义的学问，千百年来面对的都是带着自由、尊严、公平等浓厚价值意味的问题。因此，从法律监督角度看，数字化法律运行过程价值判断是内含于整个法律体系之中的，无论是法律原则、法律规则还是法律概念，都是一定价值的体现，而且在数字检察平台建设过程中，上述价值性也必须在算法编写、数字化运行过程中得以彰显和体现。因此，基于上述分析可以得出结论，数字检察的最终落脚点要围绕人与技术的本质关系，通过对技术性本质的思考与把握，使法律的技术运行重新回到人本主义的解读与调整范围内，最终实现数字法律监督层面政治效果、法律效果与社会效果的有机统一。

三、数字检察"模型化"路径

各级检察机关要抓住运用模型方法推进法律监督全面深化变革的契机，善于通过政务数据共享交换平台、政法跨部门大数据办案平台、行政执法与刑事司法信息共享平台及多跨场景连接数据，充分挖掘检察机关内部数据，积极借鉴先行实践单位总结出来的好方法和好经验，通过数据整合提升数字检察整体发展水平。近年来，随着大数据等现代信息技术的广泛发展，通过各类数据分析工具，探讨、阐明社会运行规律，进而达到对认识对象进行深刻认知的目的，促进了计算社会科学研究蓬勃发展。具体到法律科学研究，往往广泛采用博弈论、系统动力学等模型方法，对法律现象进行"技术化"解释和探索。其核心理念在于，法律制度运行中引入"模型"分析工具，针对数据对象实现有效的"算法"体系建构与实现，从而达到以"数据化"体系模拟实际法律制度运行的目的。基于上述背景，在数字检察建设中深入分析"模型化"工具运行的基本原理以及实现路径，实现以"模型化"带动"数字化"建设的基本目标，对于推动检察"数字化"理念转型与制度建设具有重要意义。

（一）数字检察"模型化"路径的理论溯源

尽管法律模型的应用领域和研究不断增多，但学界对模型化解释方法在法律科学研究中角色和作用的理解还处于探索阶段，特别是为什么能够以算法形态准确地预测法律规范系统运行的模式存在质疑，并对模型化方法进行法律制度建设的可行性存在担忧。具体到检察制度本身，并非是一种直接意义的"模型化"存在。两者之间实现制度耦合的关键在于如何构建检察业务"模型化"基础理论及其实现的可行性问题。

1. 运行机制的系统化

传统法律制度研究中，其核心命题是"本质主义"，即锲而不舍地追问法律制度价值本源与意义。而现代法律科学分析方法往往基于运行机制的系统构建。特别是系统法学认为，任何法律制度都是一个系统，任何法律制度包括来源要素、主体要素、对象要素、运行要素及保障要素等，然而这都是一种形态性的存在。基于系统论视角下的数字检察运行机制研究也应当遵循相似的规律，即结合检察权要素分解内部结构，通过系统功能分析揭示检察权运行基本特征及其属性特点，从而为“模型化”实现构筑坚实基础。

2. 业务流程的抽象化

法律模型化理论方法的核心思想在于从系统和要素、要素和要素、系统和环境之间的相互联系和相互作用的关系去综合地、精确地考究对象，以达到最佳处理结果。而作为数字检察建设的关键环节，模型化过程需要进一步将作为整体的系统分解为要素，同时关注作为系统存在条件的环境，以及系统、要素和环境之间的整体性、关联性、动态平衡性等特征，从而探寻检察权运行结构与功能之间的深层联系。

3. 解释工具的数字化

模型本身在于通过数字方法去发现和阐明一个要素清晰、结构稳定、运行高效的体系。通过模型与数据的处理来解决现实社会活动的运行规律，关键是如何将现实的复杂性转换为模型体系架构。因此，对于检察制度而言，其模型化的关键在于依据检察权性质和特点，按照一定的组织方式、实现路径将法律监督权力结构、运作程序以数字化的方式进行呈现，从而为其数字化转型提供理论支撑，进而建构和确立一个以稳定的数量化为特征的对象体系。

（二）数字检察“模型化”路径的模式转型

数字检察过程本身在于以模型化方法通过数理逻辑的分析工具，对现实世界运行的法律关系进行分析和解读，探寻如何把抽象的数据体系与具体事实牢固“焊接”在一起的运行模式。因此，在检察权“模型化”实现过程中，如何确定系统结构与运行特征，从而实现以模型模拟方式开展相关检察业务工作，成为数字检察建设的关键性问题。

1. 对象体系的“场域形态”转型

“模型化”本身是基于概念、符号、算法等进行“场域”转换。其认知过程是将传统文本形态的形式逻辑，转变成为以符号化、体系化及数字化为形态的逻辑体系。此时，“模型化”过程的关键在于建构与现实事物运行特征相关联的解释体系，通过对目标系统的近似表征，使得模型对象与现实世界之间在结构特征、因果特征等方面具有共同运行特征。因此，正是基于法律模型和现实社会行为的运作关系所具有的“同构性”，使得通过模型为工具开展法律监督工作成为可能。

2. 运行流程的“工具形态”转型

数字检察的“模型化”趋势，其本身在于通过数据的模拟创造出一个理想化和简约化的抽象结构，用来摹写现实检察权运行的基本活动。此时，模型数据库的结构或语法创造了不同信息要素之间的诸种关系。但从形式上看，数字化模型体系本身是一个符号集，甚至可以说是一个由 0 和 1 组成的数字集，只有通过反映它所表征对象才能赋予其意义。换言之，高度抽象化的模型体系需要有效的数据定义和算法建构才能对现实问题逻辑性进行分析和处理，从而以一种新的模式体系实现对法律运行过程的预设和判断，进而达到在模型体系中模拟现实社会法律运行规律的目的。

3. 调整模式的“耦合形态”转型

如果单纯是一种模拟，法律监督模型本身的作用就极其有限。作为一种具备协调功能的运行体系，模型化过程本身要具备对现实社会活动进行调整和规制的作用。即法律模型的调整过程体现在通过数据库掌握不同信息单位之间的关系，从而在数据层面实现对社会行为体系的建构。而在现实检察权运行过程中，通过数据库与外部对象的同步运行，可以实现以数字化方法调整现实社会运行的目的。即通过检察模型内部信息结构的建构以实现模型体系对现实法律关系的调整和规制，从而达到以模型工具规范社会运行活动的目的。

四、算法与数字检察

从本质上理解，数字检察作为一场法律监督理念和体系重塑性变革，其核心要义不仅在于构建全流程的智能辅助办案系统，更重要的是实现全体系的数字化结构重塑。因此，如何在高度数字化的空间体系中坚持法律监督工作的基本原则，不仅需要工作思路的改进，更需要工作方法的创新，同时这也是解决算法检察赋能机制实现的核心问题。在检察大数据战略赋能新时代检察工作高质量发展的背景下，以数据为中心的驱动模式转换和推动，正逐步催生和形成大数据法律监督的基本范式。在高度数字化的社会体系形态中，检察业务所面对的监督对象体系和运行机制正在发生体系性转换。此时大数据环境下的检察信息的采集、处理、分析，必须依赖高度形式化和技术化的分析工具，即“算法”来实现。那么，算法本身作为一种技术化的分析工具，对于检察业务发展和法律监督工作提质增效如何发挥作用，成为大数据战略赋能新时代检察工作高质量发展的关键性问题。

（一）数字检察为何需要“算法”赋“能”

所谓算法，是对程序化运算或自动运算方法的统称。算法检察的本质是通过科学有效的模型、函数等量化处理方法，对法律监督数据对象进行有效分析和处理，从而实现以算法为工具构建数字检察体系的目标。即通过一定的转换路径，以现有的编码知识有效联系和高效调整，构建符合数字化社会发展特征的结构体系完备、要素结构高效运转的治理模式。

1. 监督对象体系的特征转换

在数字空间体系中存在的诸多变量远超出人力有限的认知范围和处理能力，单纯以人工算法对变量进行处理是不可能的。因此，算法化过程的本质是以数学符号对现实事物加以抽象化的转换。具体而言，是通过数学方法的应用，在现实事物的运行基础上建立一套解释性的数学模型，用来推动各种不同类型系统数据从无序向有序转变的处理过程。而在法律系统运行过程中，算法化过程则是借助数理分析方法实现现实法律规范运行逻辑体系数字化形态的转换。此过程是通过分析与现实事物及其特性有关的自然语言概念和借助符号逻辑来构造法律体系的规范运行过程。

2. 监督工具体系的功能转换

基于上述分析可以看出，检察算法化的本质就是在所构建形成的计算结构与所表征的法律体系结构之间建立起具有相似性的对应特征关系。因此，对于算法检察运行机制的体系构建而言，只有当数量化的关系体系与所表征的对象体系形成结构和功能耦合状态时，以数字形态存在的法律关系才能与现实社会行为之间产生相互的关联与衔接。而基于算法工具体系，使得数字检察本身更加注重数据的分析和整理，成为一种以现代信息技术为依托的强有力的处理工具，从而达到以高度量化的建模形态对现实世界的系统构成、运行模式、衔接体系等对象进行处置的目的。

3. 监督过程体系的形态转换

运用大数据技术赋能法律监督，不仅需要在检察机关内部运用专业算法汇集相关业务数据，通过有效工具对海量数据进行分类整理并长期存储、维护，而且更重要的环节是在检察机关外部，通过推进与其他政法机关的数据联网与共享，在安全保密的基础上做到高效互联，这就对法律监督对象的数据组织形态提出了更高的工具要求。因此，通过复杂算法化的形态转换，对法律监督相关数据对象进行重新整理和归纳，使得看似并无联系的数据被整合和处理为具有分级分类的高质量数据形态，从而使得基于复杂数据分析的应用成为可能。

（二）"算法"检察赋什么类型的"能"

从本质上理解，数字检察作为一场法律监督理念和体系重塑性变革，其核心要义不仅在于构建全流程的智能辅助办案系统，更重要的是实现全体系的数字化结构的重塑。因此，如何在高度数字化的空间体系中坚持法律监督工作的基本原则，不仅需要工作思路的改进，更需要工作方法的创新，同时也是解决算法检察赋能机制实现的核心问题。

1. 算法"组织性"赋能机理

在数据组织层面，算法通过编程和代码把时间、空间、瞬间多维叠加所形成的数据流加以固化，形成可记录、可追溯、可确权的技术约束力。在此过程中通过复杂的设计网络和算法对数据进行重新整理和归纳，实现链上数据与链下场景的深度融合，将数据处理和现实法律运行以一种无缝且无法分割的方式结合起来，达到以算法工具与检察业务深度整合的目的。构建基于区块链的链上链下协同存证关键技术，使检察机关多源异构证据信息能够进行上链存证，并通过构建公检法司跨部门区块链协同体系和跨链互信协同联动基础设施，保障跨链信息提取与交叉验证过程安全可信，支撑实现跨部门高可靠数据、高公共信息固证验证和高敏感操作可溯源、可监督，保障系统在运行过程中的稳定性、可用性、可靠性。

2. 算法"调整性"赋能机理

法律作为一种调整社会行为的规范体系，其本身是一种系统性的存在。基于算法的运行方式使得法律系统在与环境的互动关系中获得一定灵活的功能运行模式，并通过规则性编码体系构建出预期性的目标性行为结构，并以相应的代码结构中介模式实现上述结构体系的模型化转换，达到对社会活动的有效调整目的。因此，算法检察赋能体系运行过程中，算法将通过转换行为对象的外部行为范式成为机器能够解读的数据体系，从而构建起以数据为对象的法律监督模式。

3. 算法“规范性”赋能机理

在数据空间体系中，将复杂的现实通过数字信息中介转换为一种有序的、可预判的模型化调整方式，从而将数字空间变成一个数字化的规则世界。而在此过程中，算法本身的编码过程即对外部行为信息的收集、接收和使用的过程，就是对于外界环境的种种偶然性进行调节的过程。算法本身的调整过程在于将环境内化为内部运行的结构，通过这种结构耦合性关系实现规范体系与社会系统的作用调整，使得这种信息要素在耦合与交换中实现对治理对象的行为调整和规范，成为算法“规范性”赋能机制运行的重要价值体系。

（三）“算法”检察怎样能够赋好“能”

从算法角度理解和分析法律规范，法律规范算法化主要是对法律条文进行数学建模，让计算机通过逻辑推理进行逻辑分析。而一个理想社会模型的构建，需要对现实社会中物质性要素以一种纯粹的、内在一致的形式聚集在一起。但由于现实社会形态所具有的模糊性和灵活性，如何从技术层面将法律规则体系行为转化为机器代码形式，即将现实法律监督运行过程转化为一种机器可以理解的“编程”语言，是算法检察赋能机制的关键和难点问题。

1. 抽象化过程

基于算法解释形态的法律规则体系本质上是一个规则系统，但绝不仅是一些抽象数量关系规则的集合与组织体。在这种基于数据为要素的空间体系中，抽象符号形态所组成的逻辑体系源于人们对现实社会表达的深刻认知，是以数据为载体和数字为形态对现实事物的模拟，从而形成建立在抽象意义上的表征性逻辑体系。因此，算法规范作用的机理是通过建立与法律实务运行过程相关联的函数关系体系，用数理逻辑代替传统意义上基于文本表达的法律关系逻辑，进而通过数字空间与现实空间的实践活动相关联，促进人类社会的秩序形成从自发转化为自觉，从而达到消除因现实主体自发性行为而导致的模糊性和不确定性。

2. 自动化过程

算法空间体系在系统构成层面是闭合形态，但在运行机制层面则呈现出与外部世界关联开放的形态，作为一种逻辑空间体系能有效面对来自社会环境的诸多复杂性的回应。即通过内在生产的信息影响外部世界的内在模式，调整自身的运动方向。因此，算法规则体系的运行过程是在现实社会关系的总体逻辑判读的基础上，以数据的形态对真实社会行为进行抽象。此时，算法不仅是规范本身或者规范的简单集合，而是通过代码的形式将文本和符号规则降维到现实空间，从而形成规范逻辑空间和现实空间的关联关系。这种作用机理的核心过程在于，算法体系的规范系统通过自身的逻辑体系严密性来重构其自身运动规律，并将外在性的社会运行系统按照算法体系自身关联性规则实现与外部现实社会环境之间的互动。

3. 耦合化过程

从运行过程来看，算法空间运行过程是通过建立起算法运行与外部行为调整之间的关联关系，将一定的算法逻辑框架作为分析数据的依据，从大量的数据关系中抽取相关对象作为实体，在实体与要素之间建立联系，从而形成高度抽象化和数字化的逻辑架构体系。但算法形态的运行规律集中体现在，通过系统与外部环境之间的相互化约和结构耦合的关系，实现外部系统性固有逻辑与内部自身系统固有逻辑之间的共振形态，进而达到以其自身的稳定性预期来与其他社会系统发生关联的目的。在这个过程中，法律系统与社会系统相互作用，进一步提升了法律规范体系自身适应复杂社会现实的能力，达到通过内在生产的信息影响外部世界的内在模式，进而达到以算法调整外部社会行为的目的，实现以算法赋能检察业务发展、助力法律监督提质增效的重要目标。

第二章

数字检察的基本建设思路

2023年6月，最高人民检察院应勇检察长在数字检察能力提升培训中指出，“数字检察战略是法律监督手段的‘革命’，是提高法律监督能力的重要依托”。2023年11月，最高检下发的《数字检察建设规划》中强调，要培养数据赋能和数据安全管理“两大能力”，切实用数字化助力检察工作现代化。数字检察让检察机关不再局限于个案审查、卷宗审查、人工审查，而是通过数字赋能，最大限度激发“数据”对检察监督的叠加、倍增作用，让监督线索发现难、工作碎片化、质效不突出等瓶颈问题有新的“破解之道”。在办理个案的基础上，抽取核心的数据要素，形成监督模型，利用构建的监督模型对类案数据进行分析，实现类案监督。从内容上讲，要紧贴实际需求。从专业的、实用的角度提出需要，再从数字的、智能的角度作出回答，把需求变成现实。如推进公安机关、检察机关、审判机关、司法行政机关等跨部门大数据协同办案，实现案件数据和办案信息网上流转，推进涉案财物规范管理和证据、案卷电子化共享，从而促进派驻公安检察室发挥法律监督职能。从方式上讲，要简洁、快捷、实用。用计算机把检察官从繁杂的或者简单重复的劳动中解放出来，在提升办案效率的同时，让检察官有更充裕的时间和精力把检察智慧用在法律监督的提质增效上。在构建类案监督模型工程中，一定要坚决克服唯技术论的观点，期望数字检察“一键搞定”。数字技术在法律监督领域的应用终究只是起到辅助作用，人工智能、大数据不能替代检察官办案，也不能体现检察机关的社会责任。从结果上讲，要能够提质增效。通过大数据赋能，实现从个别、偶发、被动、人力监督，转变为全面、系统、主动、智能监督，破解执法司法制约监督的难点、堵点问题，提升法律监督质效。面对大数据法律监督这一新事物，还要注意避免走入认知误区，不能简单地将大数据法律监督视为检察人员与大数据平台的机械组合，或将大数据仅仅视为检察工作的工具或者手段。

一、数字检察建设的主要挑战

数字检察是项新生事物，还要继续大胆探索、大胆实践。从全国实践来看，各地探索数字检察均取得了积极成效，但一定程度上还存在着缺乏理论研究、体系支撑、有力机制等问题，有的地方对如何实现融合监督、为法律监督提供科技支撑尚未破题。特别是县级检察院对运用信息化开展法律监督工作热情很高、参与意识很强，但个别地方仍处于目标不明、技术不懂、盲目跟风阶段，迫切需要加强理论和实践的系统综合分析研究，着力构建上下联动、内外并举、纵横交错的动态法律监督运行体系，从而对这些问题进行回应和解决。从山西省来看，2022 年以来，数字检察工程在“8+N”专项活动工作中积累了一些经验，在数据模型构建、算法开发方面取得了初步成效。从点上看，数字检察工程在具体的专项工作中，运用数据分析、数据比对等方式取得突破效果明显，但从面上看，着力构建以法律监督为主导，统筹推进数字检察还面临很多挑战，建立各类监督有机贯通、相互协调的全面监督还存在不少问题，主要表现在以下几个方面。

（一）数字检察建设过程中的方向性问题

围绕数字检察服务“四大检察”推进基础理论问题研究的紧迫性日益凸显，一系列制度和机制方面的问题亟待解决，诸多理论研究的热点和难点问题亟待开展讨论，底层理论体系构建仍须完善。如什么是数字检察、怎样加强数字检察，还存在从理论到实践、特别是理论和实际衔接的难点，依托智慧检务理论探索数字检察从思想理念、技术实现再到模型构建还存在研究空白。更为重要的是，法律监督与数字检察底层逻辑关系不明晰，导致监督信息捕捉、数据挖掘技术运用、大数据分析结论应用等模型构建和系统实现的基础性作用得不到充分发挥。

（二）数字检察建设过程中的系统性问题

在数字检察工程建设过程中，基础性和首要性的任务是实现监督要素的抽取与赋权，进而形成逻辑图谱，从而为监督数据模型设计和原型系统开发奠定基础。从实践来看，目前只是针对结构化的数据展开，处理方法相对单一，只能通过最基本的运算得出一般性的趋势和规律，缺乏对数据的深度分析，尤其是无法对主要指标和数据进行深度解读，达不到大数据时代数据挖掘的最根本技术特征要求，也就是说，传统的一般性的趋势分析与现代数据深度分析之间的结合还缺乏一个必备的“桥梁”和“纽带”。

（三）数字检察建设过程中的规范性问题

浙江等地采用的是“自下而上”采集大量数据，通过数据挖掘技术找到数据之间的关系并建立模型的方式，不预先设定具体的研究目的或方法，也不选择关联关系和假设前提，这种以数据为先导的方式颠覆了传统的“自上而下”的数据统计研究范式。目前，山西省采用的也是这种方式。但这种方式也存在某些不足：各厅局业务数据格式不统一，数据标准不规范，数据边界不明确；另外，还存在运用共享平台交换数据的有效机制没有形成、数据共享不充分的问题。

（四）数字检察建设过程中的诉源治理问题

诉源治理是国家治理体系、治理能力的重要体现，是检察机关依法能动履职最突出的体现。检察机关的“诉源治理”，是指检察院对纠纷预防及化解所采取各项措施、方式和方法，使潜在纠纷和已出现纠纷的当事人的相关利益和冲突得以调和。检察机关通过能动履职开展诉源治理，就是在监督办案过程中，利用大数据思维，针对个案、类案发生的原因，见微知著，通过多种方式，促进防范相关案件反复发生和社会矛盾的产生，实现治罪与社会治理并重。传统的诉源治理问题主要表现在监督方式被动性、碎片化、浅层次，在监督办案方面促进治理的力度、广度、深度具有局限性。而大数据法律监督在诉源治理方面能够主动发现批量监督线索，更加精准发现类案背后的系统性、链条性治理漏洞，通过制发检察建议、专项监督等，与相关职能部门一体提升执法司法科学管理水平，从而促进从顶层设计、健全机制、堵塞漏洞，实现前端治理、治未病。在数字检察建设过程中，数据贯通与系统融合是诉源治理的关键问题，通过实现各监督系统之间的数据贯通与系统融合，才能从整体上实现监督的系统性目标，进而在现实监督工作中实现对各监督机制功能的整合，从而达到坚持系统观念、运用系统方法，以系统施治、标本兼治的理念贯通监督、凝聚合力的监督目标。通过大数据法律监督强化检察监督必须注重源头治理，以有力配合、更实监督促办案质量提升。

二、数字检察建设的基本思路

习近平总书记指出，“领导干部要提高战略思维、历史思维、辩证思维、创新思维、法治思维、底线思维能力，善于从纷繁复杂的矛盾中把握规律，不断积累经验、增长才干”。[①] 推动新时代检察工作高质量发展是一项复杂的系统工程，必须深入探寻其中蕴含的普遍规律和阶段性特点，不断增强工作的预见性、主动性、创造性。在数字时代，以“数字革命”驱动新时代法律监督提质增效，推动数字检察建设具有重要理论意义。利用信息化手段，推进法律监督广度扩展，努力实现法律监督无处不在，让法律监督对象感觉到监督无所不知，形成有力震慑；坚持大数据思维，促进法律监督深度延伸，挖掘社会治理根源，填补制度漏洞，扎紧制度笼子；构建分析模型集，着眼监督效度提升，让监督先行一步，形成监督预判，筑牢数字检察思想堤坝，让检察官高质效办好每一个案件。

（一）立足大局大势，以政治思维实现数字检察科学发展

检察机关是政治性极强的业务机关，也是业务性极强的政治机关，数字检察建设也必须坚持讲政治与抓业务相统一。要坚持一切检察工作首先“从政治上看”，坚守政治机关定位，把政治建设摆在更加突出的位置；带头旗帜鲜明讲政治，带头提高政治判断力、政治领悟力、政治执行力；把讲政治贯彻到检察工作各方面、司法办案各环节、服务发展全过程，以有力的检察履职捍卫党的全面领导，厚植党的执政根基，提高把握新发展阶段、贯彻新发展理念、构建新发展格局的政治能力。要一体推进政治建设与业务建设深度融合，教育引导干警自觉从政治高度认识和处理业务问题，让业务工作更

① 参见2019年1月21日习近平在省部级主要领导干部坚持底线思维着力防范化解重大风险专题研讨班开班式上的讲话。

深更实体现政治要求，通过办案最大限度实现政治效果、社会效果、法律效果的有机统一。大数据法律监督平台服务于“四大检察”，注重发现问题，为法律监督工作提供问题线索，为检察工作提供科技支撑和方向性的意见建议，推动案件查办由经验驱动方式向经验与数据双驱动方式转变。把促进治理体系提升、发现问题作为关键功能，探索构建各类模型，通过发现问题，将大数据法律监督植入主体部门权力运行体系中，努力发现制度漏洞，把监督保障工作抓到底、抓到位，着眼于政治监督、日常监督和权力运行的制约监督，既注重专项治理，又关注总体工作，运用各种数据分析比对模型，以发现问题为突破口，督促主责部门落实主体责任，优化权力运行体制机制，推动形成治理体系和治理能力提升的监督闭环。

（二）强化体系结构，以系统思维推进数字检察创新发展

数字检察工程建设要树立系统观念、要有创新思维、要培养一批有互联网思维和大数据技术能力的专职检察干部队伍，以更加积极主动和科学理性的方式，提出检察数字化建设的新思路新路径，构建完善底层监督要素系统；推进法律监督体制建设，将涉及跨部门、跨领域、跨地区大数据信息进行统一整合，打破“数据壁垒”和“信息孤岛”，实现检察机关数据的全方位、多角度采集，确保检察机关对监督对象信息全程跟踪，从而确保法律监督全覆盖目标实现。进一步深化数字检察建设，必须突出系统施治、协同高效，突出法律监督的贯通融合，按照系统思维，在数据层面解决数字检察推进深化拓展中存在的系统不健全、措施不配套、制度不衔接、工作不协调等问题，将发现问题、解决问题贯穿法律监督全过程，构建“监督—发现—解决—治理”的实时跟踪督办体系，强化各个监督主体的协同配合，当好发现问题的“探头”，实现上下统筹、联动推进、同向发力的目标。法律监督的贯通融合机制构建必须强化系统思维、把握科学方法、落实实践要求；必须坚持系统施治、深化标本兼治，做实以案促改、以案促治；必须深入探寻其中蕴含的普遍规律和阶段性特点，不断增强工作的预见性、主动性、创造性；必须坚持系统施治、标本兼治的“一盘棋”理念；必须注重发挥组织作用、系统优势，增强工作整体性、协调性，加强省、市、县检察机关上下联动，在互联互通中乘势借力、在整合力量中推进实施。发展数字检察必须要拓宽

视野，坚持系统思维，在创新建立大数据法律监督实验室方面，联合有实力高校合作建设大数据实验室成果研究转化基地，高校负责提供实验室所需的研究场所、仪器设备并遴选政治上可靠、熟悉检察业务的信息化人才组建技术团队，形成研究成果本地转化推广的合作模式，打造全国顶尖的大数据法律监督“智库”。

（三）规范数据治理，以法治思维谋划数据目录的标准化建立

检察机关作为法律监督机关，更要强化法治思维，自觉践行习近平法治思想，牢固树立法治意识、程序意识、证据意识，坚持运用法治思维和法治方式履行职责。立足具体案件领域发现问题，建立、量化数据指标体系，建立制度明确划定数据接入范围、信息资源使用边界，通过比对发现异常指标，获取问题线索。在数据获取的方式中，应切实树立依规依纪依法的数字检察工作理念，在确保程序和实体全部依法合规的前提下，通过制定数据采集目录清单，注重信息资源按需接入，批量交换、动态采集、服务接口等多种方式汇聚各省直部门的权力运行数据。目前最高检已经下发了《检察机关共享执法司法信息需求清单》，该清单的下发为数据目录的标准化奠定了一定的基础。基于此，数字检察数据目录的标准化建设要以业务为主导，检察官要在办理案件的基础上，形成可行性的数据目录，特别是在具体案件领域中一要学会发现问题，二要建立、量化数据指标体系，三要建立明确的制度，四要划定数据接入范围、信息资源使用边界，通过比对发现异常指标，获取案件的问题线索。在建立完善的法律监督领域数据提取机制方面，要利用现有数据进行分析研判，规划、建构一套综合性强、在诸多环节发挥作用且相互配套的数据链条，整合涉及公安、法院、司法、交通、环保、水利等跨部门、跨领域、跨地区的数据，进一步打通多部门数据壁垒，实现多部门数据标准化。数字检察数据目录建设的关键在于从业务规范中抽取检察系统的核心要素，在实现检察要素定义和计算逻辑体系数字化的基础上，形成可行性的规则运行机制；进一步拓展和深化，设计开发出基于数据收集、管理、监测和评估为一体的数字检察监督系统；针对社会治理的薄弱环节和重点领域，设置信息化、规范化的防范系统；对收集到的信息资源进行汇总、综合、分析和反馈，通过设置精确的数值表现和预警指标，同步开发检察法

律监督核心要素系统，并通过已有的专项数据和数据模型进行验证监督要素系统的规范性，从而进一步提高检察工作的科学性、前瞻性和预判性。

（四）优化数据模型，以数据思维强化数字检察通用性应用

我们要善于利用信息化手段提升专业化水平，坚持以案破题、以案促治，通过检察内部数据、外部数据共享，利用大模型的思路不断升级技术，精准发现问题，服务法律监督的落实，整改优化检察业务全流程，形成比较完善的社会治理体制机制。在实践过程中，要以数据为核心构建“自下而上”的数据分析模型，简化抽象实体原型，并用适当规则标注其主要特征，发挥数据分析在实践中的作用，实现数据模型通用性，对法律监督行为进行数字化处理。针对公益诉讼开展的重点领域、关键环节，积累实战经验，梳理归纳出通用模型，继续深入分析、构建更多模型、强化各项保障，贡献各类模型，发挥检察组织作用和系统优势。对检察规范体系中的复杂要素进行指标体系设定，将法律监督的监督要素划分为目标层、指标层和准则层三级指标体系，并组成网状结构的监督要素模型。全面梳理和分析法律法规，明晰不同层级要素之间横向相互影响、纵向相互制约关系。将文本性的规范体系转化为系统抽象和体系明晰的架构体系和谱系结构。在具体指标设计过程中，指标的选取必须以未来系统实现的复杂程度作为衡量标准，并以能否有效量化作为操作依据。

（五）坚持科技创新，以创新思维推动数字检察行稳致远

科技创新的核心是推动科学技术的现代化。现代化的科学技术不是单纯侧重研发投入，更强调高质量的协同创新、自主创新和产业化创新。“十四五”规划指出要“坚持创新在我国现代化建设全局中的核心地位，把科技自立自强作为国家发展的战略支撑”，将人工智能、量子信息、集成电路等前沿领域纳入国家重大科技项目体系。要强化创新思维，打破迷信经验、本本和权威的惯性思维，破除因循守旧、思想僵化、形式主义和无所作为，因时而变、顺势而为，积极探索、大胆实践，与时俱进推动检察工作理念思路、体制机制、方式方法的变革和创新。建设数字检察贯通融合机制，

就是要在对各类监督的主体要素体系、客体要素体系、程序要素体系、要素系统优化等方面进行全面分析的基础上，整合检察内部监督数据，引入外部监督数据，建立常态化数据交换工作机制，运用信息化手段特别是大数据技术将各类监督数据贯通融合，形成规范、制度、衔接、协同、创新、服务的运行机制，着重从技术新、模型准、数据全、促治理、智能化等方面推动融合机制建设。推动各项监督统筹衔接、贯通融合，有效实现法律监督全覆盖，使法律监督体系融入国家治理体系，推动制度优势更好转化为治理效能。强化对权力运行的有效监督，必须有创新思维，如山西省数字政府基础数据平台按照数字政府规划“五个一”的要求建设，已经形成大平台共享、大数据慧治、大系统共治的顶层架构，横向厅局全覆盖，纵向省市一体化管理，促进数字经济发展。基于数字政府规划“五个一”的要求，打造山西省检察机关的大数据法律监督技术底座。在此基础上，还可以创新发挥业务部门需求主导和技术部门技术牵引作用，把监督贯通融合机制打造成贯通业务全流程的监督业务主要抓手。

（六）夯实数据安全，以底线思维筑牢数字检察的基础底座

要强化底线思维，时刻保持如履薄冰的谨慎、一叶知秋的敏锐，坚守政治高线、固守责任防线、严守安全底线。安全保密始终是信息化工作的生命线，要不断强化网络建设和管理，在严格落实涉密信息系统分级保护和网络安全等级 2.0 标准保护要求的前提下，建设安全保密防护体系，强化管理责任，推动外网承载非涉密重要应用，技术上实现对网络窃取、网络攻击、非法访问、拖库行为的防范预警。同步推进数据安全、数据保密工作，内控上实现对越权查询、越位查询、擅自查询等违规查询行为的快速发现和阻断，实现有效防范盗窃、篡改、泄露信息等行为，确保系统运行安全和数据使用安全。在完善技术防护的基础上，强化信息安全综合防护，提升整体安全能力，健全整体保障体系；牢固树立“堡垒最容易从内部攻破”的意识，强化内部管理和内控机制建设，加强对外来人员管理，强化对合作企业和人员的安全教育和保密管理，积极探索建设运维监督制衡机制，坚决杜绝“斯诺登”式泄密事件的发生；定期开展安全保密检查，完善态势感知、监测预警、风险评估、应急处置，在网络安全前提下推动检

察工作高质量发展。

（七）理论结合实际，以逆向思维夯实数字检察实质化运行

在数字检察建设中，进一步探索构建起数字检察的数据结构体系，探索设计数字检察的模型算法，探索开发数字检察的要素系统，进而逐步构建起数字检察运行体系，对推动检察工作的高质量发展具有重要的现实意义。要采用科学的方法，逐步构建起良性互动监督模式，形成“承办人发现个案监督线索→启动分析研判→快速构建类案监督模型→数据归集→实施监督”的闭环管理机制，引导检察官提升类案监督意识，使“能发现监督线索是真本领”这个导向更加鲜明。推进审查、调查、侦查深度融合，监督模型筛查出的线索，各条线要及时分级进行审查、调查，对可能涉及司法工作人员职务犯罪线索的，要主动邀请自侦部门参与审查，并共同协作开展侦查，从而发挥各自业务专长，实现跨部门联合办案，提升法律监督的实效。同时，模型发现线索的“三查”情况又可以反向审视模型构建的科学、合理性，不断对数据字段和规则予以调整完善，更充分发挥监督效能，使检察权的运行在大数据法律监督引领下发生系统性变革。基于此，着重围绕将法律监督由“经验”模式转变为“数据＋经验”模式，以数据化分析提升法律监督合力，数据化监督催生“法律云监督”，构建起“数字检察＋”的理论体系架构，逐步建立并实现法律监督衔接机制，形成数字检察的目标体系、监督体系、要素体系、知识体系和治理体系的理论和实践闭环。

三、数字检察建设的实践路径

建设数字中国是数字时代推进中国式现代化的重要引擎，是构筑国家竞争新优势的有力支撑。数字检察在数字中国建设的框架下，更要坚持改革创新，不断提高检察工作的理论思维、战略谋划、精准落实水平，以稳促进、以进固稳、行稳致远；坚持发挥组织作用和系统优势，注重发挥组织作用、系统优势，增强工作整体性、协调性，在互联互通中乘势借力、在整合力量中推进实施。数字检察是一项跨专业、跨领域的工作，既要有业务的“导航”，也要有技术的“驾驶”，绝不能将大数据法律监督停留在技术层面。

业务人员要熟悉建模的算子、算法等技术问题，技术人员也要了解案件审查等业务流程，着力改变检察官与技术人员“两张皮”现象，二者要共同研究和构建模型，尽快培养锻炼一批懂业务也懂技术的复合型人才，努力率先突破、率先成势，才能不断激发数字检察的动力、活力。在数字检察建设过程中，要强化辩证思维，明辨现象和本质、形式和内容、偶然和必然，把握事物发展的必然规律，抓住主要矛盾和矛盾的主要方面，确保各项工作统筹协调有序推进。山西省人民检察院开展的数字检察集中行动的“8+N”个专项、八个模型是落实全国会议的骨干措施，起着以点带面的重要作用，专项行动开展得越好，落实最高检部署的成效才会越显著。专项行动所取得的经验，也可以为全省各级院的数字检察工作提供有益参考。因此，各条线要加强调研工作，注意收集、总结工作中好的经验，培养、挖掘促进解决社会治理深层次问题的典型案例，使工作成绩得到充分的展现，促进全省数字检察建设的全面启动。

（一）以法律监督模型建构为立足点

以“模型化”方法对一项传统理论进行加工和改造，应当在模型工具与法律运行对象结合上找到切实可行的基点或接口。从社会科学研究的一般规律看，模型和对象的真正整合并非易事，模型和数据的整合则更为困难。对数字检察及其运行机制的模型化构建是一个系统工程，每一个关节都是紧密相连的，每一个细节都将成就检察权运行体系的和谐与完备。因此，在数字检察这项系统工程建设过程中，必然需要高度重视检察权运行机制的“模型化”问题，从而实现以“模型化”带动“数字化”建设的基本目标。

1. 突出重点，以“关键模型”带动数字检察体系化建设

加快推动数字检察建设从“数量驱动、个案为主、案卷审查”个案办理式监督到“质效导向、类案为主、数据赋能”类案治理式监督的监督模式变革。特别是关键业务领域的模型开发，通过确立重点业务环节的数字化时间表，推动形成以关键模型开发与应用为切入点的数字检察建设总体思路。例如，山西省检察机关深化运用“解析个案、梳理要素、构建模型、类案治理、融合监督”的大数据检察监督路径，着力实现“一域一点突破、全省应用推广”；在服务大局的热点焦点、执法司法的突出问题、社会治理的薄弱

地带、公共利益的弱项短板方面，通过重点模型的开发与应用，力争发现一类问题、办成一批案件、促进一域治理，实现法律监督整体提质增效，全面提升检察服务经济社会高质量发展，助推社会高效能治理，守护人民高品质生活的工作实效。

2. 突出实效，以“核心算法”赋能数字检察应用化建设

与传统文本逻辑的分析方法不同，模型化的分析模式能够将原型的本质属性和基本特征以更加纯粹化和系统性的形式表达出来，而究其本质依然还是一种“去语境化和再语境化”的过程。这种处理模式与传统分析方法的最大不同就在于以算法对数据的处理，代替了逻辑对概念的分析。因此，在模型设计过程中检察权运行的核心算法体系的设计与开发工作就成为重中之重。目前，各地检察机关模型开发主要集中于数据的处理与分析阶段，对于算法本身的研究还处于探索阶段。在未来数字检察建设过程中，其难点和重点也将集中于构建符合中国特色检察权运行机制的算法体系建设环节，因此需要各级检察技术部门未雨绸缪，加强相关问题的预研力度，确保在重点算法设计中取得技术突破。

3. 突出融合，以“数据整合”衔接数字检察协同化建设

各级检察机关要抓住运用模型方法推进法律监督全面深化变革的契机，针对关键业务环节监督多跨场景，既要善于从政务数据共享交换平台、政法跨部门大数据办案平台、行政执法与刑事司法信息共享平台及多跨场景中连接数据，又要充分挖掘检察机关内部数据，积极借鉴先行实践单位总结出的好方法和好经验，通过数据整合的过程提升数字检察的整体性发展格局。特别是要强化检察一体化履职理念，上下级检察院要统筹数据资源运用，形成监督合力。各业务部门在运用大数据中，既要加强协作配合，也要敏于发现其他检察业务问题线索，通过模型化的不断发展完善促进各项检察业务的实质性融合。

（二）以行政检察监督为突破口

行政违法行为在行政权行使中，对公民权利的影响最直接、最重大，检察监督的必要性十分突出。党的二十大提出“强化行政执法监督机制和能力建设”“加强检察机关法律监督工作”。2021 年《中共中央关于加强新时代检

察机关法律监督工作的意见》提出检察机关“在履行法律监督职责中发现行政机关违法行使职权或者不行使职权的，可以依照法律规定制发检察建议等督促其纠正”，并提出加强检察机关信息化、智能化建设。这与党的十八届四中全会的提法一脉相承，为检察机关开展行政违法行为监督提供了依据，将检察机关的法律监督范围从诉讼领域向诉讼领域外拓展，丰富了检察权的内容。

1. 行政检察监督的现状

近年来，各地检察机关重点围绕环境污染、食品卫生、公共安全、土地管理等群众关切、易引发社会矛盾领域中的行政违法行为，探索开展多层次、多领域的专项监督活动和试点工作，办理了一批行政违法行为监督案件，取得了显著的社会效果和法律效果。一些省市通过规范性文件、地方性法规，对检察机关监督行政违法行为的相关内容作出明确规定，力求监督有据。例如，浙江省委、山东省人大常委会制定违法行政行为检察监督工作实施办法，明确了检察机关监督范围、监督方式、监督手段等内容，并将行政执法机关整改落实情况、支持配合检察监督等情况纳入行政执法机关年度考核评价体系。在地方党委人大的领导和支持下，检察机关以人大决议为依据，积极探索开展对行政机关行政违法行为的法律监督工作。目前，大数据系统应用成为各地执法监督工作的集成路径，不少省份建设应用了大数据执法监督系统，执法监督工具的平台化、智能化和多元化成为趋势；并且基于算法演进和自动化决策等技术进步使得智慧化的执法效能评估和对行政执法决定的合理性裁量成为可能。监督数据主要来自监督对象自身电子政务系统生成的数据，向相关单位查询和提取的数据，抓取的数据，各平台收集的群众反映、举报、投诉的数据等。为适应行政检察发展面临的新机遇与新挑战，吉林省检察院和吉林省长春市检察院借助大数据和人工智能技术，研发了行政检察大数据应用平台，该平台可以实现行政执法与行政检察信息共享，强化了精准监督，节省多项成本，确保了监督工作的准确性、实效性。目前该平台已在吉林省三级检察机关全面推广应用，并在甘肃、四川、江苏、内蒙古、黑龙江、辽宁等地部分检察机关推广应用。

2. 行政检察监督的履职行为

行政违法行为检察监督是对履行法律监督职责中发现的行政机关违法行

使职权或者不行使职权的监督，这里“履行法律监督职责”不等于“检察办案”，具体可包括：（1）检察机关在办理行政诉讼监督案件或非诉执行监督案件中发现；（2）检察机关在服务大局、走访调研中发现；（3）检察机关受理当事人申请或控告；（4）检察机关在参与社会治理中，通过参加专项治理活动、参与多元矛盾纠纷化解机制发现；（5）刑事检察、民事检察、公益诉讼检察或其他部门移送线索；（6）检察机关在与行政机关建立和运用信息共享、案件移送等机制中发现；（7）检察机关在主动运用“两法”衔接平台中发现；（8）国家机关、社会团体和人大代表、政协委员等转交的；（9）新闻媒体、社会舆论等反映的。这里“履行法律监督职责”是否等于“检察办案”，需要进一步探讨以明确线索来源渠道。

3. 利用大数据开展行政违法行为检察监督存在的问题

行政违法行为检察监督主要致力于改变行政管理中的潜规则、暗规则等各种问题，并达致诉源治理、系统治理的目标，这是对检察机关在国家与社会治理体系架构中的角色重塑和力量彰显。大数据技术赋能行政违法行为检察监督是将大数据思维和技术运用到行政违法行为检察监督中，以数据为主导、综合运用数据挖掘、智能筛查、数据预判等手段开展穿透式、精准式监督，以提升监督质效。与传统行政检察监督不同，利用大数据开展监督可以对行政违法行为进行过程监控并及时预警，并从大量数据中分析研判出异常行为，从而有利于检察人员快速发现问题线索，及时回溯时间点固定电子数据证据。大数据技术赋能行政违法行为检察监督是检察机关以大数据为动能，促进检察力量深度参与社会治理，为推进国家治理体系和治理能力现代化，为法治社会建设贡献检察智慧、检察方案的探索创新。

结合行政检察监督的现状，利用大数据开展行政违法行为检察监督存在的问题，主要有系统建设不充分，未实现有效全覆盖，数据整合利用不充分，监督成本较高，制约检察监督质效。目前大数据在行政违法行为检察监督中的运用主要集中在一些地区、部门的试点上。一些“大数据”监督系统仅具有查询及简单的数据分类、统计功能，不能真正形成数字化并进行自动的关联分析，不能体现出自动化、智能化。一些系统可用数据缺失、不全面，系统不具有开放性或兼容性。数据库之间并不互联互通，不能整合数据资源进行分析，难以形成对行政权力异常运行的预警。一些系统在设计时以部门业务模块为基础而非以数据的筛选、挖掘和利用为基础，导致数据失去其标识特点，在法律依据或业务变更时，难以根据变化调整功能。部分信息仍系经筛选后传送，存在信息失实的可能；部门之间存在权力的博弈，不愿共享信息。在司法实践中存在运用大数据技术开展行政检察监督存在电子数据取证难、法律适用不规范、可视化展示不充分等问题，同时大数据也存在局限性，即不能穷尽现实的行政行为的一切可能性，大数据所取得的各类数据，仍然需要经过线下的依法调查程序予以查证核实才具有证据效力。从理论方面来看，目前学术界对大数据在行政违法行为检察监督中的局限性研究不充分，大数据作为重要的监督手段之一，对其性质、地位的准确定位及大数据监督手段与传统监督方式如何协同的研究仍缺乏深入探讨。

4. 行政检察监督的工作方法

大数据对行政违法行为检察监督能起到提高监督效能的作用，对行政违法行为检察监督变人力监督为数据监督、变事后监督为过程监督、变被动受理为主动出击，进一步压缩行政权力寻租空间，及时发现问题线索。其主要作用有：一是降低运行成本与管理成本。相较于依赖“人工操作”的传统监督方式，大数据在提高监督效能方面可以突破客观条件限制及信息壁垒，消除空间、时间方面的限制，实时收集分析数据，克服传统监督消耗时间过长、人力物力不足、信息少且难以获取的难题。利用大数据监督，形成“数据—人、事”的流程，较传统的“事件发生—调查—获取数据—查证涉案人、事”的流程，省去了违法行为从发生到察知的时间以及查阅资料等大量的初核和取证环节。传统行政监督技术先有调查行为后查找相关信息数据，而大数据监督，将现存的分散的数据进行数据关联，后者具有较高的行政监督效率，改变了原来靠群众举报和明察暗访发现问题的监督模式。二是保持监督的相对独立性和客观性。使用大数据，跳过人工收集、查证环节，使监督者直接与有价值的数据乃至证据发生联系。通过将监督活动放到大数据检察监督系统中运行，实现监督活动与监督人员的隔离，还可以通过计算机技术和权限设置，减少人为操作的环节。三是促进信息共享、公开。通过大数据，可以消除各部门之间以及行政部门与公众之间的信息壁垒，促进信息交流互通和公开，整合监督资源，提高协同效率。四是监督的科学化管理。让事后监督变为可操作、可实现的实时监督、动态监督。通过对异常数据的分析，及时查知异常行为，为行政权力运行及公务活动中可能存在的违法行为进行预测、预警，及时开展风险防范及趋势预测。五是促进行政违法行为检察监督的“标准化”。在司法实践中，存在法律适用标准不统一、监督范围不明确、操作程序不规范等问题，阻碍着行政检察监督高质量发展。运用大数据技术解决行政检察监督过程中电子数据取证难、法律适用不规范、可视化展示不充分等问题，辅助检察办案人员精准办案，提升行政监督案件法律适用的一致性，确保所作的行政检察监督行为合法有效，并促进检察法律监督由个案监督向类案监督的转变。

5. 行政检察监督的实践路径

传统监督技术与大数据监督方式各有千秋。大数据只是检察监督采取的一种新的技术手段和工具，并不能穷尽现实的行政行为的一切可能性。大数据获取的各类数据，仍然需要经过线下的调查程序予以查证核实才具有证据效力。在行政检察监督过程中，要以问题为导向，分析问题产生的原因，以大数据和行政违法行为监督的基本理论为基础，总结省外先进制度、实践经验，现结合山西省的实际情况，提出促进与提升大数据在行政违法行为检察监督中的作用方法与路径：

（1）突出理念转变。从行政机关到检察机关都应该经历一场思想革命与观念转化。要推动每一位检察人员都自觉朝着既懂检察业务又懂数字化改革的复合型发展方向努力，破除法律监督工作的传统思维定式和路径依赖，以数字检察的新思维新理念打开检察官思想认知和能力发展的新空间。行政机关应当建立起主动接受检察监督、配合检察监督的观念，并从内部推动行政执法行为的数据化。检察机关应更加主动地发挥先进理念的传导作用，提升对检察大数据战略的认识，感受运用大数据筛查、比对、碰撞，高效发现深层次监督线索的优点，激发使用大数据开展行政违法监督的工作积极性，主动锻炼发现异常数据的本领，在监督业务能力提升上实现超越。

（2）突出监督定位。对行政违法行为的检察监督应当准确定位。在行政违法行为的监督体系中应区别于行政监督等其他主体的监督，即明确行政违法行为检察监督的性质、地位与目的，其性质、地位决定监督原则，目的决定具体任务即工作范围。检察机关的法律监督，是严密的法治监督的重要组成部分。在对行政权运行的监督体系中，行政监察、复议均是内部监督机制，舆论、网络、群众监督对其没有强制约束力，审判监督对象只限于进入诉讼程序的行政行为，而检察权作为主动积极的公权力，发挥监督作用的空间比较大。由此，在国家治理体系和治理能力现代化的进程中，行政检察与法治政府不再是两个相互分立平行的系统，依法治国和国家治理对检察权功能提出新需求。检察制度的社会政治功能日益突出，特别是党的十八大以来检察职能的调整，比如赋予行政违法行为检察监督的职能，符合国家与社会需求。

（3）突出监督体系。行政违法行为检察监督在行政权监督体系中要找到合适的定位。行政权监督体系由多元主体构成，各项监督制度均有其优势。法律监督并非全能型监督，要尊重其他监督机关职权的行使和职能的发挥，并尽可能依托其他监督机制和行政系统内部监督机制发挥作用，在其他各种外部监督和内部监督方式不能或难以发挥预防、制止和纠正行政违法行为的情况下，秉持谦抑有限理念，根据相关法律、法规、政策性文件明确授权才能开展“特定监督”。当前，山西省检察机关开展行政违法行为监督工作尚缺乏直接的法律规定，需出台相关地方性立法，规范该项工作的监督范围、方式、程序、法律后果、保障机制等，并在监督路径上将大数据方式写入其中，解决法律依据问题。同时，要科学测算行政违法行为监督新增工作量，提前谋划，落实“有专人干”的基本要求，补充精通大数据的专业人才，增强从事大数据行政违法行为检察监督的人员力量。

（4）突出平台建设。以大数据开展行政违法行为的检察监督，关键是建立检察机关与各行政机关之间的协作关系，建立数据共享平台，解决行政执法行为数据化的问题。行政违法行为检察监督在数字化探索过程中，可以依托刑事司法与行政执法的平台，从刑行衔接的大数据中发现问题线索，以刑行衔接作为突破口，不盲目扩张监督范围。借鉴吉林等地充分利用大数据、云计算、人工智能等现代科技手段，研发山西省检察机关行政检察大数据应用平台。在数字化改革中，行政违法行为检察监督可以探索跨场景融入行政复议阶段，目前行政违法行为检察融入行政复议具有现实可行性，以 12309 检察服务中心入驻矛调中心为契机，利用好矛调中心大数据，拓展行政违法行为检察监督的线索渠道，及时监督，化解矛盾。

同时进一步推进数字赋能，要充分运用大数据法律监督思维，通过推进数字行政检察，建立反向衔接法律监督模型。通过碰撞分析不起诉后需要给予行政处罚的刑事案件线索和既有的行政处罚信息数据，在发现有疏于行政处罚的案件线索时，要及时移送相关线索、及时督促有关行政执法机关依法履行法定职责。要充分利用好现有的联席会议等制度，定期向行政执法机关通报反向衔接情况，移送反向衔接案件的司法机关与接收案件的行政执法机关应就有关案件是否应当作出行政处罚以及反向衔接中存在的其他具体问题及时进行沟通探讨。

（5）突出机制建设。行政违法行为检察监督在实践运作中，还需要建设、完善相关的工作机制，为其提供机制层面的保障。一是建立案件化办理机制。将监督过程中的线索研判、受理立案、调查核实、审查终结、提出检察建议、后续跟踪等各个环节都纳入办案系统，由系统生成相关法律文书和工作文书。案件办理中实行司法责任制。二是完善检察一体化机制。完善内部线索移送、统一办理机制。基层院刑事、民事检察业务中发现的行政违法线索或社会治理问题，可交由行政检察办案组办理，市级院可由各部门办理后交由行政检察部门送达，逐步实现行政违法监督“一个窗口”对外，增强行政检察的权威性和专门性。三是健全完善外部协作配合机制。充分利用当地的矛盾纠纷多元化解机构和机制，加强与各方的配合与协作，在发现线索、共同纠违方面发挥合力。加强与行政机关的联系沟通，扩大与行政机关之间的机制建设，共同促进法治政府建设，实现双赢多赢共赢。加强与纪检监察机关衔接，对于行政违法行为检察监督中涉及行政人员违法犯罪的线索及时移送。

（6）突出法治规范。以法治化规范智能化，保障大数据对行政违法行为检察监督作用的有效发挥。大数据应用于权力监督需要以制度建设为条件。人工智能的不透明性、内部性使监督漏洞更具有隐蔽性，应当建立相应的法律制度，对人工智能算法决策在行政规制领域的运用加以合理约束。运用人工智能创新和完善行政执法监督，必须防范因数据收集使用不规范造成的数据风险，因算法不透明、不准确、不规范造成的侵权风险，以及因平台建设进程不稳定、维护保障不持续、各级平台不互通带来的技术性风险和系统闲置风险。一是系统建设规则，明确行政执法监督平台“搭建—互通—维护—追责”全流程的职责分工和履责方式；二是建立数据管理规则，包括执法数据收集处理规则、数据质量标准、数据安全保护规则，以及数据分级分类共享规则；三是建立算法规则，包括基于算法嵌入行政活动的背景重构政府信息公开规则，基于公众参与原则进行算法影响评估，对算法自动化决策适用范围进行明确赋权，确立对算法模型的合法性审核规则，以及加强在算法自动化决策场景中行政相对人解释申辩权的制度保障等；四是建立程序标准化规则，包括执法监督权责清单的标准化、文书制作标准化、案件处理流程标准化、自由裁量标准化等。结合专项监督工作需求，探索研发满足监督业务关系图谱分析法、数据叠加分析法、数据规则分析法、数据碰撞分析法、行权痕迹分析法，建立规则模型，设计专利算法。

（7）突出技术赋能。滥用行政权、发生行政违法行为的结构性根源之一是信息不对称、监督不到位，应当以技术制约权力。技术可以赋能治理创新的根本原因在于降低了治理过程中的信息不对称性；信息技术的发展使得实践中可以运用大数据来分析和识别行政违法行为，提高监督工作的有效性，因为随着大数据技术的发展，政府权力运行的每一个细节、每一个领域都可以实现数据化。数据去中心化方可实现有效监督。大数据系统平台将个人行为数据与行为标准化数据比对，就能及时发现异常情况以及可能的枉法行为。建立“制度—技术”双轮驱动的权力监督方式。大数据通过将权力行为标准化、数据化以固化权力行为流程、规范权力行为标准，利用信息设备采集、汇集行为数据，实时进行数据的比对分析，及时、准确掌握权力行为状态和异常情况，实现对权力的实时监督。当然不是所有的权力都可以标准化、流程化，进而技术化、数据化的，这是大数据监督的局限性。

（8）突出理论先导。理论是行动的先导，在改革过程中，结合检察机关开展探索的具体情况，围绕大数据与行政违法行为检察监督，进一步加强基础理论的研究和实践经验的总结，促进大数据下行政违法行为检察监督的实践创新，为改革提供有力的理论和智力支持。有研究成果提出构建可视化行政检察监督平台，即运用大数据技术对行政执法机关数据进行聚类比对、量化分析，挖掘行政执法机关履职异常数据，并进行全过程可视化展示，实现从事后监督向事前、事中“行政行为看得见”的实时监督模式转变，实现从个案办理式监督向类案治理式监督的转变。基于大数据的行政违法行为检察监督是以法律监督为本位和目标，其优势与特色在于类案监督和诉源治理。以研发异常类案的算法模型开展类案监督，在纠正类案的基础上，归纳整理其所反映的既有法律制度的内生缺陷，或反映出的普遍问题，然后提出关于社会治理的专门方案。

（9）突出线索研判。在数字检察建设过程中，要建立线索研判机制，对于发现的线索只能称为案源，能否成为案件，尚需检察机关进行研判。检察机关对于发现的线索进行初步研判，分析行政行为是否已经作出，是否属于监督的重点范围，当事人是否存在救济权利，是否存在与行政权、司法权的冲突。通过研判，确定是否受理并开展监督。

第三章

数字检察模型的实现方法

法律监督模型是数字检察在检察履职中的重要应用形式。通过个案办理发现规律性、共性问题，总结归纳特征要素并转化为监督规则，在多元的海量数据中进行数据筛查、比对、碰撞，挖掘类案监督线索，进而开展系统治理。在加强新时代检察机关法律监督工作中，不仅要注重程序上的纠错，更应着力于法律适用存在瑕疵案件的纠偏，检察办案不仅要符合法律条文这个“文本法”，更要符合人民群众感受这个“内心法”，办好事关人民群众切身利益的每一起“小案”，努力做到法、理、情有机统一，切实加强民生司法保障，积极回应民众诉求。然而，数字检察模型的实现方法要从法律监督的制度、诉讼法的程序、数据的提取等方面突破，如从法律监督的制度以及相关实体法中提取核心的证据要素，从诉讼法中提取重点的程序要素，从海量数据中提取关键数据要素，建立证据要素体系、程序要素体系、数据要素体系，形成法律监督“数据湖”，从而实现“提升司法公信力，以司法公正引领社会公正”。

一、法律监督模型的设计思路

大数据深度运用是检察监督办案的时代转型。这种技术发展的突出特点不仅在于对案件信息进行简单的汇总、罗列和比较，还在于应对大量的非结构化数据时，通过专业的数据挖掘与处理技术，对数据的来源、科学性、逻辑性等方面进行判断，进行后期的软件加工和整理，实现检察工作中的信息数据关系，自主建立新的监督关系，通过与监督规范之间的差异性比对，达到法律监督的效果。

（一）法律监督模型的关键环节

大数据本身并不是法定的“证据类型”，大数据转化为证据通常要经过三个环节：汇总数据并进行数据清洗、建构分析模型或机器算法、进行运算并形成分析结论。此外，大数据的获取、固定等，还必须符合刑事诉讼法等相关规定。运用大数据开展检察监督要解决好数据共享和数据处理活动中的矛盾冲突，这种矛盾冲突主要包括两方面：（1）数据处理规则与监督规则的内在冲突。检察机关推行的大数据法律监督，客观上需要打破数据孤岛的限制，以获取更多的数据，检察规定及大数据法律监督实践更加倚重数据的开放、共享、获取、利用与处理。但是，数据安全法、网络安全法、个人信息保护法等法律法规，强调对国家安全、公共利益和个人信息的保护。（2）数据逻辑与法律逻辑的冲突。在将大数据技术运用于检察案件监督时，容易产生一种简单的认知，即数据就是客观准确的法律证据，大数据判断结论就是法律判断结论。实际上，人们难以确保大数据是绝对真实和完整的。虽然大数据技术强调数据获取的"全数据"特性，但任何意义上的"全数据"，都只是在特定时空下和数据有限时的"全数据"。任何数据的公开、共享，本身也只具有相对性。由于数据孤岛、数据壁垒现象长期存在，许多数据无法被真正获取。数据被伪造和篡改、数据来源或者基础信息存在缺失或偏差、算法决策过程不透明、算法逻辑设计不合理等情形也时有发生。因而，大数据算法的应用实践中，难免存在"偏见进，偏见出"的情形，"数据不准确、分析不准确或过度依赖分析结果"都极有可能导致结论错误。即便是真实、及时、有效的数据，其本身也难以直接成为法律上的证据。证据不仅是一组数据、一条信息。数据、信息要成为法律上的证据，必须经受"真实性、合法性、关联性"等方面的法律审查。

（二）法律监督模型的构建流程

数字检察核心要素体系的建成将为发现问题提供相关法律法规依据，提高法律监督工作规范化、法治化水平，实现政治效果、法律效果、社会效果的统一。数字检察是一项跨专业、跨领域的工作，既要有业务的"导航"，也要有技术的"驾驶"，绝不能将大数据法律监督停留在技术层面。在实践过程中，要采用科学的方法，逐步构建起良性互动监督模式，形成"承办人发现个案监督线索→启动分析研判→快速构建类案监督模型→数据归集→实施监督→类案治理→社会治理"的闭环管理机制（见图1），引导检察官提升类案监督意识，使“能发现监督线索是真本领”这个导向更加鲜明。

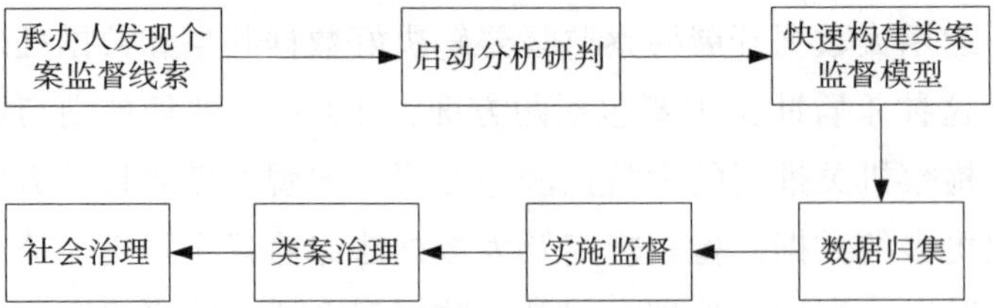

图 1　法律监督模型的构建流程

（三）法律监督模型的要素构建

在法律监督过程中，要不断深化法律监督的要素体系，即法律要素、案件要素、数据要素，从而构建核心要素体系库。现实中各地各部门情况各异，涉及的可能触发相关监督规范情形多样，需要在检察要素的提取过程中，对实体原型进行必要的简化抽象，并用适当的规则将其主要特征标注出来，通过监督要素和行为对象之间量化数据关系的相互关联性匹配，实现对监督行为数字化处理的目的。在实践过程中，要厘清法律监督的法律要素、案件要素和数据要素三者的关系：法律要素是案件要素和数据要素的前提和基础，为案件要素和数据要素提供法律依据；而案件要素是法律要素和数据要素的核心，是从案件的卷宗中提取出相关的证据要素和程序要素，目的是进一步规范案件办理的程序和形成完整的证据链条；数据要素是法律要素和案件要素的支撑，在大数据法律监督中没有数据支撑的模型就是无源之水、无本之木，数据要素在大数据法律监督模型构建中发挥着重要作用。法律要素是从法律条文中提取出的关键核心要素。如根据《刑法》原第一百三十三条之一规定，醉酒驾驶机动车，有血液酒精含量达到 180 毫克 /100 毫升以上的，在高速公路、城市快速路上驾驶的，曾因酒后驾驶机动车受过行政处罚或者刑事追究的等情形之一的，从重处罚。从该条文中，我们就可以提取“血液酒精含量达到 180 毫克 /100 毫升以上”为法律要素，还可以提取“在高速公路、城市快速路上驾驶”等法律要素。案件要素是从案件中提取的关键要素，如“血液酒精含量”“准驾车型”“车辆类型”“查获地点”“行驶路线”“驾驶证号”“车牌号”“交通事故责任”等。2021 年 4 月 11 日 23

时 48 分许，被不起诉人陈某某酒后驾驶一辆宝骏牌小型轿车（车牌号：晋AD6××××）在太原市杏花岭区沿解放北路由南向北行驶至解放北路北中环街口往北 100 米处时，被太原市公安局交警支队杏花岭大队民警当场查获，血液酒精含量为 103.02 毫克 /100 毫升，没有其他从重处罚情节。数据要素是从公安机关、法院、司法机关、行政执法等相关单位获取的数据，如从公安机关获取的刑事案件结构化数据，包括公安机关受案、立案、嫌疑人姓名、案件名称、采取强制措施、移送其他执法机关、终止侦查、移送检察机关等数据要素。以及相关法律文书，行政处罚结构化数据、公民信息结构化数据等相关数据。

二、法律监督模型的监督规则[①]提取

在法律监督平台建设过程中，数据要素[②]作为平台运行全过程的对象性要素，是法律监督制度体系的关键。但是，仅仅具备数据要素，还远远无法达到数字化发展和信息化建设对法律监督平台建设的要求，必须从平台运行层面重新对数据进行组织和处理。如果数据各自独立、互不联系，其中所蕴含的信息价值将无法得到有效体现。只有当监督数据资源按照一定规则与秩序相互联系而形成一定的层次结构时，才能实现认识能力的飞跃。对监督信息进行深入挖掘和再开发，实现数据集基本构成结构性联系的规则性与秩序性，进而获得原始数据要素所不具备的深层次结构性和体系性规律。因此，如何构建完善基于以数据要素为中心的算法模型，成为实现法律监督平台建设的重要内容。更为重要的是，进一步明晰大数据技术与法律监督底层逻辑关系，对于实现信息捕捉、数据挖掘技术运用、大数据分析结论应用等模型构建和系统实现具有重要基础性作用。下文抽取了刑事检察、民事检察、行政检察和公益诉讼检察等部分内容作为大数据的监督方向，进行规则研判及

① 监督规则是根据相关法律规定如何进行监督的过程，如依据危险驾驶罪的量刑依据，包括从轻、从重处罚情节、起诉、相对不起诉等规则，获取犯罪嫌疑人血液酒精含量大于等于 80 毫克 /100 毫升、小于 150 毫克 /100 毫升，或者血液酒精含量大于 150 毫克 /100 毫升。

② 数据要素为从相关系统中获取的核心数据，如“血液酒精含量”“准驾车型”“车辆类型”“查获地点”“行驶路线”“驾驶证号”“车牌号”等。

数据要素分析工作。

（一）刑事检察的部分监督点①

《中共中央关于加强新时代检察机关法律监督工作的意见》明确指出要强化刑事立案、侦查活动和审判活动监督。重点是：及时发现和纠正应当立案而不立案、不应当立案而立案、长期“挂案”等违法情形，坚决防止和纠正以刑事手段插手民事纠纷、经济纠纷。增强及时发现和纠正刑讯逼供、非法取证等侦查违法行为的能力，从源头上防范冤假错案发生。规范强制措施和侦查手段适用，切实保障人权。落实以审判为中心的诉讼制度改革要求，秉持客观公正立场，强化证据审查，严格落实非法证据排除规则，坚持疑罪从无，依法及时有效履行审查逮捕、审查起诉和指控证明犯罪等职责。加强保障律师执业权利法律监督，纠正阻碍律师依法行使诉讼权利的行为。综合运用抗诉、纠正意见、检察建议等监督手段，及时纠正定罪量刑明显不当、审判程序严重违法等问题。进一步加强死刑复核法律监督工作。下文选取以下监督点进行分析：

监督点1：针对公安机关对立案侦查的刑事案件违法降级或撤案处理等案件的监督

数据要素：获取公安机关对犯罪嫌疑人已刑拘或采取羁押强制措施的案件信息，并对照常见罪名立案标准，筛查符合刑事案件立案标准，却被公安机关撤销案件或转为行政案件的数据，以达到规范强制措施和侦查手段适用，切实保障人权的目的。

监督点2：针对公安机关侦查活动前端执法盲区的监督

数据要素：把看守所刑事拘留数据与移送起诉案件数据比对，就可以筛选出刑拘下行政处理的案件。如可从历年起诉书、刑事判决书中筛选出“另案处理”的犯罪嫌疑人（包括网名、绰号、昵称），与检察业务应用系统、公安机关网上追逃对象、全国刑事判决书三项数据进行比对，从而筛选出“另案不理”案件，发现并查办徇私枉法的办案民警。

---

① 监督点是根据法律的授权从法律中抽取出来的监督内容，如醉驾案件起诉量刑或者不起诉监督。

监督点 3：对公安机关受理案件后超过法定时限未作出受案处理决定的案件的监督

数据要素：对照公安机关受案日期等数据，筛查超过规定时限，公安机关无对应案件立案或不立案信息数据。

监督点 4：对公安机关立案侦查的经济类案件，超过时限未能侦查终结（“挂案”），未履行审批程序延长时限案件的监督

数据要素：从经济类案件数据中筛查公安机关立案后未对犯罪嫌疑人采取强制措施，且从立案日期起，超过规定期限未移送审查起诉或者依法作其他处理的数据，同时无履行审批程序的数据。

监督点 5：非法证据排除规则

数据要素：强化书证、物证、证人证言等 8 类证据的审查，特别是对电子证据的分析研判审查，严格落实非法证据排除规则，坚持疑罪从无，依法及时有效履行审查逮捕、审查起诉和指控证明犯罪等职责。

监督点 6：对刑事执行和监管执法进行监督

数据要素：借助社会管理大数据探索社区矫正巡回检察新模式，通过数据收集调取、核查比对、调查甄别、分流处置 4 种方式来开展社区矫正巡回检察。

监督点 7：“两法衔接”线索发现

数据要素：获取行政机关的案件数据，通过对执法大数据的共享和分析，发现有案不立、有罪不究、以罚代刑等问题线索，进而促进依法治理，提升社会治理法治化水平。

（二）民事检察的部分监督点

《中共中央关于加强新时代检察机关法律监督工作的意见》明确指出要精准开展民事诉讼监督。以全面实施民法典为契机，进一步加强民事检察工作，畅通司法救济渠道，加强对损害社会公共利益、程序违法、裁判显失公平等突出问题的监督，依法保护公民、法人和其他组织的合法权益。健全检察机关依法启动民事诉讼监督机制，完善对生效民事裁判申诉的受理审查机制，完善案卷调阅制度。健全抗诉、检察建议等法律监督方式，增强监督的主动性、精准度和实效性。深入推进全国执行与监督信息法检共享，推动依法解决执行难问题，加强对损害国家利益或者社会公共利益、严重损害当事人合法权益、造成重大社会影响等违法执行行为的监督。加强检察机关与审判机关、公安机关协作配合，健全对虚假诉讼的防范、发现和追究机制。鉴于损害社会公共利益、程序违法、裁判显失公平等是民事检察重点监督内容，下文选取以下监督点进行分析：

监督点 8：虚假诉讼线索发现

数据要素：对同一个人在某个时间段是否多次提起诉讼的数据进行筛查，发现虚假诉讼线索。

监督点 9：裁判文书监督

数据要素：以法院判决书数据为基础，根据个案办理中发现的类案线索，将不同来源的数据进行比对，同检察机关的办案数据、法院的裁判文书进行碰撞分析，开展类案筛选检索，发现批量线索。

监督点 10：知识产权案件监督

数据要素：从司法网拍中调取拍卖成交价格明显低于评估价的异常线索，总结异常拍卖规律，围绕利益最终归属，与工商登记和“天眼查”“企查查”等数据比对，发现线索，深挖、穿透多层股权和人物关系，挖掘出逃废债、职务犯罪等案件线索。

（三）行政检察的部分监督点

《中共中央关于加强新时代检察机关法律监督工作的意见》明确指出要全面深化行政检察监督。检察机关依法履行对行政诉讼活动的法律监督职能，促进审判机关依法审判，推进行政机关依法履职，维护行政相对人合法权益；在履行法律监督职责中发现行政机关违法行使职权或者不行使职权的，可以依照法律规定制发检察建议等督促其纠正；在履行法律监督职责中开展行政争议实质性化解工作，促进案结事了。本书选取以下监督点进行分析：

监督点 11：对行政机关职能交叉、监管空白或灰色地带进行监督

数据要素：将租房信息数据、购房信息数据与享受公租房待遇人员信息数据进行比对，从而发现公租房违规转租或不当享受的线索。

监督点 12：侵权损害赔偿案件

数据要素：获取医保基金数据、医院住院信息数据，运用大数据发现，法院错误判决侵权人只需赔偿受害人自费部分医药费，客观上让医保基金为侵权人行为买单，检察机关没有简单纠正法院判决了事，而是抓住医保基金流失环节，向前扩展到（侵权案件）人民调解、公安调解处理，建立矛盾调解部门与医保基金数据联通机制，以此保护国有财产安全。

（四）公益诉讼检察的部分监督点

《中共中央关于加强新时代检察机关法律监督工作的意见》明确指出要积极稳妥推进公益诉讼检察。建立公益诉讼检察与行政执法信息共享机制，加大生态环境和资源保护、食品药品安全、国有财产保护、国有土地使用权出让和英烈权益保护、未成年人权益保护等重点领域公益诉讼案件办理力度。积极稳妥拓展公益诉讼案件范围，探索办理安全生产、公共卫生、妇女及残疾人权益保护、个人信息保护、文物和文化遗产保护等领域公益损害案件，总结实践经验，完善相关立法。生态环境和资源保护、食品药品安全、国有财产保护、文物和文化遗产保护等工作是民生关注的主要问题。本书选取以下监督点进行分析：

监督点 13：食品药品安全行政处罚

数据要素：获取食品药品安全行政处罚案件数据，通过运用大数据，对行政机关食品药品安全行政处罚情况进行筛查，发现公益诉讼的线索。

监督点 14：环境资源领域行政处罚

数据要素：获取环境资源领域行政处罚案件数据，通过运用大数据，对行政机关环境资源领域行政处罚情况进行筛查，发现公益诉讼的线索。

监督点 15：文物和文化遗产保护

数据要素：获取文物和文化遗产保护相关数据，通过运用大数据进行筛查，发现公益诉讼的线索。

（五）检察业务监督链

监督点 16：通过区块链技术形成连接各司法机关的互信互认可追溯安全通道机制，从而建构区块链“全程溯源性”检察业务监督链

数据要素：获取行政执法机关、公安机关、审判机关、司法行政机关执法司法数据，在互信互认基础上形成业务流程的互联互通，达到办案业务协同的目标，实现行政处罚与刑事处罚依法对接，以案件以及卷宗的流转、关键事项的预警、文书/手续流转等为重点，实现对案件办理的信息全程留痕，保障案件信息可查阅、可追溯。

监督点17：逮捕→起诉→审判→执行全过程案件信息数据和证据数据的全程化监督

数据要素：将案件从受理到结案的所有进展信息上链，整个案件办理周期将形成完整的起止信息轴，信息轴上的不同办理阶段都会留痕并同步输出相关上链材料。区块链技术赋予未来数据管理体系以去中心化、可追溯与不可篡改的特性，检察业务不再被传统的数据局限于事后监督模式中，依托区块链技术实现案件信息数据和证据数据的全程化监督，进行充分的事前预防与事中监督。

三、法律监督模型的技术实现

大数据可通过回归分析、聚类分析等数据挖掘技术，发现特定行为之间可能的发展规律，建立网络空间与现实空间的内在关联，并在此基础上作出一定预测。预测功能有助于推动传统的事后监督、惩戒方式变为事前事中的预测、警戒方式，使被动监督转为主动监督，促进社会治理深层次问题的解决，大数据赋能检察监督必须实现“四个转变”：从被动监督到主动监督，从个案监督到类案监督，从单兵作战到系统融合，从监督办案到社会治理。用好大数据战略思维，推进“大数据＋检察”，应当坚持需求主导，充分挖掘检察工作大数据应用需求，做到大数据与检察工作深度融合，实现用数据推动数据、用数据唤醒数据，充分运用已获取的数据认识新规律、发现新知识。

（一）设计思路

建设检察大数据法律监督体系，当务之急是将零散的“数据调取”方式调整为整体的“数据流通”方式，推进政法一体化办案系统建设，创新嵌入式法律监督格局，打造治理式法律监督新模式。着力推进执法司法信息共享，实现多跨数据资源在检察履职中有效配置与运用，破解掣肘数字检察工作推进的最大难题，畅通监督渠道，同步抓实制度建设，体系化规范化推进检察数字化改革。大数据处理系统有助于聚合来自不同时段和空间的碎片化数据，其获取的被监督者的信息链条更加全面、完整、准确，更有助于建立“闭环式”的监督体系。借助强大的信息采集、分析和协同能力，检察机关的大数据比对、大数据算法能更加精准地反映问题，快速筛查异常数据信息，提高监督的效率。运用大数据技术研发侦查监督平台、公诉证据分析系统、数字化出庭系统等检察智能辅助系统，可以为检察官提供证据分析、期限预警、办案瑕疵提示等帮助，研发更高水平的审判智能辅助系统，可以为法官提供类案推送、裁判比对、数据分析等服务，对偏离度过大的案件自动预警、及时评查，实现人工智能与人的智能相互叠加。

检察大数据监督的目标是走通“个案办理—类案监督—系统治理”法律监督之路。从大数据法律监督平台设计的角度来看，法律监督目标的实现首先是以监督数据贯通融合的形态呈现，只有先实现各监督系统之间的数据贯通与系统融合，才能从整体上实现监督的系统性目标，进而在现实监督工作中实现对各监督机制功能的整合，从而达到坚持系统观念、运用系统方法，以系统施治、标本兼治的理念贯通监督、凝聚合力的监督目标。从数据共享和数据处理活动的角度来看，存在着数据处理规则与大数据法律监督规则的冲突、数据逻辑与法律专业逻辑的冲突。大数据法律监督中的算法偏见、“自动售货机”理念、泛在监控观念等，也都需要通过制度的改进予以矫正或消除。面对大数据法律监督这一新事物，还要注意避免走入认知误区，不能简单地将大数据法律监督视为检察人员与大数据平台的机械组合，或将大数据仅仅视为检察工作的工具或者手段。从业务层面的角度来看，推进公安机关、检察机关、审判机关、司法行政机关等跨部门大数据协同办案，实现案件数据和办案信息网上流转，推进涉案财物规范管理和证据、案卷电子化共享，从而促进派驻公安检察室发挥法律监督职能。通过检察业务信息链建构逐步探索构建起以区块链数据结构为标准整合检务数据体系架构，以区块链算法为模式优化检务办案流程的应用体系架构，以区块链算力为要求提升检务保障工作的能力，建构区块链“不可篡改性”与检察业务证据链，建构区块链“全程溯源性”与检察业务监督链，建构区块链“分布记账性”与检察业务信息链。

（二）设计方法

大数据协同办案，就是运用系统方法，找到一条最优、最高效、最集约的路径，找到纵向贯通、横向联动、整体智治、高效协同的运用场景，着眼于纵向一体化、横向一体化、业务一体化、体系一体化。为实现数据更好地分析、应用，更好地服务和辅助检察业务工作，关键是要构建适用于区块链算法模式的检察业务内外部关联数据模型，以及以检察办案为核心的多源、多维组合数据模型，并以此为重点推动检察业务的具体场景适用。提供针对检察机关的应用场景的程序和接口，包括时间戳、哈希函数、数据块形成、数据访问控制、跨链通信等功能，并设计通用的区块链数据协议，抽象提炼主流区块链共通的核心数据结构与资源定义，使多层级区块链平台可以用统一的数据协议交互，从而更好地打通区块链平台资源交互，使得未来检察业务拓展时可以直接基于底层算法进行运用和调整。应用相应接口，使得广大检察信息技术人员无须顾虑具体的智能合约语言和区块链的底层架构，只需传入通用的参数，并处理统一定义的返回值。

从大数据运行角度看，将复杂证据群分解为单变量成分，把这些因素按照分组形成有序的递阶层次结构，通过比较方式确定层次中诸要素的相对重要性，然后综合分析判断，确定要素相对重要程度总规则。其核心思想在于通过将一个复杂问题“拆整为零”，划分为若干个局部，逐个解决每个局部问题，然后再“聚零为整”，将各个局部问题的答案拼合成原问题所求的答案。首先把问题进行分层，由总目标进行层级划分，这样就把复杂问题简单划分，然后再利用模型化方法计算出每一层或每一项对总目标的影响程序。具体到监督规范体系构建而言，从指标的涵盖性和针对性角度来考察，将现实中复杂交织的相关指标内容，转化为系统抽象和体系明晰的架构体系。通过对评价指标的定性设定，既能够减少评价指标的数目，又可以尽量不损失或少损失原指标所含信息。通过这种方法的运用，使得系统之间复杂性和非线性关系降维成简单性和线性可模型化的过程，有效提升规范系统适应运行环境的能力和需要。从检察业务发展角度看，区块链技术可以保障数据真实性、可靠性，能够广泛应用于电子证据、业务溯源、数字画像等领域，有助于检察机关业务发展获取更全面、更精确的数据保障。在检察工作中，区块链技术可被用于司法存证、检察服务等多个场景，起到担保证据效力、规范诉讼程序、深化法律监督的重要作用。如通过搭建覆盖司法机关、行政机关的区块链平台，检察机关可实现从行政机关立案到审判执行全过程的可视化监督。

1. 信息链建构

区块链建立在分布式网络基础上，具有分布式安全特性，区块链“分布记账性”与检察业务信息链建构，在这种技术特征加持下，区块链＋数据共享模式能够有效打破各机构间信息孤岛，实现案件数据实时可信共享互通。此时，检察业务卷宗各案件数据、流转数据全流程记录在多方共识的分布式账本上，并在各个关键环节进行数据校验，确保案件数据的真实、不可篡改。并且在分布式网络中，任何一个节点出现问题或被黑客攻击都不会影响整个网络。另外，采用数字签名、非对称加密算法，不法网络攻击很难破解具有高度分散化的信息记账模式，受攻击的可能性比较低。因此，作为加密特征极为突出的数据传输技术，区块链对于上下级检察机关之间以及各检察业务部门之间打通检务信息沟通渠道具有重要使用价值。利用区块链技术，使得检察业务每个节点的交易都有据可考，分布式网络上所有的信息记录可被查询，从而提高信息共享系统的可审计性。在检察工作实际应用中，逐步健全完善检察机关监督办案数据与公安机关共享的制度机制，实现数据双向交换、共享，保障侦查监督与协作配合机制长期、稳定、有效运行。

2. 证据链建构

区块链技术在证据存证中以其不可篡改性保障数据的真实性，该特性不仅是区块链技术的核心特征，也是其被广泛应用于社会各领域的关键特征，同时也是适配检察业务的核心特性。目前，在司法应用场景中，区块链技术推动基于数据源的证据模式上链存证，进一步深化了证据规则向“链上无存证的数据的真实性皆存疑”的证据理念的深化和拓展，推动了证据获取模式从传统的“事后取证”向“同步存证”转变。使得司法办案从对电子证据的取得过程向注重证据保存状态存证重心的转变，进一步彰显了电子证据的合法性和真实性价值。浙江省杭州市检察院积极探索开展区块链技术支持公益诉讼检察实践，印发了《关于公益诉讼应用区块链取证的实施意见》，规定利用区块链技术来保存电子数据等数据文件的校验值，防止数据文件在提取、固定、保存、移送过程中被篡改，确保相关证据的真实性。从技术特征角度看，传统的证据数据库管理系统由单一机构自行建立、管理和维护，中心化的管理模式对整个数据库拥有绝对的控制权，而其他机构无法完整地了解该数据产生与更新的全过程，因而无法完全对其证据数据产生信任。在传统电子证据系统中，传统检察模式的绝大部分信息来源于第三方机构，由于部分机构的数据存在错误、残缺或隐瞒不报，以及对这些数据的核对、整合需要较长的时间周期，检察机关往往无法及时、全面地掌握相关信息，进而无法及时作出反应，对于证据链的形成无法做到实时性和可审计性。采用区块链加密技术后存储的档案实现了数据的不可篡改，只能添加资料而不可随意删改，这在很大程度上解决了档案数字化过程中的管理问题和开放利用的安全问题，让数字档案安全性更高、管理更为便捷、证据也更加有效。此外，检察机关可基于不可篡改的日志类型数据，便捷地还原、追溯所有的证据链条。

3. 模型构建流程

围绕大数据法律监督平台设计思路进行研究（其中设计思路中主要包括数据结构体系、主要算法模型和监督要素系统等），在数据结构体系构建的基础上，以算法为驱动构建监督模型进而实现智能化的全新样态，同时围绕大数据法律监督平台底层架构开展监督要素原型系统开发和平台设计。在这里我们更要强调检察监督内部融合和外部融合，这是大数据监督的一个显著特征，没有融合式监督，条线各自为阵，质效会大打折扣，甚至会一事无成。以一个“套路贷”民事虚假诉讼案来说明如何强化内外部融合监督：

第一步是“智能筛查”。数字检察指挥中心以诉讼频次为筛选条件筛选出高频的诉讼当事人。

第二步是“初步审查”。对这类当事人的判决文书进行研判，发现“小额借款、砍头息、无利息、有暴力或软暴力讨债”等异常情况，作为监督线索移送民事检察部门。

第三步是“深入调查”。检察长直接指挥，组成民事、刑事融合的作战团队，以监督民事诉讼案件为名开展调查工作，向法院调卷，对受害人开展调查，向公安机关调取以往接警记录，共同研究取证，形成刑事犯罪线索的报告移送公安机关。

第四步是“引导侦查”。刑事检察全程介入引导侦查，并帮助取证，固定诈骗犯罪证据。

第五步是“裁判监督”。民事检察部门依法向法院提出再审检察建议，督促法院依法改判。

整个过程中，检察机关数字检察指挥中心、民事检察部门、刑事检察部门和公安机关、法院形成合力，共同打击虚假诉讼。

（三）设计体系

当代执法工作高度依赖技术驱动，它整合了大量信息、机器学习算法和人工智能来识别和跟踪潜在的违法者，且比以往任何时候都依赖更广泛的数据，如犯罪数据、个人数据、关联数据、位置数据、环境数据等，而这些数据主要来自不断增多的传感器和监视源网络。数据应用技术的不断突破，为改进和创新监管、监督机制提供了技术可能。通过数据捕获、清理、聚合、挖掘和解释等步骤不断完善算法，计算机系统逐渐具备了处理快速变化、类型多样的数据的能力。技术的进步也不断推动社会治理的数字化转型以及监管技术的广泛运用。大数据还有助于检察机关更多地汇聚“长尾数据”，将散落在不同空间的数据汇总起来，通过大数据“自动化决策”等方式发现问题并作出监督决策。通过设计符合大数据环境的检察数据结构体系提升数据挖掘和整合能力，运用科学规范的数据间接口技术以有利于各部门监督信息的相互连接，实现系统和环境之间非结构化数据的无缝对接，从而为实现“大数据”技术在检察工作中深化运用提供理论支撑和技术保障。

1. 数据结构的体系构建

如何让数据说话、用数据决策、用好数据管理成为信息化时代检察工作的时代特征。大数据法律监督既缺乏统一的数据汇聚标准和高效的大数据平台支撑，也缺乏有关检察机关共享、处理大数据的明确的制度赋权，导致检察机关开展大数据法律监督的关联法律法规规定模糊、法律法规授权不充分。在传统数据处理模式下的检察模型设计中，数据的结构体系建设问题并不十分突出。这是因为在原有信息处理方式中，规范化的计算机可量化识别的结构性检察数据所占比重较大。在大数据时代，数据不仅规模大而且较为混杂。其中，只有占比极少的数据类型是直接可识别的结构化数据，大量数据具备的是不可直接进入传统监督信息处理的非量化数据结构。特别是在信息要素种类多样化的情况下，数据结构之间关系的多样化特征则更为明显，证据与事实之间具有引起与被引起的因果关系往往被淹没在数据洪流之中。如何在不同类型的数据之间有效构建联系渠道和关系结构，成为构建监督模型数据结构体系的前导环节。基于大数据环境的监督模型构建，首先需要通过模型算法的开发设计，将非线性数据转化为统一可识别的数据类型，实现单纯的数字、文字等结构化数据到和音频、视频、地理信息、通话记录等非结构化数据统一编码和数据化，从而为迅速、高效挖掘出可以作为判断依据的检察信息提供有效保障。

2. 监督要素的提取处理

从“智慧检察”工程目前在理论探索中存在的问题来看，信息化技术与检察业务和法律监督制度运行的深度结合还缺乏一个必备的衔接性模型作为桥梁和纽带。开发底层法律监督要素系统，形成数据挖掘依据的实体要素系统、数据比对依据的规范要素体系、数据辅助办案工作的流程要素系统就势在必行。传统监督模型的设置，采取了“指标化”的量化模式，即通过设置权重不同的监督点来确立静态化的指标体系，并以此为基础对真实情况的监督环境进行映射，从而达到对监督活动进行系统自动处理分析的目标。这种量化结构的最大特征是指标体系的离散性，很有可能因为指标设置“粗粒化”而出现漏监等问题。“大数据”技术核心观点认为，规范有序、科学合理的数据结构体系，从形式上看是由一系列彼此要素独立、相互联系依存所组成的一个整体，其中蕴含着对主体对象特征的完整描述。实现对主体对象特征的整体性描述，关键环节是对这些数据进行筛选和整理，这就是数据挖掘的过程。而实现这一过程，需要对哪些数据进行分析和样本的标识处理，这就涉及监督要素的提取问题。法社会学理论认为，社会规范系统的运行并不直接调整社会行为，而是通过抽象的概念和范畴等要素形成规则的空间体系。这种封闭性的规范空间系统实现了监督要素提取的连续性，在此基础上，规范执行机构只需将制度空间与现实的社会行为空间进行耦合，从而实现调整社会关系的目的。具体到检察法律监督而言，检察案件案情各异，现实中涉及的可能触发相关检察规范的情形多样，这对系统有效进行数据识别、整理提出了新的要求。这就需要在检察要素的提取过程中，对检察实体原型进行必要的简化抽象，并用适当的规则将其主要特征标注出来，通过监督要素和行为对象之间量化数据关系的相互关联性匹配，实现对于检察行为的信息化处理的目的。

3. 模型算法的优化设计

实现监督数据结构化和规范要素特征化之后，监督模型设计的重要环节是实现两者体系的系统整合，即模型分析功能的实现问题。在大数据背景下，模型算法的构建要符合“全程性、主动性、实时性”的功能特征，实现事前监督指标对应、事中监督监测规范、事后监督严密准确的“全过程分析”模型运行目标。对于这种复杂的社会模型体系，传统的基于离散数学分析为基础的系统动力学模型往往会出现较大的系统偏差。这是因为，基于简单性特征为对象的传统系统分析，采取的是“分解—还原”的方法。即对系统要素进行分解，并分析各要素之间相互关系，以此为基础进行多次迭代，用以模拟现实系统运行情况。这种监督模型运行过程中，要求检察证据与事实之间具有引起与被引起线性。但是，在现实中对于检察系统这种复杂的社会系统而言，要素组成和关系的复杂程度无法再适用于这种从离散到连续的迭代运算误差，所得出的系统运算结果很有可能产生巨大的偏离，迫切需要适用于大数据时代新的数据模型和算法体系。近年来，基于自适应系统的“元胞计算机”算法模式在大数据模型构建中发挥着越来越重要的作用。这种算法与传统还原性模型原理不同，是直接根据复杂系统自适应性特征，通过要素之间设定相应的模型结构与演化规则的逻辑算法，实现要素自主自适应组织结构，产生要素关系集合，进而达到系统组织自生成从而接近现实复杂系统的目的。这种算法不仅在静态层面适应了检察模型的复杂性特征，同时也在动态层面能动适应大数据环境下新的检察要素不断涌现的情况，从而实现了对现实检察行为最优化的模型处理结构。

（四）法律监督模型的优化方法

“大数据”技术分析运用到检察工作的时间还比较短，相关理论研究基础还不成熟充分，特别是检察数据要素和信息结构化建设技术开发任务繁重，基于复杂系统的元胞算法与检察模型结合程度还处于探索之中，基于大数据环境下的检察模型技术发展和实现任重而道远。虽然有着诸多困难，但大数据与检察工作的结合已成趋势，时代发展对理念提升和技术实现提出了紧迫要求，因此围绕当前监督模型的技术实现，首要完成的基础性工作体现在以下几个方面：

1.“检察要素”图谱化设定

在当前模型构建的诸多紧要工作中，基础性和首要性的任务是实现检察要素的抽取与赋权，进而形成逻辑图谱，从而为检察数据结构的设定奠定基础，这也是实现过程中难度相对较小的环节。在开发工具上，可以采取数据模型中广泛采用的层次分析法。通过采取分层方式，把检察规范体系中的复杂要素进行指标体系设定，将监督要素划分为目标层、指标层和准则层三级指标体系，并组成树状结构的指标模型。将法律法规进行全面梳理和分析，明晰不同层级要素之间横向相互影响、纵向相互制约关系。进而将文本性的规范体系，转化为系统抽象和体系明晰的架构体系和谱系结构。在要素提取和关系图谱设定过程中，要进行适时的系统优化，既要避免指标体系过于庞杂，又要避免因素单一导致系统失真，实现可操作性和有效性的辩证统一。归纳整合相似的指标内容，以最优化的规模结构全面系统地反映评价对象的内容，从而达到指标体系整体功能最优化的处理结果。

2.“检察数据”规范化整合

随着大数据技术在社会系统运行中的广泛运用，数据结构化问题已经摆在了突出位置。这不仅关系到检察制度运行的数据规范性、有效性问题，更为重要的是涉及体现在不同社会治理中的数据衔接性问题。在大数据时代，每个系统都有一套数据的变量编码和制定规则，并已形成体现本行业特征和规范体系特点的研发标准。这种开发方式虽然有一定的可取之处，但使大数据时代的数据挖掘产生了“数字鸿沟”。因此，需要在数据系统开发中的对接口、变量和函数进行统一规范，制定相应的国家和行业标准。同时在进行研发时遵循面向对象的开发原则，为未来系统之间的数据衔接预留开放的接口，推动建设覆盖全国检察系统的信息共享平台已迫在眉睫，将涉及跨部门、跨领域、跨地区大数据信息进行统一录入，打破“数据壁垒”和“信息孤岛”，实现检察机关数据的全方位、多角度采集，确保检察机关对办案对象检察信息全程跟踪、实时监控，从而实现检察全覆盖目标。

3.“监督模型”阶段化实现

在原型模型开发过程中，对于监督要素和结构关系的复杂性问题，能够通过开发出行之有效的算法进行拟合化处理。具体到检察业务制度本身来看，不仅存在主体因素众多、关系结构错综复杂、目标实现分散等困难，而且监督系统与外部环境之间交流沟通的复杂性因素的介入，也使得这种模型的构建更为复杂。对于监督模型的算法开发需要采取以复杂系统为工具的“元胞计算机”算法模式。这种新的技术手段在社会科学领域的运用还需要进一步研究和深化。在上述开发工具完善之前，对于监督模型的技术实现，可以采取“知识图谱”的技术模型手段。所谓知识图谱，简而言之就是通过对大数据挖掘技术获取的样本数据进行算法编制，获取其中的标识信息，进而设计系统模型，达到数据挖掘和系统构建的目的。虽然知识图谱技术较元胞计算模式而言缺少了要素的自适应算法，从严格意义上将无法完全适应大数据时代系统发展的新技术要求，但是，就目前而言，此项技术的运用能够在一定程度上实现检察系统的构建和运用，并在最大限度上满足技术开发的现实需要，因此可以加以广泛开发和深度运用。

四、法律监督模型的通用模型构建

数字检察的重点就是通过构建数字监督模型，开展大数据的碰撞、比对和分析，从而发现深藏其中的监督线索。在数字检察建设过程中，要以服务法律监督为统领，用信息化手段和大数据技术发现问题，特别要深入查找制约高质量发展的主要矛盾和深层次问题，分类施策、对症下药、有的放矢，提出有效的办法，做好法律监督这门大课堂。随着数字检察工作不断深入，模型的构建将成为数字检察建设的核心，法律监督模型的通用性应当具有以下四个特征及要素：一是独立于其产生或形成过程，具有通用性；二是应包括相应的数据目录、分析方法和手段；三是有明确的应用场景和应用流程；四是要发现问题取得实效。大数据赋能法律监督，是适应社会治理现代化更高需求、更好承担统筹发展和安全政治责任的必然要求；是补足法律监督短板，更好维护社会公平正义的必然要求。模型的构建成为大数据法律监督的核心，我们从构建各类监督模型的工作方法、构建通用模型的应用领域、构建通用模型的过程等方面进行了全面总结梳理。

（一）构建监督模型的一般工作方法

构建数据分析模型是数字检察的有力抓手和重要举措，山西省检察院在学习其他省市构建数据分析模型经验、开展数字检察八个专项活动、建立大数据法律监督模型的基础上，注重归纳在不同领域及各类专项整治中的经验，构建了各类监督模型，具体做法包括：一是汇聚分析数据。依托省政务云及信息共享平台和省检察院信息化建设总体框架，汇聚职能部门权力运行数据，以实体、事件、范围、来源等为要素，初步构建数据分析模型。二是构建统计算法。以清洗整理各类数据为基础，进行关联比对分析，注重发现疑似问题，总结体现共性规律。三是建立分析标准。从数据类型、范围、采集、提取等维度，对模型中所涉及的数据进行分类治理。四是选定应用领域。将数据导入模型进行大数据分析，找出疑似数据概率异常信息，进而深入核查验证相关情况。

（二）通用模型的基本构建过程

1. 确定模型的核心要素

（1）实体是指人员和组织。人员包括公职人员和非公职人员。组织包括党政机关、国有企业、民营企业等。

（2）事件是指实体变更其特定属性以获取某种特殊利益的行为经过。

（3）事件结果是指实体变更其特定属性的行为结果，一般表现为获取了某种特殊利益。

（4）实体属性包括人员属性和组织属性。人员属性包括是否公职人员、工作单位、职务、级别等可将人员区别开来的要素。组织属性包括是否党政机关、企业性质、注册地等可将组织区别开来的要素。

（5）事件属性包括事件发生的时间、地点等相关要素。但不包括实体、事件结果。

2. 采集数据、信息标准

数据是数字检察的基石，是法律监督的基础，是变被动监督为主动出击的撬杠。在数据采集过程中，要充分挖掘全省政务信息共享平台和政法数据共享平台的数据资源，与各行政、司法机关达成共识，扩大数据共享的范围和数量，实现由上而下的数据资源高效配置与运用，对于省级层面目前尚难以获取的数据，要从县区突破，不断扩大数据库的容量，在较短时间内由下而上汇集一定的数据资源和具备一定的数据归集能力。同时，也要防止一味贪大求全的数字收集误区，根据模型的监督场景有针对性地提出数据需求，还要激发“数据”这一生产要素对法律监督工作的放大、叠加、倍增作用，破解监督线索发现难、监督工作被动性、监督实效不明显等突出难题，全面激发内生监督动力，更加精准、有力、高效践行能动检察，在推进国家治理体系和治理能力现代化中展现更大作为。

3. 确定模型公式

公式一：$A=\alpha+\beta_2 z_2+\cdots+\beta_n z_n+\varepsilon$

分析事件中实体属性发生变化的次数集合 $\{z_2,\cdots,z_n\}$ 对事件结果 A 的影响，通过线性回归分析筛选出对该事件结果影响较大（显著）的属性集合。

A 代表事件结果。$\{y_2,\ \cdots,\ y_n\}$ 代表事件中实体 x 的 $n-1$ 个变化的属性，$\{z_2,\ \cdots,\ z_n\}$ 代表属性集合 $\{y_2,\ \cdots,\ y_n\}$ 对应的变化次数集合。$\alpha+\beta_2\cdots\beta_n$，$\varepsilon$ 为参数，在线性回归分析中，数据使用最小二乘法函数来建模，这些未知参数通过多组数据来估计。

公式二：$x_j\in p\ (k,\ X)$

对于任意 $x_j\in X$，判断 x_j 是否属于 $p\ (k,\ X)$。

其中，$X\{x_1,x_2,\cdots,x_n\}$ 代表实体的集合，实体间相互独立。x 代表一个实体。x_j 代表实体集合 $X\{x_1,\ x_2,\ \cdots,\ x_n\}$ 中的某一个实体。实体 x 定义为属性的集合 $x\{y_1,\ y_2,\ \cdots,\ y_n\}$，其中 y 代表实体的属性。y_j 为确定 x 实体身份的唯一属性，$\{y_2,\ \cdots,\ y_n\}$ 为多次变更的属性。k 代表 y_j 相同的情况下 y_2 不同值的个数。$\in$ 代表实体属于实体集合。P 是以（k，X）为参数的划分函数，把实体集合 X 划分为若干个 k 值不同的子集 p（k，X）。

4. 设定通用模型的运算形式

（1）选定分析领域，厘清事件和实体，将所有事件和实体数据信息导入模型进行大数据分析，筛选出与事件结果相匹配的实体多次变更的一个属性 y_2 或多个属性 $\{y_2,\ \cdots,\ y_n\}$。

（2）将 y_2（或多个属性 $y_2,\ \cdots,\ y_n$）代入公式 p（k，X），根据不同 k 值

将实体划分成不同的集合。

（3）设定条件，确定阈值，筛选出 k 大于阈值的集合。

5. 检验通用模型结果

（1）自我验证。验证实体未变更其特定属性的时期内是否也有同类事件后果产生，如果有，比例如何。

（2）与他人验证。验证其他实体未变更特定属性的时期内是否也有同类事件后果发生，如果有，比例如何。

6. 模型构建实例

（1）医疗机构名称等属性获取非法利益。通常情况下医疗行业需要口碑，需要大众熟悉其名称、地址、业务范围、擅长领域等属性。然而，实际监督过程中发现，某些医疗机构通过频繁变更这些属性达到逃避监管、获取非法利益的目的。具体情况如下：

1）实体：医疗机构

2）事件：医疗机构的名称（地址、业务范围、擅长领域等）发生变更

3）事件结果：获取非法利益、逃避监管

4）计算

第一步：计算各医疗机构的名称、地址、业务范围、擅长领域等属性变更次数（这些属性变化通过前期工作经验确定）。

第二步：计算上述各个属性变化次数的分布信息，如均值、方差、标准差、中位数、四分位数、众数等，参考全国、全省同行业数据，结合领域专家经验，确定正常变化范围。

第三步：根据正常变化范围，确定变化频次过高的医院，形成疑似问题列表。

第四步：通过疑似问题查处，反向验证修正模型。

（2）医疗垃圾异常模型。

医疗机构产生的医疗垃圾必须由专业的公司进行处理。通常，医疗垃圾的数量应该与医院的总医疗费用、患者人数（次）等正相关，如果医疗垃圾数量严重偏离正常值，有欺诈骗保嫌疑。通过模型可识别与发现医疗垃圾数量极端偏离正常值的医疗机构。

1）实体：医疗机构

2）属性：医疗机构名称、编号、总医疗费用、医保支付费用、医疗垃圾数量、患者姓名、患者身份证号、患者编号、入院时间、出院时间、床位数、医师数量、护士数量等

3）数据目录：同上

4）信息标准：身份证（参照相关规定，能够通过校验）

5）姓名

6）医疗机构名称：全称，以在审批局注册名称为准

7）医疗机构代码：以在医保系统统一规定的代码为准

8）时间格式：yyyy/mm/dd hh：mm：ss 或者 yyyy/mm/dd

9）金额：元

第一，简易版模型步骤。

步骤一：收集数据。

步骤二：计算各医疗机构每万元产生的医疗垃圾数量，计算均值、方差。

步骤三：找到每万元产生的医疗垃圾数量远远小于平均值的医疗机构。

这种方法简单快捷，可操作性强，实际应用效果良好。但是不够严谨，可能漏掉很多医疗机构的问题，适合在需要快速打掉欺诈骗保极端典型时使用。

第二，优化版模型步骤。

步骤一：收集数据。

步骤二：计算各医疗机构每万元产生的医疗垃圾数量，计算均值、方差。

步骤三：计算各医疗机构医疗费用与医疗垃圾数量的相关系数，计算所有医疗机构医疗费用总和与医疗垃圾数量的相关系数。

计算各医疗机构患者数量与医疗垃圾数量的相关系数，计算所有医疗机构患者数量总和与医疗垃圾数量的相关系数。

步骤四：相关系数远远低于总体相关系数的，有欺诈骗保嫌疑。

这种方法，比前一种严谨一些，但计算量增加不少，对数据的要求也增加很多，对医疗机构分年、分月的医疗垃圾数量、医疗费用情况、患者住院、门诊数据都要采集。

第三，升级版模型步骤。

步骤一：收集数据。

步骤二：计算各医疗机构每万元产生的医疗垃圾数量，计算均值、方差。

步骤三：建立回归模型：$y=\alpha+\beta_1x_1+\beta_2x_2+\beta_3x_3+\cdots+\varepsilon$。

其中 y 是医疗垃圾理论预期值，x_1 是医疗费用，x_2 是门诊患者数量，x_3 是住院患者住院天数。模型可以细分时间段和医疗机构类型。

如果模型能够通过校验，就可以此公式计算各个医疗机构的医疗垃圾数量实际值与理论值的偏差。

步骤四：医疗垃圾数量实际值远远低于理论预期值的，有欺诈骗保嫌疑。

为保证模型的通用性，根据反馈结果对分析模型不断完善升级，并对已有模型分类归纳总结提炼形成监督通用模型。通过实战检验，结合检察业务工作需求，采用抽取核心实体要素、事件要素等方法对模型数据类型、数据范围等方面进行研判分析，并将所有事件和实体数据信息导入模型进行大数据分析，计算特定属性数值，确定正常变动范围，筛选出严重偏离正常范围的实体或事件，进而找出异常数据。

（三）数字检察通用模型的技术支撑

通用模型可通过 OCR 识别将采集的非结构化数据转化为结构化数据，然后对数据进行分析、比对、筛查、碰撞等，发现问题线索，通过问题线索进行研判风险，从而能起到对某一个领域的预警作用（见图 2）。

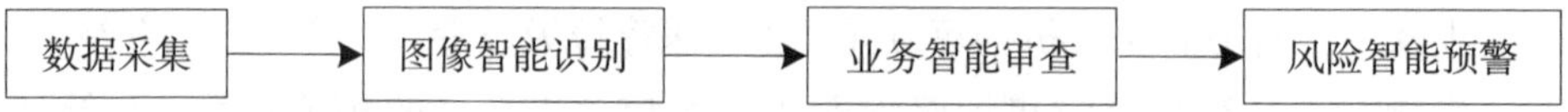

图 2　通用模型的分析研判流程

1. 通用模型的算法设计

实现监督数据结构化和规范要素特征化之后，监督模型设计的重要环节是两者的系统整合，即模型分析功能的实现问题。在大数据背景下，模型算法的构建要符合“全程性、主动性、实时性”的功能特征，实现事前监督指标对应、事中监督监测规范、事后监督严密准确的“全过程分析”模型运行目标。对于这种复杂的社会模型体系，传统的基于离散数学分析为基础的系统动力学模型往往会出现较大的系统偏差。这是因为，基于简单性特征为对象的传统系统分析方法，采取的是“分解—还原”的分析方法。即对系统要素进行分解，并分析各要素之间相互关系，以此为基础进行多次迭代，用于模拟现实系统运行情况。在现实中对于监督系统这种复杂社会系统而言，要素组成和关系的复杂程度无法再适用于这种从离散到连续的迭代运算误差，所得出的系统运算结果很有可能产生巨大的偏离，迫切需要适用于大数据时代新的数据模型和算法体系。

2. 通用模型的底层技术支撑

（1）技术架构分析：底层是 IT 基础设施支撑，运行在现有工作网上，采用国产化服务器和国产终端机；数据层可采用 DM7 以上版本数据库软件系统，装载模型所需要的基础数据，包括专题库数据、分析数据、运行数据；中间层是数据采集服务、数据规则校验服务、数据调阅服务、数据审批服务、数据对接服务；应用层是事实查询、事实预警等功能模块。

（2）技术路线分析：参照业务应用系统技术路线和 UI 标准，采用 B/S 结构开发，采用前、后端分离技术实现 Web 前端与后端分离。前端 Web 使用 Node.js 作为基础运行环境，后端业务服务器使用当前流行的 SpringBoot 应用开发框架。数据库管理系统采用国产 DM7 数据库。数据抽取采用 ETL 的方式。

（3）数据支撑能力分析：由于监督模型涉及人员和事实的数据总量较小，可以采用小型的数据分析系统基座进行支撑，短期内无须构建基于分布式计算的大数据计算基座。系统总体投入较小，能够便于系统的推广应用。

（4）模型计算性能分析：根据模型的监督规则和应用场景，主要是案件办案人员使用，因此，对数据分析的实时性要求不高，可采用定时运算的模式，这也降低了服务器资源和数据库系统的性能消耗。

（5）适用环境分析：模型主体功能适合纯软件开发，技术路线以应用系统为标准。相关功能用于检察办案过程中，根据相关管理规定，办案均在检察业务应用系统中进行，因此，模型应支持与办案系统的适配衔接，以加强用户体验。办案系统在检察涉密网运行，因此，模型适合运行在同一网络中。根据国产化趋势，模型应支持在信创环境运行。

（6）模型的可复用、可迁移、可推广性分析：模型中用到的文本提取、大数据分析等技术均有成熟的方案。同时模型无须对数据进行实时的处理，对软硬件基础平台的要求不高，只需要对目标案件类型和提取字段进行简单的调整，即可适用于对其他类案件的遗漏犯罪情况进行监督，实现模型的可复用、可迁移和可推广性。

3. 通用模型的运行支撑环境

（1）软件环境分析：服务器及终端工作电脑以国产操作系统为主。

（2）硬件环境分析：各地持续更新适应国产化硬件设备，办案人员用的终端工作电脑以国产芯片为主。

（3）网络环境分析：从业禁止监督模型适用对象是办案，而办案均在全国检察业务应用系统中进行，运行在工作网上。因此，模型适用在工作网网络平台上运行。

（4）运行安全：运行安全的核心要保证资源的可靠性和访问的安全性。资源的可靠性要求资源的高度可靠以及故障的快速修复。这两方面均采用集群方案和冗余备份来实现。应用服务器中的 Web 服务、检索服务、缓存服务和文件访问服务均采用集群方案，一旦设备出现故障，可以迅速实现故障转移，并通过可靠备份进行故障时数据快速恢复。当发生故障时，整个系统将会不间断可靠运行。访问的安全性则通过认证和授权实现。

第四章

数字检察软件设计工具

在数字检察建设过程中，法律监督模型是关键一环。在监督模型构建成熟的基础上，为了更好地推广使用模型，对一些全国、全省通用的模型，就有必要进行软件开发，形成全国或全省统一的软件系统，这样更有利于模型的充分推广利用。在软件系统开发过程中，形式化方法是最为关键的一步，检察机关统一应用软件系统（以下简称统一软件）在开发过程中就使用了形式化方法。本章以统一软件为例，就形式化方法在软件中的应用、统一软件使用形式化方法的设计路径和统一软件的规范化应用等方面进行阐述。

形式化方法的研究和应用已有30多年的历史，它源于Dijkstra和Hoare对程序验证以及Scott、Strachey等人对程序语义的研究。20世纪80年代末，计算机硬件设计领域的形式化方法在工业界应用取得了成果。20世纪90年代，美国开展了形式化方法教育研究，并在美国顶尖的35所大学计算机学科实施了教育实践。2001年欧洲成立了专门的形式化方法教育研究分会，并于2004年11月发布了对欧洲11个国家、58所高等院校中的117门形式化方法教育研究相关课程的调研报告。形式化方法的关键在于形式化的规格说明语言。使用形式化的规格说明语言描述系统及其性能，可以帮助开发人员获得对所描述系统的深刻理解，有助于发现需求中隐含的错误和缺陷。近年来，人们研制出多种形式化语言和半形式化的规格说明语言用以对系统状态、行为进行描述和验证，如LOTOS、B语言、统一建模型语言UML，并对形式化语言之间的相互转换进行了研究，从而能够对系统的需求给出更深入、更精确的形式描述和验证。

一、形式化方法在软件中的应用

形式化方法借助数学方法研究计算机科学中的有关问题。软件工程中的形式化方法是从软件的本质和规律入手，在开发过程中通过严格的数学推导和证明来保证程序的正确性，并帮助发现其他方法不容易发现系统描述的不一致性、二义性、不完整性等内容，同时有助于增加软件开发人员对系统的理解，因此形式化方法是提高软件系统安全性与可靠性的重要手段。

（一）形式化方法的概念

形式化方法是用数学方法来描述目标软件系统性质的一门技术，用严格的数学符号和数学方法对目标软件系统的结构与行为进行有效的综合、分析和推理。形式化方法为系统的说明、开发和验证提供了一个框架，能够清晰、精确、抽象、简明地规范和验证软件系统及其性质，能够极大地提高软件的安全性和可靠性，并能使系统具有良好的结构，使其易维护，能较好地满足用户需求。

从软件研发方法学的角度来看，形式化方法强调在软件开发周期中合理使用形式化概念和技术途径。现代软件工程的形式化程度分为以下四种情况：（1）非形式化方法，如 DFD 结构化分析。（2）基于形式化概念和记号的方法。（3）严格的软件开发方法，如 RAISE 开发方法学，包括方法、规范语言 RSL 等。（4）完全形式化开发方法。它具有数学的规范语言和支持定理证明与检查的环境，如 PXS。

（二）形式规范与验证

狭义地说，形式化方法是软件规格和验证的方法。形式化规格是通过具有明确数学定义的文法和语义的方法或语言对软件的期望特性或行为进行的精确、简洁描述。形式化验证是在形式化规格的基础上，对软件相关特性进行评价的数学分析和证明。

规范的目的是提供一个标准，用于引导和评价软件系统的设计、实现和维护。然而规范还是系统满足需求的体现，它是以实现者易于理解的方式，表达所期望的行为的一种精确而形式的陈述。形式规范与其他描述形式都有相同的某些属性：他们比所描述的物体更抽象，他们经常表示这样的人工制品，即从所用的描述记号推导出来的，但并不就是被描述的物体的一部分。例如，一张蓝图中含有给出物体信息的线条，它们并不像用线条去表示物体边界那样的方式去直接表示该物体的形状。形式化规范技术用于公共的计算模型，而该模型是用各种不同的术语进行描述（或假定）的。它保持描述（这里指规范）与被描述程序（这里指实现）之间的语义区别。规范以结果的形式描述行为，而实现以过程的形式定义行为。由这种区别便可给出描述“做什么”（规范）相对于描述“如何做”（实现）的非形式的概念。

形式化验证包括两种方法：一种是以逻辑推理为基础的演绎验证；另一种是以穷尽搜索为基础的模型检测。演绎推理用逻辑公式描述系统及其性质，通过一些公理或推理规则来证明系统具有某些性质。模型检测是基于状态搜索的思想，搜索的可穷尽性有赖于为系统建立有穷状态的模型，这给建模造成一定的难度，但能保证搜索过程终止。该种方法的优点是检测过程全自动化且验证速度快、效率高，并且如果一个性质不满足，它能给出相应的理由（见图 1）。

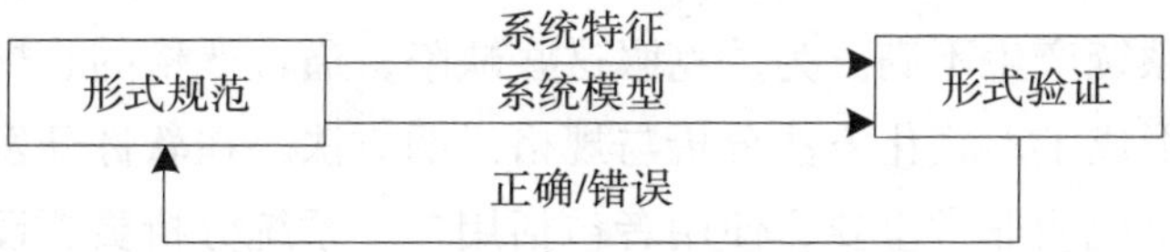

图 1　形式化方法示意

由于软件系统的描述要比硬件系统和协议复杂，一个软件描述所包含的状态空间通常来讲可以是无限的，验证难度很大。因此，尽管模型检测在集成电路和通信协议等实际系统的验证方面取得了成功，但对于软件来讲还有很多没有解决的问题，还需要不断研究、探索新的模型检测技术。

在软件开发的全过程中，从需求分析、规格说明、总体设计、详细设计、编码、系统集成、测试、文档生成，直到软件维护的各个阶段，凡是采用严格的数学语言，具有精确的数学语义的方法，都被称为形式化方法。形式化方法是软件开发过程中分析、设计及实现的系统工程方法。需求分析使用形式化方法将会更加完善，描述的明确性和不一致性相对易于发现；总体设计使用合适的形式化方法来完成系统的接口、功能、结构开发；详细设计研究如何将各种形式的规范联系起来，由体系结构规范出发的精化过程；实现使用形式化描述有可能直接转换成可执行程序，用构造方法将程序与规范形式对应起来，将程序构造与验证统一起来；对于测试来讲，形式化方法用于测试用例的自动生成，可节约许多时间和在一定程度上保证测试用例的覆盖率。

形式化方法在软件开发中的作用主要体现在描述和分析方法。描述是用规范语言编写文档、规范接口，适用于软件开发周期各阶段。分析是在抽象的基础上，确认或验证软件开发的主要设计决策和关键算法，形成软件体系结构。形式化方法提供了规约环境基础，它使得其生成的分析模型比用传统方法或面向对象方法生成的模型更为完整。

（三）形式化规格证明

规格可用非形式化的方式来描述，包括自然语言、图、表等，也可用形式化方式来描述。非形式化规格说明具有易读、易理解的优点，但也具有歧义性，这往往引起规格说明使用者对同一规格的不同理解，最终导致用户对已完成的系统产生不满。为了克服这些缺陷，通过严格的、规范化的数学理论描述，形成了形式化方法分析与规格说明方法。在软件开发过程中，用户需求的规格说明非常重要，使用者包括用户、系统分析员、设计与编程人员、测试人员和验收人员。规格说明对这些人员来说是一个可靠的参照点；系统分析员接受用户的需求，产生目标软件系统的规格说明；设计与编程人员根据规格说明，进行模块设计并产生最终程序代码；测试人员和验收人员验证程序代码最终是否满足规格说明。

形式化规格精确地描述了用户的需求、软件系统的功能以及各种性质，其描述的是“做什么”，而不考虑“怎么做”。书写规格描述的恰如其分，既不多也不少。在规格中描述过多会导致“实现偏向”，给实现施加不必要的限制，排除了一些原本是合理的实现；描述过少又有容纳不合理实现的危险。为了开发出良好的规格，除了应透彻理解、熟练掌握所使用的形式规格语言和方法外，更重要的是应对所要描述的系统有全面深入的理解。图 2 展示的是由形式的需求规格经过中间生成物的变化，最后生成程序，及规格说明变换；图 3 展示的是通过需求分析转化为可执行的形式化规格说明，在进行解释优化变成源程序，通过形式化规格说明来验证需求分析，及规格说明执行。

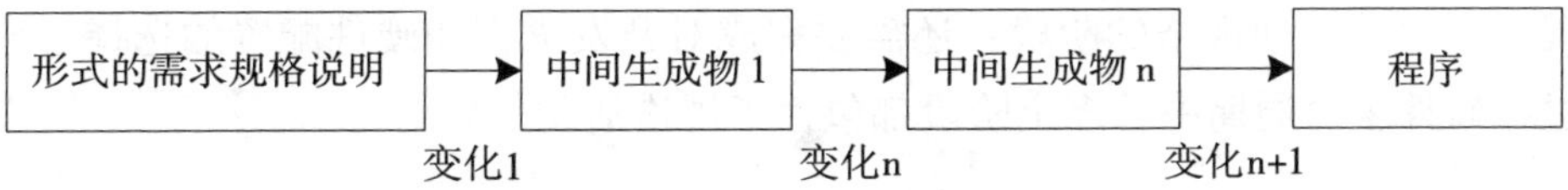

图 2 规格说明变化

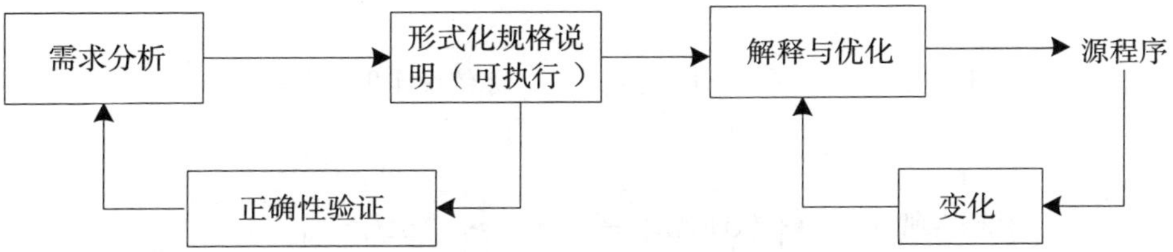

图 3 规格说明执行

形式化规格是对系统对象进行操作的方法集合，以及对所开发系统中的各对象在其生命周期里的集体行为描述。软件生命周期模型将整个软件开发过程分解为一系列的阶段，并为每个阶段赋予明确任务。虽在不同模型中这些阶段的分界和顺序有所不同，但规格在每个阶段所产生的作用都使得对系统特征定义更加准确。对系统中对象和操作等都应该在系统演变的整个过程中当作一个整体来处理。所以，“规格”应当理解为一个多阶段的，而不是仅仅某个阶段的行为。

图 4 是一个简化的生命周期模型。在完成需求收集和分析之后，得到软件需求文档（SRD）。接下来，软件规格（行为规格 BS）以 SRD 中所声明的对象为基础，从外部可观察到的系统功能特征，来对所期望的系统行为进行准确和明确的模式分析。行为规格描述了系统所期望的是什么。接下来是系统的运行特点和内部结构。该规格层（设计规格 DS）与行为规格相比，包括了更多的细节，确保这些细节不改变前面所定义系统的外部行为，它在保持前面的规格层所声明的特征的前提下，增加了更多的细节，并可能根据一些具体需要提供实现其行为的机制。设计规格可看作对行为规格的更具体的描述。通过增加越来越多的数据、行为、控制以及异常描述等方面的细节，可进一步细化设计规格。此外，对于设计中的每个组件，可以更加详细地指定组件的界面和组件间的交互，并进一步细化成一系列的规格，从而得到界面规格和详细设计规格或程序规格（PS），其中的详细设计规格可用程序来实

现。在生成界面规格的阶段，还需要完成对开发语言和硬件配置的选择。该过程软件生命周期中的多个阶段都包含了规格活动。

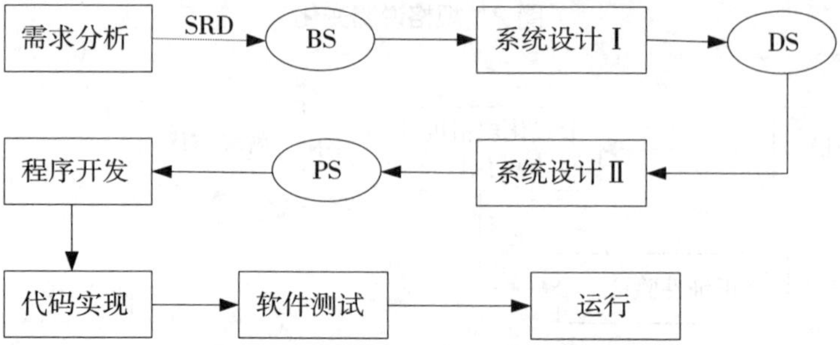

图 4　各规格阶段的简单生命周期模型

二、数字检察的软件设计路径

本章数字检察的软件设计路径以统一软件为例展开分析。统一软件是坚持“四统一”（统一规划、统一标准、统一设计、统一实施）的总体要求，开发集办案、管理、统计于一体的全国检察机关统一业务应用软件，实现全国检察业务应用软件互联互通、数据共享，及时、全面、实时、动态交换数据，保证数据客观、真实，实现网上办案、网上管理、网上监督和网上考评。

（一）统一软件的概括

统一软件是通过再造业务流程，改进工作方式，规范执法活动，从而提高办案能力、监督能力和创新能力，实现了基于流程、案卡和文档的案件办理、流转功能、后台管理和查询统计、案件预警功能，拓展了对案件的宏观管理、质量监督、查询统计功能。我们把系统用例① 根据性质分为四类：一是

① 用例（use case），或译使用案例、用况，是软件工程或系统工程中对系统如何反映外界请求的描述，是一种通过用户的使用场景来获取需求的技术。每个用例提供了一个或多个场景，该场景说明了系统是如何同最终用户或其他系统互动，也就是谁可以用系统做什么，从而获得一个明确的业务目标。编写用例时要避免使用技术术语，应该使用最终用户或者领域专家的语言。用例一般是由软件开发者和最终用户共同创作。

基本业务用例，完成对人民检察院案件办理过程中的业务支撑；二是业务管理用例，在基本业务模块的基础上完成数据的收集，建立面向管理层的数据查询和辅助决策机制；三是数据接口用例，完成系统内各相关业务部门之间的数据共享和系统与外部系统数据衔接的标准；四是后台维护用例，完成对软件的灵活配置和后台支撑（见图5）。

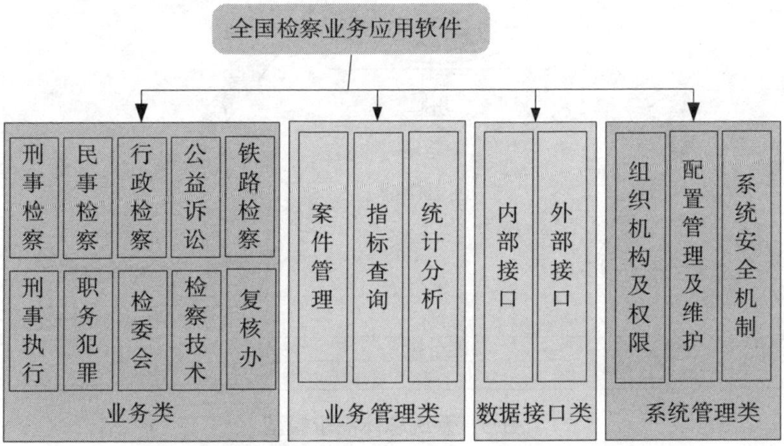

图5　全国检察机关统一业务应用软件总体功能

（二）统一软件的需求模型

统一软件总体需求是通过对刑事检察、民事检察、行政监察、公益诉讼检察等业务需求、管理监督平台需求和后台维护管理需求的分析、总结，提炼出共性特征，形成需求模型。通过总体规划、过程建模、模型优化、分析、映射等过程，来完成对统一软件的准确描述。

系统需求模型由平面模型和空间模型组成，其中平面模型以案件办理过程模型为核心驱动，以数据模型提供通用的数据描述和支撑，资源模型提供资源分配，功能模型实现到各业务的映射。业务用户显示逻辑模型实现用户的应用界面。空间模型中，接口模型通过对平面模型视图中各模型的数据的交换汇聚，形成数据挖掘模型、接口模型的数据基础，数据挖掘模型、接口模型通过对平面模型的方法映射，实现对平面模型的监控以及对其中功能的区域调用。（见图6）

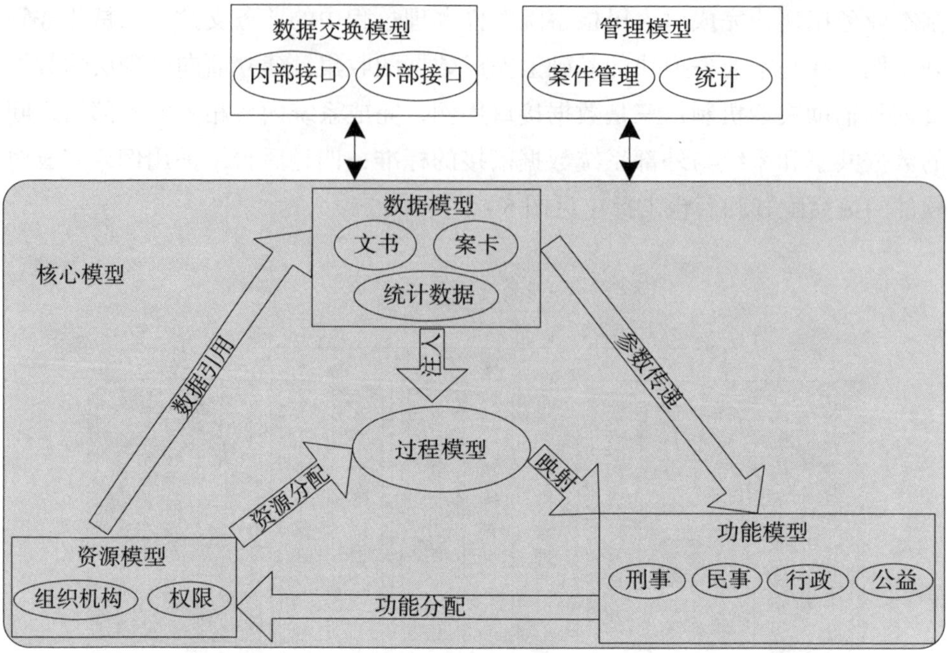

图6　系统总体需求模型

（三）统一软件的访问控制模型

统一软件中建立基于角色的访问控制（RBAC）模型。访问是一种利用计算机资源去做某件事情的能力，访问控制是一种手段，通过这种能力在某些情况下被允许或者受限制。基于角色访问控制而言，访问决策基于角色，用户具有指派的角色，资源的使用受限于授权给假定关联角色的个体。模型要素如下：

（1）用户（User）和角色（Role）

用户指访问系统中的资源的主体，一般为人。角色指应用领域内一种权限和责任的语义综合体，可以是一个抽象概念，也可是对应于实际系统中的特定语义体，如职务。角色可分为普通角色和管理员角色。

（2）许可（Permissions）和权限（Permission）

许可描述了角色对计算机资源的访问和操作所具有的权限，其反映的是授权的结果。其描述的是许可和操作之间的一种关联关系，该关系表示某一角色对某一操作所具有的权限及权限状态。

（3）角色和指派（Assignment）

指派包含用户指派和许可指派两个方面。用户指派指将用户指派给特定的角色。许可指派为角色指派计算机资源的访问和操作许可。

（4）会话（Session）

会话是用户和角色之间的关系。用户每次必须通过建立会话来激活角色，得到相应的访问权限。

（5）角色和角色等级（Role Hierarchies）

角色本身并不能代表权限的大小。如“处长”和“承办人”的角色，在现实中前者的权限级别可能比后者的高。但对计算机来说，实现这两个角色不同的权限可采用分等级角色，也可采用复合角色，以便于权限指派。

（6）限制（Constraints）

限制是指模型中的职责分离关系，用于控制冲突，分为静态职责分离关系和动态职责分离关系。静态职责分离指定角色的互斥关系，用于用户指派阶段，避免同一用户拥有互斥的角色。动态职责分离指定角色的互斥关系，用于角色激活阶段。允许同一用户拥有某些互斥的角色，但是不允许该用户同时激活互斥的角色。

模型见图 7。

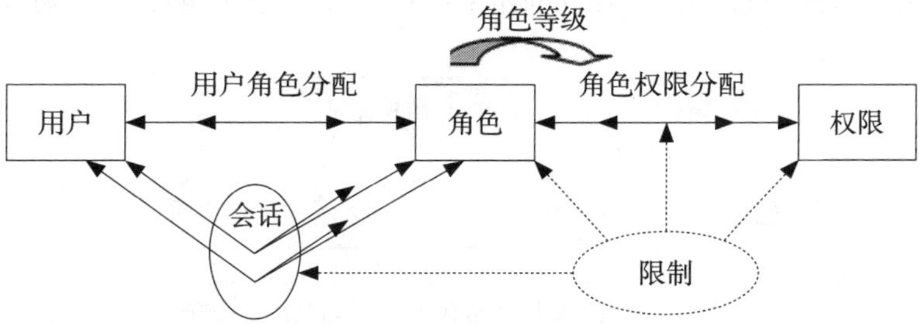

图 7　用户权限模型

我们对该模型定义如下：

U、R、P、S：用户、角色、权限、会话；

PA⊆P*R：权限分配，多对多的关系；

UA⊆U*R：用户分配，多对多的关系；

User：S->U，每一个会话 s 对应单一用户 user（s）的映射；

Roles：会话 s 到角色集合 role(s) ⊆ {r|(user(s)，r) ∈ PA}。

该模型由三个实体组成，分别是用户（U）、角色（R）、权限（P）。其中，用户指自然人；角色是组织内部一件工作的功能或工作的头衔，表示该角色成员所授予的职责的许可，系统中拥有权限的用户可以执行相应的操作。

用户与角色之间以及角色与权限之间用双箭头相连表示用户角色分配UA和角色权限分配PA关系都是多对多的关系，即一个用户可拥有多个角色，一个角色也可被多个用户所拥有。同样，一个角色拥有多个权限，一个权限能被多个角色所拥有。用户建立会话，从而对资源进行存取。每个会话将一个用户与其所对应角色集中的一部分建立映射关系，这个角色会话子集称为会话激活的角色集。在特定会话中，用户可执行的操作是该会话激活的角色集对应的权限所允许的操作。

三、数字检察的软件规范应用

在软件研发过程中，常规方法和形式化方法相比有明显的区别，它们的开发原则不同，常规方法主要是通过测试来发现系统的错误，该方法的编码和测试阶段所需的工作量非常大，要占到全部工作量的60%—70%（见图8）；而形式化方法能直接构造出尽可能正确的系统，该方法的开发过程中需求分

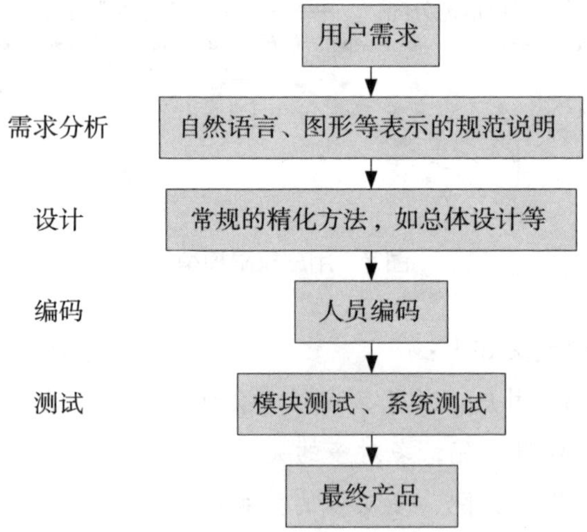

图8　软件开发的常规方法

析和设计阶段会投入很大的工作量，占全部工作量的55%—65%，编码和测试阶段的工作量较小，只占全部工作量的35%—45%。

图9中显示的形式化开发方法是一种理想情况，一般的工程项目只在部分阶段使用形式化方法，或者是把形式化方法和其他软件开发方法结合来使用。

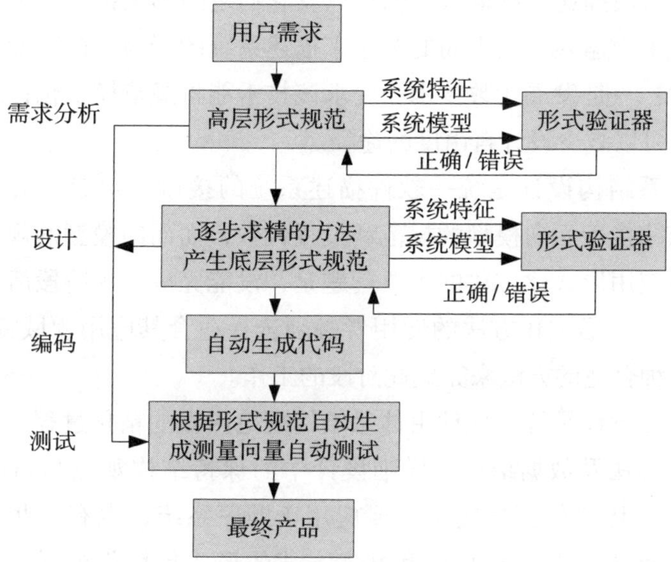

图9 软件开发的形式化方法

使用形式化方法可以发现系统中的不一致、不完全和错误，是一种行之有效地减少设计错误的方法，是提高软件系统可信度的重要途径，从而大大提高了统一软件的正确性。同时，统一软件研发要求比较高，使用形式化方法可有效地解决规范应用问题。一是生成精确、抽象、简明和可操作的规范，操作包括规范的一致性检查、原型的自动生成或通过证明的方法推导出规范的特殊性质。二是形式规范以上述方式产生，将其作为验证程序正确性的依据，利用形式化方法证明规范及其相应程序的正确性，表明程序与其规范的一致性。

形式化方法在统一软件研发中的生命周期，分为需求分析、系统规范、体系结构设计、详细设计、实现五个阶段。

（1）需求分析将用户的需求从初始概念转换为需求文档，描述系统及其操作环境和系统与环境间的接口，需求文档是与用户交流思想的主要基础。形式化方法中的符号系统将会变得更全面、更完整，不仅能描述功能性的需求，亦能描述非功能性的需求。然而，在需求阶段极少有专门面向需求的形式化方法。

（2）系统规范是统一软件待研发系统的外部特性描述，不涉及系统的内部结构。该阶段描述系统输入、输出以及它们之间的关系，给出系统接口的精确定义，采用输入、输出间的关系来描述系统的行为。该阶段，可应用两种形式技术：一是发展代数技术，要求该技术能将规范模块化；二是在技术上找到一条可以减少设计自由度的途径。

（3）体系结构设计是统一软件描述系统的接口、功能、结构的初步实现。体系结构接近面向模型的规范和过程代数，而面向模型的规范缺乏结构性。该阶段应用形式化方法的主要问题是，没能完成需求阶段所有工作的方法或符号系统。形式化方法的使用者必须选择适合其应用领域特点的方法，从中找到一种合适的方法来完成此阶段的工作。

（4）详细设计是统一软件由体系结构规范出发的精化过程，描述用于实现此系统的算法及数据结构。详细设计中的保持结构观点与目前的精化技术是一致的，传统的精化技术主要应用于顺序系统，也有一些技术支持并发系统。目前无同时支持顺序和并发方式的形式化精化机制。从实用角度讲，为使形式化方法能够应用于详细设计和精化过程，有必要采用一种折中的方法。

（5）实现是统一软件程序源代码，规范的一种可实现映像。该阶段，采用构造方法将程序与其规范形式地对应起来，从低级规范推导出程序，将程序构造与验证统一起来，实现程序和规范之间的自动辅助正确性证明。如统一软件中案件办理流程中的建模。

（一）形式化方法在统一软件需求建模中的应用

统一软件需求分析是软件生存周期中重要的一环，把功能和性能的总体概念描述为具体的需求规格说明，从而快捷、准确地获取系统需求并建立起无歧义的、完整的需求模型。在传统的需求分析方法中，存在需求获取交流困难和分析建模周期过长等难点。然而，规范统一软件开发过程，采用标准化的表示方法可有效地促进软件设计、开发和测试人员的相互理解，将软件计划阶段所确定的软件范围逐步细化到可详细定义的程度，并分析和提出各种不同的软件元素，然后为这些软件元素找到可行的解决办法。

制定软件的需求规格说明不仅是软件开发者的任务，其用户也起着极其重要的作用。用户必须对软件功能和性能提出初步要求，接着软件分析人员认真了解用户要求，细致地进行调查分析，把用户“做什么”的要求转换成一个完全的、精细的软件逻辑模型，准确地表达用户的要求，同时写出软件的需求规格说明。实现目标系统的物理模型首先要将逻辑模型实例化，即由具体到某个业务领域而得到；其次确定待开发软件系统的系统元素；最后将功能和数据结构分配到这些系统元素中。与物理模型不同，逻辑模型忽视实现机制与细节，只描述系统要完成的功能和要处理的数据，需求分析的任务就是借助于当前系统的逻辑模型导出目标系统的逻辑模型，解决目标系统的“做什么”的问题。其实现步骤见图 10。

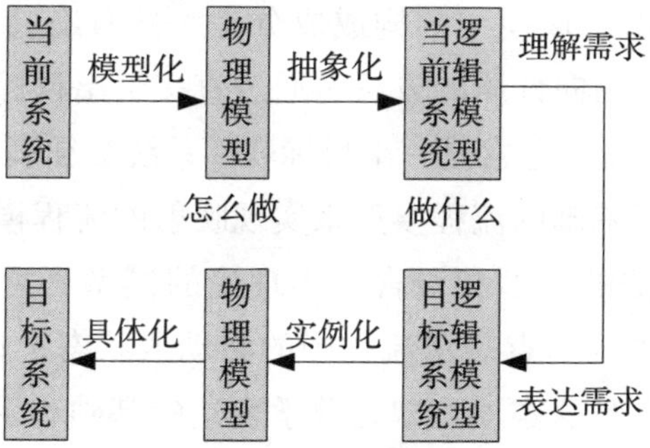

图 10　模型实现步骤

需求分析的任务不是确定系统如何完成它的工作，而是确定系统必须完成哪些工作，也就是对目标系统提出完整、准确、清晰、具体的要求。需求分析的结果是系统开发的基础，关系到工程的成败和软件产品的质量。因此必须用行之有效的方法对软件需求进行严格的审查验证。软件需求规格说明作为分析结果，它是软件开发、软件验收和管理的依据。因此，在统一软件研发过程中，必须重视需求分析，规范需求规格说明，尽量避免错误和不当，否则可能要付出很大代价，对需求阶段进行形式化理论研究具有重要的意义，对实际的软件开发过程规范具有重要的应用指导价值。

（二）软件中的形式化验证方法和工具

软件体系结构形式化方法是基于严格的数学基础建立的软件开发方法，它是数学上的综合、分析技术的应用，可以提供一个用于模型设计和分析的严格而有效的途径。统一软件中使用形式化方法主要目的是克服自然语言、图表等非形式化方法描述体系结构存在的不足。研究人员运用形式化方法描述软件系统的体系结构，逐步分析体系结构的通用模型。下面通过表达能力、软件系统说明和流程模型三种方式对形式化方法的分类进行讨论。

首先，根据表达能力，形式化方法可分为五类：模型的方法、代数方法、过程代数方法、逻辑的方法、网络的方法。根据网络中数据流显示给出系统的并发模型，包括数据在网中从一个结点流向另一个结点的条件，如Petri 网、谓词变换网。

其次，根据对目标软件系统进行说明的方式，形式化方法可分为面向模型的方法和面向性质的方法。在面向模型的方法中，对目标软件系统的说明是为其构造一个模型，该模型的构成成分是一些具有特性的数据抽象，如域、集合、映射等；面向性质的方法是通过直接给出目标软件系统的一组特性来描述目标软件系统，通常是一组目标软件系统必须满足的形式公理。

最后，基于数据基础的流程模型来实现映射的流程模型包括有向图的模型、形式化理论方法的模型和语言行为理论的模型三类。基于有向图的模型，如流程图，图中的节点表示流程中的活动或状态，这类模型比较直观，便于理解和使用，但是这类模型缺乏数学表达的基础和手段，无法对模型的正确性和有效性进行形式化验证；形式化理论方法的模型，如 Petri 网模型，这类模型的特点在于均具备良好的数据基础和形式化表述手段，并具有相应的形式化辅助工具，能够对流程模型进行自动的形式化验证；基于语言行为理论的模型，通过刻画客户和服务两种角色在进行交互时的语言行为对流程建模。

通过不同分类对形式化方法和工具的介绍，合理采用模型来描述和映射需求，达到精确、可验证测试的模型并选择有效或折中的形式化方法来实现统一软件中案件管理全过程的正确性、高性能，从而适应检察业务重组和未来扩展的需要。

（三）统一软件中案件办理流程的模型验证

使用形式规范来描述软件工程的开发过程中，可方便地描述其可操纵性，换句话说，可在明确定义的规范下，对规范进行分析、推理或变换，研究规范的性质，证明规范的一致性，推导出规范的一些重要结果，验证规范实现的正确性。形式化方法的规范可能会融入信息技术的各个领域，并成为一种主流的方法和技术。故统一软件中也利用形式化方法来验证案件办理流程的正确性。下例中通过审查起诉及出庭公诉案件办理流程来建立一个模型，然后描述出该系统所需要的规约，最后使用工具进行检测。具体操作如下：

（1）建模，把设计转化为模型检验工具可接受的形式系统。首先，对设计进行一些形式化处理以符合一个形式化验证工具的要求，从需求中提炼出一个抽象性的案件办理流程（见图 11）。

（2）规约，在验证之前需要陈述设计必要满足的性质。规约一般用逻辑公式的形式给出，验证一般使用时态逻辑来表达与时间有关的行为。写规约时主要是应用模型检验工具检测一个设计模型是否满足某些要求，但并不能肯定这些规约是否已覆盖了系统应该满足的所有性质。

（3）检验，使用模型检验工具来验证所给的模型是否满足要求的规约。理论上模型检验是可以完全自动进行的。实际操作过程中，常常需要人为干预。如果检测产生了一个否定的结构，则同时会产生一个结果路径，以利于找出设计的错误所在。在修正错误以后，重新进行验证。同时，对系统建模过程中以及规约描述过程中的错误也可以据此找出。在验证过程中，如果验证不能正常终止，比如系统规模太大，则需要调整检测工具的一些参数或对模型进行进一步抽象。

图 12 的流程映射中，验证了对案件办理流程的基本特点和结构的分析。如顺序路由、并行路由、选择路由、循环路由四种结构，从而保证流程在软件中能够正常运行。

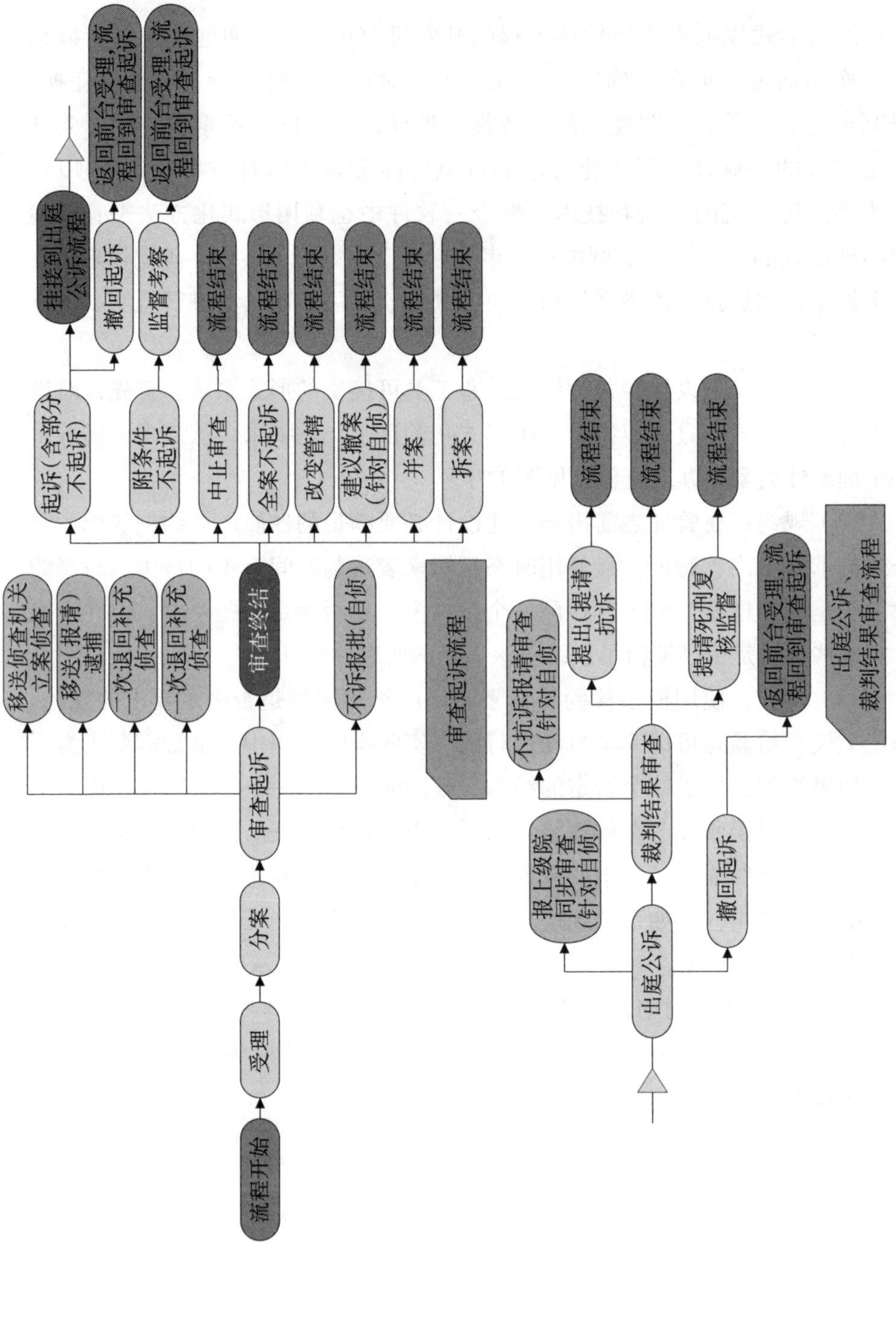

图 11　审查起诉及出庭公诉案件办理流程

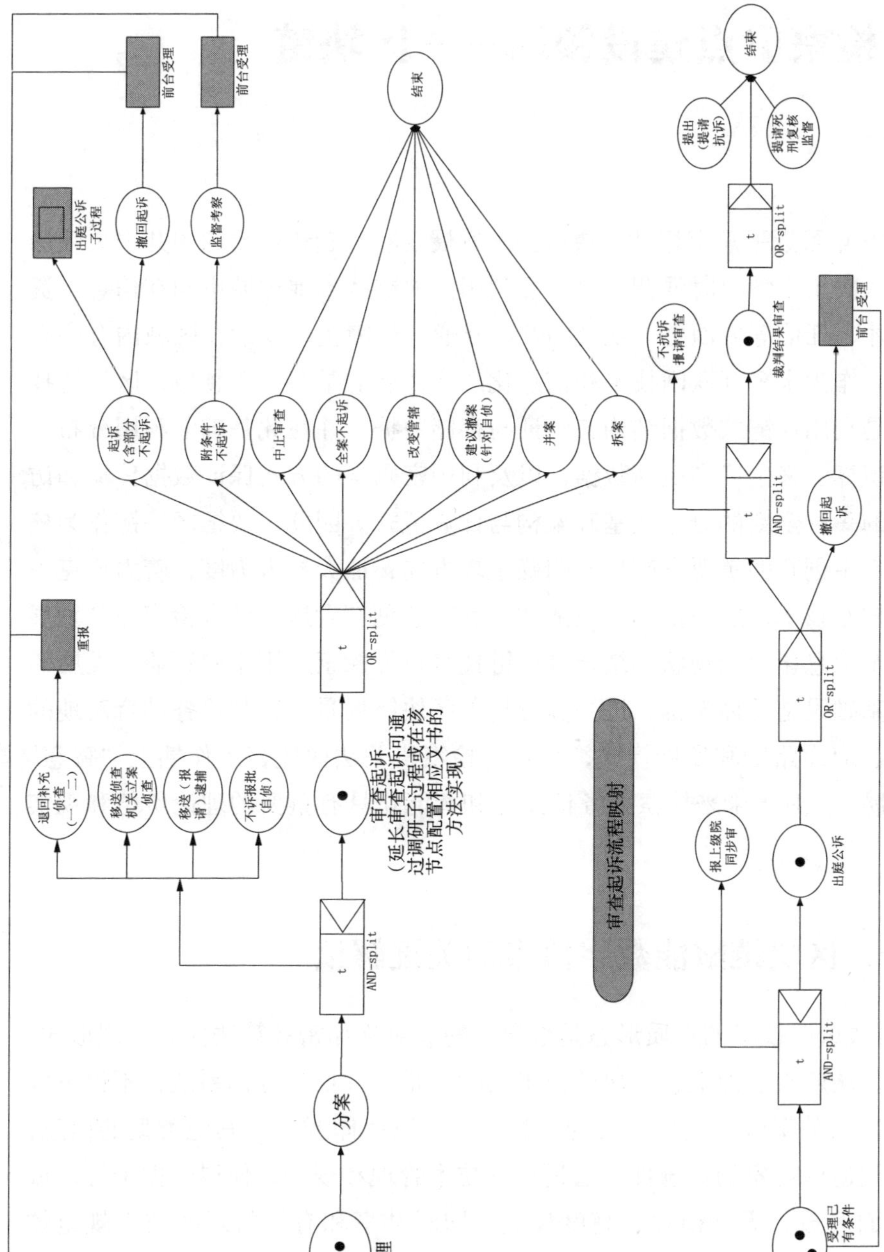

图 12　审查起诉及出庭公诉流程 petri 网模型

第五章

数字检察重点建设领域——区块链

2019年习近平总书记就区块链技术发展现状和趋势进行的中共中央政治局第十八次集中学习时强调指出，要利用区块链技术促进城市间在信息、资金、人才、征信等方面更大规模的互联互通，保障生产要素在区域内有序高效流动。作为未来互联网技术和信息化产业发展的重要应用领域，区块链技术本质是利用块链式数据结构来验证与存储数据，并在此基础上利用分布式节点共识算法来生成和更新数据，以及利用密码学的方式保证数据传输和访问安全的一种全新的分布式基础架构与计算范式。因此，要把区块链作为核心技术自主创新的重要突破口，明确主攻方向，加大投入力度，着力攻克一批关键核心技术，加快推动区块链技术和产业创新发展。结合检察业务发展目标以及信息化架构现状，结合区块链技术特征探索适用于检察业务发展的区块链基础设施总体架构，进一步分析以区块链场景与智慧检务结合落地的可行性、应用路径和发展模式，真正为检察机关法律监督工作插上“智慧”的“翅膀”，对于未来检察业务信息化和智能化具有重要的理论价值和现实意义。

一、区块链赋能数字检察的关键解读

“区块链”技术的本质形态是数学上的非对称加密和算法代码实现形式，换言之，从广义层面上，区块链技术实际上是一种信息存储系统，不仅可以用来存储与数字资源交易有关的信息，还可以存储或转换其他类型的信息，从而达到适用对象的普遍性。通过这种技术管理和规制，使得数据资源形成一个全面开放、无缝衔接、高度集成、即时共享和有效管理的技术规范体系，将数据资源组合成为一个有机整体，进而带来了法律规范形态技术升级与改进。因此，可以看出区块链技术体系最大的应用可以进一步延伸至法律调整社会规范领域，从而在一定程度上实现"'法治主义'意义上的法律秩序治理与'技治主义'意义上的区块链技术平台的深度融合"。在区块链技术体系中，分割和离散化的数据是以块数据的形式汇聚在一个特定的平台，并持续发挥聚合效应。其根本原理在于"块数据内含一种高度关联的机制，这种机制为数据的持续聚集提供了聚合机制"[①]。从信息化技术发展的特征看，区块链并不是一项全新的技术，它使用的都是现成的信息技术成果，是在引进了数学上的非对称加密算法基础上，创造性地实现了基于第三方的多主体信任机制。因此，对于区块链与智慧检务发展的关系而言，必须在技术体系与应用场景之间取得高度耦合和有效平衡，从而进一步提升信息化技术助力检察业务发展的有效性。从检察业务的角度来看，检察机关要加强对监督事项的调查核实工作，调阅被监督单位的卷宗材料或者其他文件，查询当事人、案外人或者其他有关人员的材料，收集的证据材料要进行数据化，为开展法律监督提供数据源支撑。

（一）调整对象从实体化向数字化的转换

从本质理解，区块链本身是一种数据组织形式，基于点对点的通信技术和加密技术使数据库的组织形式更具开放性和可追溯性，即其外在形式是一个去中心化的分布式账本数据库。通过复杂的设计网络和算法对数据进行重新整理和归纳，使得看似并无联系的数据被整合和处理为具有分级分类的高质量数据形态，从而使基于复杂数据分析的应用成为可能。在这样的分布式结构数据库中，区块链是利用纯数学方法来建立各方的信任关系，即一种基于问责和防篡改时间戳技术的数据存储方式。这种数据库形态之所以能够作为检察业务活动的调整手段，关键在于检察对象的数字化。也就是说，随着信息化技术的发展，检察业务所面对的对象已经呈现出从现实形态向数字形态转换的趋势。即以数据组合的方式对现实行为人的行为活动进行数字化的建模。块数据所实现的数据资源的全面开放、无缝衔接、高度集成、即时共享，跨越时空和主体界限，将数据资源组合成为一个有机整体，将证据卷宗

---

① 大数据战略重点实验室：《块数据 5.0：数据社会学的理论与方法》，中信出版社 2019 年版，第 4 页。

等对象的感知识别转化为不同场景需要的数据存储方式，从而构建出现实行为人的数字孪生体。正是在此基础上，区块链作为数据组织技术才能有效发挥其技术优势，进而进一步提升其服务检察业务办案流程的可行性。

（二）检务流程从文本化向算法化的转换

加强新时代检察机关法律监督工作，不仅要注重程序上的纠错，更应着力于法律适用存在瑕疵案件的纠偏，切实加强民生司法保障，积极回应民众诉求。检察办案不仅要符合法律条文这个“文本法”，更要符合人民群众感受这个“内心法”。区块链在技术上提供可监管、可审计的合约形式化规范，强调块数据的链上数据与链下数据的融合，而这种技术的实现得益于区块链与不同业务场景的整合的深度。[①] 具体而言，就是在数据处理中，如何探寻将检察业务流程实现模型化与算法化。从形式上看，区块链技术发展是以算法的形式基于代码的协议，以及与其发展相关的决策，最终控制具体场景系统进行工作，从而达到调整和塑造人们行为方式的目的，即所谓的“代码之治”（rule of code）。近年来有学者提出，在互联网上“代码即法律”（code is law）。代码有可能是“最重要的监管者”，它可以定义人类的经验，以不同于传统国家颁布法律的方式来管制或鼓励人类行为。甚至有观点提出，“代码之治”的本质是基于代码的技术规则系统，支付系统、金融市场、信息系统都可以由这一技术规则系统来控制。虽然算法从形式上理解是由程序员部署的代码所构成的、非正式的规则体系，但是从本质上看，代码的形成依然需要具体规则体系的赋予，换言之，是对具体规则体系的数字化性能胎的转换。具体到检察业务，在进行区块链算法设计的过程中，要将文本化的法律规范以代码的形态进行转化和设计，需要按照现行相关法律和司法解释设计具体业务流程，并且不能突破现行法律体系的规范框架。因此，“代码之治”的本质不是“算法之治”（algocracy），其本质依然是“法律之治”。[②]

---

① 杨东:《区块链＋监管＝法链》，人民出版社2018年版，第319页。

② ［美］保罗·维格纳等:《区块链：赋能万物的事实机器》，凯尔译，中信出版社2018年版，第96页。

（三）管理模式从去中心化向再中心化的转换

借助区块链技术及智能合约的治理模式，使得区块链技术从诞生伊始就被赋予了去中心化组织形态。区块链网络控制它的代码通过分布式共识机制，以去中心化的方式运行，对智能合约或区块链协议的任何更改，都需要获得大多数区块链网络的支持。即从技术性格上理解，区块链上部署的智能合约，可以组合起来创建一个互联系统，其运行规则由组织共同定义，并通过技术强制执行。同时，整个网络以分布式方式执行，而不是运行在任何中央服务器上。现代管理理论认为，管理技术的进步会降低组织在空间上的成本，组织规模也会因此扩大。与中心化科层组织形态不同，去中心化组织成员虽然联系松散，但因共同目的而协同工作，并借助智能合约、密码法以及可自由交易方式协调运作。这种分布式治理模式意味着区块链技术可以在某种意义上降低管理群体活动的交易成本。虽然去中心化组织借助智能合约来管理和协调经济活动使决策过程可以简化，但在操作层面上达成群体共识，仍需要技术手段对现存的组织行动能力进行有效提升。而再组织化的意义在于，借助区块链的自治执行的算法系统，借助软件算法控制对资产和资源的访问。依赖智能合约、算法及确定性代码，构建非许可型的全球数据存储和处理平台。虽然从形态上看，区块链实现了一种去中心化的组织形式，但究其本质而言，其依然是一种基于集体维护一个持续生长的数据库的组织模式。[①] 因此，在现行的国家模式体系中，区块链的去中心优势体现为基于对数字资源的去中心化组织和传递功能。其本质在于，区块链技术的应用可以让这个世界变得更有秩序、更加安全和更趋稳定，即通过编程和代码把时间、空间、瞬间多维叠加所形成的数据流加以固化，形成可记录、可追溯、可确权和可审计的技术约束力，实现技术规则和法律规则共同组成的监管和治理“组合拳”，从而带来检察机关法律监督效果和检察业务水平的提升。

---

① 徐明星等:《区块链：重塑经济与世界》，中信出版社 2016 年版，第 9 页。

二、区块链赋能数字检察的路径分析

区块链从技术层面理解为分布式数据存储、点对点传输、共识机制、加密算法等计算机技术在互联网时代的创新应用模式。近年来，区块链技术的研究与应用呈现爆发式的增长趋势，其应用范围已经覆盖了金融服务、供应链、社会公益、文化娱乐、电子存证、电子政务、医疗健康、共享经济等多个领域，取得了不同程度的进展，推动了区块链技术的发展和完善。[①] 从检察业务发展角度来看，区块链技术可以保障数据真实性、可靠性，能够广泛应用于电子证据、业务溯源、数字画像等领域，有助于检察机关在业务发展中获取更全面、更精确的数据保障。在检察工作中，区块链技术可被用于司法存证、检察服务等多个场景，起到担保证据效力、规范诉讼程序、深化法律监督的重要作用。如通过搭建覆盖司法机关、行政机关的区块链平台，检察机关可实现从行政机关立案到审判执行全过程的可视化监督。

（一）区块链“不可篡改性”与检察业务证据链的建构

区块链是深度融合分布式存储、点对点通信、共识机制、密码学等技术的新型应用模式，具有分布式、防篡改、高透明和可追溯的特性。因此，区块链技术在证据存证中以其不可篡改性保障数据的真实性，该特性不仅是区块链技术的核心特征，也是其被广泛应用于社会各领域的关键特征，同时也是适配检察业务的核心特性。目前，在司法应用场景中，区块链技术推动基于数据源的证据模式上链存证，进一步深化了证据规则向“链上无存证的数据的真实性皆存疑”的证据理念的深化和拓展，推动了证据获取模式从传统的“事后取证”向“同步存证”转变[②]，使得司法办案的存证重心从注重对电子证据的取得过程向注重证据保存状态转变，从而进一步彰显了电子证据的合法性和真实性价值。浙江省杭州市检察院积极探索开展区块链技术支持公益诉讼检察实践，印发了《关于公益诉讼应用区块链取证的实施意见》，

① ［日］野口悠纪雄：《区块链革命：分布式自律型社会出现》，韩鸽译，东方出版社 2018 年版，第 91 页。

② ［法］菲利皮：《监管区块链：代码之治》，卫东亮译，中信出版社 2018 年版，第 78 页。

其中明确利用区块链技术来保存电子数据等数据文件的校验值，防止数据文件在提取、固定、保存、移送过程中被篡改，确保相关证据的真实性。从技术特征角度看，传统的证据数据库管理系统由单一机构自行建立、管理和维护，中心化的管理模式对整个数据库拥有绝对的控制权，而其他机构无法完整地了解该数据产生与更新的全过程，因而无法完全对其证据数据产生信任。在传统电子证据系统中，传统检察模式的绝大部分信息均来源于第三方机构，由于部分机构的数据存在错误、残缺或隐瞒不报，以及对这些数据的核对、整合需要较长的时间周期，检察机关往往无法及时、全面地掌握相关信息，因而无法及时作出反应，证据链的形成无法做到实时性和可审计性。采用区块链加密技术后存储的档案只能添加资料而不可随意删改，实现了数据的不可篡改，这在很大程度上解决了档案数字化过程中的管理问题和开放利用的安全问题，让数字档案安全性更高、管理更为便捷、证据也更加有效。此外，检察机关可基于不可篡改的日志类型数据，方便地还原、追溯出所有的证据链条。

（二）区块链“全程溯源性”与检察业务监督链的建构

通过区块链技术形成连接各司法机关的互信互认可追溯安全通道机制，即以“收送案件信息化、电子化”，“收送过程减少人力投入、降低成本开支”，“案件协同办理要让数据多跑路、人少跑路，甚至不跑路”为目标，打通检察机关与行政执法机关、公安机关、审判机关、司法行政机关执法司法的信息系统联通障碍，在互信互认基础上形成业务流程的互联互通，达到办案业务协同的目标，实现行政处罚与刑事处罚依法对接，以案件及卷宗的流转、关键事项的预警、文书/手续流转等为重点，实现对案件办理的信息全程留痕，以保障案件信息可查阅、可追溯。正是通过将案件从受理到结案的所有进展信息上链，整个案件办理周期将形成完整的起止信息轴，信息轴上的不同办理阶段都会留痕并同步输出相关上链材料。可以通过业务流程驱动数据流通，侦监、公诉、民行、执检、监督数据等业务协同办理。区块链技术赋予未来数据管理体系以去中心化、可追溯与不可篡改的特性，检察业务也就不再被传统的数据局限于事后监督模式中，依托区块链技术可实现从逮捕→起诉→审判→执行全过程的案件信息数据和证据数据的全程化有效监督。

（三）区块链“分布记账性”与检察业务信息链的建构

区块链是由多方共同记录和维护的一个分布式数据库，数据的记录和存储由每个交易节点共同维护，所有参与者一致达成信息在网络中通过验证的共识。区块链去中心化的特点使得单一节点不能随意进行数据的修改和调整，降低了制造错误数据的可能性，因此，区块链建立在分布式网络基础上，具有分布式安全特性。正是在这种技术特征加持下，使得区块链+数据共享模式能够有效打破各机构间的信息孤岛，实现案件数据实时可信共享互通。此时，检察业务卷宗各案件数据、流转数据全流程记录在多方共识的分布式账本上，并在各个关键环节进行数据校验，确保案件数据的真实、不可篡改。并且在分布式网络中，任何一个节点出现问题或被黑客攻击都不会影响整个网络。另外，采用数字签名、非对称加密算法，不法网络攻击很难破解具有高度分散化的信息记账模式，受攻击的可能性比较低。因此，作为加密特征极为突出的数据传输技术，区块链对于上下级检察机关之间以及各检察业务部门之间打通检务信息沟通渠道具有重要使用价值。通过区块链技术，检察业务每个节点的交易都有据可考，分布式网络上所有的信息记录都可被查询，提高了信息共享系统的可审计性。在检察工作实际应用中，要逐步健全完善检察机关监督办案数据与公安机关共享的制度机制，实现数据双向交换、共享，保障侦查监督与协作配合机制长期、稳定、有效运行。

三、区块链赋能数字检察的技术实现

检察机关区块链的一个重要应用场景是解决检察机关如何进行高效可信的检察信息协同共享的问题，打破条块分割，实现条块数据在条块部门之间的有效协作共享，推动不同部门之间的对等管理，促进各个部门组织结构的扁平化，确保检察业务高效化和智能化，确保数据安全性和隐私性。因此，检察机关区块链应用模型中，考虑到以最高检、省级检察机关、市级检察机关等作为区块链组成成员的需求，提出在不同层级的检察机关间分别建立区块链，并使用跨链技术将其连接起来，使每一个成员都可以通过认证加入检察机关区块链中。

（一）多层级检察机关区块链部署模式

针对检察机关多层级、多部门的特点，研究设计多层级区块链。对于不同层级的检察机关，如最高检、省级检察机关、市级检察机关等可以独立部署并具备独立处理内部数据、访问控制、对外通信、业务应用支撑等区块链功能。各层级中应具备以下结构。

1. 网络层

网络层的核心任务是能够为区块链中的各个参与方通过 P2P 网络提供点对点的网络服务，确保各节点的有效通信。网络层是区块链的基础设施和基础组件，基础设施提供区块链正常运行的操作系统和硬件设施，如划分的计算资源、存储资源、网络资源等；基础组件用于为上层的服务提供一些硬件及软件基础，如数据库的设计及架构，数据库存储模式分为关系型数据库和非关系型数据库，选用关系型数据库类型来保存公共数据（如交易数据、事务数据、状态数据等）；密码库的设计，为上层提供基本的密码学算法支持，实现密钥的维护和存储等功能；日志模块的设计及开发等。

2. 基础设施层

基础设施层包括检察区块链的所有区块链功能，包括时间戳、哈希函数、出块功能、数据访问控制、跨链通信等功能。使用去中心化的点对点网络，依靠用户群交换信息，由于服务是分散在各个结点之间进行的，部分结点或网络遭到破坏对其他部分的影响很小，因此其天生具有耐攻击、高容错的优点。数据访问控制负责协调保障全网中各个节点数据记录的一致性，使用改进型的共识算法，可以在不降低安全性的前提下，实现更大交易量，更快速地达成共识。

3. 业务应用层

在网络层和基础层之上的业务应用层，将提供针对检察机关的应用场景的程序和接口，允许用户通过部署在应用层的各种应用程序进行交互，而不需要考虑区块链的底层技术细节，实现区块链服务。此时用于为顶层用户对底层区块链的使用提供 API，目前考虑预留两种接口：一种是封装好的 js 接口，用于为上层 Web 的设计提供简单易实现的调用接口；另一种是封装好的 java 接口，用于为上层 DAPP 的设计提供简单易实现的调用接口。通过 js 接口与底层区块链系统进行通信，调用智能合约执行交易，达成共识后写入区块链，最终对前端的动作作出回应。

（二）区块链的分层架构

区块链目前虽然已有公有链的实际成功应用，如比特币、以太坊等网络，但是区块链中价值资产传输与交易业务逻辑和底层的数据分布式存储与安全保障逻辑紧密耦合，缺乏逻辑分层，不能灵活、方便地满足分布式人工智能应用需求。为支撑人工智能应用的未来发展，需要研究区块链的分层结构、分布式计算模式和多方安全验证等关键技术。因此，借鉴 TCP/IP 网络协议分层模型，区块链分层结构包括通信层、数据层、业务层和应用层。其中，通信层提供区块链传输的功能和组件，包括传输协议、节点地址和域名服务；数据层进行数据存储、共识认证，为业务层提供储存和认证服务；业务层负责数据表示和交换逻辑，主要包括数据表示、发布、传递与交换等功能；应用层实现领域应用的业务流程、逻辑功能、人机界面等。

1. 面向算力汇聚的分布式计算模式

区块链本质是一种分布式计算模式，分为公有链、联盟链和私有链三种实现形式，包括分布式存储、计算、传输以及共识机制等技术，研究新的 POW（Proof of Work，工作量证明）共识机制，设计面向人工智能算法的求解获得积分、资金和代币等激励算法，有效汇聚个人和机构分散的算力，以及研究分布式计算、存储分离模型，大幅度改进区块链网络的处理性能。目前在技术领域中具有实际用途、大型复杂的人工智能算法代替 Hash 碰撞算法，在“矿池”平台上，实现人工智能算法的动态加载问题，包括横向动态加载和纵向动态加载，以及算法任务的分配与同步、算法难度的动态可调、用户账户管理等。因此，横向动态加载和纵向动态加载，在时间顺序维度上，能够在一个时刻计算人工智能任务 1，在下一个时刻计算人工智能任务 2，以此推广，实现任务的纵向动态加载；在同一个时间内，能够进行人工智能任务 1 和人工智能任务 2 等并行计算，即所谓的横向动态加载。

2. 面向同构链、异构链的跨链互联协议

由于检察机关区块链底层平台架构、数据结构、接口协议等存在差异化的可能，为满足跨区域、跨部门区块链系统的数据共享、业务协同需求，研究设计针对同构链、异构链的跨链互联协议，实现区块链数据的互联互通，主要研究内容为通用区块链接口、异构链互联协议、可信事务机制。

（1）同构数据链处理模式

通用区块链接口旨在通过设计一套通用的区块链数据协议，抽象提炼主流区块链共通的核心数据结构与资源定义，使多层级区块链平台可以用统一的数据协议交互。以此为依托，经由中继链以及跨链网关实现数据交换、协同、跨链互操作等，打通跨层级的检察机关之间的协同通道。通用区块链接口包括统一资源范式、抽象区块结构。统一资源范式是为了更好地打通区块链平台资源交互，使得用户在调用区块链智能合约、资产、信道或数据表时无须关心具体的智能合约语言和区块链的底层架构，只需传入通用的参数，并处理统一定义的返回值即可，包括数据、调用和事件三类接口。抽象区块结构包含主流区块链共同的数据字段，用于验证区块链结构的正确性、查询区块链当前状态和验证区块链数据等。多个区块链之间，通过相互同步和获取抽象链的方式，来确认其他区块链的状态，验证预期交互数据的正确性。

（2）异构链互联协议

异构链互联协议旨在针对不同层级的检察机关之间或跨部门间可能使用异构链的问题，整合主流区块链平台通用的网络交互协议及统一的交互模式，研究设计用户适配各个异构链的适配器并部署为适配节点，可实现异构区块链的跨链协同。异构链互联协议包括通用接入范式、跨链交互模型。异构链互联协议定义一种通用的区块链接入范式，只需实现两个核心接口即可接入一条区块链，这两个接口分别是获取“资源”的接口和获取“信息”的接口。基于这种通用范式，不同区块链平台可以各自提供一个区块链适配器。区块链适配器可以基于原有区块链平台 SDK 进行封装，实现异构链互联协议的核心接口，而无须对原有区块链做渗透修改。为适配多变的跨链业务场景，异构链互联协议需设计一套跨链交互模型，该模型可以支持单分区单路由、单分区多路由以及多分区多路由等多种场景。跨链事务机制保证多个区块链上的操作要么全部执行完毕，要么全部执行失败，从而保证整个跨链操作的一致性。跨链事务机制主要包括两阶段提交协议、哈希时间锁定合约。两阶段提交协议是一个原子性的提交协议，旨在保证分布式系统处理事务时的一致性。两阶段提交协议具备可靠性强、通用性强、实现简单等优势，大部分业务诸如跨链转账、跨链协同等，都可以使用两阶段提交协议来实现。哈希时间锁定是一项进行区块链网络之间资产交换的技术，可以应用在跨链数据操作中。在数据交换过程中，为了保证各个区块链的数据安全，数据转移要么全部完成，要么全部没有完成，不存在任何中间状态。

（3）区块链节点治理机制

多边链上治理机制针对检察机关对于权限控制、准入机制的需求，研究设计一套可扩展、去中心的跨链治理架构，让多个检察机关区块链业务能够根据其特定需求共同搭建一条治理链进行跨链交互方面的治理。治理链应具有权限控制、事务管理、准入准出机制等治理功能。权限控制是指获取各个层级的检察机关区块链的权限信息，并根据该信息对该层级的区块链所能获得的信息和跨链互操作的权限作出限制。事务管理是指对各个层级的检察机关区块链所包含的事务进行汇总和整理，并监督其运行。准入准出机制则是对新加入或申请离开的检察机关区块链进行准入准出的审核，并将其记录于区块之中。通过构建与监管包含多方安全认证机制、智能合约的形式化验证及基于智能合约的合规性审查等，实现分布式认证和监管体系，基于区块链自身的公开透明和智能合约的自动化运行，可以有效降低算法和数据的监管成本。具体而言，要通过算法建构将区块链的数据特征存储到各节点，节点记录数据特征，进行多方备份，确保数据的可用性和安全性。节点进一步分析数据的来源和特征，从而使数据受到审查和监管，提高数据的可靠性和安全性。区块链节点使用数据，并对数据的质量进行评价，反馈数据质量，形成分布式的质量认证体系，促进数据的可靠性和安全性的提升。

3. 数据审计技术体系

基于区块链的数据确权与溯源技术，包括数据的登记、标注、组织、管理等，通过多方认证，帮助用户解决数据的确权及溯源问题，明确数据资产的来源、产权、管理权、使用权和共享过程，实现可信举证与追责，从而维护自身合法权益。因此，区块链技术的应用，使得数据在各共享方之间公开透明，任何个人和机构拥有的数据资产，都可利用区块链进行注册和管理，数据服务交易的记录全网（包括公网或私网）认可、透明、可追溯，每一笔数据都可以发布到区块链上，并进行结算和支付，一旦数据丢失，均可在区块链上找到。区块链中数据公开透明、可追溯，每条记录从后向前有序链接，具有安全稳定、无法篡改、方便溯源的特点，有利于数据标准管理。

（1）数据资源溯源流程

通过算法设计确保数据从源头（数据产生者）产生到数据交易末端（数据使用者）的整个过程所有相关信息都会以交易的形式记录在区块链上。数据从源头发出，经由中间节点转发（或者交易）到末端节点在区块链上的交易过程即签名转移过程。由于所有数据的传播都是以交易的形式记录在区块链上，数据资源溯源可以通过直接查询区块链交易的方式完成。溯源过程实际上是一个不断查找前序交易签名的过程，这个过程提取所有参与数据流动的节点签名，根据签名获取实体公钥，从而定位参与数据转移的相关信息，交易的时间戳即为数据转移的确认完成时间。而数据共享在区块链上构成了一个完整且保证安全的链条，因此可以根据该链条进行数据资源溯源。根据方案对溯源流程的形式化定义，在数据流通环节各参与方公布自己的公钥后，任何接入区块链网络的节点都可以对某数据进行信息回溯。由于区块链的不可篡改性，从区块链交易链条中提取的回溯信息具有非常高的可信度，不存在常规系统中很容易发生的某个环节出现问题，如信息丢失、恶意篡改或被攻击，导致整条数据流回溯信息可靠性受到影响。溯源所需计算和存储成本由整个区块链网络共同承担，不再需要维护一个复杂度高、资源消耗大的高层数据平台，也无须担心数据存储的安全性，在不安全的网络环境，甚至离线的情况下，也可以获取可靠的数据资源溯源信息。

（2）数据资源共享模式

基于大数据目录的管理体系、数据服务接口自动构建、可变粒度的数据服务访问控制、数据服务定价与收益分成模型等问题，由于数据银行采用逻辑上相对集中、物理上分布的存储和计算模式，底层采用区块链技术构建。而数据多源、异构，数据类型和格式多样，造成大数据的多维度融合和集中管理非常困难，核心是统一数据标准，提升数据质量，推动数据的服务创新和价值创造。这需要研究大数据治理流程与框架、数据分类管理、数据标准管理、数据集成管理等问题。因此，在此过程中数据标准化指的是对分散在各系统中的数据作出数据命名、数据定义、数据类型、赋值规则、科学流程等方面的统一。中心化治理方法数据标准的制定过程相对封闭和垄断，维护工作量巨大，且建设周期长，缺乏有效的多方参与机制，区块链技术则能让参与者以多中心化的方式参与数据标准的制定与维护。建立的基于区块链的数据治理协同模型主要包括数据标准化、数据质量管理、数据安全合规等方面，通过三者的协同治理，最终达到战略一致、风险可控、运营合规、价值实现等目的。

（3）数字资源安全机制

区块链建立在分布式网络基础上，具有分布式安全特性。在分布式网络中，任何一个节点出现问题或被黑客攻击都不会影响整个网络。另外，采用数字签名、非对称加密算法，不法分子很难破解，受攻击的可能性比较低。在数字检察业务体系中证据、文书需要在交互全流程中保证可信、安全，因此要为跨链架构和全过程信息互认机制提供安全保障技术支持。多方安全认证与监管包含多方安全认证机制、智能合约的形式化验证及基于智能合约的合规性审查等，实现分布式认证和监管体系，基于区块链自身的公开透明和智能合约的自动化运行，可以有效降低算法和数据的监管成本。基于国密算法的跨链安全保障技术，支持跨链网关可控接入、跨链签名可信验证和跨链链路安全保密，支持跨链证据安全等。在司法实践中可以研究支持多层次隐私保护要求的证据、文书交叉认证模型，保障跨部门协作中的敏感信息和隐私，案件全流程监督、跨部门换押、涉案财物跨部门管理，同时为了更好适应各责任主体的互信互认需要、工作需要，以及安全需要，另外还可根据检察机关业务发展需要不断衍生出更多可与区块链融合的执法业务应用场景。

四、区块链赋能数字检察的应用模式

针对区块链在检察机关中的业务需求和检察机关大型数据保真存储和高效使用的问题，可作以下研究：面向分布式文件存储的链上链下协同高效存证验证技术，构建和区块链网络平行的独立运行的星际文件传输网络；采用数据集中式关系型存储和分布式存储相结合的数据双存储模式，将索引数据、卷宗数据、管理数据进行集中式关系型存储，将音频、视频、文档等大型文件进行分布式存储，并构建集中存储与分布存储的映射机制，进而实现关系型数据索引高效检索、区块链可信存证验证与分布式文件高效存储的数据存证验证协同。为进一步实现检察机关间设施联通、网络畅通、平台贯通、数据融通，需要着重从以下几种模式探索区块链的应用。

（一）检察业务流程体系升级

针对检察机关办案过程中的多模态证据上链存证问题，重点制定检察机关多模态数据上链标准；针对检察机关办案过程中的纸质证据数量巨大以及卷宗易丢失、易篡改、查找难的问题，研究基于国产密码算法的安全高效区块链技术和链上链下协同高效存证技术，解决数据上链存证和链上链下协同访问的问题。办案时，文书等数据的协同交互通常需要带上用印信息。传统的文书对接方式面对日益增长的电子数据交接需求，逐渐显露出成本高、效率低、采信困难等不足。利用区块链网络存储数据信息，可以防篡改和删除，永久保存数据发布流转对接的过程。为了完成检察机关区块链系统的建设，并完成与检察业务应用系统的功能衔接，首先需要完成关于检察机关区块链系统的功能规范，支持检察机关区块链服务的使用和访问，提供基础资源的管理，区块链的创建、维护、管理，链上智能合约的部署、使用等功能。在此过程中建立检察业务数据上链的标准规范，检察机关办案过程产生的大量卷宗、图片、视频、音频等多模态证据需上链可靠存证。针对数据上链的必要性和业务特点，制定检察业务数据上链规则，从数据属性、关键角色、关键业务、空间属性四个方面梳理检察业务，分析上链数据体系，从数据的真实性、准确性、关联性、安全可靠性等方面，研究并制定检察业务数据上链管理规范。

由于区块链具有不可篡改的特性，运行在区块链上的智能合约和存储的数据都将得到有效的保障。在这些条件的基础上，个体能够自发地形成去中心自治组织。区块链平台依赖于这样的自治组织为系统不断注入数据，以保证系统有效地运行。但由于区块链去中心化场景中的群体行为具有自私性、个体理性、不诚实性和不确定性的特点，为了提高个体在此系统中的参与水平和参与质量，可以建立以数据贡献者为中心的激励机制。同时建立完整的用户行为历史记录，以此为基础构建声誉身份体系，依据用户贡献行为记录和实时状态分析，建立动态奖惩分配模型，有效约束用户失准行为，激发用户贡献积极性，保障区块链平台高效率、高质量运行。围绕典型业务应用场景，为区块链上链数据进行数据的加工和准备。尝试建立整套大数据应用场景下对数据进行加密、屏蔽、脱敏、追踪、水印、遥毙的功能，并通过对数据进行加工处理和分析管理，发现其内在规律，提供符合检察业务需求的数据产品及有价值的数据。重点围绕检察业务流程中多链身份信息互异问题，研究跨链数字身份管理方法；针对跨链架构互异导致信息交叉认证难的问题，研究异构区块链信息交叉认证理论与方法；针对不同任务场景的跨链访问权限与监管问题，研究多任务场景下的跨链智能合约。重点针对检察机关多模态数据线下存证和证据移送业务中涉及的数据篡改、非法使用、移送周期长等问题以及检察机关自主可控的技术需求，研究支撑区块链架构的自主可控密码体系，实现国密账本加密技术与网络通信协议。研究区块链与加密机、加密卡等软硬件的协同加密处理能力，解决多模态数据的链上存储的安全性，加快海量数据的交易响应速度和证据信息的安全使用。

由于人民法院、人民检察院、司法行政机关的职能、业务内容、业务流程、业务特点不同，证据文书等信息和数据的结构形式、加密方式、流转体系差异较大，业务和技术平台架构不同，目前尚未全面实现跨部门线上可信协同和信息交互共享。随着社会矛盾日趋多元化和复杂化、办案质效亟待提升、跨部门办案协同不足等司法现实问题日益突出，跨司法部门安全、可信、高效的业务协同和信息交互共享成为必然要求。针对检察机关办案过程中证据完整性保存问题，研究构建基于区块链技术的链上链下协同存证关键技术，使检察机关多源异构证据信息能够进行上链存证；利用区块链技术的分布式账本的特点，解决检察机关证据的可信存证问题；针对法检司跨部门高可信业务协同和信息交互共享的迫切需求，研究面向法检司跨部门异构区块链跨链互认机制，构建法检司跨部门区块链协同体系和跨链互信协同联动基础设施，保障跨链信息提取与交叉验证过程安全可信，支撑实现跨部门高可靠数据、高公信信息固证验证和高敏感操作可溯源、可监督；研究多链认证高效执行算法与安全保障技术，保证高并发案件协作效率和安全性；研究覆盖全业务链条的跨链运行保障技术，通过运行指标的实时采集和分析，智能检测并捕获系统异常，保障系统在运行过程中的稳定性、可用性、可靠性和可管理性。针对检察机关办案过程中的多模态证据上链存证难、办案过程中的纸质证据数量巨大以及卷宗易丢失、易篡改、查找难的问题，研究基于国产密码算法的安全高效区块链技术和链上链下协同高效存证技术，解决数据上链存证和链上链下协同访问的问题；针对当前法检司跨部门跨层级多业务司法协同的需求，以及在该过程中信息互认和可信认证难的现状，解决法检司链不互通、不兼容及通信链路不可靠的问题，开展法检司跨域跨链互认与可信保障关键技术研究，包括面向法检司多方共建的跨链协同体系、面向法检司异构区块链跨链互认机制和多链认证高效执行算法与安全保障。研究可信区块链存证平台技术，构建多业务场景下的证据验证智能合约，规范化多业务场景下的证据验证需求，并构建异构区块链跨链信息交换模型与标准范式，突破异构区块链跨域跨链互认、多链认证高效执行算法与可信保障等核心技术，促进司法业务的可信多中心互联互通，实现跨链信息提取、交叉认证与可信保障，支撑跨链证据互认、文书互认等业务互认场景。

（二）重点领域探索创新

从上述区块链技术特征分析可以看出，基于可信机制的发展模式对于赋能智慧检务发挥了根本性作用。虽然从技术层面看，采用密码学技术和分布式算法，可以保证区块链平台之间交互数据的真实可信且难以篡改，同时保证基于证据链、流程链等检察业务信息化模式的构想实现，但在技术层面如何使得区块链平台之间的任何关联的两个节点间能够完全执行可审计性和可回复性的算法体系，不仅需要检察机关在信息化建设中新的思路和资源的整合，更加重要的是各政法机关相关数据结构和算法体系的高度整合，这就需要从司法体制改革的高度解读区块链技术赋能检察业务发展的着力点。从业务层面来看，需要推进公安机关、检察机关、审判机关、司法行政机关等跨部门大数据协同办案，从而实现案件数据和办案信息网上流转，推进涉案财物规范管理和证据、案卷电子化共享。

1. 以区块链数据结构为标准整合检务数据体系

目前，由于技术限制，公检法司之间办案业务衔接主要通过法律文书派员交换、案卷资料派员移送、来回换押提审、案件信息重复录入等传统方式实现。尽管公安机关、检察院、法院、司法行政机关等政法部门各自的信息系统日臻完善，但政法部门之间的信息无法完全实现网络实时传递和即时共享，增加了司法成本，影响了办案效率和质量。近年来，中央高度重视司法体制改革和政法信息化、智能化建设，推动全国各地积极探索跨部门大数据办案平台试点建设工作，核心就是探索刑事案件的“线上办案模式”。《关于进一步加强执法工作信息化建设的通知》及《关于推进政法部门网络设施共建和信息资源共享的意见》明确各级政法部门加强统筹安排和协调配合，依托已经建成的业务系统，尽早建成网络互联互通和信息资源共享平台。以信息交换、资源共享、业务联动、综合利用为目标，整合分散在各单位的政法信息资源，建设政法信息资源综合库，建立政法各部门之间的数据交换机制，为各政法部门提供所需的信息共享服务，统一标准、统一接入、统一访问，可以有效打通政法各部门间的电子信息共享通道，实现政法机关之间在授权范围内的数据交换和信息共享，消除政法部门间的“信息孤岛”，促进各政法部门之间的业务协作。在此背景下，区块链技术赋能智慧检务发展，落脚点在于检察业务流程和多技术多个部门的系统、数据集成。检察机关要充分考虑前瞻性和先进性，对检察业务信息化进行统一规划部署、统一配置；制定统一的数据标准，针对办理事项、电子文档、信息共享、信息整合和消息传递制定各自的标准和规范，平台上的业务实现都按照数据标准规范，探索构建适合检察机关的业务流程的系统架构，从而进一步加快推进检务区块链标准规范体系的构建，加快推进与相关的数据标准、应用标准、算法机制标准的建立完善。通过数据标准化建设，制定科学的、规范的区块链协同数据标准，有效实现相关检察业务数据的汇聚、挖掘以及整合应用。

2. 以区块链算法为模式优化检务办案流程

随着信息化技术的发展，数字信息技术对传统社会运行和发展模式产生了重大、深远影响。运用大数据、区块链等技术推进政法机关跨部门大数据协同办案，实现案件的网上办理、流转，按照有关规定推动实现案件信息共享的常态化、制度化、规范化。传统的“线下办案模式”已经不能适应司法体制改革的要求，充分借助现代科技手段实现“线上办案模式”已经成为检察业务发展的必然趋势。在区块链赋能智慧检务建设中，如何快速实现信息的收集、更新和共享，并实现办案数据在不同部门间的信息一致性，以及在利用过程中实现信息扩展性是未来检察信息化发展的关键。在技术应用层面，不仅需要通过区块链前端服务、后端服务、接口服务为应用、能力支撑提供分层的定向赋能服务，更要通过合约服务、共识服务等提供机制特性，共同实现传统信息化应用结构的转变，最终形成基于区块链优势特点的执法应用。由于检察机关区块链底层平台架构、数据结构、接口协议等存在差异化，为满足跨区域、跨部门区块链系统的数据共享、业务协同需求，数据模型的建设主要根据业务需求和相应的数据标准建立相应的数据类型。为实现数据更好地分析、应用，更好地服务和辅助检察工作，关键是要构建适用于区块链算法模式的检察业务内外部关联数据模型，以及以检察办案为核心的多源、多维组合数据模型，并以此为重点推动检察业务的具体场景适用。提供针对检察机关的应用场景的程序和接口，包括时间戳、哈希函数、数据块形成、数据访问控制、跨链通信等功能作用。并通过设计通用的区块链数据协议，抽象提炼主流区块链共通的核心数据结构与资源定义，使多层级区块链平台可以用统一的数据协议交互，从而更好地打通区块链平台资源交互，使得未来检察业务拓展时直接基于底层算法运用和调整即可。通过对相应接口应用，可以使广大检察信息技术人员无须关心具体的智能合约语言和区块链的底层架构，只需传入通用的参数，并处理统一定义的返回值即可。

3. 以区块链算力为要求提升检务保障能力

区块链的基础设施提供区块链正常运行的操作系统和硬件设施，如划分的计算资源、存储资源、网络资源等；区块链基础组件为上层的服务提供一些硬件及软件基础，如数据库的设计及架构。数据库存储模式分为关系型数据库和非关系型数据库，选用关系型数据库类型来保存公共数据（如交易数据、事务数据、状态数据等）；密码库的设计，为上层提供基本的密码学算法支持，实现密钥的维护和存储等功能；日志模块的设计及开发等。上述技术发展对于检察机关信息化建设的算力具有更高要求。同时，区块链技术所支持的合约不可随意篡改、制定过程透明，规定了多个部门节点之间的关系，使用电子密钥实现多方之间的协议，也对检察机关信息化软硬件建设提出了更高要求。针对检察机关多层级、多部门的特点，研究设计多层级区块链算力建设和应用规划。根据全国检察机关、省级检察机关、市级检察机关等部署具备独立处理内部数据、访问控制、对外通信、业务应用支撑等区块链功能的要求，以相关技术设备的应用为依托，经由中继链以及跨链网关实现数据交换、协同、跨链互操作等功能，打通跨层级的检察机关之间的协同通道。

4. 以“NFT”技术为重点设计数字检察证据体系

NFT（全称 Non-Fungible Token），即非同质化代币，是区块链技术体系中最为基础的技术环境。NFT 技术赋予虚拟世界的任何物品价值及其产权归属，使得“元宇宙”空间资产都拥有了特定的权属配置，成为产业化发展迅猛的“元宇宙”应用场景。NFT 链上数据与链下现实场景的融合，能够通过代码形态为现实社会发展提供更有秩序、更加安全和更趋稳定的规制模式。而这种较为成熟的应用场景特征也为数字空间证据规则的发展提供了重要的技术环境和背景。从广义层面上讲，基于区块链技术的 NFT 本身虽然表现为一种数字化产权的交易模式，但其技术属性是一种信息存储系统。因此，可以看出 NFT 技术体系最大的应用可以进一步延伸至法律调整社会规范领域。

从外在形态看，电子证据本身的载体形态仅仅是一系列二进制编码，只有采取算法处理的方式才能被认知。即其必须借助于计算机的代码算法转化和处理才能输出人们能够直接理解的信息。而对于法律行为而言，这些代码载体本身也没有任何法律意义，必须借助相关的网络设备及网络技术，使用专门的算法化证据取证和质证规则处理相关待证事实信息，才能将代码本身所蕴含的证据信息准确地识别、解读、转换出来。此时，通过复杂的代码体系和算法对数据对象进行整理和归纳，使得看似并无联系的数据被处理为高质量数据关联形态，从而使基于复杂数据分析的证据体系构建成为可能。而在数字空间中，证据信息蕴含在数码信息之中，证据规则体系具有了与以往不同的特点，使其外在表现为高度依赖精确算法支撑的技术特征。因此，在数字空间体系中，基于电子证据形态的证据获取与证据处理的关系构成了其证据规则体系的基本内容。通过网络终端直接获取的信息内容均属于一般意义上的数据形态证据范畴，这些电子数据主要是使用计算机或计算机系统运行过程中产生的，因而在载体形态上往往以其记录的内容和案件事实的二进制代码的形态存在。但也有通过其他取证手段取得的证据类型，通过数字化和代码化可将不同种类证据转化为数字形态。根据 NFT 规则体系，这些信息均可以哈希值形式存储到区块链的各个不特定节点中去，从整体上看可表现为数据结构的链式结构，即是由一条代码化的数据证据链包含多条记录的区块、并由哈希指针链接的区块链组成。代码形态的证据链本身作为一种存储形态，不能独立证明电子证据的真实性和完整性，其只能证明存储的电子证据的物理层在与电子数据的哈希值生成时没有被篡改。

（1）NFT 技术“去中心化”特征与证据保全规则。从本质上理解 NFT 本身就是一个分布式数据库，基于点对点的通信技术和加密技术使数据库的组织形式更具开放性和可追溯性。NFT 技术体系中重要的特征形态是其具有唯一性的加密机制，在区块链上按时间戳依次存储重要信息，以方便人们通过互联网访问和审计，并且能够在公共网络中进行可追溯性的交易。因此，NFT 技术体系能够确保数字资源在网络中被广泛复制，所有存储在区块链上的数据都具有高度弹性，即使某个副本被破坏或某个节点失效，其他节点上的数据也仍然有效。也就是说只要世界上还有一个有效的副本，其他节点就可以修复和重构该数据资源，恢复之前的全部交易记录，并实现新的交易和资源确认。而基于 NFT 技术体系的证据固证、存证应用，本质就是利用其分布式数据库和加密存储算法。从而使得证据保全的司法过程转化为基于代码和算法的验证完整性过程，并且如果文件被恶意攻击损坏，区块链作为防篡改以及可审计的路径，可以实现对修改者行为的回溯与修复。

（2）NFT 技术“不可篡改性”与证据质证规则。作为“元宇宙”数字资源界定权属的依托手段，如何确保数字资源的唯一性即交易的不可篡改性成为 NFT 技术体系构建的根本原则。通过 NFT 的区块链技术支撑，区块链核心内容包括这一区块交易记录所独有的指纹或哈希值、对应的时间戳以及前一区块的哈希值，同时网络主体之间分布式的协同记账使得 NFT 的全过程交易体系构建成为现实，从而为互联网资源和交易提供了有效的底层信任机制。在 NFT 技术体系支撑下，互联网信息资源交易的可信程度得到高度信任的机制与证据体系的真实性密切相关。在传统证据规则模式中，对于载体真实的审查应侧重该载体是否为原始载体，并且要确保证据在转存或诉讼流转中是否保持同一性作为重要的质证方向。而“相较于传统电子证据，法官所需要做的工作应更偏向于对于平台校验技术的有效性、可靠性的审查，而非之前法律所规定的运用技术措施核对校验值的完整性”。因此，在 NFT 技术体系确证下，电子信息证据的数据载体或逻辑结构的真实性不再是法院所需要考量的重要因素，这种证据质证和实质审查内容的重大变化将导致电子证据规则的巨大变革。

（3）NFT 技术“全流程记录”与证据认证规则。NFT 技术体系，除具有对数字资源确权的重要功能外，更重要的应用在于其可完整记载交易链条和转让凭证全程记录。因此，NFT 技术基于点对点（peer-to-peer）网络、公私钥密码学及共识机制（consensus mechanisms），创建高度弹性和防篡改的数据库，人们可以通过透明和不可否认的方式存储数据，并以数据化主体形态进行各种数据资源的获取和交易。上述原理在证据体系中的广泛运用基于证据在不同司法主体间审查行为完成后，相关信息在数据链内以增加新的节点并加盖时间戳的方式避免环节的缺失，从而实现了证据在不同司法机关之间更加准确和便捷地交换与传递。在互联网证据审查过程中，可以基于关联性审查利用将电子证据提取、存储、修改等所有时间节点和权威时间绑定的可信时间戳实现从取证到存证的各个时间节点的真实可信度的判定。此时，NFT 技术的"交易即留痕"的特性，保证了电子数据的连续性、完整性，成为数字空间电子数据可靠的"证明力"链的重要技术支撑。

NFT 技术体系的证据规则应用场景与方式远不止于单纯的证据保全和存证以及区块链证据生成等方面。利用 NFT 技术体系的块链式数据结构验证与储存数据模式，并利用分布式节点共识算法生成和组织数据，通过代码组织形式对数据进行分布式处理的全新组织架构与范式，对证据体系的合法性与真实性等问题研究具有重要现实影响。NFT 技术体系中，通过算法和数据进行的证据处理并非简单的电子证据或者电子数据再生机制。因此，NFT 证据体系并不是证据本体的替代品；相反，它是在证据本体的基础上进行了再加工和证据力的再提升。这种扩充主要体现在数据实体（Entity）层面，即在区块头中包含了之前区块的哈希值和时间戳。所有区块按创建时间有序排列组成链，并据此组成可共享的数据库，确保证据保存形态和真实有效。而输出形式几乎可以涵盖所有的证据类型，既可以归属言词证据，也可以归类为实物证据；既可能是直接证据，也可能属于间接证据。具体而言，将分割和离散化的数据汇聚在一个特定的平台，这其中内含一种高度关联的聚合机制，通过对转化证据的数据化改造，使得司法环节对证据的真实性、完整性审查过程将被对区块的审计行为所代替。通过哈希值的校验，可实现对数据形式的真实性、完整性及证据效力的核对。在此过程中如无相反证据，只需要比对区块链上的哈希值，即可获知电子证据在司法活动过程中的真实性情况。与 NFT 资源交易模式相一致，数字资源被代码化之前的具体形态并非是 NFT

关注的焦点。虽然 NFT 本身的可追溯性无法确保该资源在形成过程中的真实有效，但相关证据在入链之前的取证手段、存证载体、技术特点、真实性保障与传统证据并非有本质的区分，对其关联性审查应当遵循传统证据规则体系相关内容。换言之，入链前数据的证据真实性、合法性等问题与传统证据体系关系紧密，与 NFT 转换的方式和结构并无直接关系，而数据一旦入链，其真实性即受哈希校验等技术体系的影响和调整。

第六章

数字检察绩效管理方法

在数字时代，随着数字检察战略的不断深入，检察人员数字绩效管理是数字检察战略在提升队伍管理方面的具体措施和抓手。推动检察人员数字绩效管理，要遵循数字检察战略的“业务主导、数据整合、技术支撑、重在应用”的工作机制，以“考实、评准、用好”为基本导向，推动完善检察人员全面、全员、全时考核制度，简化考核流程，强化考核结果运用。推动能上能下，做实奖优罚劣，激励检察人员担当作为，这就不仅需要通过数字思维、依托数字工具、利用数字技术、通过数字绩效管理顶层设计，以领导班子建设为重点，打造为大局服务、为人民司法、为法治担当的过硬检察队伍，以及以人才队伍建设为支撑，切实把“第一资源”转化为推动高质量发展的强大动力。聚焦以检察工作现代化服务中国式现代化这个检察中心任务，聚焦更好履行法律监督职能，聚焦“高质效办好每一个案件”，充分发挥数据要素效能，以数字绩效管理辅助监督办案、优化检务管理、助力检察为民、深化诉源治理。促进检察机关依法一体履职、综合履职、能动履职，赋能新时代法律监督，促进和维护公平正义。以专业能力建设为关键，持续提升“高质效办好每一个案件”的履职本领，更需要通过从考核方案制定、组织实施、过程管理、结果运用等环节全流程数字绩效管理及考核管理工作，让数据“开口说话”，发挥考核工作“指挥棒”“风向标”的作用，强化考核结果运用，激发检察人员内在动力，优化检察履职能力，激励检察人员求真务实、担当实干，更好以检察工作现代化服务中国式现代化。

一、数字检察绩效管理机制的基本特征

数字检察绩效管理是利用数字化技术对检察人员考核工作进行改造和提升的过程，其目标是通过数字化手段的应用，对检察人员工作中的数据和绩

效表现进行采集、分析和评估，为数字检察提供重要的数据支持和决策依据。数字绩效管理通过数字化工具来实现从“考核”到“管理”的转变，其关键的特征是要突出数据驱动辅助决策的有效性、考核模型设定过程的拟合性、个性化工作指导的针对性等。

（一）“数字化”绩效管理的概况

检察人员考核工作从传统考核到信息化考核，到目前的数字化考核，经历了一个逐步演进的过程。早期受限于科学技术水平及人员因素，考核方式主要以纸质文档和手工记录为主，考核内容和方法也比较简单：检察机关下发考核要求及相关表格，各部门相关人员填报数据反馈后，由政工部门对各类数据进行收集、汇总、计算，主要目的在于准确地计算考核分数及确定考核结果。随着计算机技术、网络技术的发展以及考核工作的不断深化落实，检察机关逐步采用信息化手段来提高考核效率和准确性。这一阶段，各级检察机关主要通过系统、软件等形式，在线进行考核、测评，同时，可以对各类结果进行简单的汇总、统计及分析，使得考核更加便捷、高效和准确，也降低了人为错误和舞弊的风险。信息化绩效考核系统更像一套控制系统：提前设定目标或指标，经过拆解或分解后，按照相应的周期进行考核与评估。信息化考核主要的特点是利用信息化的方式更加快捷、准确地对考核进行组织、对分数进行计算，解放考核组织及考核工作的生产力。但这种形式仍然存在很多弊端，如使用软件的形式，无法随着技术发展及时对软件各类功能进行迭代优化；如只能使用，而无法对指标、方案等进行动态调整，无法实现智能分析等。

在以云计算、人工智能、大数据等数字化技术全面引领和推动产业经济发展的时代，数字化时代的绩效管理并不仅是新技术和工具的应用，在全新的环境下，绩效考核的内涵发生了根本性的变化，从“绩效考核”转变为“绩效管理”，从注重结果转变为关注过程、关注管理效能提升。首先，数据成为关键的价值创造要素。伴随数字化技术的井喷式发展，数字技术将使检察工作中的“人”和“业务”融为一体。通过数字化技术对工作精准把控到每一个流程节点、每一个进程阶段，实现“精细化”管理和数字化驱动。可通过对各类数据的管控、分析及利用，对工作效能、办案情况、队伍情况进行深度分析，进而对队伍管理工作进行升级，实现从传统的“人岗配置”到“工作任务管理”的迭代，追求对工作任务的优化配置。这一切均需要以“数据”作为核心要素进行。其次，动态调整常态化。传统考核中，更多侧重于常规工作的考核，而常规工作的特点是“稳定”，稳定的考核指标有利于稳定考核预期，但随着科学技术的发展以及检察工作的不断深化，需要及时通过动态调整的方式发挥考核工作“指挥棒”的作用，考核指标等动态调整为常态化工作。最后，考核诉求多元化。数字技术发展以及各类信息流通效率的大幅提高，均使个人意识不断强化和提高，同样地，检察人员对考核结果、考核分析等个性化的诉求越来越多。传统的利用统一软件、统一管理模式的考核方式越发无法满足对考核工作个性化、多元化的诉求，这就需要数字化考核工作基于数据进行详细、全面的分析，通过人工智能等技术，实现面向多角色的智能辅助分析。

（二）“数字化”绩效管理的焦点问题

检察人员考核工作通过设置相关考核指标，做到中央、最高检要求什么，就突出考什么，促进了中央精神和最高检部署落地见效。通过全员考核机制的设置，让所有检察人员进入竞技场比拼，不仅有效地激发了检察人员履职尽责的积极性，形成了争先恐后、你追我赶的氛围，更通过考核机制的鞭策，增强了干部提升素质能力的紧迫感和自觉性。但在目前考核中存在诸如“小院考核”难题、跨业务条线比较、跨部门比较等问题，这就需要一方面在“科学、合理”上下功夫，对考核方案、考核指标进行动态调整，另一方面要因地制宜、因院制宜，不断完善考核指标、权重和分值设置，及时根据上级的新精神和考核机制运行中反映出的问题进行动态调整。

1. 考核模式的转型

由于对考核工作缺少数字化工具及手段，无法对平时工作的过程情况进行及时统计和分析，考核工作多侧重于对阶段性的结果展现，即对过去已经发生的情况进行评估，未对检察人员在实际工作中产生种类繁多、数量庞大的业务数据、行为轨迹数据等进行有效分析及利用，无法实时、动态地对工作过程进行管理，更无法结合过往表现及数据分析，对未来行为及结果进行预测。并且目前针对检察人员的考核结果主要运用在评优评先方面，在绩效奖金发放、员额退出、表彰奖励、选拔任用等方面还需要进一步下功夫提高考核结果的运用度。此外，由于缺少工作及考核过程的翔实数据支撑，针对考核结果在组织及团队管理、个人绩效提升、培训组织等方面涉及较少，还需进一步拓展运用范围。因此，检察官考核基于检察业务应用系统，大部分采取线上考核，依托考核模型构建，可以实现考核数据自动抓取、结果自动计算以及数据初步分析。但检察辅助人员及司法行政人员工作存在事项繁杂、难以量化、难以客观评价等实际问题，多以线下评价方式为主，手工填报费时费力，考核组织工作繁杂，需要进一步为检察人员考核工作减负。

2. 技术能力的诉求

数字绩效管理对考核工作提出了更高的要求，特别是计算、分析模型构建还是需要依托人工，需要从大量数据中提炼出有价值的信息，并为决策提供支持，这不仅需要技术能力，还需要深入的业务理解和洞察力。因此，检察机关需要投入更多的资源和时间来培养自己的数据分析团队，或者借助外部专业的数据分析服务来进行。在数字化转型的过程中，检察人员及考核组织人员需要具备更多的技术技能和灵活性，这就需要考核组织人员具备熟练使用各种数字化工具的能力，例如数据分析工具、考核管理系统等。此外，还需要具备快速学习和适应变化的能力，以适应不断变化的业务环境。因此，需要不断加强对各级人员的培训和指导，提高相关人员的数字化技能和适应能力。并且，随着越来越多的信息被数字化，更需要采取措施来保护数据的安全。数据的不正确使用会给绩效管理工作带来诸多不确定因素，因此绩效管理工作需要建立完善的数据安全管理制度，加强对各级人员的数据安全培训，增强数据安全意识，加强对数据的安全保护。可以看出，数字绩效管理在数据收集、反馈、评估和报告、个性化工作指导、个人参与和互动以及管理成本等方面具有优势。未来，数字绩效管理将进一步借助人工智能等先进技术，实现更精准、更智能的管理效果，同时，各级管理人员也需要充分考虑和积极应对数字绩效管理过程中可能出现的挑战，确保数字绩效管理的顺利推广和实施效果。

（三）"数字化"绩效管理的特征

检察数字绩效管理工作是利用数字化技术对检察人员考核工作进行改造

和提升的过程，其目标是通过数字化手段的应用，对检察人员的工作数据和绩效表现进行采集、分析和评估，为数字检察提供重要的数据支持和决策依据，提高检察人员工作质效、提升考核工作的效率和质量、优化队伍资源配置。有别于传统考核方式，数字绩效管理不仅在传统线下考核的基础上实现了线上考核，更将数据视为最重要的“生产要素”，通过数字化工具来实现从“考核”到“管理”的转变。与传统考核方式相比，数字绩效管理具有以下特点：

1. 数据驱动辅助决策的有效性

数字绩效管理在实时、动态收集各类数据后，存储大量的考核相关数据，并通过数据分析和机器学习方式，更直观地展现检察人员个人的工作情况和绩效，以及组织绩效达成情况。这些数据可以为上级主管部门、各级检察机关院领导及考核办提供更准确、更有预测性，以及更有效的管理策略。此时，数字绩效管理可以通过考核工具的工作过程自动收集相关数据，例如案卡填录情况、文书情况、工作任务完成情况以及工作耗时等相关行为数据，同时，工具可以提供实时的反馈，帮助检察人员实时了解自己的工作表现，及时调整工作方式，进而提升个人能力。这种方式的数据收集和反馈与传统考核方式相比更为及时和准确。因此，依托于数字化技术及数字化工具，数字绩效管理可以根据考核工作需求，设置规则异常复杂的计算规则，尤其是考核模型，如检察人员案件办理的案件权重系数，通过对案件类型、难度系数、指标类型等进行复杂的数学建模，使考核工作可以更加准确、真实、客观，较依托简单的数学运算规则进行分数计算的传统考核管理方式有了大幅优化。

2. 考核模型设定过程的拟合性

数字绩效管理的核心要素是数据，各类工作数据具有客观性、不受主观因素影响、动态抓取等特点，同时不同类型数据之间具有极强的关联性，可以通过数据分析技术挖掘出数据之间的联系，进而还原工作场景中的问题和缺陷。例如，通过对工作耗时、文书情况、办案量等数据的关联分析，可以最大限度地还原检察人员在办理案件工作中的场景，同时发现存在的问题和不足，进而改进。并且，数字绩效管理可以根据检察人员的工作表现和目标达成情况，提供个性化的工作指导。这些指导可以包括具体的工作技巧、能力提升建议等，帮助检察人员更好地查漏补缺，有针对性地提升自己的能力和工作效率。这种方式比传统考核管理方式更具针对性和个性化。此时，通过模型设定，数字绩效管理可以根据预设的评估标准自动生成检察人员的绩效报告。这些报告可以包括检察人员的整体工作表现、优点和需要改进的方面，以及个人发展建议等。同时，工具还可以对其他关联数据进行统计和分析，如个人年龄、工作履历、过往成绩等个人数据，以及部门成绩、部门成员成绩分析、变化趋势等内容，帮助管理者更加精准地掌握全院或各部门检察人员的工作情况和表现，为提升队伍管理、优化人员配置提供科学、有效的依据，这种方式比传统考核管理方式更加准确和高效。

3. 个性化工作指导的针对性

数字绩效管理可以依托对数据的实时获取及动态分析，为使用的检察人员提供实时的反馈和互动，如填报情况、活跃度情况等个人行为轨迹分析，以及个人分数情况、部门最高分、薄弱项等考核情况，可以使检察人员更积极地参与和了解自己的工作表现。这种方式可以有效地提升使用人员的工作积极性和满意度。同时，不同检察机关在使用考核工具过程中，可以根据自身实际情况对考核方案、考核指标、计分规则等进行动态调整及优化，优化后的方案、指标等将以考核资源的形式进行存储记录，同时，在不涉及数据安全的情况下，可以通过考核资源的方式对各类考核方案、指标等进行共享复用，实现所有检察机关对考核工具及考核资源“共建共享”的良好效果。在管理过程中，数字绩效管理通过数字化考核工具的各种数据处理、分数计算、报告分析、建议说明等，不仅可以大幅减少考核组织人员的工作量，还可以大幅提升考核工作的准确性、客观性，提高管理效率，兼顾管理成效提升与管理成本降低。

二、数字检察绩效管理机制的框架设计

数字绩效管理的核心是对各项数据进行细颗粒度的处理，这需要在推进数字绩效管理工作过程中，始终保持“数字思维”，一方面对可能产生的各类信息、数据做细致汇总、分析及处理，按最小颗粒度的形式进行标签或数据记录。另一方面本着“共建共享”的原则，对各类数据、方案、资源等保

持开放态度，用更加灵活、可配置、可互用、可定制的逻辑进行各类数据、资源的分析、加工及处理，确保各类资料及资源的可拓展性。因此，在构建与实施检察人员数字绩效管理体系的过程中，首先需要用数字化的视角明确构建原则。通过顶层设计，对考核方案、指标、模型等进行数字化设计，通过构建数字化绩效管理工具实现绩效考核工作，同时，需要在此基础上，深度利用数字化技术设计考核组织、结果运用等环节，实现从“绩效考核”到“绩效管理”的升级。

（一）数字绩效管理的设计原则

数字检察战略工作重要原则在于“‘重在应用’是目的”。对于数字绩效管理而言，通过对数据的多维深度采集、分析、利用，深度还原工作场景，全面构建组织、个人绩效画像，为组织架构优化、以人才岗位配置等方面拓展运用提供数据支撑。在被数字化逐渐影响为多变、多元、以人为本的现代组织环境中，绩效考核不单单是考核目标的控制体系，更能通过数字绩效管理进行人员赋能，激发与提升检察人员的个人能力，优化队伍管理效能，改变传统绩效管理“控制系统”的理念。所以，需要明确以下设计原则。

1. 始终聚焦主业

数字绩效管理需要树立业务导向，通过对数字化技术的深度运用不仅为考核工作减负，更重要的是为检察履职、监督办案服务，不能为考核而考核，为数字化而数字化，这样能避免技术运用“闭门造车”，数据分析也不会是“无源之水”，数字绩效管理才有真正实现的价值与意义。

2. 突出数据驱动

数据是数字绩效管理工作中最重要的“生产要素”，需要用好用足内部数据，深度挖掘检察数据价值，通过考核工作中各环节节点流程优化及重构，将数字化技术融入业务流程中，全面、实时、动态采集检察人员的业务数据、工作数据、行为轨迹数据、考核数据等各类数据，以实现对数据的精细化管理及分析，提高对人、对事管理的科学性和准确性，提升工作效率和质量。

3. 寻求技术支撑

数字化考核工具是实现数字绩效管理的基础，一方面需要通过顶层设计，运用技术手段实现考核工具与业务系统、其他办公系统的关联与数据互通，另一方面需要通过技术手段，实现考核方案、考核指标等各类考核资源的科学管理、高效复用，以及考核配置的多样性与灵活性。此外，需要借助各种人工智能技术，提升数据分析的深度和广度，为数据的有效利用提供坚实的技术支撑。

（二）数字绩效管理的构建思路

构建科学、公正、高效、与司法体制改革相匹配、与案件管理系统相衔接的检察人员数字绩效管理体系，对于创新发展新时代检察工作具有重要意义，需要从以下几个方面入手构建数字绩效管理体系。

1. 加强顶层设计

针对检察人员数字绩效管理体系构建，首要工作是对绩效工作进行顶层设计。主要从政策及管理角度解决为什么要进行检察人员考核、对谁进行考核、怎么开展考核工作等问题，具体如下：首先，明确管理矩阵。不同层级检察机关组织架构、人员情况等内容差异较大，所以需要先从管理机制建设入手，对检察机关组织架构、部门设置、人员情况、编制情况、岗位设置、岗位职责等进行梳理，厘清架构信息及管理上下级关系、明确人员编制及岗位设置情况，为后续考核审批权限、流程、分述关联等做好基础支撑。其次，细化政策文件。检察人员考核，一头连着检察管理、检察业务，另一头连着政治与大局，更连着人民群众对公平正义的实际感受，考核本身就是一项政治工作，所以及时、准确把握上级政策动向，对考核工作的顺利开展至关重要。基于此，需要最高检、省委、省院、市委、市级院等各级机关、部门及时对检察工作的相关政策进行解读、分析、明确，把握政策趋势，明确工作指导思路及工作基本原则，为考核方案、考核指标的动态调整及后续相关动作做好政策背景铺垫。最后，加强业务梳理。检察人员考核工作及公务员考核工作已开展多年。在考核工作开展过程中，一方面各级检察机关均存在各种类型的问题，所以在推进数字绩效管理体系构建工作过程中，需要及时在对标政策要求的基础上，优先解决过往存在的各类问题；另一方面随着考核工作的不断深化，各级检察机关的领导及负责人也对考核工作的开展有不同的诉求，所以也需要了解、掌握“一把手”对考核工作的期待，将其融入后续考核方案及指标制定工作，充分发挥考核“指挥棒”的重要作用。

2. 设计考核方案

数字绩效管理与传统考核在考核方案制定中最大的不同是，需要将“数字思维”贯穿到整个方案制定的流程中，运用考核资源库的形式，将预设的各类考核方案、考核指标、特殊情况规则等进行配置，实现方案及指标等资源的灵活调用等便捷效果。因此，考核方案设计不仅包括考核工作本身，既要解决考核对象、考核周期、考核方法、考核指标等方面问题，也要解决考核组织工作的问题，从考核工作源头梳理清楚各流程及环节，确保考核工作顺利开展。

根据最高检《检察人员考核工作指引》的相关要求，需要面向检察人员进行全员、全面、全时的“三全”考核，同时，还需要结合实际情况，采取分级分类的方式，结合各岗位自身履职特点及工作特性，差异化设置考核方案及考核指标，确保“考实、评准、用好”。考核方案的确定需要围绕考核对象、考核周期、考核方法、考核指标、特殊情况等进行讨论并制定。在考核工作推行过程中，有些基层院检察官办案存在人少案多，实行大轮案以及案件数量、案件类型随机性较大等情况，无法按照某业务条线进行精确考核。这就需要依托数字化考核工具，通过对案件类型、业务条线、文书类型等各类数据要素进行详尽、细颗粒度的标签或标识，进而根据各院实际情况组合构建形成个性化的“小院考核”方案；针对管理岗位工作涉及面广、重点工作考核难点等，通过数字化考核工具不仅可以对年度重点任务等静态任务指标进行层层分解、逐级安排，更可以对临时安排工作、督办工作等动态任务指标进行动态管理及维护，确保考核内容紧跟上级部署要求，充分发挥考核工作“指挥棒”的作用；针对检察辅助人员及司法行政人员，一方面可以结合数字化考核工具中各类内置考核方案库，结合各院岗位、人员等实际情况选定基础分，结合加减分、目标责任考核等方案，实现考核方案的灵活配置及个性化配置，另一方面可以通过提前明确的各岗位考核指标、工作任务清单等内容，通过维护和运用考核指标库的形式，针对一人多岗、工作繁杂等情况灵活配置被考核人员的工作任务指标，实现考核指标的个性化配置，有效支持跨部门、跨岗位考核需求。

3. 考核组织及实施

在考核实施过程中，检察人员考核工作能否顺利开展，一方面需要确定考核委员会及考核办公室的组织、角色、构成，确保组织保障有力，另一方面需要结合各院实际情况确定考核的程序及流程，结合数字化考核工具或系统的功能、流程，从传统考核方式转变为数字绩效管理，进而进行相关考核动作。例如，在传统考核形式中进行民主测评时，需要政工部门进行确定考核范围、通知公告、测评表印制、场地协调、现场测评、结果汇总等环节，而数字化考核工作在实际推进中将调整为确定考核范围及考核计分权重、系统配置、通知公告、结果公示，从流程到环节均有大幅优化。

因此，依托数字化考核工具，考核流程中的很多节点、环节与传统线下考核差异较大，一方面针对部分需要人工操作的环节可以通过工具内置功能进行实现，另一方面因为考核工具的应用，考核组织工作及流程也相应发生变化，政工部门需要用新的视角重新对考核组织方式及推进流程进行设计，以更顺畅地组织开展数字绩效考核工作。使用数字化考核工具，检察官可以通过工具自动抓取数据的方式完成考核，基本可以做到“无感考核”，即不需额外登录填报其他信息即可完成考核，检察辅助人员及司法行政人员需要通过工具填报任务完成情况，在完成填报后工具即可自动计算分数、根据分析模型进行自动分析并生成相应报告，只需下载阅览即可。政工部门的工作重点也由考核资料的印发、收集、汇总、计算等转变为考核工作的通知提醒、进度跟踪以及报告查阅，以上转变大幅减轻了考核组织工作量、优化了工作流程，基本实现零人工核算、零线下操作的效果。

三、数字检察绩效管理机制的实现路径

随着科技的不断发展，数字绩效管理已经成为考核工作推进的趋势及方向。与传统的评估方式相比，数字绩效管理具有许多优点，例如，提高了评估的透明度和公正性，减少了人为错误，以及能够提供更准确的智能化的反馈和建议。此外，数字绩效管理还能通过数学建模等形式，依托对于数据的分析处理，帮助检察机构更好地了解检察人员的工作表现、发现潜在的问题和改进方向，进而满足各级领导干部的工作需求。尽管数字化考核在评估

检察人员绩效方面有着巨大的潜力，但也需要意识到其中的问题和挑战。例如，如何处理可能出现的操作失误，以及数字化能力的提升等。因此检察机关在实施数字绩效管理时，可以在建立完善的考核制度和流程基础上，选择可靠的服务商和技术，进行充分的测试和验证，以确保考核的公正性和透明度。

（一）基本模型设计

对数字化管理时代而言，考核过程数据、管理数据、结果数据等都是重要的数据资产。我们不仅要对传统考核结果进行关注及更深层次的运用，更应该通过数字化的视角，盘活各种数据资产。通过对各类数据的多维度、深层次的分析加工，构建各种管理模型，为组织优化、人员管理提供更多的管理及数据支撑，进而实现对考核的“数字化结果”进行更广阔的运用。而数字绩效管理与传统考核方式的另一个不同点是可以通过复杂的考核数学建模，实现对于考核的复杂计算、深度分析及趋势研判。

1. 计分算法建模

传统考核方式仅能对考核规则进行简单的数学规则计算，但在实际考核过程中，如检察官业绩考核，不仅需要智能抓取统一业务系统获取各类办案数据，更需要对不同的业务条线、案件类型、复杂程度、文书情况等诸多考核因素进行识别及规则设定；同时，在计算时还需要结合岗位异动、事假病假、援派支援等特殊情况进行复杂计算，这就必须依靠数学建模来完成以上操作。在实施过程中，可以根据不同的考核方案、考核分组及个性化的需求对数据进行预处理，并对考核指标、考核流程、考核对象、考核结果等考核各要素进行识别，通过数据整理、数据清洗、数据转换、数据测算、数据分析等步骤，进行各种考核模型算法设计，构建数字绩效管理计分算法模型。

2. 工作评估建模

数字绩效管理可以依托对海量数据的获取，通过对各类数据进行标签标识及关联分析，运用数据分析技术挖掘出数据之间的联系，进而还原工作场景中的问题和缺陷，构建工作情况模型。例如，通过采集行为轨迹中的数据，获取登录次数、登录时长、最早 / 最晚登录时间、处理问题时间，结合工作日报填写情况、工作日报类别，或者案件文书情况、案件数量等业务内容，以及同考核分组人员情况等内容，运用大数据分析及人工智能技术，对以上相关内容进行建模，还原检察人员个人工作情况，并可以利用智能推送等功能，个性化推送工作分析，帮助检察人员及时查漏补缺，提升工作效率。

3. 分析预测建模

数字绩效管理需要利用自然语言处理和机器学习等技术，通过大量数据进行分析建模，根据不同考核对象、服务对象，以及报告对象差异化使用习惯、关注重点等内容，对个人或者组织的成绩分数进行分析预测，自动生成差异化的考核报告，提供面向多角色辅助分析服务，并利用人工智能技术自动生成相应的考核建议，辅助精准决策，帮助检察人员或领导干部及时了解趋势，提前介入干预。此外，数字绩效管理可以结合不同岗位、角色检察人员对考核方案、考核指标等使用情况，通过数学建模，利用机器学习及人工智能技术，实现面向不同岗位、角色检察人员的考核方案、考核指标的智能推送，大幅提升考核方案、指标建立过程中的准确性及科学性。

（二）模型方法选择

考虑到考核方案及指标的动态调整、升级迭代、模型优化、数据抓取等因素，传统软件形式已不足以满足开展检察人员考核工作需求，需要在传统考核软件的基础上构建以面向多角色的数据服务为核心，建设标准化、模型化和智能化，为考核管理类应用工具提供订阅服务，面向多角色的考核管理一体化工具。工具整体设计包括基础 + 服务层、应用层、表现层，产品架构图。其中，数据业务层通过对接各类业务数据、工作日常数据、人员数据和其他外部数据，对数据进行汇集、清洗、整理、分析，结合针对各级部门、不同业务条线、不同考核对象等进行差异化的考核方案设计，并通过工具内置的各种考核指标库、考核计分模型库、考核分析模式库等各类考核资源的灵活配置、调取及使用，以及基于数据中台的各项功能，形成对各类考核数据进行体系服务的能力，可以敏捷响应各类考核工具及考核方法的需求，构建深度应用、业务协同、智能分析的面向多角色数字化考核管理体系，实现一考多用、多考合一的良好效果。数据应用层基于工具的各项基础数据以及工具的各项功能，实现数字绩效管理全景运用，包括实现精细化考核、年度考核和平时考核相结合、考核结果运用，面向多角色辅助分析等。数据表现层工具呈现形式多种多样，PC 端展示适配各种浏览器、移动端可实现便捷式操作和查看、搭配适配一体机可供各种场景展示结果数据，也可通过嵌入集成的方式嵌入其他系统，方便统一。

综上分析可以看出，数字化考核工具可以通过对各类考核的结果分析，结合考核指标使用情况等内容，充分发掘热点指标、沉睡指标等各类内容。针对沉睡指标，可以对存在相关指标的检察机关进行有针对性的指标删减建议；针对热点指标，还可以通过大数据分析及人工智能技术，将相关指标等推送给有相似需求的检察机关，便于有针对性地进行指标调整工作。数字考核的顺畅运转离不开各类信息的配置与完善，因此考核组织人员需要根据组织架构、人员管理、个人信息、部门岗位信息等进行合理配置，同时需要对考核方案、考核指标、考核计算逻辑、系数模型、考核周期等各类考核信息进行配置，确保工具各种功能运转顺畅。此外，数字考核可以对考核方案、考核指标、考核模板等内容利用“共建”的模式进行统一迭代优化，并利用“共享”的模式让相关检察机关收益使用，依托“共建共享”的模式实现考核工具的快速迭代优化。

（三）绩效管理模型的具体应用

1. 组织效能分析

2022 年 3 月颁布的《检察官单独职务序列规定》中对检察官等级设置和晋升等进行了详细说明，等级的晋升对检察官来说不仅意味着更专业化的技能、更全面的综合能力，更意味着更高的责任和担当，需要用更高的标准和要求来评定。在现行检察官考核的基础上对考核体系进行优化，更需要以精细化、量化的考核结果作为依据对检察官全面评估，以支持从过往的“按期晋升”到如今的“等级晋升”的变化，支持对检察官差额晋升的模式创新。依托数字化考核工具，并通过工作日报填写等动作进行平时考核数据的采集，对各部门总分、部门均分、人均得分等数据进行分析；对各类数据进行多维度的分析、比较及判断，进而构建组织绩效画像。通过对各类基础数据的精细化分析及研判，管理者可以对组织整体工作情况、人均工作效能等进行详细掌握，并据此可以进行队伍资源配置优化，从而有效提升各级管理人员组织管理能力，助力各级检察院实现自上而下的管理效能提升。例如，山西省某市检察院在2022年度考核工作中，依托数字绩效管理及工具数据处理，对各类考核数据的比对分析发现，检察某部所有检察官平均得分在本院排名均靠后，但部门所有检察官助理通过工作任务清单的方式进行业绩考核，得分排名全院靠前，各月度平均办案量较其他部门显著增多，综合各类数据及分析，推断该部存在检察官人员冗余、检察官助理可适当进行人员补充的情况，为该检察院组织效能优化提供了翔实的数据支撑。

2. 个人绩效画像

随着数字绩效管理的推广普及，检察人员可以更加积极地参与绩效管理和反馈。通过实时的反馈和个性化的指导，检察人员可以更加清楚、细致地了解自己的工作表现，提高自我发展的积极性。依据考核维度设计及对重点考核内容的设计，通过对个人考核过程数据、结果数据、排名数据等全维度的采集及分析，可以构建不同考核维度、时间维度等个人绩效画像，为被考核者个人及其管理者提供翔实、连贯、全维的数据分析。例如，山西省太原市某区检察院在考核过程中，依托数字化工具相关内容及数据作智能分析：一方面对实际得分较低、分数大幅变化、排名下滑的检察人员情况进行原因探究，针对性查漏补缺；另一方面针对检察辅助及司法行政人员，根据工作日报的填报情况，结合考核分数等数据，构建检察人员个人绩效画像，对工作得分较低、工作饱和度较低的干警充分调整工作分工，为该院岗位优化配置、工作分配、岗位调整等各种管理动作提供准确、翔实的数据支撑。数字化工具的使用，不仅对个人绩效画像及工作表现进行了沉淀及描述，还能有效支持该院通过考核及工作任务填报等方式将日常管理做细，将平时考核做实，真正发挥数字绩效管理的数据效能，实现考核工作作为管理抓手的作用，从精细化管理出发，自下而上地提升个人效能。个性化、定制化的培训及交流是各级组织迅速提升考核成绩及工作质效的重要途径和方式。过往各类培训的组织主要根据上级工作安排或者依托问卷调查等形式收集的信息进行，对于培训需求的判断更多是出于主观因素。依托对组织绩效画像、个人绩效画像及重点工作分析等考核数据的精细化分析，可以对工作短板进行准确识别、统一归类。对存在同一类问题的组织及人员进行分析及识别，可以从培训内容到受训人员进行精准定位。此外，还可以通过受训前后的相关数据比对，判断培训质量及培训效果，以不断优化培训组织，提升培训效果。

近几年，山西检察机关与山西中汇数智科技有限公司联合，以加强新时代检察队伍建设为导向，依托数字化考核工具，以“考实、评准、用好”为基本原则，通过简化考核流程，强化结果运用，对检察人员进行数字绩效管理，实现了“三全”“三零”的考核，推动能上能下，做实奖优罚劣。“三全”即为考核对象全员、考核内容全面、考核周期全时，考核对象涵盖政法专项编，包括检察官、检察辅助人员、司法行政人员，也涵盖事业编、聘用制人员等，覆盖全省三级检察机关，考核内容涵盖了“德、能、勤、绩、廉、学”，考核周期实现了一月一分析、一季一报告、半年一评估、年度总考核；“三零”即为“零线下操作、零人工核算、零人为干扰”，考核全程均为智能抓取、线上填报、线上审批、自动计算、实时排名，极大减轻政工部门、检察人员开展考核工作的重担，同时，有效助力各级检察人员通过考核数据分析及考核管理补短板、找差距，提升工作质效。当前，山西检察机关开展数字检察绩效管理工作以来，不仅通过考核工作规范了检察官业务办案，将检察官的入额退出做实做细，更重要的是将绩效管理作为提升质效指标和重点工作的管理抓手，推动高质量发展的一项重要举措。山西省人民检察院将政治素质、上级决策部署和服务经济社会发展大局融入考核，坚持把动态调整指标做细做实；围绕案件质量主要评价指标及数字检察工作，依托数字绩效管理工具对指标及考核方案进行动态调整及优化，2022 年调整指标 140 项（包括指引新增 46 项、修改 60 项以及数字检察 34 项），其中共有 65 项指标位列全国前二十，进入全国第一方阵指标比预定的 48 项多 9 项；有 1 个案件被最高检选评为指导性案例，20 个案件被选评为典型案例。考核工作不仅引导山西省各级检察机关聚焦短板谋提升、专注部署见实效，为迈入全国第一方阵提供了有力保证，更为锻造信念坚定、司法为民、敢于担当、清正廉洁的高素质专业化检察队伍，为检察工作现代化提供坚强组织保证和人才支撑。

3. 重点工作分析

数字绩效管理依托于各类考核数据的采集，可以针对重点工作内容，如阶段性重点工作、政治性工作指标等各类得分数据以部门、时间等维度进行离散分析，迅速帮助各级管理者准确掌握工作全貌，精准把控，进而对重点工作进行针对性的整改，补短板、强弱项。例如，云南省某县检察院依据管理学“二八原则”，对本院重点工作、核心指标进行梳理、分析。通过数字化考核工具对重点任务、指标进行层层分解，根据指标类型不同设置为不同类型的加分或减分项，充分发挥考核工作“指挥棒”的作用。此外，该院不仅通过对重点工作考核结果的分析对工作整体推进或完成情况进行有效管控，还通过指标完成情况及得分对重点工作及指标设置的合理性进行反向审视，对考核方案等进行有针对性的迭代和优化，将考核体系的调整由“被动执行”变为“主动优化”。该县检察院将政治建设、业务建设、班子建设、队伍建设、重点专项工作等全部纳入考核项目，融入日常管理，不断深化平时考核工作，以党的政治建设为统领，筑牢坚定拥护“两个确立”、坚决做到“两个维护”的鲜明政治底色，积极引导检察人员树立和践行正确政绩观，着力形成能者上、优者奖、庸者下、劣者汰的良好氛围，构建新时代新征程检察人员求真务实、担当实干，团结奋斗、振奋精神的良好局面。其他转型工作，如检察官助理的遴选需要将考核结果作为最重要的依据之一，通过对“德、能、勤、绩、廉”等维度的全面考核以及连续三年的考核数据、结果的积累和分析，构建检察官助理绩效画像并与遴选标准进行对标，进而实现对检察官助理的科学、全面、量化、客观的评估，促进检察队伍专业化、职业化建设。

数字检察
实践应用篇

第七章

醉驾型危险驾驶监督模型构建*

一、模型概述

2011年《刑法修正案（八）》增设了危险驾驶罪，将醉酒驾驶机动车列入危险驾驶罪的范畴。醉驾入刑以来，饮酒不开车观念深入人心，但醉驾型危险驾驶案件数量逐年攀升，呈现持续多发态势，在2020年6月1日发布的《最高人民检察院工作报告》中，醉驾案件已经代替盗窃成为刑事追诉第一犯罪。山西省人民检察院积极开展相关调研工作，走访基层一线办案人员、召开座谈会、分析案件数据，于2021年3月1日出台了《山西省检察机关醉驾型危险驾驶案件相对不起诉参考标准（试行）》（以下简称《参考标准》）。《参考标准》的制定和实行，回应了司法实际，统一了办案标准，化解了社会矛盾，厚植了党的执政基础。调整优化标准后，醉驾案件不起诉率已大幅提高至38.4%，取得了积极成效。

山西省人民检察院向最高人民检察院报送了山西省检察机关调整、优化醉驾案件办理标准的报告，获上级肯定。山西省检察机关继续强化醉驾案件法律监督，创新醉驾案件治理模式，取得明显成效，且受到社会各界的广泛关注。醉驾案件监督模型主要是结合醉驾案件中的易发、多发情形，通过大数据筛选、对比，从而为检察机关公正处理醉驾案件，确保法律统一、正确实施提供决策依据。

---

* 本模型由山西省人民检察院第一检察部构建。案例由山西省太原市人民检察院及杏花岭区人民检察院张萍等人提供，山西省人民检察院第一检察部张宇宏、王国鹏、彭瑞峰等人编写，同方赛威讯信息技术有限公司提供技术支持和模型的编写工作。本模型根据相关法律及司法解释有关规定，结合酒驾大数据监督模型的应用，实现对酒驾、醉驾案件的科学的模型化法律监督布标。本模型的特点在于针对醉驾案件中的易发、多发情形，通过大数据筛选、对比，从而为检察机关公正处理醉驾案件，确保法律统一、正确实施提供决策依据。

2023 年 12 月 13 日，为适应新形势新变化，进一步统一执法司法标准、维护人民群众生命财产安全和道路交通安全，严格规范、依法办理醉驾案件，最高人民法院、最高人民检察院、公安部、司法部发布《关于办理醉酒危险驾驶刑事案件的意见》。

二、模型设计依据

（一）法律监督依据

1.《中共中央关于加强新时代检察机关法律监督工作的意见》

（1）明确加强检察机关信息化、智能化建设，运用大数据、区块链等技术推进公安机关、检察机关、审判机关、司法行政机关等跨部门大数据协同办案，实现案件数据和办案信息网上流转，推进涉案财物规范管理和证据、案卷电子化共享。

（2）提出强化刑事立案、侦查活动和审判活动监督。及时发现和纠正应当立案而不立案、不应当立案而立案、长期“挂案”等违法情形，坚决防止和纠正以刑事手段插手民事纠纷、经济纠纷。增强及时发现和纠正刑讯逼供、非法取证等侦查违法行为的能力，从源头上防范冤假错案发生。规范强制措施和侦查手段适用，切实保障人权。落实以审判为中心的诉讼制度改革要求，秉持客观公正立场，强化证据审查，严格落实非法证据排除规则，坚持疑罪从无，依法及时有效履行审查逮捕、审查起诉和指控证明犯罪等职责。加强保障律师执业权利法律监督，纠正阻碍律师依法行使诉讼权利的行为。综合运用抗诉、纠正意见、检察建议等监督手段，及时纠正定罪量刑明显不当、审判程序严重违法等问题。进一步加强死刑复核法律监督工作。

2.《刑法》

第 133 条规定：“违反交通运输管理法规，因而发生重大事故，致人重伤、死亡或者使公私财产遭受重大损失的，处三年以下有期徒刑或者拘役；交通运输肇事后逃逸或者有其他特别恶劣情节的，处三年以上七年以下有期徒刑；因逃逸致人死亡的，处七年以上有期徒刑。”

3.《车辆驾驶人员血液、呼气酒精含量阈值与检验》(GB 19522—2010)

该规定指出：饮酒驾车是指车辆驾驶人员血液中的酒精含量大于或者等于20毫克/100毫升，小于80毫克/100毫升的驾驶行为。醉酒驾车是指车辆驾驶人员血液中的酒精含量大于或者等于80毫克/100毫升的驾驶行为。

4.《道路交通安全法》

第91条规定："饮酒后驾驶机动车的，处暂扣六个月机动车驾驶证，并处一千元以上二千元以下罚款。因饮酒后驾驶机动车被处罚，再次饮酒后驾驶机动车的，处十日以下拘留，并处一千元以上二千元以下罚款，吊销机动车驾驶证。

"醉酒驾驶机动车的，由公安机关交通管理部门约束至酒醒，吊销机动车驾驶证，依法追究刑事责任；五年内不得重新取得机动车驾驶证。

"饮酒后驾驶营运机动车的，处十五日拘留，并处五千元罚款，吊销机动车驾驶证，五年内不得重新取得机动车驾驶证。

"醉酒驾驶营运机动车的，由公安机关交通管理部门约束至酒醒，吊销机动车驾驶证，依法追究刑事责任；十年内不得重新取得机动车驾驶证，重新取得机动车驾驶证后，不得驾驶营运机动车。饮酒后或者醉酒驾驶机动车发生重大交通事故，构成犯罪的，依法追究刑事责任，并由公安机关交通管理部门吊销机动车驾驶证，终生不得重新取得机动车驾驶证。"

5.《最高人民法院、最高人民检察院、公安部、司法部关于办理醉酒危险驾驶刑事案件的意见》

第4条第1款规定："在道路上驾驶机动车，经呼气酒精含量检测，显示血液酒精含量达到80毫克/100毫升以上的，公安机关应当依照刑事诉讼法和本意见的规定决定是否立案。对情节显著轻微、危害不大，不认为是犯罪的，不予立案。"

第10条规定："醉驾具有下列情形之一，尚不构成其他犯罪的，从重处理：(一)造成交通事故且负事故全部或者主要责任的；(二)造成交通事故后逃逸的；(三)未取得机动车驾驶证驾驶汽车的；(四)严重超员、超载、超速驾驶的；(五)服用国家规定管制的精神药品或者麻醉药品后驾驶的；(六)驾驶机动车从事客运活动且载有乘客的；(七)驾驶机动车从事校车业务且载有师生的；(八)在高速公路上驾驶的；(九)驾驶重型载货汽车的;（十）运输危险化学品、危险货物的;（十一）逃避、阻碍公安机关依法检查的;（十二）实施威胁、打击报复、引诱、贿买证人、鉴定人等人员或者毁灭、伪造证据等妨害司法行为的;（十三）二年内曾因饮酒后驾驶机动车被查获或者受过行政处罚的;（十四）五年内曾因危险驾驶行为被判决有罪或者作相对不起诉的;（十五）其他需要从重处理的情形。”

第 12 条规定:“醉驾具有下列情形之一，且不具有本意见第十条规定情形的，可以认定为情节显著轻微、危害不大，依照刑法第十三条、刑事诉讼法第十六条的规定处理:（一）血液酒精含量不满 150 毫克 /100 毫升的;（二）出于急救伤病人员等紧急情况驾驶机动车，且不构成紧急避险的;（三）在居民小区、停车场等场所因挪车、停车入位等短距离驾驶机动车的;（四）由他人驾驶至居民小区、停车场等场所短距离接替驾驶停放机动车的，或者为了交由他人驾驶，自居民小区、停车场等场所短距离驶出的;（五）其他情节显著轻微的情形。醉酒后出于急救伤病人员等紧急情况，不得已驾驶机动车，构成紧急避险的，依照刑法第二十一条的规定处理。”

第 14 条规定:“对符合刑法第七十二条规定的醉驾被告人，依法宣告缓刑。具有下列情形之一的，一般不适用缓刑:（一）造成交通事故致他人轻微伤或者轻伤，且负事故全部或者主要责任的;（二）造成交通事故且负事故全部或者主要责任，未赔偿损失的;（三）造成交通事故后逃逸的;（四）未取得机动车驾驶证驾驶汽车的;（五）血液酒精含量超过 180 毫克 /100 毫升的;（六）服用国家规定管制的精神药品或者麻醉药品后驾驶的;（七）采取暴力手段抗拒公安机关依法检查，或者实施妨害司法行为的;（八）五年内曾因饮酒后驾驶机动车被查获或者受过行政处罚的;（九）曾因危险驾驶行为被判决有罪或者作相对不起诉的;（十）其他情节恶劣的情形。”

6.《中国共产党纪律处分条例》

（1）党员因酒后驾车，被公安机关给予行政处罚的，依据《中国共产党纪律处分条例》第 28 条、第 33 条的规定处理，一般给予警告或者严重警告处分，如果造成严重后果，或者重大不良影响则应视情况给予其相应处分。

（2）党员因醉驾，被人民法院判决拘役刑事处罚的，依据《中国共产党纪律处分条例》第 32 条第 1 款第 1 项的规定，给予开除党籍处分；党员因醉驾，被人民检察院依法作出不起诉决定的，或者人民法院依法作出有罪判决并免予刑事处罚的，依据《中国共产党纪律处分条例》第 31 条第 1 款处理，给予撤销党内职务、留党察看或者开除党籍处分。

（3）党员因酒后驾车造成不良影响，纪检机关按照规定的程序，根据证据和事实认定，依据《中国共产党纪律处分条例》第 28 条规定，应当视具体情节给予警告直至开除党籍处分。

7.《公职人员政务处分法》

（1）党员因醉驾，人民法院依法判处刑法规定主刑的，应给予醉驾的党员开除党籍处分，是公职人员的（不含基层群众性自治组织中从事管理的人员），还应依据《公职人员政务处分法》第 14 条第 1 款第 1 项的规定，给予政务开除处分。

（2）党员因醉驾，被人民检察院依法作出不起诉决定的，或者人民法院依法作出有罪判决并免予刑事处罚的，应当给予醉驾党员撤销党内职务、留党察看或者开除党籍处分。是公职人员的（不含基层群众性自治组织中从事管理的人员），还应依据《公职人员政务处分法》第 14 条第 3 款的规定，予以撤职处分，造成不良影响的，予以开除处分。

（二）监督要素

监督点 1：醉驾案件起诉量刑或者不起诉监督

依据危险驾驶罪的量刑依据，包括从轻、从重处罚情节、起诉、相对不起诉等规则，调取检察院统一业务案件管理平台案件电子卷宗数据，利用 OCR 和 AI 语言处理对各种情节和起诉、不诉规则学习分析，利用大数据技术和检察官《审查报告》中的量刑建议作自动计算对比，发现检察机关应当起诉而不起诉或者不应当起诉而起诉的情况，适时进行法律监督。

研判规则 1：犯罪嫌疑人血液酒精含量大于等于 80 毫克 /100 毫升、小于 150 毫克 /100 毫升，或者血液酒精含量大于 150 毫克 /100 毫升。

研判规则 2：犯罪嫌疑人有从重处罚情形或者从轻处罚情形。

研判规则 3：检察官审查报告中的量刑建议。

数据要素，具体包括两类。

其一，“血液酒精含量”“准驾车型”“车辆类型”“查获地点”“行驶路线”“驾驶证号”“车牌号”“交通事故责任”等 15 种从重处罚情形。

（1）造成交通事故且负事故全部或者主要责任的；

（2）造成交通事故后逃逸的；

（3）未取得机动车驾驶证驾驶汽车的；

（4）严重超员、超载、超速驾驶的；

（5）服用国家规定管制的精神药品或者麻醉药品后驾驶的；

（6）驾驶机动车从事客运活动且载有乘客的；

（7）驾驶机动车从事校车业务且载有师生的；

（8）在高速公路上驾驶的；

（9）驾驶重型载货汽车的；

（10）运输危险化学品、危险货物的；

（11）逃避、阻碍公安机关依法检查的；

（12）实施威胁、打击报复、引诱、贿买证人、鉴定人等人员或者毁灭、伪造证据等妨害司法行为的；

（13）2 年内曾因饮酒后驾驶机动车被查获或者受过行政处罚的；

（14）5 年内曾因危险驾驶行为被判决有罪或者作相对不起诉的；

（15）其他需要从重处理的情形。

其二，6 项从轻处罚情节：

（1）血液酒精含量小于 150 毫克 /100 毫升的；

（2）出于急救伤病人员等紧急情况驾车，且不构成紧急避险的；

（3）在居民小区、停车场等场所因挪车、停车入位等短距离驾车的；

（4）由他人驾驶至居民小区、停车场等场所短距离接替驾驶停放的，或为交由他人驾驶，自居民小区、停车场等场所短距离驶出的；

（5）其他情节显著轻微的情形；

（6）醉酒后不得已驾车，构成紧急避险的。

监督点 2：酒驾不诉处罚监督

在处理酒驾案件过程中，血液酒精含量 80 毫克 /100 毫升以下的公安会以酒驾处理，嫌疑人受到相应的行政处罚；血液酒精含量大于等于 80 毫克 /100 毫升，小于 150 毫克 /100 毫升，且无从重情形的，可不认为是犯罪，不予立案；血液酒精含量大于等于 80 毫克 /100 毫升，小于 150 毫克 /100 毫升且有 15 种从重情形的，或者血液酒精含量大于等于 150 毫克 /100 毫升的，公安机关会移送审查起诉，对于其中符合相对不起诉条件的犯罪嫌疑人，检察机关会作出相对不起诉决定。相对不起诉后，出现了嫌疑人既不受行政处罚、也不受刑事处罚的情形，通过公安机关交通管理综合应用平台和检察院案件管理平台对比，对相对不起诉案件的处罚情况监督。

研判规则 1：犯罪嫌疑人血液酒精含量大于等于 80 毫克 /100 毫升。

研判规则 2：公安机关吊销驾驶证的行政处罚决定书。

研判规则 3：检察机关相对不起诉送达证发给公安机关。

研判规则 4：检察机关作出相对不起诉决定。

数据要素：“血液酒精含量”、公安机关行政处罚信息、检察机关不起诉理由、不起诉说明书。

监督点 3：公职人员涉嫌酒驾的信息移送至相关单位的监督

醉驾犯罪嫌疑人不如实供述自己的职业和所在单位，公安机关没有查询并移送相关人员的单位社保和公职信息，犯罪嫌疑人如系公职人员，致使该犯罪嫌疑人因醉驾被不诉后，不能及时将不起诉决定送达相关单位，最终导致该犯罪嫌疑人不会受到相应的党纪政纪处分。

研判规则 1：公安移送卷宗证据卷中是否有社保信息查询结果。

研判规则 2：检察机关案件管理平台受案材料中是否有公职人员信息记录。

数据要素：酒驾嫌疑人基本信息、酒驾嫌疑人社保信息、酒驾嫌疑人案件信息、酒驾公职人员案件信息。

监督点 4：吊销醉驾案件犯罪嫌疑人驾驶证的监督

对于醉驾犯罪嫌疑人应当吊销其驾驶证。

研判规则：公安移送卷宗证据卷中是否有吊销驾驶证的行政处罚。

数据要素：吊销醉驾案件犯罪嫌疑人驾驶证的行政处罚决定。

监督点 5：拟作相对不起诉的醉驾案件犯罪嫌疑人的交通公益服务时限或者社区公益服务时限，以及案件公开听证情况进行监督

对于符合不起诉条件的醉驾案件犯罪嫌疑人，在作出不起诉决定前，查询交通公益服务时限或者社区公益服务时限，以及案件公开听证情况，对上述两项综合评判后，最终决定是否作出相对不起诉。

研判规则 1：交通公益服务时限或者社区公益服务时限。

研判规则 2：案件公开听证情况。

数据要素：交通公益服务时限、社区公益服务时限、案件公开听证。

（三）数据来源及载体

（1）数据来源：公安机关的案件数据平台；数据载体：公安机关刑事案件结构化数据和相关法律文书。

（2）数据来源：公安机关的行政处罚平台；数据载体：行政处罚结构化数据和相关法律文书。

（3）数据来源：公安机关公民信息查询平台；数据载体：公民信息结构化数据和相关数据。

（4）数据来源：社保局人员社保信息平台；数据载体：社保人员结构化数据。

（5）数据来源：检察业务应用系统；数据载体：检察业务应用系统结构化数据和法律文书以及工作文书。

（6）数据来源：法院的裁判文书系统等；数据载体：法院裁判文书等。

三、模型设计思路

（一）需求分析

需求概述：2011 年至 2022 年，全国机动车增加了 1.81 亿辆、驾驶人增加了 2.59 亿人，在机动车、驾驶人数量十多年来高速增长的情况下，酒驾醉驾案件数量飙升，位居刑事案件榜首。

为依法惩处危险驾驶（醉驾）犯罪（以下简称醉驾），维护公共安全，突出打击重点，规范处理好情节较轻的醉驾案件，更好地贯彻落实宽严相济刑事政策，以取得更好的社会效果，根据《中华人民共和国刑法》《中华人民共和国刑事诉讼法》《最高人民法院、最高人民检察院、公安部关于办理醉酒驾驶机动车刑事案件适用法律若干问题的意见》《最高人民法院关于常见犯罪的量刑指导意见（二）（试行）》中关于“醉驾”的相关规定，结合酒驾大数据监督模型的应用，实现对酒驾、醉驾案件的科学有效治理。

业务分析：酒驾大数据监督模型的建立是为了解决酒驾案件办理过程

中，相对不起诉规定各地区不统一，量刑不起诉后的处罚信息互通，公检法协同机制不健全的问题。通过建立酒驾大数据监督模型，打通公检法在处理酒驾案件中的数据壁垒，利用数据分析完善办案过程，实现公检法在刑事犯罪案件中的公正、公平社会价值体现。

监督规则：

规则 1：犯罪嫌疑人血液酒精含量大于等于 80 毫克 /100 毫升。

规则 2：犯罪嫌疑人有前科。

规则 3：犯罪嫌疑人有从重处罚情形。

规则 4：检察官《审查报告》量刑建议。

规则 5：公安机关开具行政处罚措施凭证。

规则 6：检察机关相对不起诉送达证发给公安机关。

规则 7：检察机关《审查报告》量刑建议中建议不起诉。

规则 8：公安移送卷宗证据卷中是否有公民信息查询及公职人员社保查询结果。

规则 9：检察机关案件管理平台受案材料中是否有公职人员信息记录。

规则 10：法院判决书生效后，刑事处罚告知书是否送达单位。

规则 11：相对不起诉后，公安作行政处罚，是否将处罚信息送达公职单位。

（二）数据分析

1. 数据类型：结构化与非结构化

本模型涉及的数据源类型以结构化为主，如案卡、人卡表单数据、公安个人信息数据、行政处罚数据、社保局的人员社保数据等；非结构化数据通过数据识别和处理的方式，将数据提取后，清洗为可使用的结构化数据，如电子卷宗、现场勘验数据、鉴定书、随案视频等。

2. 数据范围：政法数据和行政机关数据

检察机关内部办案数据上下互通，对于公安的案件信息，可通过建立数据接口获取，法院裁判信息按规定也上传至办案系统中；社保信息量庞大，但本监督模型实际只针对有过刑事犯罪记录的人员，可限定有效数据范围，获取对应的数据，同时降低数据获取协商难度。

3. 数据采集：数据接口同步

数据采集方面，使用的是公安和检察院在办案过程中的数据，主要以电子卷宗、公安行政处罚数据、检察院案件管理平台数据为主，均使用的是工作内网，基于政法协同数据共享，通过调用接口的方式可以直接同步到数据信息。公安数据主要包括嫌疑人个人信息、行政处罚信息、前科信息、案件卷宗数据、血液鉴定报告数据、道路事故认定报告数据等；检察院数据主要包括检察业务应用系统案件案卡数据、嫌疑人人卡数据、电子卷宗起诉意见书数据、审查报告数据、起诉书数据、不起诉数据、量刑建议数据、送达证数据、出庭数据等。

4. 数据提取：自然语言处理 + 实体识别

醉驾监督模型的数据提取部分采用接口调用和正则的方式提取，卷宗方面采用的是 OCR 文字解析 +NPL 语言处理机器学习结合的方式进行数据提取，提取算法经过数据标注构建训练算法模型，训练好的模型以接口服务的方式为系统提供数据支撑，目前酒驾案件的案件信息经过训练和测试，已达到 95% 以上的准确率。

5. 数据存储：采用关系型数据库

数据库方面根据使用需求进行选择，如果在基层院使用，可以选用小型关系数据库 Mysql，也可使用 DM 数据库。如果使用市级或省级统建的方式，可以使用分级部署的方式，省级统建平台，基层采用小型机（识别提取）分级部署，这样可以保证高并发情况下的识别效率问题。

（三）技术分析

技术架构：底层是系统的基础支撑，主要包括酒驾的数据识别算法模型、识别服务器、数据库软件、中间件、应用服务器等，网络上可以运行在已有的检察工作网网络上，服务器采用国产化服务器和软件。

数据层可采用达梦数据库软件系统，装载本模型的基础数据，包括案件信息数据、嫌疑人数据、证据材料数据、文书数据等。

平台支撑层是支撑系统进行数据获取、采集、处理的各种服务，包括数据采集服务、数据消息 MQ 订阅服务、实体识别服务、OCR 文字解析服务、数据对接服务等。

应用服务层是系统功能模块，包括电子卷宗数据提取识别定位功能、量刑计算器功能、公安行政处罚数据提取功能、社保局社保数据提取功能、数据对比功能等。（见图 1）

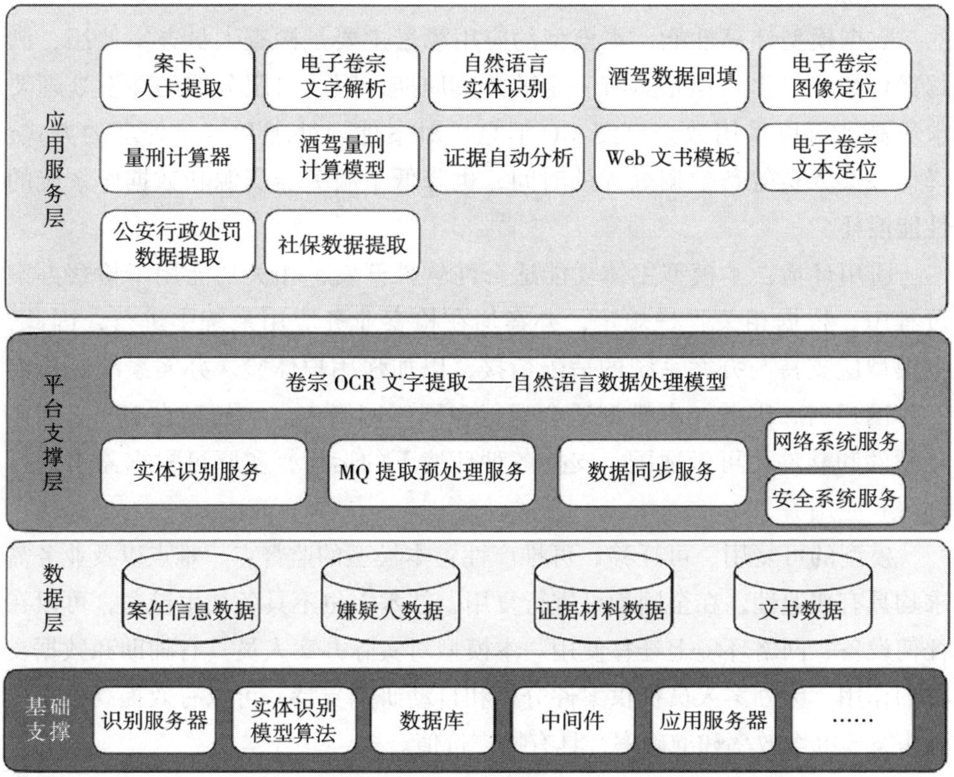

图 1　技术架构

技术路线：系统服务器采用国产化操作系统统信 UOS 或者麒麟系统，根据需求应用 Mysql 或 DM 数据库平台，中间件采用 Apache、Tomcat、TongWeb 服务均可，数据存储采用集中存储或者分级存储的方式，适用不同的基层部署或省级统建需求。系统开发基于 B/S 架构，所有页面均采用身份验证和权限验证，也可配合数据所进行安全性绑定，客户端使用浏览器登录系统即可使用。

数据支撑能力：数据支撑需要根据实际的服务器部署方式和服务器性能来定，如果采用省级统建的方式，因酒驾案件数量多，卷宗数据量大，识别提取服务比较占GPU资源，建议采用分级部署识别服务器、统建应用服务器的方式。如果是基层地市区部署的话，数据量不大，对服务器的实时性需求不高，使用小型机服务器部署即可够用，主要是占用服务器的GPU资源。

数据模型计算性能：本模型的应用场景主要是检查人员办案使用，酒驾案件数量虽多，但是具有一定的办案周期，因此对服务器的并发处理要求不高，可以采用数据订阅MQ消息，对案件预处理和定时处理的方式，降低办案人员等待数据处理的时间，也降低了服务器资源和数据库系统的性能消耗。

适用环境：本模型主体功能适合纯软件开发，相关功能用于检察办案过程中，根据相关管理规定，办案均在检察业务应用系统中进行，因此，本模型应支持与办案系统的适配衔接，以加强用户体验。办案系统在检察工作网运行，因此，本模型适合运行在同一网络中。本模型在X86、国产化硬件和软件均可做适配，支持各种环境下的运行，实际可根据需求进行部署和应用。

模型的可复用、可迁移、可推广性：本模型的监督点、难点以及业务需求均具有普遍性，在全国均可进行复用，技术上也不具备技术壁垒，可以在任何设备、网络环境上迁移使用。本模型对实际办案人员具有辅助和数据支撑的作用，为办案人员提供案件分析和自动研判支持，可以有效提高办案人员审案、办案效率和准确率，具有推广价值。

运行支撑环境分析见表1。

表1　运行支撑环境分析

实体识别服务器	1台
CPU	32核以上
内存	64GB以上
硬盘	160GB+1T以上
操作系统	麒麟/统信UOS/Ubuntu
数据库	Mysql/DM
GPU	32G显存以上

续表

业务应用服务器	2台
CPU	32核以上
内存	64GB以上
硬盘	160GB+1T以上
操作系统	麒麟/统信UOS/Ubuntu
数据库	Mysql/DM

（四）流程分析

酒驾大数据监督分为三个监督点，从业务角度分析，有四个步骤，其数据获取、采集和案件研判过程如下。

第一步：数据对接，提取数据。公安行政处罚平台信息、社保局人员社保信息、检察院案件管理平台数据对接同步，酒驾案件电子卷宗数据识别提取。

第二步：数据匹配，数据关联。本监督模型中的数据主要以结构化数据为主，部分非结构化数据通过实体识别的方式可以转化为结构化数据，构建数据关系。将公安行政处罚、社保信息、检察案件管理的数据按照人员为主键进行数据关联，方便下一步的数据对比。

第三步：数据对比，得出办案线索。将同一嫌疑人的信息串联，依据规则校验异常数据和偏差数据，按照需要筛选对比结果，获取办案线索。

第四步：实际调查，确定案情。检察官通过数据研判，获取案件异常的情况，敲定是否涉不起诉不合规情形，实际考证后，向侦查机关或承办人发起检察建议。

从技术角度来说主要有以下几个步骤。

第一步：将量刑不起诉规则量化，做成量刑计算器。

第二步：抓取案件的起诉书和不起诉书，通过OCR和识别模型提取酒驾案件信息。

第三步：分析出有量刑偏差的案件，实现酒驾量刑起诉、不起诉监督。

第四步：对相对不起诉案件和公安行政处罚数据进行分析。

第五步：分析出酒驾不诉后既不受刑事处罚也不受行政处罚的案件，实现酒驾不诉处罚的监督。

第六步：对酒驾不起诉案件和嫌疑人社保信息进行比对。

第七步：分析出嫌疑人公职信息，查询公安行政处罚告知书，实现酒驾公职人员移送单位监督。（见图 2）

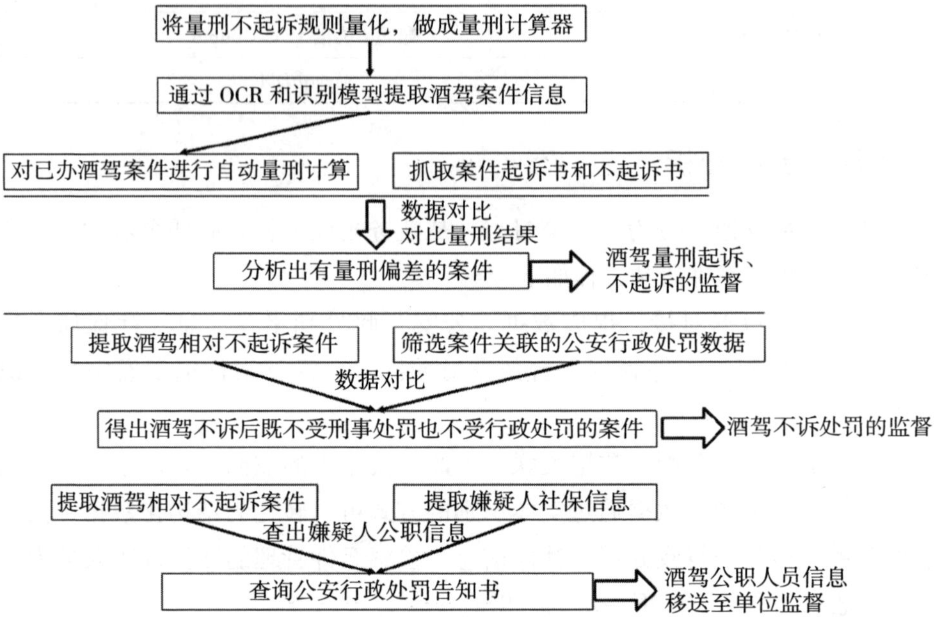

图 2 研判流程

图 3 左侧为抓取的电子卷宗目录，中间为案件的电子卷宗，右侧为提取到的数据信息。电子卷宗通过接口对接检察业务应用系统而来，右侧的数据是先对电子卷宗进行 OCR 文字解析，然后通过 NPL 训练模型自动从文字中提取的。量刑计算器是通过输入法律规定的量刑情节、从轻从重处罚情节，同时通过自动识别功能，对计算器中的每项规则进行自动判断和打勾，自动计算出量刑结果。

图 4 为量刑数据对比的页面，在系统完成所有卷宗的初始化识别量刑计算后，在量刑对比页面可以看到案件的检察官审结情况和机器自动计算的量刑情况，同时对于量刑结果有差异的案件，量刑对比结果自动显示为红色，支持案件的回溯和信息的批量导出。

图 3 系统原型设计

图 5 为酒驾处罚的自动对比页面，系统完成量刑初始化自动计算后，同时对接公安行政处罚信息，在此页面将公安行政处罚记录和检察院案件办理审结情况作数据融合，对比出案件作相对不起诉，且无行政处罚的数据记录，将数据标红显示。

图 6 为酒驾公职人员案件的数据对比界面，对于案件嫌疑人为公职人员的，系统对接公安行政处罚平台数据，同时对接社保局人员社保信息，获取公职人员单位信息。对于酒驾起诉的案件，案件审结后，法院会形成判决书，检察院可以跟踪其送达情况，对于酒驾相对不起诉的，检察院可以通过系统对比出对应的案件，并反查公安行政处罚记录以及行政处罚通知书的签字情况，确认行政处罚是否送达单位，于此进行监督。

序号	案件名称	案件类别	承办检察官	受理日期	审结日期	审结情况	审结罪名	量刑建议	量刑计算器结果	量刑数据比对结果	操作
1	张某某危险驾驶案	一审公诉	张XX	2022-04-20	2022-04-27	起诉	危险驾驶罪	建议起诉 建议处拘役2个月	建议起诉 建议处拘役1个月	有偏差	查看详细
2	张某某危险驾驶案	一审公诉	张XX	2022-04-20	2022-04-27	起诉	危险驾驶罪	建议起诉 建议处拘役2个月	建议起诉 建议处拘役2个月	无偏差	查看详细
3	张某某危险驾驶案	一审公诉	张XX	2022-04-20	2022-04-27	相对不起诉	/	建议相对不起诉	建议起诉 建议处拘役2个月	有偏差	查看详细
4	张某某危险驾驶案	一审公诉	张XX	2022-04-20	2022-04-27	起诉	危险驾驶罪	建议起诉 建议处拘役2个月	建议起诉 建议处拘役2个月	无偏差	查看详细
5	张某某危险驾驶案	一审公诉	张XX	2022-04-20	2022-04-27	起诉	危险驾驶罪	建议起诉 建议处拘役2个月	建议起诉 建议处拘役2个月	无偏差	查看详细
6	张某某危险驾驶案	一审公诉	张XX	2022-04-20	2022-04-27	起诉	危险驾驶罪	建议起诉 建议处拘役2个月	建议起诉 建议处拘役2个月	无偏差	查看详细
7	张某某危险驾驶案	一审公诉	张XX	2022-04-20	2022-04-27	起诉	危险驾驶罪	建议起诉 建议处拘役2个月	建议起诉 建议处拘役2个月	无偏差	查看详细
8	张某某危险驾驶案	一审公诉	张XX	2022-04-20	2022-04-27	相对不起诉	/	建议相对不起诉	建议相对不起诉	无偏差	查看详细
9	张某某危险驾驶案	一审公诉	张XX	2022-04-20	2022-04-27	起诉	危险驾驶罪	建议起诉 建议处拘役2个月	建议起诉 建议处拘役2个月	无偏差	查看详细
10	张某某危险驾驶案	一审公诉	张XX	2022-04-20	2022-04-27	起诉	危险驾驶罪	建议起诉 建议处拘役2个月	建议起诉 建议处拘役2个月	无偏差	查看详细

图4　量刑数据对比

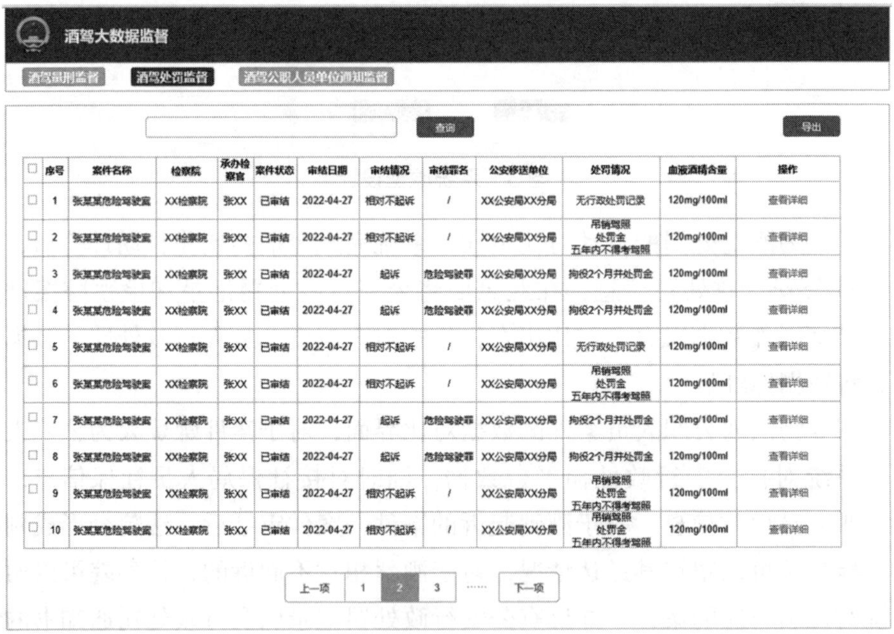

序号	案件名称	检察院	承办检察官	案件状态	审结日期	审结情况	审结罪名	公安移送单位	处罚情况	血液酒精含量	操作
1	张某某危险驾驶案	XX检察院	张XX	已审结	2022-04-27	相对不起诉	/	XX公安局XX分局	无行政处罚记录	120mg/100ml	查看详细
2	张某某危险驾驶案	XX检察院	张XX	已审结	2022-04-27	相对不起诉	/	XX公安局XX分局	吊销驾照 处罚金 五年内不得考驾照	120mg/100ml	查看详细
3	张某某危险驾驶案	XX检察院	张XX	已审结	2022-04-27	起诉	危险驾驶罪	XX公安局XX分局	拘役2个月并处罚金	120mg/100ml	查看详细
4	张某某危险驾驶案	XX检察院	张XX	已审结	2022-04-27	起诉	危险驾驶罪	XX公安局XX分局	拘役2个月并处罚金	120mg/100ml	查看详细
5	张某某危险驾驶案	XX检察院	张XX	已审结	2022-04-27	相对不起诉	/	XX公安局XX分局	无行政处罚记录	120mg/100ml	查看详细
6	张某某危险驾驶案	XX检察院	张XX	已审结	2022-04-27	相对不起诉	/	XX公安局XX分局	吊销驾照 处罚金 五年内不得考驾照	120mg/100ml	查看详细
7	张某某危险驾驶案	XX检察院	张XX	已审结	2022-04-27	起诉	危险驾驶罪	XX公安局XX分局	拘役2个月并处罚金	120mg/100ml	查看详细
8	张某某危险驾驶案	XX检察院	张XX	已审结	2022-04-27	起诉	危险驾驶罪	XX公安局XX分局	拘役2个月并处罚金	120mg/100ml	查看详细
9	张某某危险驾驶案	XX检察院	张XX	已审结	2022-04-27	相对不起诉	/	XX公安局XX分局	吊销驾照 处罚金 五年内不得考驾照	120mg/100ml	查看详细
10	张某某危险驾驶案	XX检察院	张XX	已审结	2022-04-27	相对不起诉	/	XX公安局XX分局	吊销驾照 处罚金 五年内不得考驾照	120mg/100ml	查看详细

图5　酒驾处罚自动对比

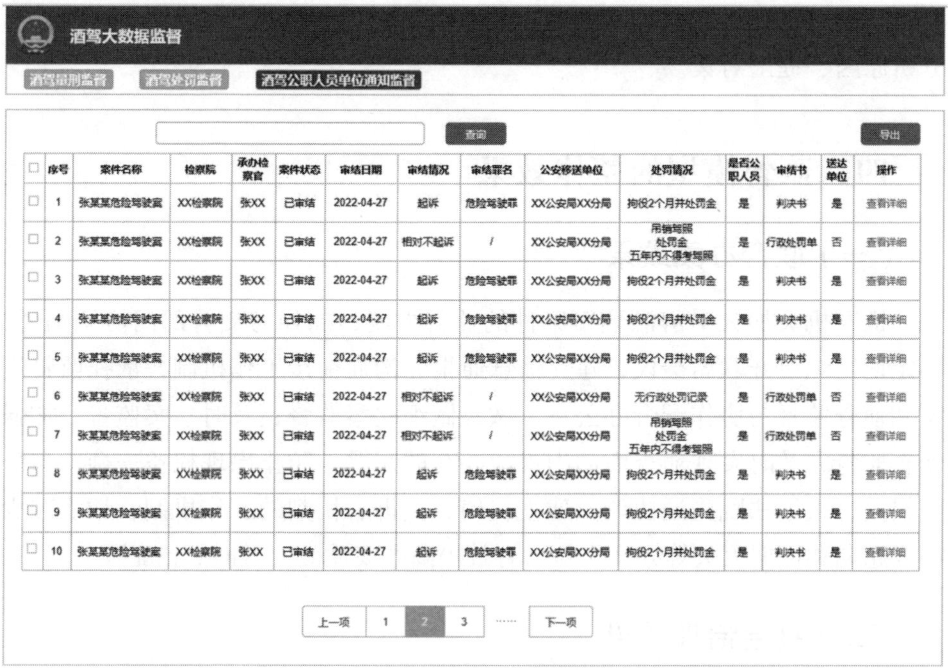

序号	案件名称	检察院	承办检察官	案件状态	审结日期	审结情况	审结罪名	公安移送单位	处罚情况	是否公职人员	审结书	送达单位	操作
1	张某某危险驾驶案	XX检察院	张XX	已审结	2022-04-27	起诉	危险驾驶罪	XX公安局XX分局	拘役2个月并处罚金	是	判决书	是	查看详细
2	张某某危险驾驶案	XX检察院	张XX	已审结	2022-04-27	相对不起诉	/	XX公安局XX分局	吊销驾照 处罚金 五年内不得考驾照	是	行政处罚单	否	查看详细
3	张某某危险驾驶案	XX检察院	张XX	已审结	2022-04-27	起诉	危险驾驶罪	XX公安局XX分局	拘役2个月并处罚金	是	判决书	是	查看详细
4	张某某危险驾驶案	XX检察院	张XX	已审结	2022-04-27	起诉	危险驾驶罪	XX公安局XX分局	拘役2个月并处罚金	是	判决书	是	查看详细
5	张某某危险驾驶案	XX检察院	张XX	已审结	2022-04-27	起诉	危险驾驶罪	XX公安局XX分局	拘役2个月并处罚金	是	判决书	是	查看详细
6	张某某危险驾驶案	XX检察院	张XX	已审结	2022-04-27	相对不起诉	/	XX公安局XX分局	无行政处罚记录	是	行政处罚单	否	查看详细
7	张某某危险驾驶案	XX检察院	张XX	已审结	2022-04-27	相对不起诉	/	XX公安局XX分局	吊销驾照 处罚金 五年内不得考驾照	是	行政处罚单	否	查看详细
8	张某某危险驾驶案	XX检察院	张XX	已审结	2022-04-27	起诉	危险驾驶罪	XX公安局XX分局	拘役2个月并处罚金	是	判决书	是	查看详细
9	张某某危险驾驶案	XX检察院	张XX	已审结	2022-04-27	起诉	危险驾驶罪	XX公安局XX分局	拘役2个月并处罚金	是	判决书	是	查看详细
10	张某某危险驾驶案	XX检察院	张XX	已审结	2022-04-27	起诉	危险驾驶罪	XX公安局XX分局	拘役2个月并处罚金	是	判决书	是	查看详细

图6　酒驾公职人员案件数据对比

（五）监督模型应用

本模型根据相关法律及司法解释有关规定，结合酒驾大数据监督模型的应用，实现对酒驾、醉驾案件的科学的模型化法律监督布标。本模型的特点在于针对醉驾案件中的易发、多发情形，通过大数据筛选、对比，为检察机关公正处理醉驾案件，确保法律统一正确实施提供决策依据。山西省检察机关依托案件模型在全省组织开展加强醉驾案件法律监督专项活动，提高醉驾案件办理质效。做好两项核查。通过核查醉驾案件犯罪嫌疑人是否被吊销驾驶证以及醉驾案件犯罪嫌疑人的职业、身份情况，发现存在问题的，针对不同类型，进行处理。建议公安机关吊销犯罪嫌疑人机动车驾驶证，向不予起诉的涉案公职人员单位送达不起诉决定书，对于已经提起公诉的涉案公职人员案件，将该情况通知人民法院，相关违法违纪情况已经全部被依法纠正。针对上述情况制发类案检察建议。加强对醉驾案件的证据审核，针对办理醉驾案件时存在血样提取、存储不规范，提取血样不及时，缺乏见证人，讯问不及时，从重、从轻情节证据收集不全面等问题，分析原因、提出对策。

四、监督模型的整体效果

（一）联合办案效果

检察机关加大对醉酒刑事案件的监督力度，加强与交警部门协调沟通，不定期组织召开联席会议，建立信息通报和沟通衔接工作机制，依托监督模型和侦查监督与协作配合办公室，做实做细立案监督，及时立案监督，加强侦查监督，及时发现侦查活动中可能存在的问题，防止出现权益失衡。与公安机关、人民法院沟通协调，建立快侦、快诉、快判的工作机制，切实减少办案超期和证据灭失等办案风险，有效提高办案质效，及时惩治犯罪。

（二）社会治理效果

全省检察机关注重惩戒、教育、改造、挽救相结合，通过责令具结悔过、履行志愿服务、行刑反向衔接等，形成多方参与的多层次、立体化、全方位的醉驾案件综合治理体系，着力做好不起诉后半篇文章。太原市杏花岭区检察院、小店区检察院与辖区交警大队等单位出台诉前考察、履行具结义务等工作机制，将侦查阶段主动接受法治教育和社会帮教、志愿服务等情况作为相对不起诉考察内容，实现教育与惩戒相结合。针对醉驾办理中暴露出的矛盾问题，制发检察建议，助推交管部门尽主责、补缺位、堵漏洞，以“我管”促“都管”，不仅治已病，更防未病，确保社会交通秩序稳定有序。始终保持对醉酒驾驶行为的“零容忍”，打消醉酒驾驶人的侥幸念头，在社会上营造违法必究的良好氛围，从而保障公共安全。

第八章

毒品犯罪监督模型构建*

一、模型概述

2021年以来，山西省人民检察院研究制定的《山西省检察机关开展派驻公安机关检察室工作指导意见》《山西省人民检察院、山西省公安厅关于加强侦查监督与协作配合工作的意见》《山西省检察机关刑事侦查重大监督事项案件化办理实施办法（试行）》《山西省检察机关派驻公安机关检察室开展提前介入侦查活动工作细则（试行）》《山西省检察机关派驻公安机关检察室开展信息共享研判工作暂行办法》《山西省人民检察院派驻公安机关检察室岗位职责暂行规定》基础上，加强与公安机关的沟通协调，深入推动刑事案件和行政案件的结构化数据、视频数据、笔录数据、文书数据等共享，以保障侦查监督与协作配合办公室（原派驻公安机关检察室，以下简称办公室）有效开展大数据监督。

2021年下半年，最高检有关领导调研山西工作，进一步明确了派驻检察的工作重点。为打造“派驻检察”山西特色品牌，全省检察机关不断创新工作模式，建立了“常驻与轮值”相结合、“线上+线下”信息共享和大数据监督等模式，积极打造派驻检察工作升级版。在此基础上，朔州市朔城区人民检察院构建了对毒品类行政处罚案件进行巡查，将公安机关作出的行政处罚决定与检察机关的起诉书、审判机关的刑事判决进行比对，从中发现遗漏的犯罪事实和犯罪嫌疑人的监督模型。即对发现的重点审查人员、场所，通

*本模型由山西省人民检察院第一检察部构建。案例由山西省朔州市人民检察院康青、朔城区人民检察院朱德提供，山西省人民检察院第一检察部王国鹏、张宇宏、彭瑞峰等人编写，同方赛威讯信息技术有限公司提供技术支持和模型的编写工作。近年来，山西省人民检察院第一检察部加强与公安机关的沟通协调，深入推动刑事案件和行政案件的结构化数据、视频数据、笔录数据、文书数据等共享，有效保障侦查监督与协作，配合办公室大数据监督的顺利开展。

过公安机关警务信息综合应用平台（以下简称警综平台），筛查、提取行政处罚案卷中贩毒人员个人信息、违法事实、吸毒地点等关键信息，通过大数据分析关联形成专题数据库，与检察院的起诉意见书、法院的判决书中已起诉或判决的人员信息和犯罪事实进行碰撞比对分析，实现对遗漏犯罪嫌疑人、遗漏犯罪事实、容留他人吸毒等情况的监督。

二、模型设计依据

（一）法律监督依据

1.《中共中央关于加强新时代检察机关法律监督工作的意见》

本文件明确加强检察机关信息化、智能化建设，运用大数据、区块链等技术推进公安机关、检察机关、审判机关、司法行政机关等跨部门大数据协同办案，实现案件数据和办案信息网上流转，推进涉案财物规范管理和证据、案卷电子化共享。

2.《刑法》

第347条（走私、贩卖、运输、制造毒品罪）规定："走私、贩卖、运输、制造毒品，无论数量多少，都应当追究刑事责任，予以刑事处罚。走私、贩卖、运输、制造毒品，有下列情形之一的，处十五年有期徒刑、无期徒刑或者死刑，并处没收财产：（一）走私、贩卖、运输、制造鸦片一千克以上、海洛因或者甲基苯丙胺五十克以上或者其他毒品数量大的；（二）走私、贩卖、运输、制造毒品集团的首要分子；（三）武装掩护走私、贩卖、运输、制造毒品的；（四）以暴力抗拒检查、拘留、逮捕，情节严重的；（五）参与有组织的国际贩毒活动的。"

第356条（毒品犯罪的再犯）规定："因走私、贩卖、运输、制造、非法持有毒品罪被判过刑，又犯本节规定之罪的，从重处罚。"

第357条（毒品的范围及毒品数量的计算原则）规定："本法所称的毒品，是指鸦片、海洛因、甲基苯丙胺（冰毒）、吗啡、大麻、可卡因以及国家规定管制的其他能够使人形成瘾癖的麻醉药品和精神药品。毒品的数量以查证属实的走私、贩卖、运输、制造、非法持有毒品的数量计算，不以纯度折算。"

3.《最高人民检察院、公安部关于健全完善侦查监督与协作配合机制的意见》

本文件强调人民检察院、公安机关进行刑事诉讼，应当坚持分工负责、互相配合、互相制约，以保证准确有效执行法律。公安机关依法负责对刑事案件的侦查、拘留、执行逮捕、预审。人民检察院依法负责检察、批准逮捕、提起公诉，依法对刑事诉讼实行法律监督。

4.《山西省检察机关开展派驻公安机关检察室工作指导意见》

本文件要求，全省检察机关要加强与公安机关的协作配合，要继续深化在同级公安机关法制部门派驻检察室（侦查监督检察室）工作，结合公安机关执法办案管理中心建设等变化情况，积极拓展派驻公安机关检察室（侦查监督检察室）的工作职能，切实解决未进入检察环节刑事案件的侦查监督线索缺失、信息不畅、手段不足、监督不力等问题，努力实现“在办案中监督，在监督中办案”的工作要求。

5.《山西省人民检察院、山西省公安厅关于加强侦查监督与协作配合工作的意见》

本文件要求，公安机关应当支持配合检察机关的监督，为监督提供必要的保障。

6.《山西省检察机关刑事侦查重大监督事项案件化办理实施办法（试行）》

本文件要求，对于公安机关和行政执法机关严重违反刑事法律规定的行为，检察机关将对监督事项按照监督线索性质受理分流、调查核实、实施监督、跟踪反馈、结案归档等流程持续、规范、完整地开展法律监督活动。

7.《山西省检察机关派驻公安机关检察室开展信息共享研判工作暂行办法》

本文件要求，检察机关应当加强与公安机关协作配合与监督制约，按照双方司法办案需求，将检察机关开展法律监督情况和公安机关所办理的治安管理、行政案件、刑事案件等相关案件材料及时、全面、准确地上传至政法大数据共享平台、山西公安执法全流程智能管理平台，畅通检警信息共享渠道。

8.《山西省人民检察院派驻公安机关检察室岗位职责暂行规定》

本文件要求，派驻公安机关检察室工作坚持“两个平台”监督相结合，以派驻公安机关检察室线下实地监督为主，线上检察工作网检察监督系统

（共享信息平台）进行数据巡查监督为辅，切实增强监督工作的实效性。

查阅山西公安执法全流程智能管理平台（公安警务信息综合应用平台）、检察工作网侦查监督平台，对全省刑事案件的受案、立案、破案、采取刑事强制措施、提请逮捕、捕后侦查、移送审查起诉、退回补充侦查等情况进行统计汇总分析。

9.《刑事诉讼法》

第 8 条规定："人民检察院依法对刑事诉讼实行法律监督。"

第 113 条规定："人民检察院认为公安机关对应当立案侦查的案件而不立案侦查的，或者被害人认为公安机关对应当立案侦查的案件而不立案侦查，向人民检察院提出的，人民检察院应当要求公安机关说明不立案的理由。人民检察院认为公安机关不立案理由不能成立的，应当通知公安机关立案，公安机关接到通知后应当立案。"

10.《公安机关办理刑事案件程序规定》

第 182 条规定："对人民检察院要求说明不立案理由的案件，公安机关应当在收到通知书后七日以内，对不立案的情况、依据和理由作出书面说明，回复人民检察院。公安机关作出立案决定的，应当将立案决定书复印件送达人民检察院。人民检察院通知公安机关立案的，公安机关应当在收到通知书后十五日以内立案，并将立案决定书复印件送达人民检察院。"

11. 关联法律规范

《禁毒法》第 20 条；

《全国部分法院审理毒品犯罪案件工作座谈会纪要》；

《最高人民法院关于审理毒品犯罪案件适用法律若干问题的解释》。

（二）监督要素

监督点 1：对遗漏犯罪嫌疑人的监督

规则 1：从公安机关的行政处罚案卷中提取购买、吸食毒品类行政处罚关键词，通过大数据分析关联出贩毒人员信息。

数据要素：贩毒人员的姓名、绰号、性别、身份证号码，贩卖毒品的时间、地点、数量、毒品种类。

规则 2：从公安机关起诉意见书、检察院起诉书、法院判决书获取贩毒人员信息。

数据要素：贩毒人员的姓名、绰号、性别、身份证号码、交易时间、交易地点、毒品种类。

规则3：大数据分析出的贩毒人员与公安机关起诉意见书、检察院起诉书、法院判决书中的贩毒人员进行比对，确认是否存在应当立案侦查而未立案侦查的贩毒人员。若存在，则直接进行立案监督。

数据要素：贩毒人员的姓名、绰号、性别、身份证号码、交易时间、交易地点、毒品种类。

监督点2：对遗漏犯罪事实的监督

规则1：从公安机关的行政处罚案卷中提取购买、吸食毒品类行政处罚关键词，通过大数据分析和数据碰撞关联出同一贩毒人员贩卖毒品的犯罪事实。

数据要素：购买、吸食毒品人员姓名、绰号、性别、身份证号码，毒品购买时间、购买数量、购买次数、购买地点、毒品种类，以及贩毒人员的姓名、绰号、性别、身份证号码。

规则2：从公安机关的起诉意见书、检察院起诉书、法院的判决书获取贩毒人员的犯罪事实。

数据要素：贩毒人员的姓名、绰号、性别、身份证号码、交易时间、交易地点、交易数量。

规则3：大数据分析出的犯罪事实与公安机关的起诉意见书、检察院起诉书、法院的判决书中的犯罪事实进行比对，确认是否存在遗漏犯罪事实，如果存在遗漏犯罪事实，对未判决的进行纠正漏诉或已服刑完毕的进行立案监督。

数据要素：贩毒人员的姓名、绰号、性别、身份证号码、交易时间、交易地点、交易数量、毒品种类。

监督点3：对容留他人吸食毒品的监督

规则1：从公安机关的行政处罚案卷中提取吸食、注射毒品类行政处罚关键词，通过大数据分析和数据碰撞，对同一场所进行的吸毒违法事实进行关联。

数据要素：吸食毒品人员姓名、绰号、性别、身份证号码以及吸食毒品的场所、吸食毒品的时间、毒品种类。

规则 2：对符合容留他人吸毒罪立案标准的吸毒场所，通过不动产登记中心的权属登记信息，查询该场所的所有权人。

数据要素：所有权人的姓名、性别、年龄、身份证号码、职业。

规则 3：大数据分析出的容留他人吸毒的违法人员与法院判决书中的犯罪人员进行比对，确认是否已经被判决，如果未判决，进行立案监督。

数据要素：吸食毒品人员姓名、绰号、性别、身份证号码，吸食毒品的场所、吸食毒品的时间、毒品种类，房屋所有权人的姓名、性别、年龄、身份证号码。

（三）数据来源及载体

数据 1：购买、吸食毒品类行政处罚数据；数据来源：公安机关；数据载体：行政处罚案卷。

数据 2：已判决的犯罪人员信息及犯罪事实；数据来源：法院；数据载体：判决书。

数据 3：起诉的犯罪人员信息及犯罪事实；数据来源：公安机关、检察院；数据载体：起诉意见书、起诉书。

数据 4：房屋的产权信息；数据来源：不动产登记中心；数据载体：电子档案。

三、模型设计思路

（一）需求分析

1. 对遗漏犯罪嫌疑人的监督

（1）从公安机关的行政处罚案卷中提取购买、吸食毒品类行政处罚关键词，通过文字识别提取贩毒人员的姓名、绰号、性别、年龄、身份证号码等关键信息，经过大数据分析关联出贩毒人员信息形成专题库。能够通过姓名、身份证号码等进行查询。

（2）从公安机关起诉意见书、检察院起诉书、法院判决书中对贩卖毒品类案件的人员的姓名、绰号、性别、年龄、身份证号码等信息进行提取，形成专题数据库。

（3）大数据分析出的贩毒人员与公安机关起诉意见书、检察院起诉书、法院判决书中的贩毒人员进行比对，确认是否存在遗漏犯罪嫌疑人，如果存在遗漏犯罪嫌疑人，系统对遗漏犯罪嫌疑人信息以列表的形式进行展示，可以通过姓名、身份证号码等进行查询。

2. 对遗漏犯罪事实的监督

（1）从公安机关的行政处罚案卷中提取购买、吸食毒品类行政处罚关键词，包括贩毒人员的姓名、绰号、年龄、性别、身份证号码及贩卖毒品的时间、地点、毒品种类等信息，通过大数据分析和数据碰撞关联出同一贩毒人员贩卖毒品的犯罪事实，形成专题库。能够通过姓名、身份证号码等条件进行查询，同时能够展示违法事实。

（2）从公安机关的起诉意见书、检察院起诉书、法院的判决书获取贩毒人员的犯罪事实，包括贩毒人员的姓名、绰号、性别、年龄、身份证号码及其贩卖毒品的时间、地点、毒品种类等信息，形成专题库。

（3）大数据分析出的违法事实与公安机关的起诉意见书、检察院起诉书、法院的判决书中的犯罪事实进行比对，确认是否存在遗漏犯罪事实，如果存在遗漏犯罪事实，按贩毒人员的姓名以列表的形式分别展示，可通过姓名、身份证号码等筛选。

3. 对容留他人吸食毒品的监督

（1）从公安机关的行政处罚案卷中提取吸食毒品类行政处罚关键词，通过大数据分析和数据碰撞，对同一场所进行的吸毒违法事实进行关联，包括位置、楼栋号、单元号、房号等新信息。能够通过姓名、身份证号码、房屋信息等查询、展示容留他人吸毒的违法事实。

（2）对符合容留他人吸毒罪立案标准的吸毒场所，通过不动产登记中心的权属登记信息，查询该场所的所有权人。

（3）大数据分析出的容留他人吸毒的违法人员与法院判决书中的犯罪人员进行比对，确认是否已经被判决，如果存在未判决的，在系统中以列表的方式进行展示，可通过姓名、身份证号码等进行筛选。

（二）数据分析

对本模型数据类型、范围、采集、提取、关联、比对、承载作以下分析：

1. 数据类型

结构化与非结构化。根据本模型的监督规则和数据来源描述，涉及的数据源类型以非结构化为主，如起诉意见书、起诉书、判决书、行政处罚案卷。

2. 数据范围

通过派驻公安机关检察室检察官获取公安机关对购买、吸食毒品人员的行政处罚案卷，提取吸毒人员购买毒品的渠道、时间、地点、吸毒场所及贩毒人员的姓名、性别、身份证号码等，以分析、关联、汇总贩毒人员的身份信息以及违法事实和同一吸毒场所容留他人吸毒的违法事实；通过法院的判决书获取贩毒案件相关人员的判决信息。本监督模型实际只针对购买、吸食和贩卖毒品类案件，因此，原则上以该类案件及涉及的嫌疑人为主线，获取对应的外部数据。

3. 数据采集

初始化与增量同步。公安机关具有大量的购买、吸食毒品行政处罚案卷数据，通过对大量历史案件数据的采集，并通过数据提取规则对关键数据进行提取，形成初始化的购买、吸食毒品人员信息的专题库，以此数据库为基础，通过大数据分析，关联贩毒人员的个人信息、犯罪事实和同一场所容留他人吸毒的数据，形成犯罪事实的专题库。并以贩卖毒品、容留他人吸毒为主，获取法院的判决书，从中提取相关人员的判决情况。

4. 数据提取

关键词提取。从公安机关的行政处罚案卷中提取购买、吸食毒品人员的姓名、性别、身份证号码及购毒时间和地点、吸毒时间、吸毒场所，贩毒人员的姓名、性别、身份证号码。

5. 数据关联

通过在购买、吸食毒品人员的行政处罚案卷中提取的吸毒场所、贩毒人员信息和犯罪事实，将姓名、性别、身份证号码等进行关联，形成完整的贩毒人员的个人信息、犯罪事实记录及同一场所容留他人吸毒的数据链，成为本模型的基础支撑数据。

6. 数据比对

本模型按规则从行政处罚案卷、起诉意见书、起诉书、判决书等提取的结构化数据作为基础数据进行比对分析，一是从行政处罚案卷中提取，经过关联汇总的贩毒人员信息与法院已判决的贩毒人员信息比对分析，发现可能存在的遗漏犯罪嫌疑人；二是从行政处罚案卷中提取，经过关联汇总的贩毒人员违法事实与法院针对同一贩毒人员的判决事实比对分析，发现可能存在的遗漏犯罪事实；三是从行政处罚案卷中提取，经过关联汇总的容留他人吸毒人员数据与法院判决的容留他人吸毒人员数据比对分析，发现可能存在遗漏的人员。

7. 数据承载

本模型中的数据主要涉及公安机关的行政处罚案卷、起诉意见书、检察院起诉书、法院判决书等非结构化数据以及经过提取后的结构化数据，文书等非结构化数据存储采用文件存储，结构化数据存储采用关系数据库。故本模型中数据的承载方式为关系数据库 + 文件存储。

（三）技术分析

1. 技术架构

底层是 IT 基础设施支撑，运行在现有的检察工作网上，采用国产化服务器和国产终端机；数据层可采用 DM7 以上版本数据库软件系统，装载本模型所需要的基础数据，包括专题库数据、分析数据、运行数据；中间层是数据采集服务、数据规则校验服务、数据调阅服务、数据审批服务、数据对接服务；应用层是犯罪事实查询、遗漏犯罪事实预警、检察建议送达等功能模块。数据接口主要包含从公安机关的购买、吸食毒品类犯罪案件的行政处罚案卷获取接口；从法院的判决书获取接口；从不动产登记中心的产权信息获取接口；与检察业务应用系统对接接口。

2. 技术路线

参照检察业务应用系统技术路线和UI标准，采用B/S结构开发，采用前、后端分离技术实现 Web 前端与后端分离。前端 Web 使用 Node.js 作为基础运行环境，后端业务服务器使用当前流行的 SpringBoot 应用开发框架。数据库管理系统采用国产 DM7 数据库。数据抽取采用 ETL 的方式。

3. 数据支撑能力

贩毒案件中遗漏犯罪情况的监督模型是基于贩毒类案件的人员和犯罪事实为主线，所涉及的总体数据量较小，可以采用小型的数据分析系统基座进行支撑，短期内无须构建基于分布式计算的大数据计算基座。系统总体投入较小，便于系统的推广应用。

4. 模型计算性能

根据本模型的监督规则和应用场景，本模型主要是刑事案件办案检察官使用，具有一定的办案周期，因此，对数据分析的实时性要求不高，可采用定时运算的模式，这也降低了服务器资源和数据库系统的性能消耗。

5. 适用环境

本模型主体功能适合纯软件开发，技术路线以检察业务应用系统 2.0 为标准。相关功能用于检察办案过程中，根据相关管理规定，办案均在检察业务应用系统中进行，因此，本模型应支持与办案系统的适配衔接，以加强用户体验。办案系统在检察工作网运行，因此，本模型适合运行在同一网络中。根据国产化趋势，本模型应支持在信创环境中运行。

6. 模型的可复用、可迁移、可推广性

本模型中用到的文本提取、大数据分析等技术均有成熟的方案。同时本模型无须对数据进行实时的处理，对软硬件基础平台的要求不高，只需要对目标案件类型和提取字段进行简单的调整，即可适用于对其他类案件的遗漏犯罪情况进行监督，故本模型的可复用、可迁移和可推广性较强。

（四）流程分析

1. 对遗漏犯罪嫌疑人的监督

第一步：从公安机关的行政处罚案卷中提取购买、吸食毒品类行政处罚关键信息，通过大数据分析关联出参与贩毒活动人员的个人信息。

第二步：从公安机关起诉意见书、检察院起诉书、法院判决书获取贩毒人员信息。

第三步：通过将从公安机关行政处罚案卷中提取分析出的贩毒人员信息与公安机关起诉意见书、检察院起诉书、法院判决书中的贩毒人员信息比对，确认是否存在遗漏犯罪嫌疑人，如果存在遗漏犯罪嫌疑人，进行立案监督。

2. 对遗漏犯罪事实的监督

第一步：从公安机关的行政处罚案卷中提取购买、吸食毒品类行政处罚关键信息，通过大数据分析和数据碰撞关联出同一贩毒人员贩卖毒品的犯罪事实。

第二步：从公安机关起诉意见书、检察院起诉书、法院判决书获取贩毒人员的犯罪事实。

第三步：通过将从公安机关行政处罚案卷中提取分出的违法事实与公安机关的起诉意见书、检察院起诉书、法院的判决书中的犯罪事实比对，确认是否存在遗漏犯罪事实，如果存在遗漏犯罪事实，对未判决的进行纠正漏诉或已服刑完毕的进行立案监督。

3. 对容留他人吸食毒品的监督

第一步：从公安机关的行政处罚案卷中提取吸食毒品类行政处罚关键词，通过大数据分析和数据碰撞，对同一场所进行的吸毒违法事实进行关联。

第二步：对符合容留他人吸毒罪立案标准的吸毒场所，通过不动产登记中心的权属登记信息，查询该场所的所有权人。

第三步：将大数据分析出的容留他人吸毒的违法人员与法院判决书中的犯罪人员比对，确认是否已经被判决，如果未判决，进行立案监督。

其研判流程见图 1。

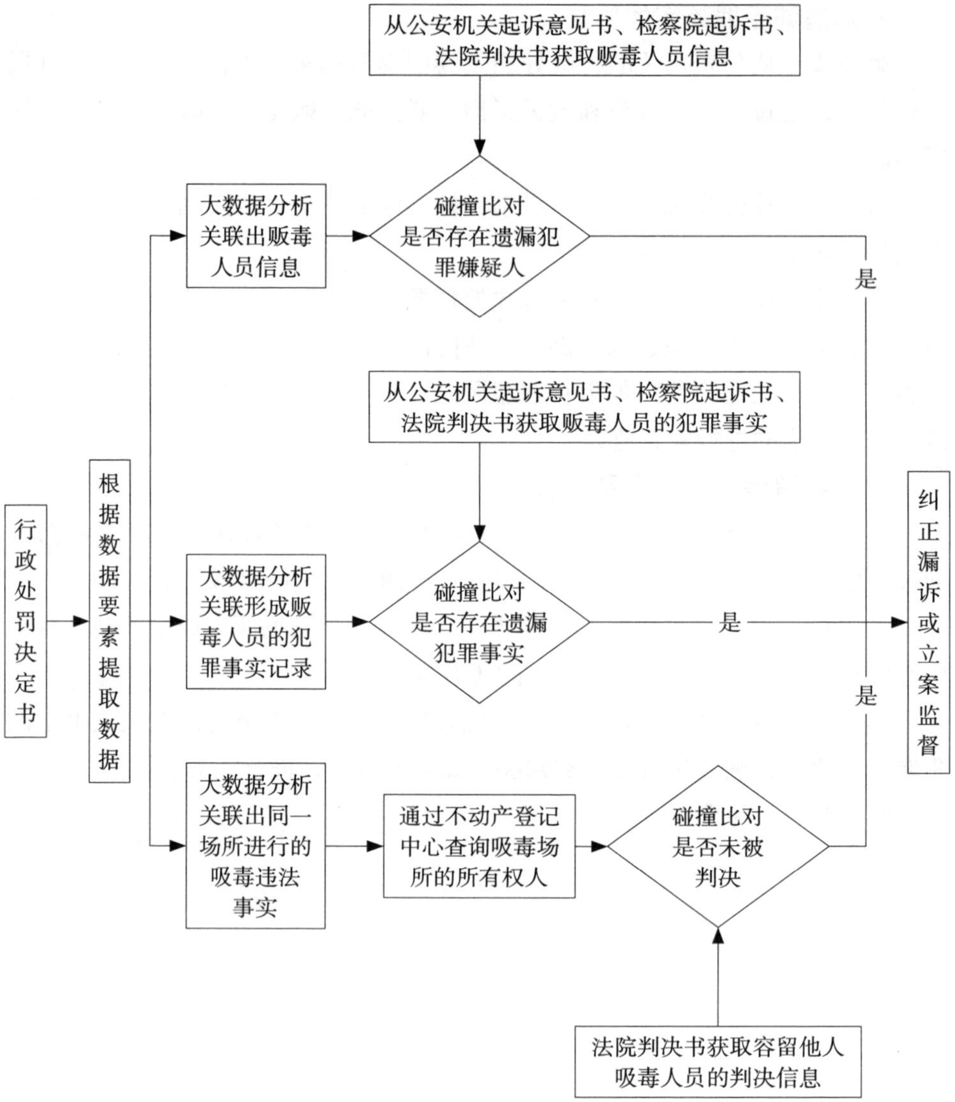

图 1　研判流程

在对公安机关行政处罚案卷中的信息进行提取关联大数据分析后，在图 2 界面中，可对贩毒人员信息进行展示、查询和筛选。

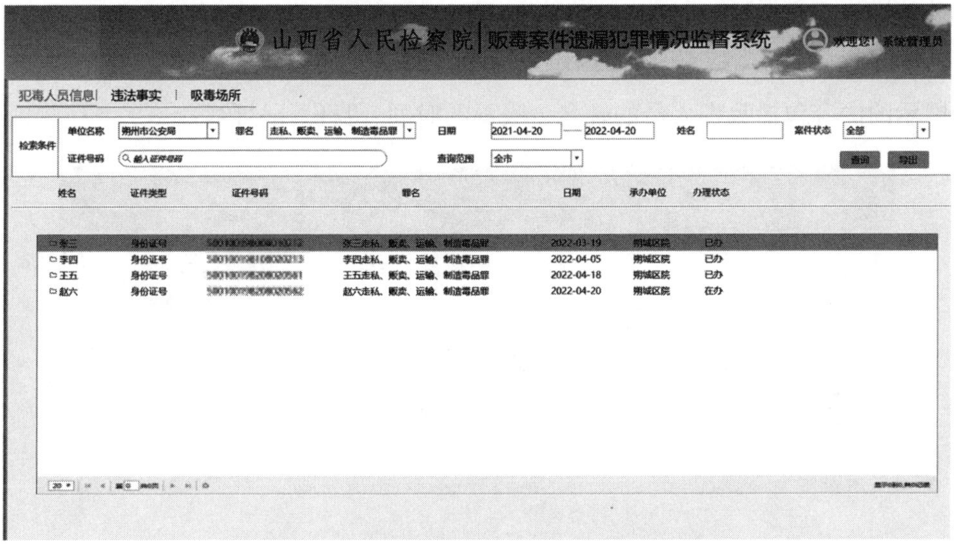

图 2　贩毒人员信息

在对公安机关行政处罚案卷中的信息进行提取、关联、大数据分析后，在图 3 界面中，可对贩毒人员违法事实按时间先后顺序进行展示、查询和筛选。展示的内容包括具体的违法事实及人物关系图。

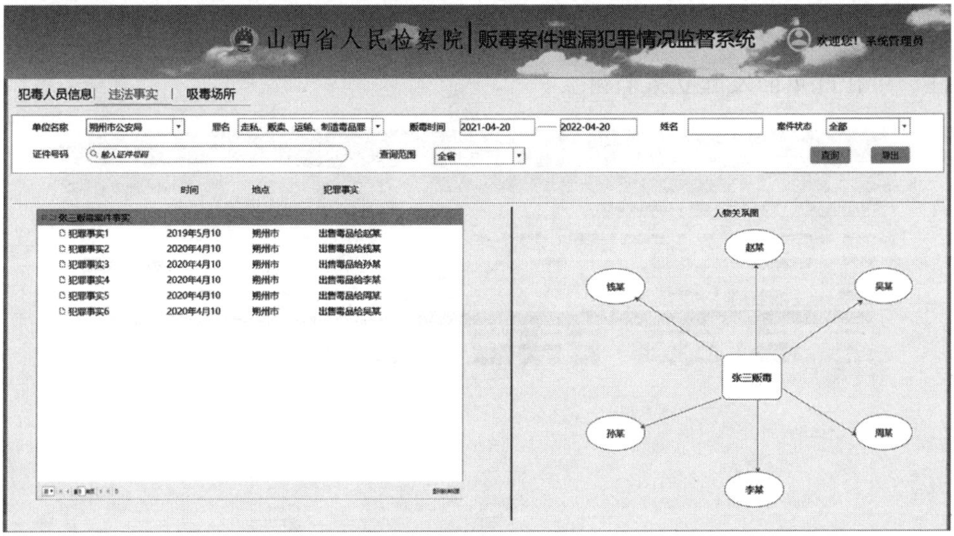

图 3　贩毒违法事实

在对公安机关的行政处罚案卷中信息进行提取、关联、大数据分析后，在图 4 界面中，可对各吸毒场所容留他人吸毒信息进行展示、查询和筛选。展示的内容包括吸毒人员的姓名、吸毒的时间、身份证号码等。

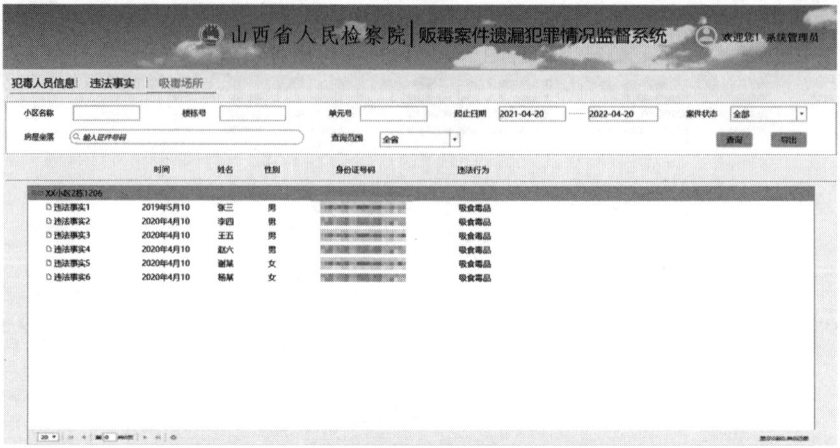

图 4　吸毒场所信息

在对公安机关起诉意见书、检察院起诉书、法院判决书提取的已判决贩毒人员信息与公安机关行政处罚案卷中提取的贩毒人员信息进行大数据分析后形成了遗漏犯罪人员监督情况（见图 5），若对遗漏的犯罪人员用红色标注，可在此页面发起立案监督。

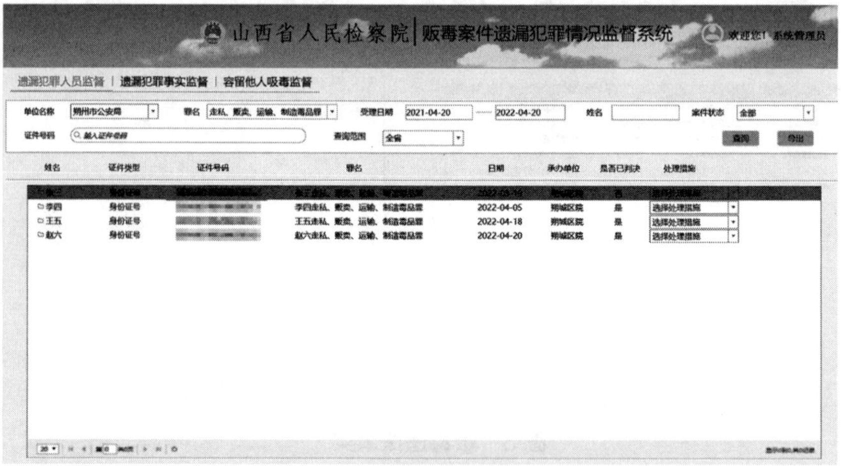

图 5　遗漏犯罪人员监督

在对公安机关起诉意见书、检察院起诉书、法院判决书提取的贩毒人员违法事实与公安机关行政处罚案卷中提取的贩毒人员违法事实进行大数据分析后形成了遗漏犯罪事实监督情况（见图 6），通过列表和任务关系图展示违法事实情况，若对遗漏的犯罪事实用红色标注，可在此页面发起纠正漏诉或立案监督。

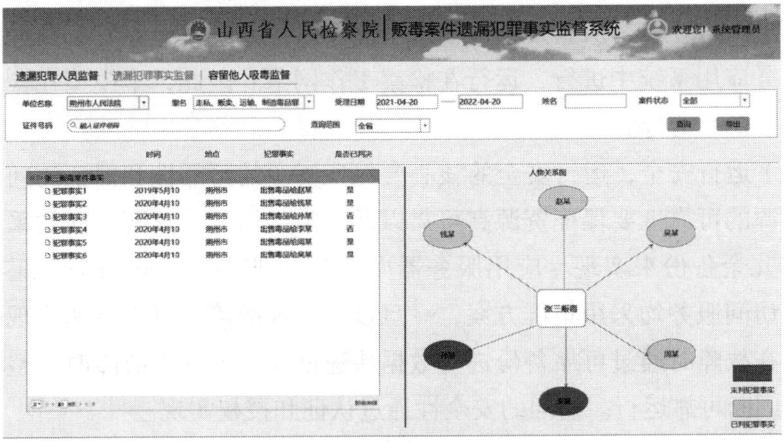

图 6　遗漏犯罪事实监督

在公安机关行政处罚案卷中提取的容留他人吸毒场所，通过不动产登记中心获取权利人信息与法院判决书中提取的已判决容留他人吸毒人员进行大数据分析后形成了容留他人吸毒监督情况（见图 7），若对未判决的违法人员用红色标注，可在本页面对符合容留他人吸毒罪立案标准的案件发起立案监督。

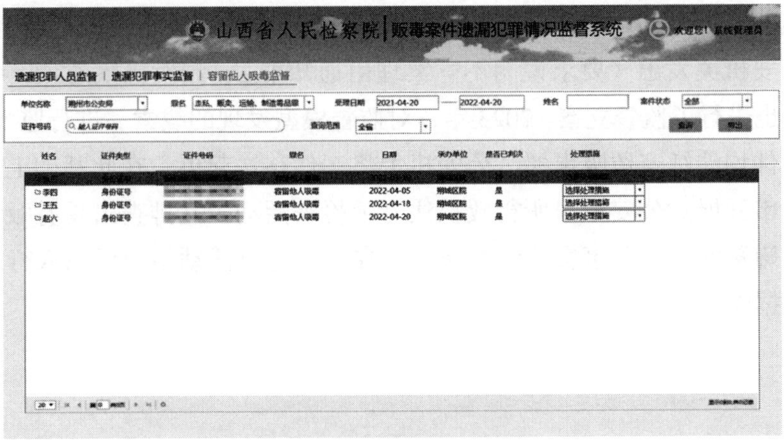

图 7　容留他人吸毒监督

（五）运行支撑环境分析

（1）软件环境，服务器及终端工作电脑以国产操作系统为主。

（2）硬件环境，各地持续更新硬件设备，办案人员用的终端工作电脑以国产芯片为主。

（3）网络环境，从业禁止监督模型适用对象是办案检察官，而办案均在检察业务应用系统中进行，运行在检察工作网上。因此，本模型在检察工作网网络平台上运行。

（4）运行安全，运行安全的核心要保证资源的可靠性和保证访问的安全性。资源的可靠性要保证资源高可靠以及故障的恢复。这两方面均采用集群方案和冗余备份来实现。应用服务器中的Web服务、检索服务、缓存服务和文件访问服务均采用集群方案，一旦设备出现故障，可以迅速实现故障转移，并在故障时通过可靠备份进行数据快速恢复。当发生故障时，整个系统将会不间断可靠运行。访问的安全性通过认证和授权实现。

（六）监督模型应用

山西省人民检察院第一检察部加强与公安机关的沟通协作，推动刑事案件和行政案件的结构化数据、视频数据、笔录数据、文书数据等共享，有效保障侦查监督与协作配合办公室大数据监督的顺利开展。检察机关不断深入推进涉毒模型应用工作，科学检验模型科学性、合理性、可靠性，为实现常态化监督打下坚实的基础。2022年，对筛查出的重点线索，进行监督立案，并向公安机关发出《要求说明不立案理由通知书》，制发检察建议，省院数字检察也进行了监督立案。2023年，对监督模型发现的线索，进行监督立案，这些案件均涉嫌容留吸毒罪，公安机关将案件移送起诉。在此基础上，2023年朔州市开展对公安派出所行政执法专项检查活动，又排查出具有贩毒、容留吸毒嫌疑的人员和事实线索多条，并在专项检查活动结束后录入行政处罚案件数据库。

四、监督模型的整体效果

（一）联合办案效果

朔州市两级检察机关在对已发现线索全程跟进监督的同时，注重拓宽监督视野，延伸监督触角，跳出案件看案件，深挖细查与案件关联的其他犯罪，以个案为突破，对同类情况进行数据筛查，对可疑线索进行核查，构建大数据法律监督模型，批量发现类案监督线索，扩大监督成效。

一是上下一体联动，凝聚多方合力。朔州市院侦查监督与协作配合办公室牵头，联合各区县院充分运用统一业务应用系统和公安机关警综平台，打通信息壁垒，立案监督、侦查活动监督同步进行，针对数据总量大、数据格式乱、数据调取难等问题，市院统一协调，制定标准，深化对下指导，及时总结修正数据内容，确保数据调取的完整性和准确性。2022 年，两级检察机关录入毒品行政处罚案件信息，通过监督模型进行了分析，筛查出一次以上、两次以上、三次以上贩卖毒品人员信息。为进一步挖掘贩毒刑事案件的线索，朔州市院录入近五年贩卖毒品刑事案件信息，通过碰撞比对，筛查出具备监督条件的重点线索。

二是延伸监督触角，拓宽案件关联线索监督。朔州市院侦查监督与协作配合办公室借助涉毒品案件类案监督模型碰撞比对，发现“六斗文”涉嫌毒品犯罪后移送某县院，监督公安机关立案，在继续跟踪该案件办理时，又发现“六斗文”10 年前曾涉嫌贩卖毒品罪被刑事拘留，但公安机关长期“挂案”未处理，侦查人员可能涉嫌职务犯罪，遂及时固定证据向市院第四检察部移送该职务犯罪线索。市院第四检察部经初查认为符合立案条件，决定立案侦查，目前该案即将侦查终结，拟于近期移送审查起诉。

该模型推广应用在朔州市右玉县院，该县在对 2018 年至 2022 年吸毒人员行政处罚案件进行排查时，发现郭某某的行为可能涉嫌贩卖毒品罪。随后，借助涉毒品案件类案监督模型进一步碰撞比对，发现 10 余条郭某某涉嫌贩卖毒品线索。据此，郭某某被监督立案，最终因贩卖毒品罪被判处有期徒刑 4 年。案件判决后，右玉县院延伸监督，发现郭某某转账给其家属等数十万元，其家属可能涉嫌洗钱罪或掩饰、隐瞒犯罪所得罪，遂向公安机关发出《要求说明不立案理由通知书》，后公安机关对其家属立案侦查。

（二）社会治理效果

朔州市检察机关以“数字检察”推动涉毒品犯罪治理，形成了“数字赋能监督，监督促进治理”的法律监督模式，以能动履职提升综合治理效果。

一是促进了执法司法规范化。在推进数据库建立和信息筛查比对时，研究发现公安机关在办理吸毒行政处罚案件中，存在询问不深入、要素不齐全和打击不到位等问题，针对这些共性问题，检察机关制发类案检察建议，有效推动了行刑衔接，促进了执法司法规范化。

二是加强了涉毒重点区域监管。根据大数据毒品交易地点位置，绘制了交易地点区域热力图，针对密集交易区域，加大空间监管社会面和政法机关打击力度，形成了打击毒品犯罪的合力。

三是加强重点人员管控。对吸毒人员、贩毒人员进行标签化处理，针对涉毒特殊群体做定向分析，纳入重点监督范围，聚焦精准打击，提升毒品犯罪整治实效，为“平安朔州”建设贡献力量。

四是重拳出击“抓上打下”有力震慑涉毒品犯罪行为。通过延伸监督触角，深挖细查与涉毒案件关联的其他犯罪，朔州市检察机关查办的涉毒品下游犯罪立案监督等，在社会上引起了广泛关注，对涉毒品犯罪行为形成有力的震慑，促进了毒品犯罪治理。

第九章

水资源保护类案监督模型构建*

一、模型概述

“益+绿色沁源”公益诉讼监督平台是山西省沁源县人民检察院自主研发的公益诉讼监督应用平台，该平台坚持以数据赋能监督、数据驱动监督为目标，集动态数据采集、案源分析研判、案件成效可视化展示、多维度统计分析于一体。

平台以公益诉讼检察业务的生态环境和资源保护、国有财产保护、食品药品安全、侵害英雄烈士的权益为监督重点，针对山西省沁源县人民检察院在办理公益诉讼案件过程中控告、举报线索少，缺乏行政执法信息共享平台，发现新闻媒体、社会舆论反映线索迟缓等问题，逐步厘清公益诉讼案件线索来源的各个渠道，解决案源线索问题，拓宽监督范围。

监督平台结合办理的非法占用农用地等刑事案件，生态环境和资源保护行政公益诉讼案件过程中发现的生态环境破坏、水资源保护、土地执法、行政罚款不规范等领域的突出问题，针对逐案查询费时费力且数据无法对应等情况，平台对各类数据进行关联、筛查、碰撞，以个案的办理达到类案监督、社会治理的效果。目前，平台研发出公益诉讼监督模型4个，主要针对“随手拍”线索、土地违法、行政罚款缴纳、水资源保护（地下水超采、取水许可、水资源税费）。其中，水资源保护类案监督模型已成功开展实践，对于全国开展此项工作具有普遍意义。下一步，沁源县人民检察院将根据本

---

*本模型由山西省长治市沁源县人民检察院构建。案例由沁源县人民检察院王进军、郭建慧等人提供，沁源县人民检察院第三检察部席进、冯涛等人参与，宋远超等人提供了技术支撑。本模型获得2022年全国检察机关大数据法律监督模型二等奖，并在沿黄九省进行推广使用，“督促保护水资源行政公益诉讼案”被最高人民检察院评为公益诉讼助力流域生态环境保护治理典型案例。

地实际情况，继续研发建设。

"益＋绿色沁源"公益诉讼监督平台的大数据来源渠道有：沁源县人民检察院办理的200余件公益诉讼案件；行政机关移送的数据；在政府政务网站、天眼查等App实时获取的数据；各大媒体、网站获取的涉沁舆论信息。信息来源真实、广泛，具有数据关联、筛查、碰撞的可行性。

二、模型设计依据

（一）法律监督依据

1.《行政诉讼法》

第25条第4款规定："人民检察院在履行职责中发现生态环境和资源保护、食品药品安全、国有财产保护、国有土地使用权出让等领域负有监督管理职责的行政机关违法行使职权或者不作为，致使国家利益或者社会公共利益受到侵害的，应当向行政机关提出检察建议，督促其依法履行职责。行政机关不依法履行职责的，人民检察院依法向人民法院提起诉讼。"

2.《民事诉讼法》

第58条规定："对污染环境、侵害众多消费者合法权益等损害社会公共利益的行为，法律规定的机关和有关组织可以向人民法院提起诉讼。人民检察院在履行职责中发现破坏生态环境和资源保护、食品药品安全领域侵害众多消费者合法权益等损害社会公共利益的行为，在没有前款规定的机关和组织或者前款规定的机关和组织不提起诉讼的情况下，可以向人民法院提起诉讼。前款规定的机关或者组织提起诉讼的，人民检察院可以支持起诉。"

3.《英雄烈士保护法》

第25条第2款规定："英雄烈士没有近亲属或者近亲属不提起诉讼的，检察机关依法对侵害英雄烈士的姓名、肖像、名誉、荣誉，损害社会公共利益的行为向人民法院提起诉讼。"

第25条第3款规定："负责英雄烈士保护工作的部门和其他有关部门在履行职责过程中发现第一款规定的行为，需要检察机关提起诉讼的，应当向检察机关报告。"

4.《最高人民法院、最高人民检察院关于检察公益诉讼案件适用法律若干问题的解释》

第 21 条规定："人民检察院在履行职责中发现生态环境和资源保护、食品药品安全、国有财产保护、国有土地使用权出让等领域负有监督管理职责的行政机关违法行使职权或者不作为，致使国家利益或者社会公共利益受到侵害的，应当向行政机关提出检察建议，督促其依法履行职责。行政机关应当在收到检察建议书之日起两个月内依法履行职责，并书面回复人民检察院。出现国家利益或者社会公共利益损害继续扩大等紧急情形的，行政机关应当在十五日内书面回复。行政机关不依法履行职责的，人民检察院依法向人民法院提起诉讼。"

5.《人民检察院公益诉讼办案规则》

第 24 条规定："公益诉讼案件线索的来源包括：（一）自然人、法人和非法人组织向人民检察院控告、举报的；（二）人民检察院在办案中发现的；（三）行政执法信息共享平台上发现的；（四）国家机关、社会团体和人大代表、政协委员等转交的；（五）新闻媒体、社会舆论等反映的；（六）其他在履行职责中发现的。"

6.《水法》

第 7 条规定："国家对水资源依法实行取水许可制度和有偿使用制度。但是，农村集体经济组织及其成员使用本集体经济组织的水塘、水库中的水的除外。国务院水行政主管部门负责全国取水许可制度和水资源有偿使用制度的组织实施。"

第 48 条规定："直接从江河、湖泊或者地下取用水资源的单位和个人，应当按照国家取水许可制度和水资源有偿使用制度的规定，向水行政主管部门或者流域管理机构申请领取取水许可证，并缴纳水资源费，取得取水权。但是，家庭生活和零星散养、圈养畜禽饮用等少量取水的除外。实施取水许可制度和征收管理水资源费的具体办法，由国务院规定。"

第 49 条规定："用水应当计量，并按照批准的用水计划用水。用水实行计量收费和超定额累进加价制度。"

7.《取水许可和水资源费征收管理条例》

第 2 条第 2 款规定："取用水资源的单位和个人，除本条例第四条规定的情形外，都应当申请领取取水许可证，并缴纳水资源费。”

第 28 条规定：“取水单位或者个人应当缴纳水资源费。取水单位或者个人应当按照经批准的年度取水计划取水。超计划或者超定额取水的，对超计划或者超定额部分累进收取水资源费。水资源费征收标准由省、自治区、直辖市人民政府价格主管部门会同同级财政部门、水行政主管部门制定，报本级人民政府批准，并报国务院价格主管部门、财政部门和水行政主管部门备案。其中，由流域管理机构审批取水的中央直属和跨省、自治区、直辖市水利工程的水资源费征收标准，由国务院价格主管部门会同国务院财政部门、水行政主管部门制定。”

8.《山西省人民政府关于印发山西省水资源税改革试点实施办法的通知》

第 10 条规定：“城镇公共供水按照用水类型分行业确定适用税额标准。其他水资源税分别按照地表水和地下水分行业确定适用税额标准。具体适用税额按照本办法所附的《山西省水资源税适用税额表》执行。特种行业取用水，是指洗车、洗浴、高尔夫球场、滑雪场等取用水。农业生产取用水，是指种植业、畜牧业、水产养殖业、林业等取用水。农业生产取用水限额标准由省水利部门会同有关部门另行制定。供农村人口生活用水的集中式饮水工程，是指供水规模在 1000 立方米 / 天或者供水对象 1 万人以上，并由企事业单位运营的农村人口生活用水供水工程。纳税人无法区分税额适用标准的，一律从高适用税额。”

9.《行政处罚法》

第 67 条规定：“作出罚款决定的行政机关应当与收缴罚款的机构分离。除依照本法第六十八条、第六十九条的规定当场收缴的罚款外，作出行政处罚决定的行政机关及其执法人员不得自行收缴罚款。当事人应当自收到行政处罚决定书之日起十五日内，到指定的银行或者通过电子支付系统缴纳罚款。银行应当收受罚款，并将罚款直接上缴国库。”

第 72 条第 1 款第 1 项规定：“当事人逾期不履行行政处罚决定的，作出行政处罚决定的行政机关可以采取下列措施：（一）到期不缴纳罚款的，每日按罚款数额的百分之三加处罚款，加处罚款的数额不得超出罚款的数额。”

10.《土地管理法》

第 77 条规定：“未经批准或者采取欺骗手段骗取批准，非法占用土地的，由县级以上人民政府自然资源主管部门责令退还非法占用的土地，对违反土地利用总体规划擅自将农用地改为建设用地的，限期拆除在非法占用的土地上新建的建筑物和其他设施，恢复土地原状，对符合土地利用总体规划的，没收在非法占用的土地上新建的建筑物和其他设施，可以并处罚款；对非法占用土地单位的直接负责的主管人员和其他直接责任人员，依法给予处分；构成犯罪的，依法追究刑事责任。超过批准的数量占用土地，多占的土地以非法占用土地论处。”

11.《罚款决定与罚款收缴分离实施办法》

第 9 条规定：“当事人逾期缴纳罚款，行政处罚决定书明确需要加处罚款的，代收机构应当按照行政处罚决定书加收罚款。当事人对加收罚款有异议的，应当先缴纳罚款和加收的罚款，再依法向作出行政处罚决定的行政机关申请复议。”

第 10 条规定：“代收机构应当按照代收罚款协议规定的方式、期限，将当事人的姓名或者名称、缴纳罚款的数额、时间等情况书面告知作出行政处罚决定的行政机关。”

第 12 条规定：“国库应当按照《中华人民共和国国家金库条例》的规定，定期同财政部门和行政机关对账，以保证收受的罚款和上缴国库的罚款数额一致。”

（二）监督要素

1. 生态环境资源保护类

（1）针对土地违法问题

①对涉及恢复土地原状、没收非法建筑的行政处罚进行筛查，具体规则：以“恢复土地原状”“没收建筑物”“土地违建”为关键词筛查。

②在第①项基础上，与已办理的公益诉讼案件、法院办理的行政非诉执行、行政执行案件比对，以关键字进行筛查。具体规则：根据分析出的行政处罚决定书，以行政相对人、行政处罚决定书文号为关键词进行筛查。

③对于在第②项中属于已办理的公益诉讼案件、已办结的执行案件予以过滤。其他数据根据行政处罚决定书确定违法地点，远程运用无人机进行勘查调查或自然资源部门的遥感卫星前后对比土地现状。无人机勘查取证期间

的视频证据，可明确经纬度、地点。

④对违法行为依然存在但行政机关怠于履行职责的行为，依法立案调查，督促履职。

（2）针对水资源保护

①通过自动筛查，以取水许可证为监督依据，对取水许可证所在地的计量设施、取水量进行监督，对没有安装计量设施以及超过取水量的单位进行监督。

②对用水需求大的电力、钢铁、林业化工、纺织、食品加工、选矿、选煤等工业企业和单位的用水情况进行二次梳理，精准发现监督线索，切实加强水资源管理和保护，促进水资源节约与开发利用。具体规则：

一是提取数据。"益+绿色沁源"公益诉讼监督平台智能筛查出洗浴、洗车、滑雪场等特种行业用户信息；洗煤、种植等一般行业用户信息，并筛查出办理取水许可证的单位；天眼查等 App 筛查出沁源范围内的煤矿等由省市办理审批的单位及其中办理过取水许可证的单位。

二是数据分类。对于筛查出的单位以是否属于城镇公共供水企业为判断依据进行数据分类（沁源境内的城镇公共供水企业取水用户均在沁河镇内，以住所地是否为沁河镇对单位进行分类）。

三是数据比对。不属于城镇公共供水企业的单位应办理取水许可证、缴纳水资源税，与税务机关的水资源税数据、企业信用信息公示系统中的企业经营状况比对，判断是否缴纳或足额缴纳水资源税，未缴纳水资源税是否办理了取水许可证；城镇公共供水企业取水用户与城镇公共供水企业收取的水费数据比对，判断是否少缴水资源费，进而判断出哪些单位未缴纳水资源税费。取水许可证中的取水量与税务机关的课税数量（实际用水数量）进行比较，以发现纳税人有无超出许可用水，对于超出许可用水的单位有无按照规定、按照比例多缴纳水资源税。

2. 国有财产保护中关于行政罚款履行、加处罚款类

（1）行政罚款履行

①对数据库中关于行政处罚中存在罚款的情形进行筛查。具体规则：移送、抓取的行政处罚数据处罚种类中带罚款的关键词。

②对财政部门非税收收缴银行账户数据进行筛查。具体规则：财政部门

非税收收缴银行账户摘要中涉及罚款的数据全部筛查调取。

③第①项与第②项同一性数据（行政相对人名称、统一社会信用代码/居民身份证号码、行政处罚决定书文号等）碰撞。具体规则：抓取、移送数据与银行数据进行同一性比对。

④经第③项数据碰撞后发现线索。具体规则：一是移送、抓取数据有行政罚款但银行数据未发现；二是移送、抓取数据与银行数据均有行政罚款金额，但是银行缴纳金额小于行政罚款的。

⑤针对发现线索立案调查，督促行政机关依法履职。

（2）加处罚款类

①在行政罚款履行第①项的基础上，筛查罚款中存在逾期加处罚款的数据。具体规则：以逾期/加处罚款为关键词搜索。

②第①项数据与行政罚款履行中的第②项数据同一性筛查，进行数据碰撞。具体规则：筛选移送、抓取数据与银行数据的行政罚款金额一致或者银行缴纳金额大于行政罚款。

③针对第②项筛选的数据，核查行政处罚决定书作出的时间与罚款缴纳时间跨度在6个月以上的情形。

④针对发现线索立案调查，督促行政机关依法履职。

3. 生态环境和资源保护（水资源保护、生态破坏）、食品药品安全、英烈保护类

以超采地下水、食品过期、含量超标；药品不合规、过期、假药；侮辱、丑化英烈、烈士等关键词对数据库中的数据进行二次筛查，对于推送的线索进行筛查，看是否符合立案标准。

（三）数据来源及载体

对平台的案件线索数据、案件办理情况统计分析，将案件多发、易发、频发的地域、类型等作为下一步的重点监督方向；将公益诉讼数据与成案情况的对比发现平台的漏洞和缺陷，不断完善软件各项功能。具体规则：对案件增长数、案件类别、线索来源、地域等数据进行统计；对“随手拍”线索、社会媒体、舆论、行政执法信息共享平台数据与案件占比数据进行分析统计。

"益+绿色沁源"公益诉讼监督平台运用大数据开展法律监督所需要的数据及载体情况如下：

1. 水资源保护类案监督模型的数据来源

（1）取水用户数据：数据来源为行政审批局调取营业执照信息、政务网站以及天眼查、启信宝等第三方App。主要包括用水用户名称、统一社会信用代码、住址、经营范围等信息。

（2）水资源税缴纳数据：数据来源为税务机关调取。主要包括行政相对人名称、统一社会信用代码、征收品目、税款所属期、课税数量、税率、实缴金额等信息。

（3）水费收取数据：数据来源为住房和城乡建设管理部门（自来水公司）调取。主要包括取水用户名称、统一社会信用代码、水费单价、用水量、缴费金额，关于城镇供水的行政处罚情况等信息。

（4）取水许可证办理数据：数据来源为水利部门、行政审批部门（各地根据本区域范围内取水许可证的办理机关确定）调取。主要包括移送的行政相对人名称、统一社会信用代码、取水许可证（取水用途、水源类型、核定年总取水量、年度取水计划、取水口地点）、用水量核定数据，关于水资源的行政处罚情况等信息。

（5）电费数据：数据来源为电力公司调取。主要包括行政相对人名称、法定代表人名称、统一社会信用代码、用电量、电费缴纳数据等信息。

2. 土地违法、行政罚款、公益诉讼案件分析研判需要的数据及载体情况

（1）"随手拍"线索。该线索来自沁源县人民检察院自主研发的智慧检务服务平台，让群众通过微信小程序随时随地对各类公益诉讼线索进行拍摄举报，拍摄线索将同步至监督平台办理，案件效果可在平台同步展示。

（2）行政处罚、行政许可的数据。一是平台通过信用中国（长治）、沁源县人民政府网站主动将涉及沁源的行政处罚、行政许可数据采集到平台；二是通过与行政机关建章立制，行政机关按季度将行政许可、行政处罚数据上传至平台，确保行政执法信息来源的双向性。

（3）行政相对人缴纳罚款数据。财政部门非税收收缴账户调取罚款数据，从银行、财政部门收缴罚款数据中调取。

（4）媒体舆论数据。主要通过今日头条、黄河新闻网、沁源县人民政府

等网站自动筛查的涉及沁源的舆论信息数据。

（5）2017 年至今办理的所有公益诉讼案件。

三、模型设计思路

（一）需求分析

1. 水资源保护类案监督模型需求

查询取水用户，确定经营主体，经营主体作为变量可前端查询，也可后台配置关键词自动查询。取水用户经营主体是否属于城镇公共供水企业、取水用户经营主体与纳税人的名称 / 统一社会信用代码是否具有同一性，统一后台配置自动筛查。纳税人实际取水量、缴税明细与取水许可量、企业经营状况对比筛查，变量前端查询。监督模型对业务需求部分响应，不能响应的点由办案人员手动查询，原因在于部分数据需手动核查，后台数据自动抓取困难。

2. 行政罚款需求

行政相对人、统一社会信用代码、处罚文号等数据的同一性筛查、比对。若行政处罚决定书金额 = 缴纳罚款金额，则为正常；若行政处罚决定书金额 > 缴纳罚款金额，则为异常。监督模型对业务需求能够部分响应，目前银行罚款数据未能进入平台。

3. 已办公益诉讼案件地域、类别等

对平台的案件线索数据、案件办理情况统计分析，将案件多发、易发、频发的地域、类型等作为下一步的重点监督方向；通过公益诉讼数据与成案情况的对比发现平台的漏洞和缺陷，不断完善软件各项功能。具体以案件增长数、案件类别、线索来源、地域等对数据进行统计；对“随手拍”线索、社会媒体、舆论、行政执法信息共享平台数据与案件占比数据进行分析统计。

（二）数据分析

以沁源县域为例，取水经营主体数据和税务机关缴税数据的数据类型为字符类型，汇集了用水主体数据、税务机关水资源缴税数据、住房和城乡建设管理部门水费收取数据，水利部门取水许可、实际用水量核定数据等。

具体数据分析步骤如下：

第一，提取数据、数据分类。

对取水用户数据中的住所、经营范围等要素进行提取，住所用来区分是否为城镇公共供水、企业供水，以及是否为非超采区、超采区、严重超采区；经营范围用来区分一般行业、特种行业。

比如经营范围为洗车、洗浴、高尔夫球场、滑雪场等要素的为特种行业。经营范围为农业（种植、畜牧、养殖等）、工业（煤炭、洗煤、钢铁等）、服务业（餐饮）的为一般行业。

在取水经营主体数据采集方面，取水经营主体用关键词进行提取，以确定经营主体。数据提取时采用正则表达式，比如，对身份信息提取时（15 位、18 位数字）的表达式为：^\d{15}|\d{18}$；账号是否合法信息判别时（字母开头，允许 5—16 字节，允许字母数字下划线）的表达式为：^[a-zA-Z][a-zA-Z0-9_]{4，15}$ 等类似编程信息。关键词有“洗车”“车身清洁”“洗浴”“滑雪”“高尔夫球场”“煤炭”“洗煤”“钢铁”“餐饮”“种植”“林业”“畜牧”。数据在初次提取后，根据取水用户营业许可的经营范围，用上述关键词进行提取，数据提取准确率应能达到 70% 以上。

具体说明：根据《山西省人民政府关于印发山西省水资源税改革试点实施办法的通知》等相关规定，城镇公共供水按照用水类型分行业确定适用税额标准，城镇公共供水企业取水用户应缴纳水费，但并不缴纳水资源税，水资源税由城镇公共供水企业（自来水公司）统一缴纳。非城镇公共供水企业取水用户按照不同地区、行业类别、取水类型（地表水、地下水、其他用水）确定适用税额标准，根据用水量自行申报水资源税。

第二，数据比对。

①将物价局关于水费的相关规定、城镇公共供水企业取水用户数据、住房和城乡建设管理部门（自来水公司）提供的水费数据相互比对。具体比对要素为：行政相对人名称、统一社会信用代码在同一性的基础上，根据经营范围要素的不同，区分行业类别，从而确定取水用户是否缴纳或足额缴纳水费。

物价水费标准（行业、单价）= 经营范围（行业）= 自来水公司（收取单价）均为相同项，否则为异常数据，存在水费少缴或漏缴情形。

示例：自来水公司提供的A企业用水单价、用水量、水费，经过对A企业的经营范围分析，确定为洗车行业，根据物价局规定，水费应为每立方米18元，但自来水公司收取费用为每立方米4元，为一般行业收取，A企业存在漏缴水费问题。

②将水资源税的规定、非城镇公共供水企业取水用户数据、税务机关水资源缴税数据、水利部门取水类型数据比对，确定其是否缴纳或者足额缴纳水资源税。具体需要比对的要素为：在行政相对人名称、统一社会信用代码同一性的基础上，根据水资源税的规定以及住所地、取水类型等要素与税务机关的税率、缴税金额要素进行比对，确定是否缴纳或者足额缴纳水资源税。

水资源税规定（取水类型、取水地点、行业、单价）= 取水用户（行业、取水地点）= 水利（取水类型）= 税务（单价）均为相同项，否则为异常数据，存在水资源税少缴或漏缴情形。

③将税务机关水资源缴税的课税数量要素与水利部门的水量核定、实际取水量要素进行比对，确定取水用户是否超计划取水。若税务机关（课税数量）≤水利部门（取水许可量），则正常缴纳水资源税。若税务机关（课税数量）>水利部门（取水许可量），对超出部分按照超出的标准征收（水资源税规定，超20%以下，按照水资源税标准2倍征收；超20%—40%，按照水资源税标准2.5倍征收；超40%以上，按照水资源税标准3倍征收）。

④将非城镇公共供水企业取水用户数据与水利部门的取水许可数据进行比对，确认未办理取水许可证的取水用户。具体比对要素：将水利部门取水许可与非城镇公共供水企业取水用户中的行政相对人名称、统一社会信用代码比对，若水利部门取水许可数据中未筛查出，则证明未办理取水许可。

⑤运用线性分析方法，是利用数理统计中的回归分析，来确定两种或两种以上变量间相互依赖的定量关系的一种统计分析方法。水资源保护类案监督模型中同行业的取水用户的取水量、用电量以及营业额等数据是具有相互依赖关系的。比如洗车行业取水用户在用电量或营业额基本相近的情形下，其取水量亦相差不大，对相近用电量数据进行提取后，将取水量数据进行比对，筛查是否存在异常取水数据（例如，大数据分析比对出异常线索，经调查后发现有取水用户违规使用自备井、少缴水资源税费等多种违法情形）。

（三）技术分析

1. 技术架构

技术框架的选择非常关键，一个好的技术框架，可以使开发更加快速、团队的分工更加合理、系统能够支持更多数据库平台、维护更加方便。

Web 前端 MVC 框架是 .net core，它是微软提供的一套跨平台技术，并且基于 AOP 的设计思想，在软件设计上能够更加多地体现“高内聚，低耦合”的设计思想。

.net core 是由 C# 语言编写的，作为一个开源的企业级框架，虽然它没有太多的新技术点，但它的整合性，使得开发更加简单，IOC、AOP、事务处理、开源框架的整合支持等，使其成为 Web 应用框架的首选。

持久层框架是 EFCore，作为一个开源的项目，EFCore 有着丰富的文档，活跃的社区。EFCore 庞大的开发团队，使得它成为持久层框架的首选。基于 EFCore，可以开发出数据库平台无关性的产品。但是，EFCore 也有自身的问题，比如使用不当，也许会有所失控，而一旦失控，它所带来的就是性能问题。而最新的 EFCore，基于存储过程的支持，外部 SQL 的定制，很好地解决了这个问题。但鉴于关联关系，使用时还是要小心为好。

页面框架，可以多考虑使用 DIV 技术、Razor 标签库、DWR、AJAX、XML+XSLT 等以更好维护页面，使用 Radis 缓存技术以提高页面的访问速度。

2. 技术路线

系统的建设将采取如下总体技术思路，兼并考虑平台的整体性与可扩充性。

（1）打造公益诉讼与地理信息服务平台。本系统采用主流 .net core 跨平台大型关系数据库技术、主流软件开发技术和现代网络通信技术，充分考虑在与其他信息系统的开放互联、多源数据接口、数据之间的关联以及网络环境的开放性的基础上，形成完备的地理信息数据库，并以开放的专题地理信息服务平台为依托，集成城市政府部门相关应用，建成信息化建设的重要空间基础地理信息服务平台。

（2）统一的基础平台和应用平台。鉴于充分考虑到各个业务模块之间的业务需要，以保证数据的共享和功能互操作，同时，平台还要具备良好的可维护性和可扩展性。本系统采用统一的基础平台。基础平台包括操作系统平台、数据库平台、地理信息系统平台和应用平台。采用统一平台，可避免不必要的系统间数据的转换、功能的接口以及系统升级扩展时大量的维护工作，可保证系统的一致性和稳定性。

（3）面向对象的软件设计思想。在软件开发技术中，面向对象的软件开发技术成为当今主流。本信息平台的建设与开发将采用面向对象的软件工程方法。

3. 软件项目技术路线

（1）基于关系数据库的空间与非空间数据一体化管理。基于关系数据库统一管理空间数据与非空间数据可以有效地实现空间与非空间数据关联和集成。而且由于空间数据与非空间数据都以数据表或视图的形式存储，可以方便地采用数据库逆向工程的方法自动提取元数据，因此，可以方便地实现基于元数据信息资源管理。

（2）基于元数据统一管理信息平台。信息平台的元数据除管理业务公用基础数据外，还要管理各个部门子系统所共享数据的元数据，为实现数据的集成提供服务。

4. 元数据驱动的平台架构

为了提高系统的可扩展性，系统将采用元数据驱动平台架构加以实现，根据信息资源管理统一平台之数据平台（包括基础地理信息系统、基本单位信息系统）的特点，在 GIS 基础软件与实际应用系统之间增加一层统一的由元数据驱动的应用平台，将数据平台各组成系统（基础地理信息系统、基本单位信息系统）的应用模型（如图层显示控制、数据关联、数据域）和应用组件的共性进行抽象，通过 UML 模型和元数据加以描述，开发元数据驱动的应用组件（应用组件首先通过访问元数据来控制对具体数据库的访问），基于元数据驱动组件搭建应用平台。

当系统的数据扩展时，通过修改平台的元数据，实现应用组件对新扩展数据的访问和处理，对于功能的扩展，通过定制元数据驱动的功能扩展插件的形式实现，使基于平台定制的系统具有较强的可扩展性。

5. 面向服务的软件架构 SOA（Service-Oriented Architecture）的应用

根据平台公用性和基础性的特点，系统软件架构将尽可能采用面向服务的软件架构 SOA。系统设计与开发过程中尽可能将系统提供对外服务的应用程序功能封装和发布为 Web 服务（Web Service），通过服务注册和服务目录，向服务消费者（各种组件或部门的应用系统）提供 Web 服务，使系统的功能可以采用松耦合的方式实现集成，并使平台提供功能服务具有可扩展性。

6. 系统平台具有一定的先进性和可扩展性

主要表现在其融合了先进的管理思想和理念、应用先进的信息技术手段适应企事业单位不断发展的管理需求上。本系统运用自下而上、自上而下相结合的开发方法，通过对系统进行分析得到系统的逻辑模型，进而从逻辑模型求得最优的物理模型。逻辑模型和物理模型的这种螺旋式循环优化的设计模式体现了自上而下、自下而上相结合的设计思想。

（1）系统采用目前最流行 B/S 结构和 MVC 三层架构体系开发而成，平台采用 .net core 开发，并采用了当前世界顶尖的技术，达到速度最快，易用性最强，接口最开放的产品目的。

（2）全面支持 Web Api 和通用开放接口标准。

（3）数据库可根据需求情况，切换为 My SQL、ORACEL 和 SQL Server 等，与单位内部的其他系统可以在数据层达到有机的整合。

（4）通过先进的架构及开发技术，为产品的稳定性、开放性、易用性提供强有力的技术基础。

（5）采用模块化思想，结合前后端分离技术，对系统进行灵活拆分和组合。

（四）流程分析

取水经营主体数据流程分析见图 1。

（1）筛查经营者营业执照信息中经营范围、住所地信息用以区分行业类别（一般行业、特种行业等不同行业），城镇公共供水企业取水用户（缴纳水费）和非城镇公共供水企业取水用户（缴纳水资源税）。

（2）城镇公共供水企业取水用户数据与住房和城乡建设管理部门（自来水公司）水费数据比对，筛查判断取水用户是否按照行业类别（营业执照信息中：居民、特种行业、其他行业）缴纳水费。

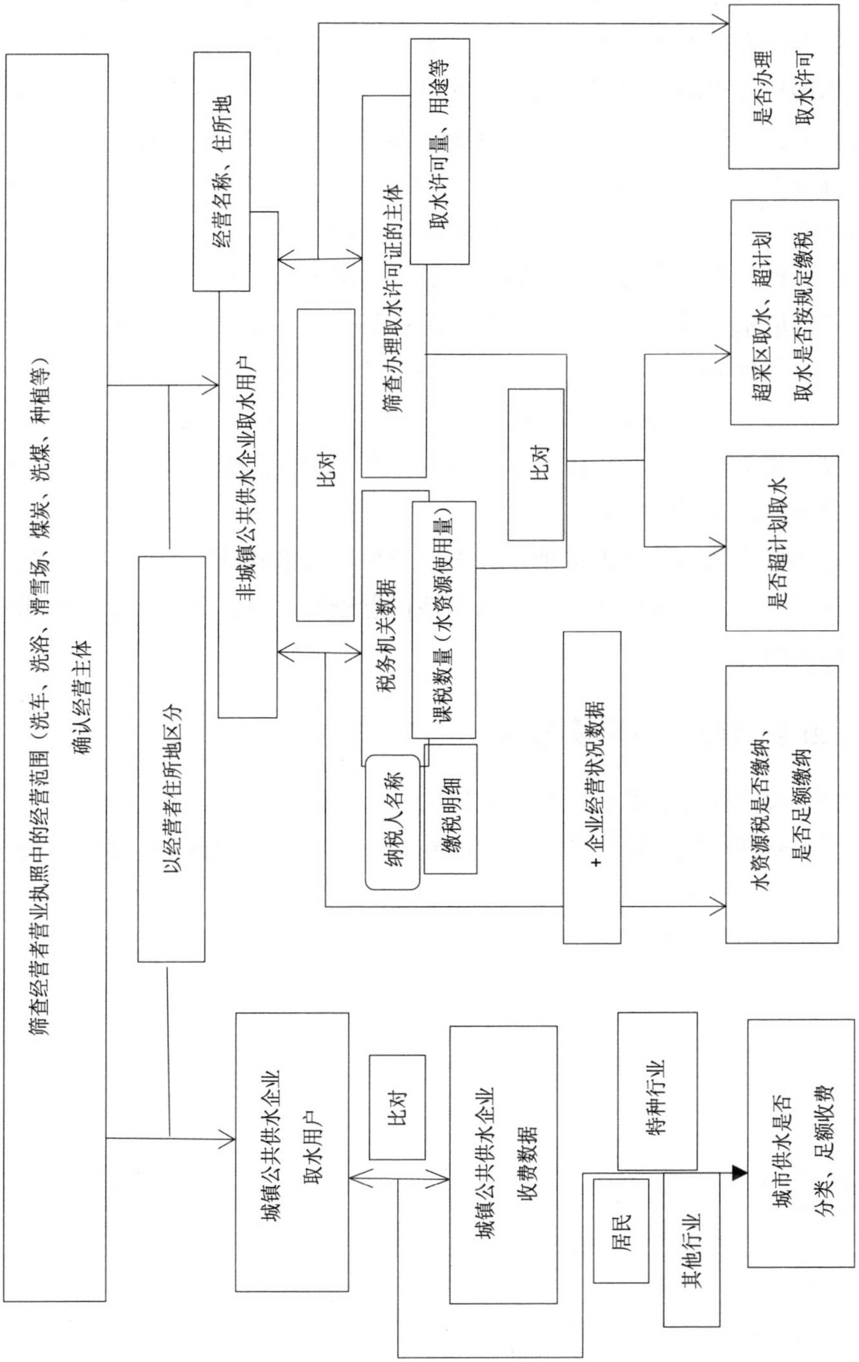

图 1 取水经营主体数据流程分析

（3）非城镇公共供水企业取水用户数据与税务机关水资源缴税数据比对。根据双方数据中取水用户名称、统一社会信用代码等数据的同一性，确定取水用户是否缴纳水资源税。根据取水用户的住所地信息，判断其是否处于超采区。根据取水用户的经营类别，确认其行业类别（居民、特种行业、其他行业），从而确定其缴纳税率，进而与税务机关的税率、缴税金额比对，判断是否按照行业标准或区域标准缴纳水资源税。

（4）税务机关水资源缴税的课税数量（用水量）与取水用户取水许可证中核定的取水量进行比对，确定取水用户是否超计划取水。对超计划取水用户，在税务机关的缴税数据中，对比用水量和实缴金额，判断对超出用水计划取水的部分，是否按照规定标准征收（超 20% 以下，按照水资源税标准 2 倍征收；超 20%—40%，按照水资源税标准 2.5 倍征收；超 40% 以上，按照水资源税标准 3 倍征收）。

（5）将非城镇公共供水企业取水用户数据与水利部门的取水许可数据中的名称或者统一社会信用代码等同一性信息进行比对，确认未办理取水许可证的取水用户。

（五）运行支撑环境分析

（1）硬件环境：阿里云服务器 ECS。

（2）软件环境：操作系统为 Windows Server 2016 数据中心版本；数据库为 MySQL Server 5.6；核心框架为 Dotnet Core 2.2.8。

具体如图 2、图 3 所示。

图 2　监督平台中的动态数据采集
（涵盖各行政机关的行政许可、行政处罚数据等）

图 3　监督平台中的案件办理界面

（六）监督模型应用

“益 + 绿色沁源”公益诉讼监督平台建成以来，运用“随手拍”微信小程序同步至监督平台办理行政公益诉讼案件，通过数据筛查办理行政公益诉讼案件。该监督模型还可以在以下领域使用：

一是行政罚款领域的应用。行政罚款领域可通过平台采集的行政处罚中涉及罚款的数据与银行罚款数据比对，发现漏缴、少缴行政罚款及滞纳金的行为，切实有效保护国有财产。目前，监督平台在行政罚款领域因银行数据未采集到平台，暂时无法就行政处罚数据与罚款数据进行比对，但经过平台数据模拟测试，可成功实现行政罚款与银行缴纳罚款数据的比对。银行数据未接入平台原因：罚款缴纳数据在数家商业银行，商业银行属于企业，对于大批量调取数据手续较为繁杂，与人民银行、银保监会、银行正在沟通协调中，且几家银行在罚款收缴时录入的数据信息标准不一，数据比对发现线索的准确率还有待提升。

二是土地违法领域的应用。平台筛查出一批涉及土地违法数据，对于恢复土地原状、没收非法建筑的数据进行筛查，并与已办理的公益诉讼案件、法院办理的行政非诉执行、行政执行案件进行比对、筛查，未能证明违法状态消除的通过行政处罚决定书确定违法地点，具体操作为远程运用无人机进行勘查调查或通过自然资源部门的遥感卫星前后对比土地现状。无人机勘查取证期间的视频证据，可明确经纬度、地点。目前，平台未引入遥感卫星地图软件，正在实验中，通过遥感卫星地图软件对比现场是否整改，土地状态是否恢复原状。关于没收非法建筑物应与行政审批部门、不动产登记中心沟通，确认建筑物是否按照法律规定予以没收。

三是水资源领域拓展应用。通过办理水资源保护行政公益诉讼案，县域内全部取水用户均办理取水许可证、安装计量设施，并按照规定补缴水资源税；城镇公共供水企业取水用户均按照不同行业类别补缴纳水资源费；超采地下水企业共投资 300 余万元安装节水措施，通过行政公益诉讼案件倒逼企业改革，推动高耗水行业节水增效，目前各行业均不存在超采地下水行为，地下水治理取得有效成果。

四、监督模型的整体效果

（一）联合办案效果

通过大数据筛查、比对、分析发现 15 家单位未办理取水许可证取用水资源；72 家洗浴、洗车、洗煤等单位未按规定缴纳或足额缴纳水资源税费，其中 22 家单位未安装计量设施；3 家企业超许可取用地下水，其中 1 家企业超许可取用地下水数量较大，可能涉嫌非法采矿罪。对于水利部门、税务部门、住房和城乡建设管理部门怠于履职损害社会公共利益和国家利益的情形，沁源县人民检察院及时制发诉前检察建议，督促行政机关进行整改。涉嫌刑事犯罪线索，依法移送侦查机关。

一是刑事检察部门与公益诉讼检察部门联合办案，提前介入侦查，以取水量为突破口，引导公安机关进行取证：（1）向相关单位取证，向水利、行政审批、税务等部门调取涉案企业的取水许可证办理情况、企业历年来的盈利数额、缴税数据等客观性证据；（2）向相关人员取证，对涉案企业的经营、财务人员以及相关行政机关的工作人员进行询问；（3）委托第三方进行鉴定，对计量设施没有安装或安装不及时的企业，根据企业的用水设备、经营、缴税情况，对取水量进行鉴定，并根据取水量计算出非法取用地下水价值。

二是在国有财产保护方面，税务、城乡和建设管理部门已督促用水单位收回水资源税费 200 余万元，行政罚款 30 余万元，有效地保护了国有财产。

三是在生态环境和资源保护方面，水利部门督促用水单位安装计量设施 22 家。通过检察建议的方式倒逼企业改革，推动高耗水行业节水增效，多家超采地下水企业共投资 300 余万元安装节水设施，目前均不存在超采地下水行为。洗车、洗浴等特种行业用水与 2021 年同期相比，在营业额未减少的情况下，用水量同比下降 18%，水资源得到有效保护，充分发挥了水资源综合效益，有助于保护生态平衡和促进经济和社会可持续发展。

四是在行政罚款方面，根据行政处罚法、《罚款决定与罚款收缴分离实施办法》等相关规定，罚款决定的行政机关应当与收缴罚款的机构分离。收缴罚款的账户是财政账户，实际运行中，由商业银行代为收缴。同时，商业银行应将收缴罚款信息书面告知作出处罚决定的行政机关，但是商业银行在代收罚款时未掌握行政相对人的罚款数据，收缴罚款时信息录入不完全，导致信息传递不畅。监督平台采集有各行政机关的行政处罚数据，可以通过银行缴款数据准确进行比对，精准发现案件线索。

（二）社会治理效果

以水资源保护类案监督模型为例。2022 年 3 月 22 日是第三十届“世界水日”，联合国确定 2022 年“世界水日”主题为“Groundwater–Making the Invisible Visible”（珍惜地下水，珍视隐藏的资源）。《2020 年中国水资源公报》显示，各水资源一级区中，黄河区地下水资源量为 451.6 亿 m^3，占全国地下水资源量的 5.28%；水资源总量为 917.4 亿 m^3，占全国水资源总量的 2.9%，在水资源一级区中排名倒数第 3 位。只有合理开发、利用、节约和保护水资源，才能实现水资源的可持续利用，适应国民经济和社会发展。

一是类案监督拓展。2017 年以来办理的所有公益诉讼案件均能够在数据地图中直观展示，未整改以及整改中的案件实时动态在监督平台中显示，及时做到跟进监督。

二是应用领域拓展。通过构建水资源保护类案监督模型和自主研发“益 + 绿色沁源”公益诉讼监督平台，着力实现“一域突破、全市共享”，推动法律监督模式从个案办理向类案监督、系统治理转变。进一步完善“益 + 绿色沁源”公益诉讼监督平台功能，将该平台逐步推广应用到土地违法、食品药品安全、国有财产保护等方面，通过该监督平台办理生态环境和资源保护领域、食品药品安全领域公益诉讼案件。

三是完善治理机制。沁源县检察院针对水资源保护的监管盲区和治理漏洞，为进一步推动水资源保护长效治理，通过检察建议监督履职，促成水利、住房和城乡建设、税务、行政审批等相关职能部门共同出台《关于加强水资源保护实施办法（试行）》，实现各部门数据定期移送、数据共享，不断加大节水宣传力度，拓宽宣传渠道，推动水资源保护领域治理体系和治理能力建设水平的提升。

第十章

“老病残”罪犯假释、暂予监外执行监督模型构建*

一、模型概述

为贯彻宽严相济刑事政策，体现区别对待和行刑人道主义原则，避免和减少罪犯狱内病亡，回应人民群众关切，促进社会和谐稳定，山西开展监督推进常态化办理“老病残”罪犯假释、暂予监外执行检察案件活动。为切实扭转全省罪犯假释、暂予监外执行工作低位徘徊、质效不高的局面，最大限度发挥刑罚应有功能、彰显司法人文关怀，山西省人民检察院报请省委政法委牵头，组织省高级法院、省检察院、省司法厅、省监狱管理局联合开展“老病残”罪犯假释、暂予监外执行专项活动。专项活动中探索构建了“老病残”罪犯假释、暂予监外执行数字监督模型，通过模型分析筛选，主动掌握罪犯情况，实现了原来被动等待监狱向检察机关抄送审查假释、暂予监外执行罪犯材料转变为主动发现监狱对符合条件的罪犯应当提请未提请假释、暂予监外执行的情况。

该模型主要用于监督以下两类违法情形：一类是建立全省符合假释、暂予监外执行条件的“老病残”罪犯数据库，通过模型构建、数据碰撞对比，对符合条件的“老病残”罪犯未按规定予以提请假释案件进行类案监督。另一类是通过模型构建、数据碰撞对比，对符合条件的“老病残”罪犯未按规定予以提请暂予监外执行案件进行类案监督。

---

*本模型由山西省人民检察院第五检察部构建。案例由西峪地区人民检察院马强提供，山西省人民检察院第五检察部史海东、杨文静、于海、岳晓荣等人参与，西峪地区人民检察院马强提供业务指导，技术处梁晓艺、彭瑞峰、王相提供了技术支撑。本模型获得2023年山西省检察机关大数据法律监督模型竞赛一等奖、全国检察机关大数据法律监督模型三等奖。

二、模型设计依据

（一）法律监督依据

1.《刑法》

第 81 条第 1 款规定："被判处有期徒刑的犯罪分子，执行原判刑期二分之一以上，被判处无期徒刑的犯罪分子，实际执行十三年以上，如果认真遵守监规，接受教育改造，确有悔改表现，没有再犯罪的危险的，可以假释。如果有特殊情况，经最高人民法院核准，可以不受上述执行刑期的限制。"

2.《最高人民法院关于办理减刑、假释案件具体应用法律的规定》

第 26 条规定："对下列罪犯适用假释时可以依法从宽掌握：……（四）基本丧失劳动能力、生活难以自理，假释后生活确有着落的老年罪犯、患严重疾病罪犯或者身体残疾罪犯……"

3.《刑事诉讼法》

第 265 条第 1 款、第 2 款规定："对被判处有期徒刑或者拘役的罪犯，有下列情形之一的，可以暂予监外执行：（一）有严重疾病需要保外就医的；（二）怀孕或者正在哺乳自己婴儿的妇女；（三）生活不能自理，适用暂予监外执行不致危害社会的。对被判处无期徒刑的罪犯，有前款第二项规定情形的，可以暂予监外执行。"

4.《人民检察院刑事诉讼规则》

第 621 条规定："人民检察院依法对刑事判决、裁定和决定的执行工作以及监狱、看守所等的监管执法活动实行法律监督。"

第 629 条规定："人民检察院发现人民法院、监狱、看守所、公安机关暂予监外执行的活动具有下列情形之一的，应当依法提出纠正意见：……（五）对符合暂予监外执行条件的罪犯没有依法提请暂予监外执行的……"

第 636 条规定："人民检察院发现监狱等执行机关提请人民法院裁定减刑、假释的活动具有下列情形之一的，应当依法提出纠正意见：……（二）对依法应当减刑、假释的罪犯，不提请人民法院裁定减刑、假释的……"

5.《人民检察院办理减刑、假释案件规定》

第 9 条规定："人民检察院发现罪犯符合减刑、假释条件，但是执行机关未提请减刑、假释的，可以建议执行机关提请减刑、假释。"

（二）监督要素

监督点1：监狱对符合条件的“老病残”罪犯是否依法从宽提请假释

数据要素：罪犯基本信息、罪犯原判决信息、罪犯服刑改造表现、执行刑期情况、罪犯年龄及身体状况等。

研判规则：通过数字检察平台建立数据检察模型，对获取的数据批量规范处理，依据罪犯假释法定条件（如原判犯罪类型、剩余刑期、是否累犯、起始间隔期、财产性判项履行情况等），按照山西省“老病残”罪犯假释、暂予监外执行专项活动要求确定筛查规则，逐项设定数据推送条件和范围，对上述数据综合筛选、分析，确定初步符合假释条件的“老病残”罪犯。检察官再结合线下证据材料对罪犯服刑期间表现、社区矫正机构意见、再犯罪危险评估情况等进行实质化审查，进一步对拟定的罪犯具体审查分析，最终确定符合提请条件的罪犯，向监狱提出监督意见。

监督点2：监狱对符合条件的“老病残”罪犯是否依法及时提请暂予监外执行

数据要素：罪犯基本信息、罪犯原判决信息、罪犯服刑改造表现、执行刑期情况、罪犯年龄及疾病情况、生活不能自理情形等。

研判规则：通过数字检察平台建立数据处理模型，依据罪犯暂予监外执行法定条件（如犯罪类型、疾病情况、生活不能处理情形等），按照我省《“老病残”罪犯假释、暂予监外执行专项活动》要求，对上述数据综合分析、筛选，确定初步符合假释条件的“老病残”罪犯。检察人员再结合罪犯服刑改造表现、医疗机构鉴定意见、家庭情况等证据材料进行实质化审查，进一步对拟定的罪犯具体审查分析，最终确定符合提请条件的罪犯，向监狱提出监督意见。

（三）数据来源及载体

（1）省检察院与省监狱管理局召开联席会议，建立数据共享机制、共享通道，通过省监狱管理局获取全省各监狱“老病残”罪犯基本信息。

（2）通过监狱和相关法院获取罪犯刑事裁判信息。

（3）通过监狱和相关法院获取罪犯财产性判项履行情况。

（4）通过各监狱和省某某监狱获取罪犯健康状况。

检察机关对获取的数据进行批量转换，根据法律法规提取相关数据要素，按照数据规则导入省检察院数字检察平台数据库，进行标准化、结构化存储。

三、模型设计思路

（一）需求分析

根据业务问题类型、与数据特点采用如下模型：

从监狱管理局调取罪犯信息电子表，提取原判犯罪类型、剩余刑期、是否累犯、起始间隔期、财产性判项履行情况等关键信息，经过清洗治理后形成全省“老病残”罪犯资源库。

按照我省《“老病残”罪犯假释、暂予监外执行专项活动》中“老病残”罪犯假释、暂予监外执行专项活动要求确定筛查规则。按照筛查规则，在大数据建模平台通过算子构建技术模型，对“老病残”罪犯资源库中的罪犯信息进行碰撞、分析，最终筛选出初步符合假释条件的“老病残”罪犯。

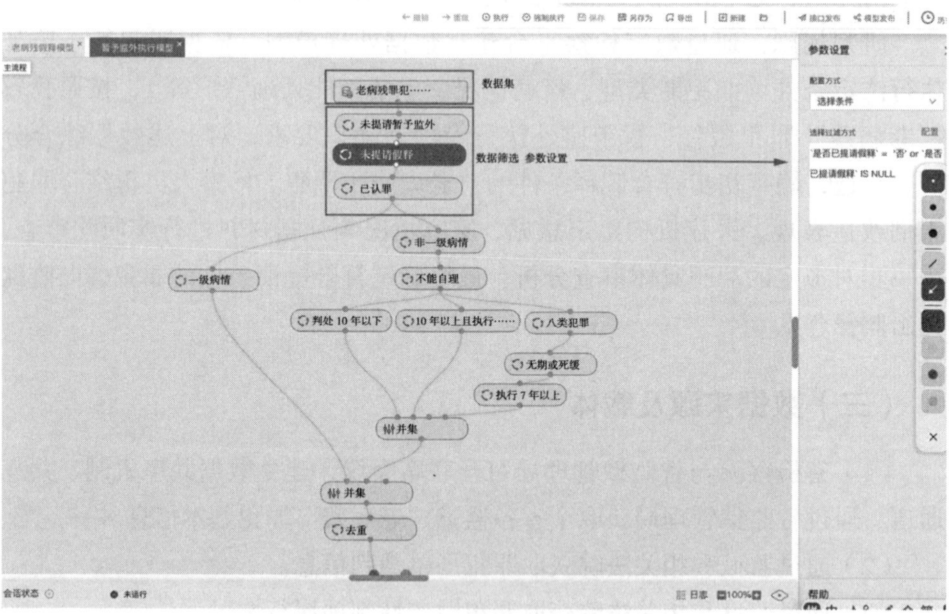

图 1　通过拖拽算子来构建模型

（二）数据分析

1. 数据类型

根据本模型的监督规则和数据来源描述，涉及的数据源类型以结构化数据为主，主要是各监狱整理的罪犯基本信息。

2. 信息量

通过《“老病残”罪犯假释、暂予监外执行专项活动》中“老病残”罪犯假释、暂予监外执行专项活动要求，提取罪犯基本信息、罪犯原判决信息、罪犯服刑改造表现、执行刑期情况、罪犯年龄及疾病情况、生活不能自理情形等 27 项监督数据要素。

3. 数据治理

通过前期研判，提炼假释和暂予监狱执行筛选比对规则，确定关键数据字段，制定《“老病残”罪犯基本情况统计表》，对接省监狱管理局下发至全省各监狱。本监督模型的数据完全依赖于外部数据，主要是省监狱管理局汇总全省各监狱反馈的罪犯信息电子表。

利用数据开发治理平台，将获取的罪犯信息，使用可视化的方式导入数据治理平台中，根据清洗规则，完成数据的开发治理工作。根据数据在指定的数据集中是否存在重复值、数据内容和定义是否一致、数据源是否完整、数值取值是否正确、数据精度是否达到业务规则等标准，对各监狱所发现的数据质量问题进行修复，解决了数据的重复性、正确性、完整性、适用性和精确性等问题。按照规范将治理以后的各监狱罪犯信息加载到模型开发管理平台，即清洗后的数据在数据模型中呈现，汇集成全省“老病残”罪犯信息资源库。

（三）模型构建

1. 数据来源

通过省监狱管理局获取全省监狱“老病残”罪犯基本情况数据，向法院及各监狱获取罪犯财产性判项履行情况数据，通过各监狱和省某某监狱获取罪犯疾病及健康情况数据。

2. 模型数据要素

罪犯基本情况、原判情况、认罪悔罪情况、剩余刑期、减刑情况、财产性判项履行情况、身体健康状况、提请假释、暂予监外执行情况等 27 项数据。

3. 模型构建步骤（以假释条件为例）

第一步：通过比对筛选剔除有基本否定条件的罪犯（如是否认罪、是否累犯及 8 种犯罪情况等）。

第二步：通过算法计算出罪犯的起始、间隔时间、余刑等，按照规定条件设定算法，剔除不符合条件的罪犯。

第三步：根据特定罪犯（如 80 岁以上和残疾罪犯）特殊从宽的条件，将符合条件的此类罪犯筛选出，且单独并入结果。

第四步：按照是否属于二级以上病犯进行分类，通过算法分类筛选出各种条件下罪犯所获奖励（表扬）情况，根据《山西省假释案件办案指引》中规定的条件筛选，剔除不符合条件的罪犯。

第五步：将经过上述操作得出的结果合并，并进行“去重”操作，去除重复数据。

暂予监外执行主要通过是否符合基本条件、罪犯病情或生活不能自理的情况等进行筛选。

（四）算法优势

1. 可视化建模

拥有数据读取、ETL、特征工程、模型训练、模型应用、模型评估等全流程拖拽式建模的强大能力，无须编写代码即可完成建模。卓越的 ETL 处理能力、大量的高性能算子、一站式的界面操作，既能保障业务人员迅速上手，又能提供高效率的交互式体验。算法支持以自定义算子等方式完成特定高级功能的开发，满足个性化业务需求。

2. 场景化实验模板

具有多样化的实验场景模板，能够根据模板迅速创建模型，支持海量数据预处理、大规模分布式训练、自动化模型生成，快速完成不同业务场景模型的创建和部署，满足全周期任务流的创建与管理。

3. 一站式开发平台

数据治理平台、建模平台和低代码平台有效融合，实现了数据导入、数据治理、模型构建、模型共享、低代码发布等模型生命的全周期管理工作，满足了模型的高效构建和共享。数据治理平台负责数据的导入和整合，可实现数据清洗和数据融合；建模平台是建立模型的主要场所，实现模型构建、模型训练和模型评估，确保模型的高质量和可靠性；低代码平台负责模型共享和低代码发布，允许使用低代码方式构建和发布应用程序，提高开发效率和质量。

4. 算法公式

（1）逻辑回归：Logistic 是一种用来分类的线性分类器。

$$h_\theta(x)=g(\theta^T x)=\frac{1}{1+e^{-\theta Tx}}$$

$$g(z)=\frac{1}{1+e^{-z}}$$

$$\begin{aligned} g'(z) &= \frac{d}{dz}\frac{1}{1+e^{-z}} \\ &= \frac{1}{(1+e^{-z})^2}(e^{-z}) \\ &= \frac{1}{(1+e^{-z})}\cdot\left(1-\frac{1}{(1+e^{-z})}\right) \\ &= g(z)(1-g(z)) \end{aligned}$$

（2）线性回归：其基本思想是用梯度下降法对最小二乘法形式的误差函数进行优化。

$$\hat{\omega}=(X^T WX)^{-1}X^T Wy$$

（3）聚类算法：聚类是一个将数据集中在某些方面相似的数据成员进行分类组织的过程。

$$V=\sum_{i=1}^{k}\sum_{x_j\in S_i}(x_j-\mu_i)^2$$

通过使用以上算法分析罪犯的多个特征（如涉案金额、奖惩次数、身体状况等），可以评估某个罪犯是否属于重点关注对象。这有助于检察机关优先处理高风险案件，合理分配资源。

5. 信息智能审核

利用逻辑回归对监狱反馈的罪犯信息进行自动审核，根据罪犯信息中的关键词、结构等特征预测罪犯信息质量。这可以辅助检察人员更高效地完成信息审查工作，提高工作效率。

6. 司法公正评估

使用线性回归分析各种因素（如符合假释条件未予假释、不符合条件违规假释等）与司法公正之间的关系。这有助于检察机关发现潜在的偏见或不公，采取相应措施以确保司法公正。

7. 检察人员工作负荷预测

利用线性回归分析检察人员的工作数据（如罪犯数量、罪犯类型、案件复杂度等），预测未来一段时间内的工作负荷。这有助于合理安排人力资源，提高工作效率。

（五）技术分析

“老病残”罪犯假释、暂予监外执行模型，依托大数据分布式数据存储计算为基础打造的底座平台，可以满足结构化（类似 csv、关系型数据库的数据）、非结构化数据（小型的图片、视频、音频）、半结构化数据（Word、PDF 等）的存取计算，针对不同的业务场景，采用不同的计算和存储技术来对应。模型构建完成之后，用户可以封装参数发布成低代码应用，提交至模

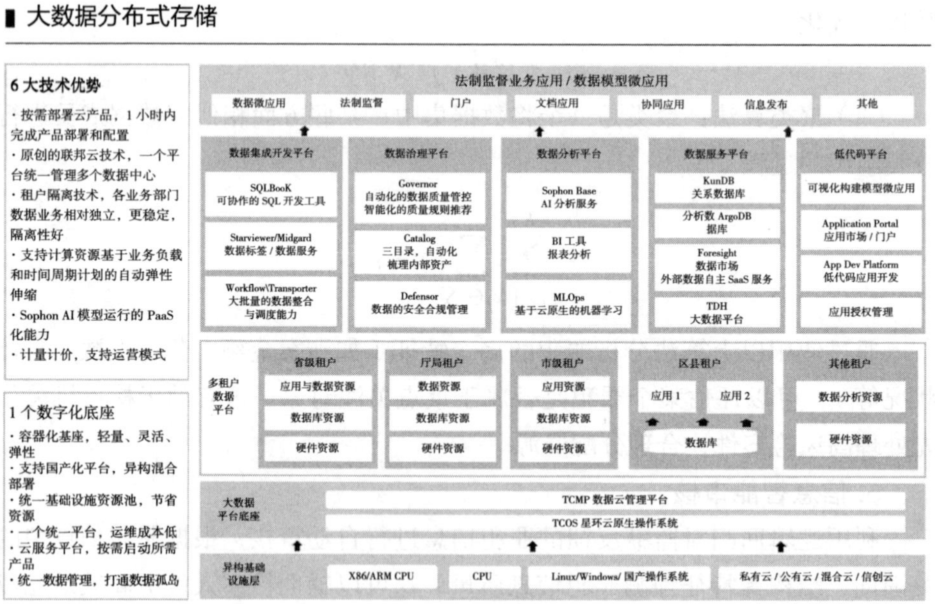

图 2　系统存储架构

型市场；其他用户通过替换数据源、调整参数来实现模型的复用和共享，从而推进类案监督场景应用。

第一，核心能力：分布式离线计算引擎，专用于构建数据仓库的数据库，包含任务调度、内存管理、容错机制等，提供模型算子为其他组件提供底层的服务，处理后的结果存储到HDFS中，完成数十个TB的数据的计算查询任务。

第二，分布式Nosql数据库：用于存储和查询非结构化数据，完全的列式存储，支持集群的动态伸缩、可靠性高、性能优异的特点，例如，电子卷宗、电子档案等非结构化数据，可以保证数据的海量存储和数据的强一致性。

第三，分布式搜索引擎：不仅仅支持全文搜索，还是一个分布式文档数据库，每个字段都是被索引的数据并且可被搜索，支持各种查询和聚合操作，并可以支持PB级别的结构化或者非结构化数据。

第四，核心优势：相较于传统数据库，“老病残”罪犯假释、暂予监外执行模型利用大数据平台分布式存储的方式，可以实现更大数据量的数据查询计算，利用大数据平台的数据存储能力，统一存储全省“老病残”罪犯信息，形成对应专题库，提供基础算力供其他数据类应用调用。

第五，技术架构：（1）总体架构。系统架构自下而上分成了数据贴源层、数据明细层、数据中间层和数据应用层。

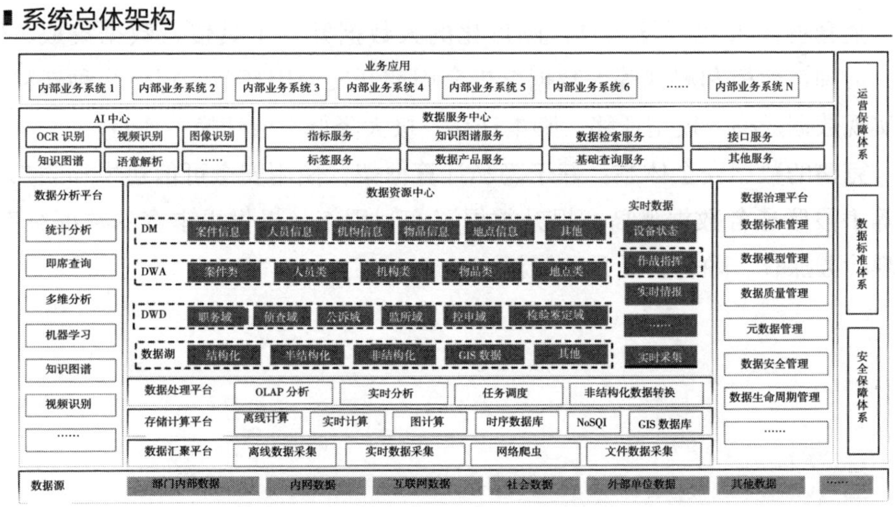

图3 系统整体架构

数据贴源层是指数据的来源，整体系统架构支持传统关系型业务数据库，如 Oracle、Mysql、SqlServer、国产达梦数据库等，这些数据主要是结构化数据。同时支持半结构化数据，如 Excel 等各类标准化文档，以及非结构化数据，如电子卷宗等。

数据明细层保持和数据贴源层一样的数据粒度，并且对数据 ETL 对数据提供一定的数据质量，同时也会做一部分的数据聚合，将相同主题的数据汇集到一张表中，形成不同业务的数据区域，提高数据的可用性。

数据中间层会在数据明细层的基础上，对数据做轻度的聚合操作，生成一系列的中间表，提升公共指标的复用性，减少重复加工。

数据应用层是各类检察应用系统的集合，按照业务划分，生成字段比较多的宽表，用于提供后续的业务查询、OLAP 数据分析、数据分发等。

（2）软件架构。简易的开发方式：

通过统一的 SQL 引擎操作各类数据源，支持存储过程，主持多种数据库语言，支持全部 4 种隔离级别的分布式事务处理。

稳定高效的计算核心：拥有超过 1000 节点稳定运维，批处理性能实现线性可扩展。

完整的多租户体系：提供多租户的统一安全认证机制，基于容器技术的弹性资源管理。

全套的图形化开发工具：图形化的大数据开发工具覆盖数据集成、转换、治理、建模和展现等大数据全生命周期开发使用环节，提供多种迁移工具实现数据迁移，模型迁移，脚本迁移，极大降低平台切换工作量。

完整的数据安全体系：基于隐私计算框架，使用安全可信建模和联邦学习等手段联通各数据孤岛，提升数据资产利用率，提供更丰富的数据维度，实现检务探查、融合、提升和创新。

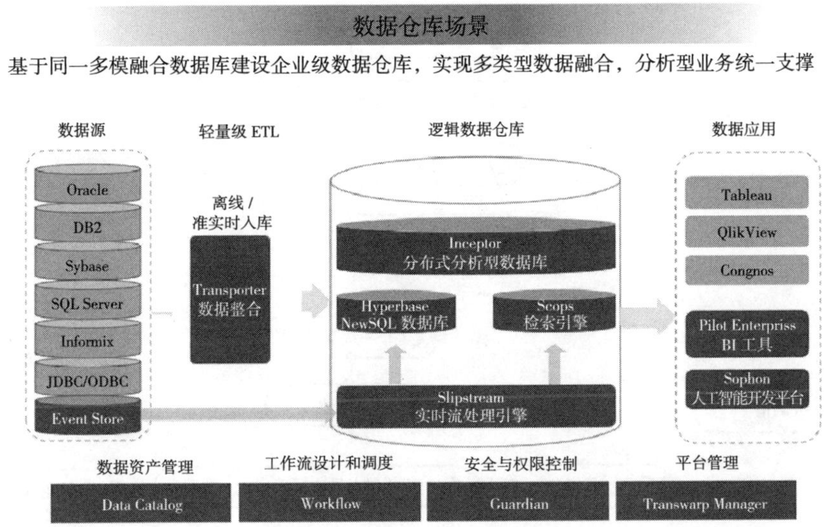

图 4 系统软件架构

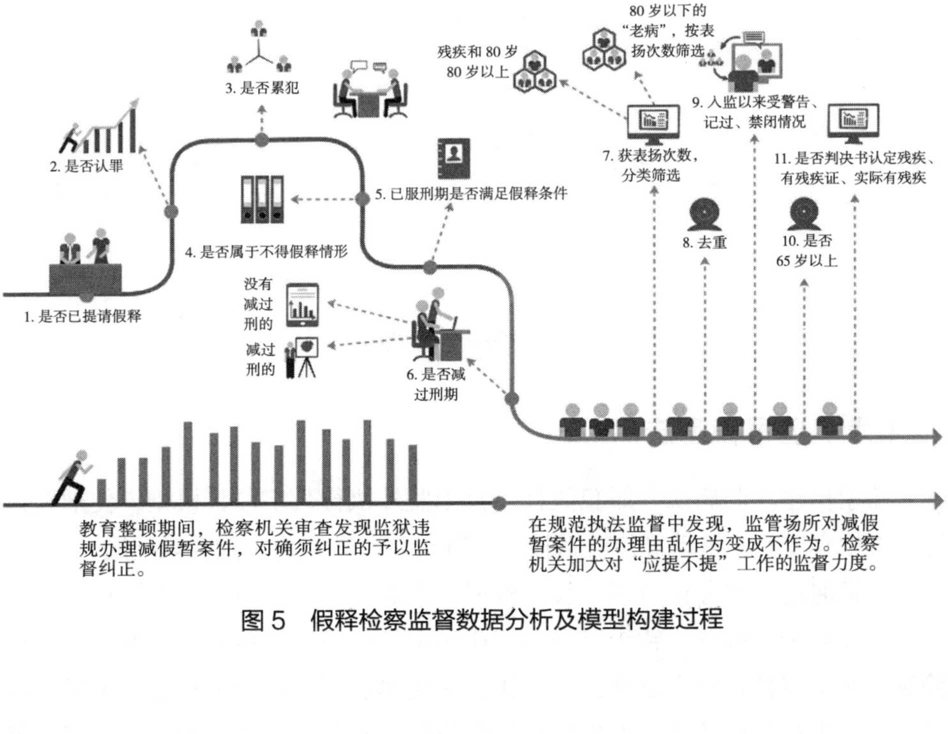

图 5 假释检察监督数据分析及模型构建过程

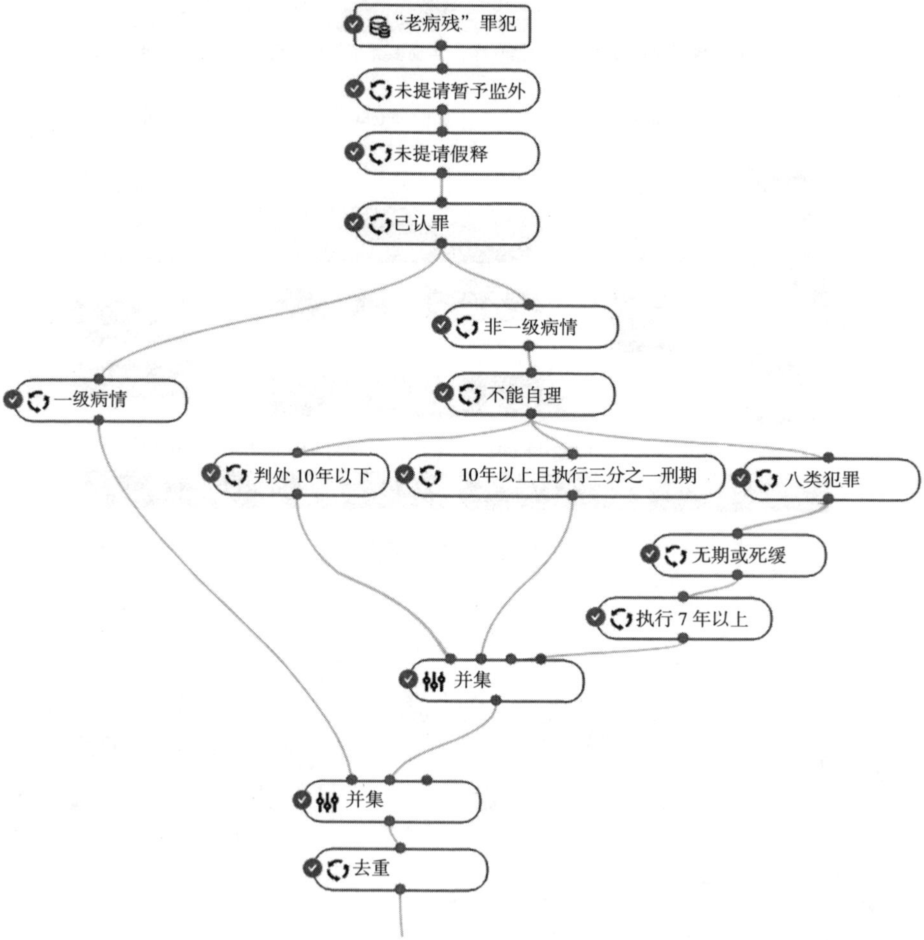

图 6　模型运行流程

（六）监督模型应用

探索构建"老病残"罪犯假释、暂予监外执行数字监督模型，使刑罚执行变更检察监督变被动等待监狱抄送审查案件，转变为主动发现问题。

一是通过个案分析研判，找出模型应用的关键点。山西省人民检察院第五检察部对全省假释、暂予监外执行比例偏低的情况开展调研，发现监狱民警对于罪犯假释、暂予监外执行工作相关法律法规、司法解释把握不准，经过对个案进行分析评价，发现部分符合假释、暂予监外执行条件的罪犯未能依法提请。

二是通过构建模型，发现线索问题。为依法促进全省罪犯假释、暂予监外执行工作，第五检察部积极作为，主动获取监狱相关数据。经过分析研判，以“老病残”罪犯作为突破口，通过数字检察模型分析筛选，经模型运算全省筛查出了符合假释条件的罪犯与符合暂予监外执行的“老病残”罪犯。

三是以“小切口”撬动“假暂”监督。全省“老病残”罪犯假释、暂予监外执行专项检察监督活动中，检察机关积极履职，通过模型分析筛选出“能假不假、该暂不暂”的罪犯名单，经过逐案审查，已监督办理“假暂”案件，假释率跃升全国第 2 位，以“老病残”罪犯为小切口撬动提升了“假暂”的整体适用率，向监狱提出多份监督意见，监狱全部采纳，积极启动相关制度，实现了由被动审查向主动监督的转变。全省监狱刑罚变更执行提请工作进一步公平、公正、规范，全省司法机关相互配合制约，积极贯彻落实宽严相济刑事政策，有效降低了国家行刑成本，提高了社会综合治理成效，实现了良好的检察监督效果。

四、监督模型的整体效果

（一）联合办案效果

《最高人民法院关于办理减刑、假释案件具体应用法律的规定》第 26 条规定对下列罪犯适用假释时可以依法从宽掌握：“……（四）基本丧失劳动能力、生活难以自理，假释后生活确有着落的老年罪犯、患严重疾病罪犯或者身体残疾罪犯。”

一是破解机制屏障。实践中，监区对罪犯是否符合“基本丧失劳动能力”“生活难以自理”“患严重疾病罪犯或者身体残疾罪犯”判断较为困难，各监狱疾病鉴定组织也不健全，该类罪犯提请假释、暂予监外执行较少；省院第五检察部《关于常态化办理老病残罪犯假释、暂予监外执行案件的办案指引》，细化假释和暂予监外执行要求的基本条件如获得奖励的要求、剩余刑期、疾病情况等，明确了放宽的具体适用条件，使其更具有可操作性。同时根据上述具体条件通过数字检察模型分析筛选掌握初步符合条件的罪犯。

二是运用大数据思维。山西省人民检察院切实增强大数据战略思维，围绕中共中央、最高检及山西省委部署要求，推进全省数字检察建设并开展数字监督专项活动。第五检察部以数字监督专项活动为契机，并结合全省假释、暂予监外执行现状，将"'老病残'罪犯假释、暂予监外执行数字检察专项行动"与"常态化办理罪犯假释、暂予监外执行案件"相融合，研究构建了"老病残"罪犯假释、暂予监外执行数字检察监督模型，由传统的个案办理式监督向类案治理式监督探索转变，实现了数字技术和检察监督工作的深度融合，为破解监管场所在押人员监管难题提出了检察方案，达到了良好效果。

三是重点突破个案。通过数字检察模型获得线索后，全省各派驻监狱检察室对所监督监狱中初步符合假释、暂予监外执行条件的罪犯进行逐一分析。为进一步查明罪犯是否符合假释条件，与监狱共同对其悔改表现、财产性判项履行情况、家庭情况、社会危险评估等进行个案分析，结合社区矫正机构出具的意见，依照法定条件和法定程序，向监狱提出建议，确保该部分人群"应假尽假""应暂尽暂"。

（二）社会治理效果

为切实扭转全省罪犯假释、暂予监外执行工作低位徘徊、质效不高的局面，缓解监狱超押问题，最大限度发挥刑罚应有功能，检察机关能动履职，与审判机关、刑罚执行机构互相配合、互相制约，推动形成假释、暂予监外执行案件常态化办理机制，促进类案监督和系统治理。

一是在刑事执行检察监督中，运用大数据、区块链等技术推进公安机关、检察机关、审判机关、司法行政机关等跨部门大数据协同办案，加强能动履职，深入开展调研，发现问题根源，变被动为主动，要善于应用大数据思维，通过数据要办法、要线索，更好促进刑事执行管理监督质效跃升。

二是信息共享机制方面，在严格规范信息查询程序、保障办案信息安全的前提下，山西省人民检察院定期与省监狱管理局交换全省"老病残"罪犯信息及"老病残"罪犯办理假释、暂予监外执行刑罚变更执行情况，对开展假释、暂予监外执行可能存在问题的监狱及对监狱存在派驻监管职责的检察院，通过指派员额检察官实地督导或开展专门巡回检察的方式，确保符合假释、暂予监外执行条件的"老病残"罪犯"应假尽假、应暂尽暂"。

三是联席会议机制方面，山西省人民检察院与省法院、省司法厅、省监狱管理局召开联席会议，分析"老病残"罪犯假释、暂予监外执行工作中存在的堵点、难点问题，共同研究对策措施，统一办案理念和司法、执法尺度。

四是开展专项活动，山西省人民检察院积极贯彻宽严相济刑事政策，报请省委政法委牵头，组织省高级法院、省检察院、省司法厅、省监狱管理局联合开展了"老病残"罪犯假释、暂予监外执行专项活动，取得积极成效。

第十一章

强制隔离戒毒监督模型构建*

一、模型概述

通过监督模型对获取的公安机关戒毒管理部门数据、强戒所数据、检察机关刑事检察部门涉戒毒人员数据等三方面数据进行分析和碰撞，筛查出刑罚执行完毕强戒尚未期满、未继续执行强戒导致强戒人员脱管漏管以及程序不合法不规范等线索。在加强公安机关、强戒所与羁押场所的衔接、改善管理和办案程序等方面给出充分建议，并按时进行督促整改和反馈交流，及时堵塞漏洞，以我管促都管，促进推动司法行政机关强制隔离戒毒工作依法、有序、规范开展。

二、模型设计依据

（一）法律监督依据

1. 被强戒人员脱管漏管

（1）被强戒人员移送、接收过程中脱管漏管。公安机关为强制隔离戒毒决定作出机关，强戒所为强制隔离戒毒执行机关。根据《禁毒法》第 41 条规定，对被决定予以强制隔离戒毒的人员，由作出决定的公安机关送强制隔离戒毒场所执行。在公安机关与强戒所之间对被强戒人员的移送、接收过程中，可能由于衔接不畅等问题导致被强戒人员脱管漏管。可通过筛查出公安

---

* 本模型由运城市人民检察院构建。案例由运城市人民检察院下辖基层院干警高晓辉等人提供，运城市人民检察院第五检察部黄雷平、苏博、樊锦等人参与，焦团结、卫伟、郭茜等人提供了技术支撑。本模型获得 2023 年山西省检察机关大数据法律监督模型竞赛一等奖。

机关作出强戒决定但未将被强戒人员移送强戒所执行的异常数据线索和公安机关已移送但强戒所无信息的异常数据线索予以核查。

（2）被强戒人员涉刑导致强戒暂时中止，刑罚执行完毕强戒尚未期满，未对被强戒人员继续执行强戒导致其脱管漏管。根据《戒毒条例》第 36 条规定，强制隔离戒毒人员被依法收监执行刑罚、采取强制性教育措施或者被依法拘留、逮捕的，由监管场所、羁押场所给予必要的戒毒治疗，强制隔离戒毒的时间连续计算；刑罚执行完毕时、解除强制性教育措施时或者释放时强制隔离戒毒尚未期满的，继续执行强制隔离戒毒。羁押场所与公安机关及强戒所之间可能存在衔接不畅问题而导致被强戒人员未被继续执行强戒从而脱管漏管。根据《禁毒法》第 47 条规定，强戒期限通常情况下为 2 年，因此可通过筛查出被强戒人员中因被羁押导致强戒客观上无法执行且刑期在 2 年之内的异常数据线索予以核查。

2. 强制戒毒工作开展中程序不合法不规范

（1）提前出所和延期出所的呈报和审批程序不合法。根据《禁毒法》第 47 条规定，执行强制隔离戒毒 1 年后，经诊断评估，对于戒毒情况良好的戒毒人员，强制隔离戒毒场所可以提出提前解除强制隔离戒毒的意见，报强制隔离戒毒的决定机关批准。强制隔离戒毒期满前，经诊断评估，对于需要延长戒毒期限的戒毒人员，由强制隔离戒毒场所提出延长戒毒期限的意见，报强制隔离戒毒的决定机关批准。强制隔离戒毒的期限最长可以延长 1 年。针对被强戒人员的提前出所和延期出所，人为不法的操作空间较大，因此呈报和审批程序是否合法尤为重要。可通过筛查出提前出所人员数据和延期出所人员数据作为异常数据线索予以核查。

（2）文书和档案信息的制作、填写、管理不合法不规范。强制隔离戒毒作为现阶段适应我国毒品形势的不可或缺的戒毒康复措施，对帮助吸毒人员生理脱毒、康复治疗、回归社会，遏制吸毒问题发展蔓延，减少吸毒的社会危害具有重要意义。但同时，强制隔离戒毒毕竟是一种较长时间内限制公民人身自由的行政强制措施，戒毒人员这一特殊群体的合法权益也应得到保护。公安机关和强戒所分别作为强制隔离戒毒决定作出机关和执行机关，承担着作出强戒决定、移送、接收、管理戒毒人员和对戒毒人员进行治疗和康复训练等的重要职责。强戒决定的作出是否合法、强戒所是否依法履行其职责、戒毒人员合法权益是否被侵害，文书和档案信息是重要依据，因此文书和档案信息的制作、填写、管理的合法性规范性至关重要。可通过筛查出公安机关已移送但强戒所无信息的异常数据线索、强戒所有信息但公安机关无信息的异常数据线索、被强戒人员入所时间异常的数据线索和强戒所提供刑拘出所人员数据中应包含而未包含等数据线索予以核查。

3. 强戒所未接收人员后续未依法变更为社区戒毒或未落实社区戒毒措施

根据《禁毒法》第 39 条、《戒毒条例》第 31 条等规定，因病或者怀孕、正在哺乳自己不满 1 周岁婴儿、不满 16 周岁等情形不适用强制隔离戒毒的，依法变更为社区戒毒，由负责社区戒毒工作的城市街道办事处、乡镇人民政府加强帮助、教育和监督，督促落实社区戒毒措施。社区戒毒也是我国戒毒体系的重要组成部分，与强制隔离戒毒等其他戒毒措施相互衔接、补充。与强制隔离戒毒相比，社区戒毒不限制人身自由，而是充分发挥城市街道办事处、乡镇人民政府、广大基层组织等力量，帮助戒毒人员戒除毒瘾、回归社会。由于公安机关、强戒所与社区管理部门之间可能存在衔接不畅问题导致强戒所未接收人员后续未依法变更为社区戒毒；且由于缺乏强制性，社区戒毒的监管可能流于形式。可通过筛查出公安机关作出强戒决定但未将被强戒人员移送强戒所执行的异常数据线索予以核查。

4. 公安机关未及时将被强戒人员移送强戒所执行

根据《禁毒法》第 47 条、《戒毒条例》第 27 条规定，强制隔离戒毒的期限为 2 年，自作出强制隔离戒毒决定之日起计算。被强制隔离戒毒的人员在公安机关的强制隔离戒毒场所执行强制隔离戒毒 3 个月至 6 个月后，转至司法行政部门的强制隔离戒毒场所继续执行强制隔离戒毒。不具备执行前款规定条件的省、自治区、直辖市，由公安机关和司法行政部门共同提出意见报省、自治区、直辖市人民政府决定具体执行方案，但在公安机关的强制隔离戒毒场所执行强制隔离戒毒的时间不得超过 12 个月。经调查了解，某市公安机关尚不具备强制隔离戒毒的场所和条件，因此在作出强戒决定后，应及时将被强戒人员移送强戒所执行。但实践中，公安机关因为种种原因普遍存在未及时将被强戒人员移送强戒所执行的问题，从而影响被强戒人员及时接受治疗和康复训练。可通过筛查出被强戒人员入所时间异常的数据线索予以核查。

5. 被强戒人员借助轻型犯罪逃避强制戒毒

强制隔离戒毒作为一种较长时间内限制公民人身自由的行政强制措施，在我国现有的戒毒体系里是最为严厉的戒毒措施。戒毒本身是极为痛苦且艰难的过程，对于戒毒人员来说，在强制隔离戒毒中他们的身心面临双重严峻的考验与磨炼，其艰难程度不言而喻。由于强制隔离戒毒与刑罚执行程序存在衔接不畅问题，实践中通过伪造轻微刑事案件被判处两年以下短期徒刑到看守所或监狱服刑，成为被强戒人员逃避两年强制隔离戒毒的一种常用非法手段，有必要加大对此类违法行为的监督力度与打击力度。可通过筛查出被强戒人员中因被羁押而导致强戒客观上无法执行且刑期在 2 年之内的异常数据线索予以核查。

（二）监督要素

1. 公安机关作出强制隔离戒毒决定人员数据

主要包含姓名、性别、身份证号码、户籍地址、强戒决定作出机关、强戒决定作出日期、强戒起止日期、是否移送强戒所执行、移送执行机关、强戒期间是否涉刑等。

2. 强制隔离戒毒所的相关数据

（1）解除出所人员数据中主要包含戒毒人员姓名、身份证号码、户籍地址、强戒决定作出机关、出所日期、戒期止、所在戒毒所等。

（2）新收入所人员数据中数据要素主要包含戒毒人员姓名、身份证号码、户籍地址、强戒决定作出机关、入所日期、戒期止、所在戒毒所等。

（3）刑拘出所人员数据中主要包含戒毒人员姓名、身份证号码、户籍地址、强戒决定作出机关、刑拘日期、戒期止、所在戒毒所等。

3. 检察机关刑事检察相关数据

（1）经审查逮捕决定不捕人员（以下简称批捕不捕人员）数据中主要包含嫌疑人姓名、证件号码、强制措施、强制措施采取日期、审结处理结果、审结案由等。

（2）起诉人员数据中主要包含嫌疑人姓名、性别、证件号码、案件名称、一审判决罪名 / 案由、一审宣告刑、一审宣告刑刑期、二审不开庭裁判结果、二审不开庭判决罪名 / 案由、二审不开庭宣告刑、二审不开庭宣告刑刑期。

（三）数据来源及载体

1. 运城市公安机关2018年以来作出强制隔离戒毒决定人员数据，来源于市公安机关戒毒管理部门，数据以表格方式呈现。先由检察机关根据需要设定好数据要素，制作数据表格；再将表格交由公安机关戒毒管理部门做好数据表的填录工作，或者从公安机关戒毒管理部门调取相关案卷资料，由检察机关根据案卷资料自行完成数据表的填录工作。

2. 运城市强制隔离戒毒所2018年以来强制隔离戒毒相关数据，其中包含解除出所人员数据，新收入所人员数据，刑拘出所人员数据，数据以表格方式呈现。先由检察机关根据需要设定好数据要素，制作数据表格；再将表格交由强制隔离戒毒所做好数据表的填录工作。

3. 运城市检察机关2018年以来刑事检察相关数据，其中包含批捕不捕人员数据、起诉人员数据。数据来源于市人民检察院案件管理部门，数据以表格方式呈现。在与本院刑事检察部门进行交流沟通以确定所需数据类型及要素之后，到本院案件管理部门直接调取所需数据表格。

三、模型设计思路

（一）需求分析

依托大数据赋能，做到对强制戒毒司法行政领域检察监督全覆盖。具体而言：一是打通数据壁垒。解决检察机关对强制决定作出机关、执行机关数据不了解不掌握，无法有效开展监督的问题。二是及时发现案件线索。建立监督模型，旨在通过对公安机关戒毒管理部门数据、强制戒毒所数据、检察机关刑事检察部门涉戒毒人员数据三方面数据进行筛查和碰撞，能够快速及时地从大量数据中发现案件线索，如接收移送疏漏导致强戒人员脱管漏管、强制戒毒人员借助轻型犯罪逃避强制戒毒等。三是规范司法行政强制戒毒工作。坚持“监督与支持并重”，依托大数据成果，一方面通过制发检察建议、行政争议实质性化解等方式依法履职，另一方面加强与行政机关、社区管理部门的合作，形成工作合力，达到双赢多赢共赢的积极效果。

（二）数据分析

首先调取近 5 年来运城市公安机关戒毒管理部门数据、强制戒毒所数据、检察机关刑事检察部门涉戒毒人员数据，分别进行要素化筛查提取以发现监督线索。

其次对三方面数据进行两轮数据碰撞，以发现案件线索：第一轮将公安机关数据与强制隔离戒毒所数据进行碰撞，从而筛查出作出强戒决定后人员的移送、接收过程中的异常数据，如被强戒人员接收、移送过程中脱管漏管等；第二轮将强制隔离戒毒所数据与检察机关刑事检察部门数据进行碰撞，可以筛查出被强戒人员涉刑方面的异常数据，如被强戒人员借助轻型犯罪逃避强制戒毒等。

最后针对前两步得出的异常数据线索，调取相关案卷材料审查或深入调查，以查明违法事实，依法监督。

（三）流程分析

第一步：针对调取数据进行要素筛查，以发现其中的异常数据或监督线索。

一是针对公安机关作出强戒决定人员数据，按照数据表中“是否移送强戒所执行”一栏的数据要素，将公安机关作出强戒决定但未将被强戒人员移送强戒所执行的数据过滤筛查出来，作为“异常数据 1”（见图 1）。

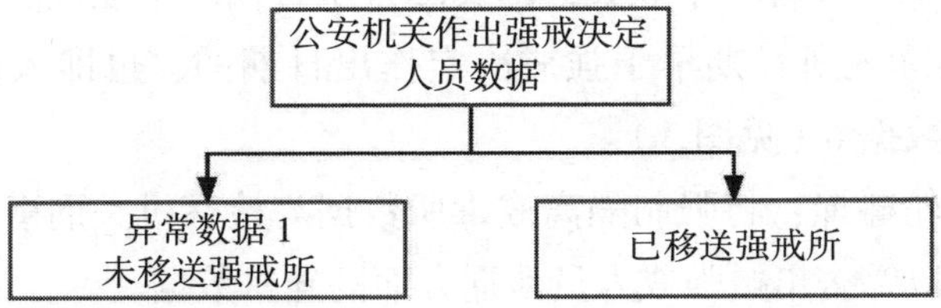

图 1

二是针对强制隔离戒毒所数据中的解除出所人员数据，将数据表要素中的实际出所日期与戒期止之日作差，其中时间差小于 0 天即实际出所日期早于戒期止之日，即为提前出所人员数据；时间差大于 0 天即实际出所日期晚于戒期止之日，即为延期出所人员数据。将得到的提前出所人员数据和延期出所人员数据分别作为异常数据 2 和异常数据 3（见图 2）。

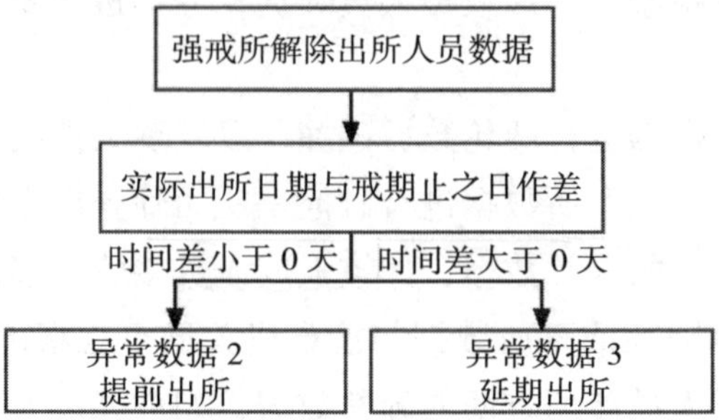

图 2

第二步：数据碰撞进行二次筛查，即进行两轮数据碰撞，以进行二次筛查从而发现监督线索或异常数据。

一是第一轮碰撞：将公安机关数据与强制隔离戒毒所数据进行碰撞，从而筛查出作出强戒决定后人员的移送、接收过程中的异常数据。

具体而言，将公安机关数据中已移送强戒所执行的人员数据与强戒所数据中新收入所人员数据通过身份证号码进行匹配：如果不匹配即为异常数据，包括公安机关已移送但强戒所无信息数据和强戒所有信息但公安机关无信息数据，分别作为异常数据 4 和异常数据 5（见图 3）。

如果能够匹配，则将数据要素实际入所日期与强戒决定作出日期作差，若时间差大于 1 天或者小于 0 天，即实际入所日期晚于强戒决定作出日期超过 1 天或者实际入所日期早于强戒决定作出日期的，也即入所时间异常数据，作为异常数据 6（见图 3）。

二是第二轮碰撞：将强制隔离戒毒所数据与检察机关刑事检察部门数据进行碰撞，可以筛查出被强戒人员涉刑方面的异常数据。

具体而言，首先将强戒所数据中新收入所人员数据与检察机关数据中批捕不捕人员数据进行碰撞和比对，从而得出被强戒人员中因被审查逮捕而被采取强制措施人员数据，再将该数据与强戒所数据中刑拘出所人员数据进行碰撞和比对，可以得出强戒所提供刑拘出所人员数据中应包含而未包含数据，将其作为异常数据 7（见图 4）。

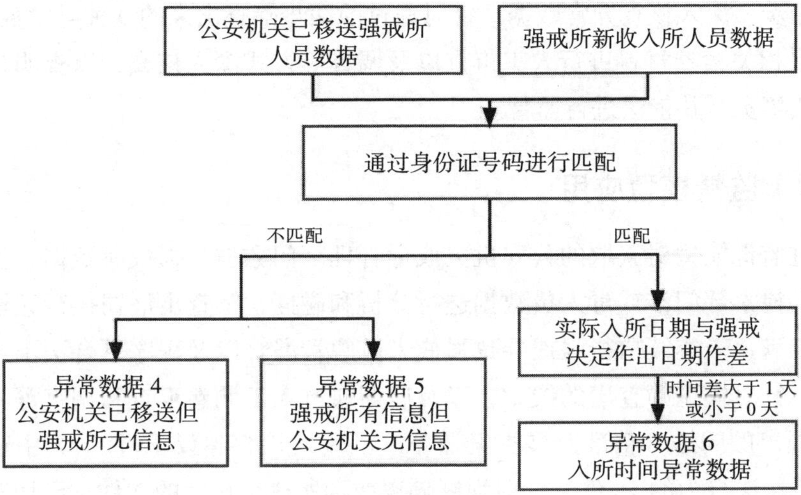

图3

将强戒所数据中新收入所人员数据与检察机关起诉人员数据进行碰撞和比对，可以得出被强戒人员中因被羁押导致强戒客观上无法执行且刑期在2年之内的数据，作为异常数据8（刑事判决一审生效）和异常数据9（刑事判决二审生效）（见图4）。

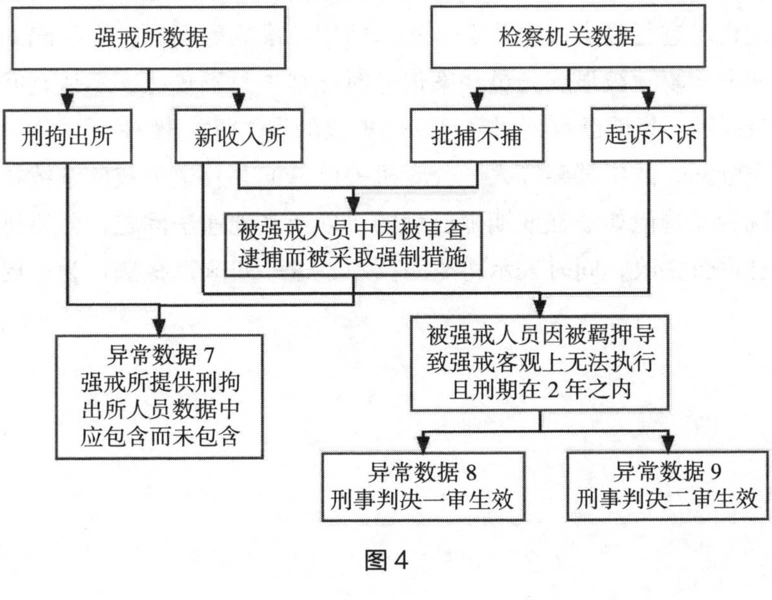

图4

第三步：深入核查异常数据。针对通过前两步筛查出来的9种异常数据，通过调取相关案卷材料进行人工审查以及调查等方式深入核查，以查明是否存在违法事实，并依法进行监督。

（四）监督模型应用

通过监督模型对获取的公安机关戒毒管理部门数据、强戒所数据、检察机关刑事检察部门涉戒毒人员数据进行分析和碰撞，筛查出刑罚执行完毕强戒尚未期满、未继续执行强戒导致强戒人员脱管漏管以及程序不合法不规范等线索。针对模型筛查出的线索，以及后期通过人工调卷审查和调查等方式深入挖掘出的问题，精准开展类案监督。已制发检察建议15件，其中针对公安机关违法行为的13件，针对强制隔离戒毒所违法行为的2件。已切实发现强制隔离戒毒工作中存在的问题包括但不限于：公安机关在决定是否提前解除强制隔离戒毒过程中，存在未在法定期限内审批、案卷文书不规范等违法问题；被强戒人员因涉刑导致强戒暂时中止，刑罚执行完毕后强戒尚未期满，未继续对其执行强戒，导致脱管漏管；因新冠疫情将强制隔离戒毒转为社区戒毒后，未依法通知本人户籍所在地乡镇人民政府，从而导致被强戒人员实质上脱管漏管；公安机关在作出强制隔离戒毒决定过程中，存在未严格依照法定程序进行吸毒成瘾认定、法律适用不准确等问题；强制隔离戒毒所在制作文书、填写被强戒人员档案信息时存在填写不规范、不认真问题，出现多处错误等。目前已收到回复且采纳整改的有13件，针对强戒期限至今仍未满但脱管漏管的毕某某等人，公安机关已追回并移送强戒所继续执行；针对当时脱管漏管但如今强戒期限已满的，以及其他违法问题，公安机关及强戒所也已进行整改，同时表示将举一反三，进一步规范执法行为，提高执法水平。

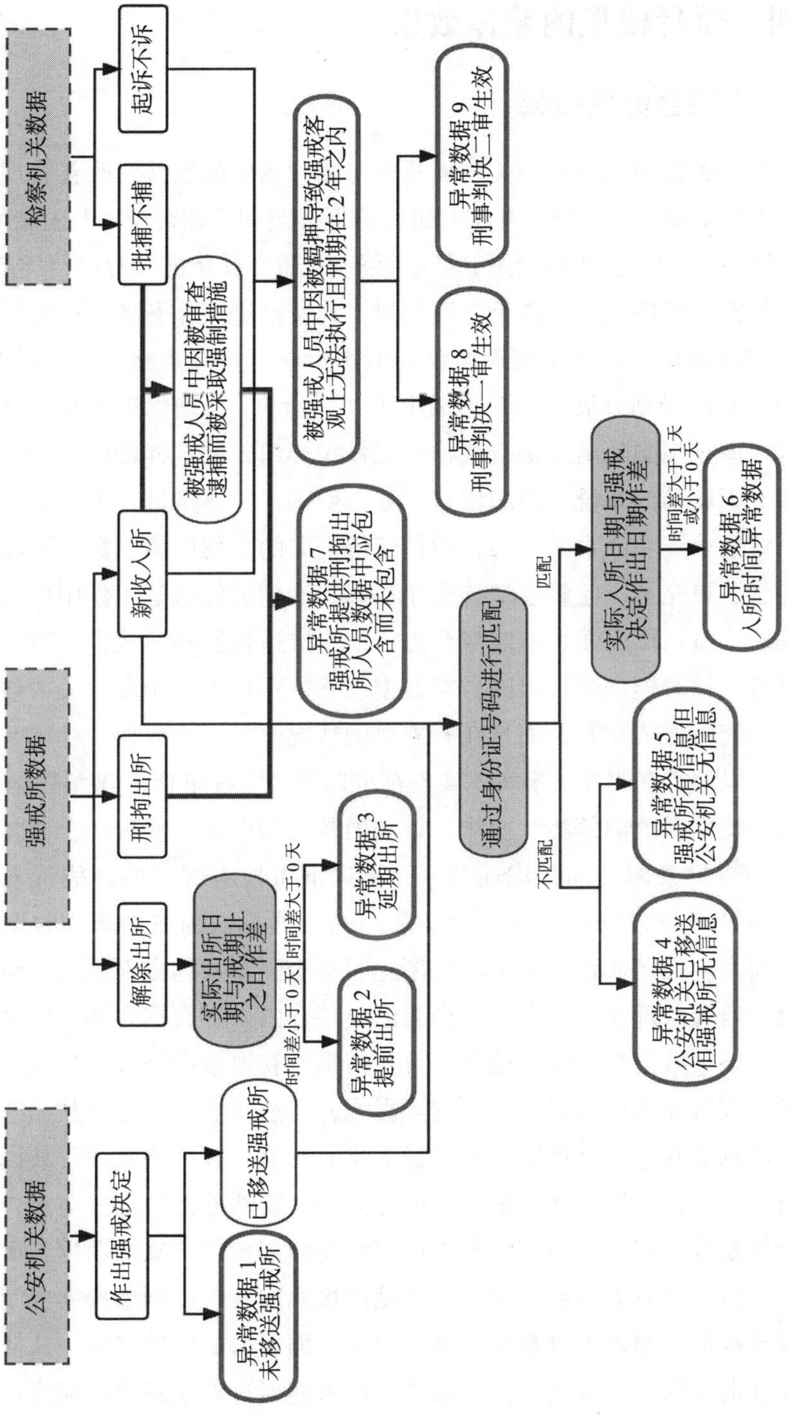

图 5　强制隔离戒毒监督模型思维导图

四、监督模型的整体效果

（一）联合办案效果

检察机关在加强公安机关、强戒所与羁押场所的衔接、改善管理和办案程序等方面给出充分建议，并按时进行督促整改和反馈交流，及时堵塞漏洞，以我管促都管，促进推动司法行政机关强制戒毒工作依法、有序、规范开展。

一是充分发挥检察一体化办案优势，扎实推进工作开展。检察机关秉持检察一体履职理念，加强统筹引领、工作指导，坚持系统思维、系统观念，自上而下系统谋划开展工作，形成上下“一盘棋”，确保工作扎实推进。具体而言，成立强制隔离戒毒行政检察工作领导组，制定详细的实施方案，充分利用上下联动的系统和组织优势，分工明确，一体推进。不仅分散了数据获取、线索核查和办案的压力，而且使得调取的数据面广、数据资源的运用也更科学、更充分，监督模型的构建和诉源治理的促进等工作中更能群策群力、集思广益，形成强大的监督合力，稳步推进强制隔离戒毒行政检察监督工作开展。针对模型筛查出的异常数据线索，不仅采用调取相关案卷材料进行人工审查的方式核查，而且在有需要的情况下深入强戒所、社区等场所实地调查，以切实查明违法事实，实现精准监督，实现审查、调查融合监督。

二是检察系统内部相互协作，打破内外数据壁垒，实现融合监督。通过与本院刑事检察部门加强沟通联系，调取刑事检察部门的涉戒毒人员数据进行筛查，并与公安机关戒毒管理部门的数据及强制戒毒所的数据进行碰撞，从而发现强制戒毒人员借助轻型犯罪逃避强制戒毒方面的有效线索，将检察融合监督的理念落到实处。全面汇集整合内外部数据资源，稳健奠定基本前提。以大数据赋能法律监督，首要前提是获取数据资源。长久以来，由于技术、政策和思想认识等方面因素影响，司法执法机关之间数据壁垒问题突出、信息不共享，严重制约了监督工作的开展。解决该问题可从以下两方面进行：其一，挖掘盘活检察机关内部数据。既然外部数据获取难，可优先考虑挖掘整合检察机关内部数据。检察机关内部蕴含丰富的数据，可为大数据法律监督提供有力的数据支撑。运城市检察院发现，刑事检察部门的批捕不捕人员数据、起诉人员数据，可以用来与强戒所的数据碰撞，从而发现强戒人员涉刑方面的监督线索，如强戒人员可能通过轻型犯罪逃避强戒等。其二，攻克打通外部数据壁垒。外部数据同样重要，若因外部数据获取有难度而放弃，显然会严重阻滞法律监督工作开展。运城市检察院通过与相关行政机关积极沟通、加强协作，秉持监督与支持并重、追求双赢多赢共赢的理念，建立长期良性的互动关系，以打通数据壁垒。

三是坚持“监督与支持并重”，着力构建有效实用的监督模型。依托大数据成果，一方面通过制发检察建议、开展行政争议实质性化解等方式依法履职，充分履行检察机关法律监督职能；另一方面加强与公安机关、强制隔离戒毒所、社区管理部门等的合作，建立会商沟通、信息共享、线索移送等机制，形成强制戒毒工作有序开展的工作合力，充分提高法律监督的效能。着力构建有效实用的监督模型，批量获取监督线索。在大数据赋能法律监督过程中，大量数据通过监督模型转化为监督线索，因此构建有效实用的监督模型是至关重要的一环。一方面是提炼业务规则，明确监督方向。运城市检察院首先充分研究分析了相关法律法规规章以及相关案例，以提炼业务规则，并从中明确了被强戒人员脱管漏管、强制戒毒工作开展中程序不合法不规范、被强戒人员借助轻型犯罪逃避强制戒毒等监督方向。另一方面是充分利用数据资源，不断完善构建思路。运城市检察院根据确定好的监督方向和碰撞需求调取相关数据之后，更加珍惜取之不易的数据资源，充分利用已获取的数据资源，不断调整完善构建思路，以构建有效实用的监督模型，从而通过监督模型有的放矢地对大量数据进行筛查碰撞，获取批量监督线索，助力两级检察机关积极主动履行法律监督职能，提升办案能力和效果。

（二）社会治理效果

针对类案背后存在的治理性漏洞，运城市检察机关牢固树立“数字赋能监督，监督促进治理”的理念，积极协同公安机关、强戒所等相关单位，在加强公安机关、强戒所与羁押场所的衔接、改善管理和办案程序等方面给出充分建议，并按时进行督促整改和反馈交流，以我管促都管，及时堵塞漏洞，在推动解决强戒人员脱管漏管、程序不合法不规范等问题上获得重大进展，取得良好的社会治理效果。

一是坚持上下联动，形成监督合力。为高标准、高质量地构建强制隔离戒毒行政检察监督模型，做好强制隔离戒毒行政检察监督工作，结合最高检、省院关于强制隔离戒毒检察监督试点工作的安排部署，运城市两级检察机关均成立了强制隔离戒毒行政检察工作领导组，分别制定了详细的实施方案，充分利用上下联动的系统和组织优势，形成了分工明确、一体推进，上下一盘棋的监督合力，不仅调取的数据面广，也提高了工作效率，提升了履职效果。

二是强化协作配合，提升监督质效。在规范检察系统内部相互协作的基础上，强化与其他有关单位的协作配合。积极主动协调对接公安机关、强戒所、社区管理部门等单位，及时了解情况、交流信息、探讨工作，建立良好的互动关系，不仅为调取相关数据提供了便利，也极大地促进了后续的审查调查监督线索和检察建议的采纳及落实工作的开展，有力地提升了监督质效。

三是创新制度机制，夯实工作基础。在沟通一致基础上，运城市检察机关与强戒所明确了强制隔离戒毒检察监督工作原则、岗位责任、行政强制隔离戒毒检察监督范围、检察人员职责以及工作联系等各项制度；并与某强戒所共同会签《关于开展司法行政强制隔离戒毒检察监督试点工作的实施细则》，对于联席会议、建立会商沟通和信息共享机制作出具体规定，就执法工作部署、联络员协调对接等工作达成一致意见，为强制隔离戒毒行政检察工作的开展奠定了坚实的基础。

四是激发机制活力，促进长效治理。运城市检察机关在某强戒所设立驻所检察官办公室，由一名员额检察官、一名助理、一名书记员组成办案团队，专职从事强制戒毒监督工作，每周坚持入所开展工作不少于 1 天，建立了严重违法情况登记表、检察纠正违法情况登记表、重大事故登记表等工作台账和检察官日志；并定期开展同堂业务培训、法律政策咨询、重点问题研讨等活动，大大提高了强制隔离戒毒所工作人员规范开展强制隔离戒毒工作的意识和法律素养，推动开展自查自纠，从而促进强制隔离戒毒司法行政领域得到长效治理。

五是深入核查线索以开展类案监督，共同促进诉源治理。通过监督模型所获得的只是异常数据线索，尚不确定是否能成为监督案件。运城市检察院将所获取的异常数据线索，按照就近、方便等原则分给各县级检察院核查。各县级检察院通过人工调卷审查、调查等方式对线索展开全面、深入、高效地核查，致力于把线索查清查透，把事实查清查明；通过核查发现强戒工作中普遍存在刑罚执行完毕强戒尚未期满，未继续执行强戒导致强戒人员脱管漏管，以及程序不合法不规范等问题，从而有针对性地向相关单位制发检察建议，精准开展类案监督。

第十二章

临时用地到期未复垦土地监督类案模型构建 *

一、模型概述

检察机关以个案办理中发现的临时用地到期未复垦土地问题为切入点，通过搭建大数据法律监督模型，调取临时用地审批数据、土地复垦费缴纳退还数据、耕地占用税数据、水土保持补偿费数据、土地行政处罚数据等8000余条，挖掘出临时用地到期未复垦土地、未缴纳耕地占用税、未缴纳水土保持补偿费、超期占地未处罚等四个监督要点。通过数据比对碰撞，明确辖区未复垦临时用地3200余亩，其中耕地1630余亩，林地460亩，园地67亩，草地155亩，未利用地738亩，建设用地180亩。依托模型共办理各类案件31件，督促行政机关一年内复垦土地1200余亩，其中复垦耕地1107亩，林地93.31余亩，复垦率37.5%；督促收缴耕地占用税5300余万元，水土保持补偿费260余万元。与自然资源、农业农村等部门建立“农用地保护”工作机制，形成农用地保护“检察＋行政”合力，以法治方式推动了涉田社会治理能力现代化，该做法得到山西省委主要领导的充分肯定。

---

*本模型由晋城市阳城县人民检察院构建。案例由阳城县人民检察院刘欢社、柴沫林、韩华战、刘李娜、王霄等人提供，阳城县人民检察院第三检察部柴沫林、韩华战、刘李娜、王霄参与，晋城市人民检察院提供技术支撑。本模型获得2023年山西省检察机关大数据法律监督模型竞赛一等奖、获得2023年全国检察机关大数据法律监督模型三等奖。

二、模型设计依据

（一）法律监督依据

1.《土地管理法实施条例》

第 20 条规定："建设项目施工、地质勘查需要临时使用土地的，应当尽量不占或者少占耕地。临时用地由县级以上人民政府自然资源主管部门批准，期限一般不超过二年；建设周期较长的能源、交通、水利等基础设施建设使用的临时用地，期限不超过四年；法律、行政法规另有规定的除外。土地使用者应当自临时用地期满之日起一年内完成土地复垦，使其达到可供利用状态，其中占用耕地的应当恢复种植条件。"

2.《土地复垦条例》

第 2 条规定："本条例所称土地复垦，是指对生产建设活动和自然灾害损毁的土地，采取整治措施，使其达到可供利用状态的活动。"

第 3 条第 1 款规定："生产建设活动损毁的土地，按照'谁损毁，谁复垦'的原则，由生产建设单位或者个人（以下称土地复垦义务人）负责复垦。但是，由于历史原因无法确定土地复垦义务人的生产建设活动损毁的土地（以下称历史遗留损毁土地），由县级以上人民政府负责组织复垦。"

第 5 条规定："国务院国土资源主管部门负责全国土地复垦的监督管理工作。县级以上地方人民政府国土资源主管部门负责本行政区域土地复垦的监督管理工作。县级以上人民政府其他有关部门依照本条例的规定和各自的职责做好土地复垦有关工作。"

第 18 条规定："土地复垦义务人不复垦，或者复垦验收中经整改仍不合格的，应当缴纳土地复垦费，由有关国土资源主管部门代为组织复垦。确定土地复垦费的数额，应当综合考虑损毁前的土地类型、实际损毁面积、损毁程度、复垦标准、复垦用途和完成复垦任务所需的工程量等因素。土地复垦费的具体征收使用管理办法，由国务院财政、价格主管部门商国务院有关部门制定。土地复垦义务人缴纳的土地复垦费专项用于土地复垦。任何单位和个人不得截留、挤占、挪用。"

3.《土地复垦条例实施办法》

第 15 条规定："土地复垦义务人在实施土地复垦工程前，应当依据审查通过的土地复垦方案进行土地复垦规划设计，将土地复垦方案和土地复垦规划设计一并报所在地县级自然资源主管部门备案。"

第 16 条规定："土地复垦义务人应当按照条例第十五条规定的要求，与损毁土地所在地县级自然资源主管部门在双方约定的银行建立土地复垦费用专门账户，按照土地复垦方案确定的资金数额，在土地复垦费用专门账户中足额预存土地复垦费用。预存的土地复垦费用遵循'土地复垦义务人所有，自然资源主管部门监管，专户储存专款使用'的原则。"

4.《耕地占用税法》

第 2 条第 1 款规定："在中华人民共和国境内占用耕地建设建筑物、构筑物或者从事非农业建设的单位和个人，为耕地占用税的纳税人，应当依照本法规定缴纳耕地占用税。"

第 9 条规定："耕地占用税由税务机关负责征收。"

第 12 条第 1 款规定："占用园地、林地、草地、农田水利用地、养殖水面、渔业水域滩涂以及其他农用地建设建筑物、构筑物或者从事非农业建设的，依照本法的规定缴纳耕地占用税。"

5.《水土保持法》

第 5 条规定："国务院水行政主管部门主管全国的水土保持工作。国务院水行政主管部门在国家确定的重要江河、湖泊设立的流域管理机构（以下简称流域管理机构），在所管辖范围内依法承担水土保持监督管理职责。县级以上地方人民政府水行政主管部门主管本行政区域的水土保持工作。县级以上人民政府林业、农业、国土资源等有关部门按照各自职责，做好有关的水土流失预防和治理工作。"

第 25 条第 1 款规定："在山区、丘陵区、风沙区以及水土保持规划确定的容易发生水土流失的其他区域开办可能造成水土流失的生产建设项目，生产建设单位应当编制水土保持方案，报县级以上人民政府水行政主管部门审批，并按照经批准的水土保持方案，采取水土流失预防和治理措施。没有能力编制水土保持方案的，应当委托具备相应技术条件的机构编制。"

第 32 条第 1 款、第 2 款规定："开办生产建设项目或者从事其他生产建设活动造成水土流失的，应当进行治理。在山区、丘陵区、风沙区以及水土保持规划确定的容易发生水土流失的其他区域开办生产建设项目或者从事其他生产建设活动，损坏水土保持设施、地貌植被，不能恢复原有水土保持功能的，应当缴纳水土保持补偿费，专项用于水土流失预防和治理。专项水土流失预防和治理由水行政主管部门负责组织实施。水土保持补偿费的收取使用管理办法由国务院财政部门、国务院价格主管部门会同国务院水行政主管部门制定。”

6.《水土保持法实施条例》

第 14 条规定：“在山区、丘陵区、风沙区修建铁路、公路、水工程，开办矿山企业、电力企业和其他大中型工业企业，其环境影响报告书中的水土保持方案，必须先经水行政主管部门审查同意。在山区、丘陵区、风沙区依法开办乡镇集体矿山企业和个体申请采矿，必须填写‘水土保持方案报告表’，经县级以上地方人民政府水行政主管部门批准后，方可申请办理采矿批准手续。建设工程中的水土保持设施竣工验收，应当有水行政主管部门参加并签署意见。水土保持设施经验收不合格的，建设工程不得投产使用。”

7.《水土保持补偿费征收使用管理办法》

第 5 条规定：“在山区、丘陵区、风沙区以及水土保持规划确定的容易发生水土流失的其他区域开办生产建设项目或者从事其他生产建设活动，损坏水土保持设施、地貌植被，不能恢复原有水土保持功能的单位和个人（以下简称缴纳义务人），应当缴纳水土保持补偿费。前款所称其他生产建设活动包括：（一）取土、挖砂、采石（不含河道采砂）；（二）烧制砖、瓦、瓷、石灰；（三）排放废弃土、石、渣。”

8.《土地管理法》

第 43 条规定：“因挖损、塌陷、压占等造成土地破坏，用地单位和个人应当按照国家有关规定负责复垦；没有条件复垦或者复垦不符合要求的，应当缴纳土地复垦费，专项用于土地复垦。复垦的土地应当优先用于农业。”

第 57 条规定：“建设项目施工和地质勘查需要临时使用国有土地或者农民集体所有的土地的，由县级以上人民政府自然资源主管部门批准。其中，在城市规划区内的临时用地，在报批前，应当先经有关城市规划行政主管部门同意。土地使用者应当根据土地权属，与有关自然资源主管部门或者农村集体经济组织、村民委员会签订临时使用土地合同，并按照合同的约定支付临时使用土地补偿费。临时使用土地的使用者应当按照临时使用土地合同约定的用途使用土地，并不得修建永久性建筑物。临时使用土地期限一般不超过二年。”

第 67 条第 1 款规定:“县级以上人民政府自然资源主管部门对违反土地管理法律、法规的行为进行监督检查。”

第 76 条规定:“违反本法规定，拒不履行土地复垦义务的，由县级以上人民政府自然资源主管部门责令限期改正；逾期不改正的，责令缴纳复垦费，专项用于土地复垦，可以处以罚款。”

9.《土地管理法实施条例》

第 20 条规定:“建设项目施工、地质勘查需要临时使用土地的，应当尽量不占或者少占耕地。临时用地由县级以上人民政府自然资源主管部门批准，期限一般不超过二年；建设周期较长的能源、交通、水利等基础设施建设使用的临时用地，期限不超过四年；法律、行政法规另有规定的除外。土地使用者应当自临时用地期满之日起一年内完成土地复垦，使其达到可供利用状态，其中占用耕地的应当恢复种植条件。”

第 56 条规定:“依照《土地管理法》第七十六条的规定处以罚款的，罚款额为土地复垦费的 2 倍以上 5 倍以下。违反本条例规定，临时用地期满之日起一年内未完成复垦或者未恢复种植条件的，由县级以上人民政府自然资源主管部门责令限期改正，依照《土地管理法》第七十六条的规定处罚，并由县级以上人民政府自然资源主管部门会同农业农村主管部门代为完成复垦或者恢复种植条件。”

（二）监督要素

1. 临时用地到期未复垦土地数

一是根据临时用地审批时间确定临时用地届满期限。临时用地使用期限一般不超过两年。建设周期较长的能源、交通、水利等基础设施建设项目施工使用的临时用地，期限不超过 4 年。二是根据临时用地届满期限确定复垦期限。生产建设活动损毁的土地，按照“谁损毁，谁复垦”的原则，由生产建设单位或者个人负责复垦。用地单位自临时用地期满之日起 1 年内完成复垦，因气候、灾害等不可抗力因素影响复垦的，经批准可适当延长复垦期限，延长期限原则上不超过 1 年。因此，临时用地应在用地期限届满后 1 年内（最长 2 年）完成土地复垦。三是根据占地类型确定复垦标准。土地使用者应当自临时用地期满之日起 1 年内完成土地复垦，使其达到可供利用状态，其中占用耕地的应当恢复种植条件。四是根据土地复垦费退还情况判断土地复垦情况。土地复垦义务人应当按要求，与自然资源主管部门在双方约定的银行建立土地复垦费用专门账户，按照土地复垦方案确定的资金数额，在土地复垦费用专门账户中足额预存土地复垦费用。因此，缴纳土地复垦费并按要求完成复垦后，土地复垦费应退还给用地单位，故复垦费未退还或部分退还的，可推断属于未复垦或部分复垦情形。

2. 未缴纳耕地占用税

根据耕地占用税法的规定，占用耕地建设建筑物、构筑物或者从事非农业建设的单位和个人，应当依法缴纳耕地占用税。因此，临时用地占用耕地的，应当缴纳耕地占用税。

3. 未缴纳水土保持补偿费

在山区、丘陵区、风沙区以及水土保持规划确定的容易发生水土流失的其他区域从事其他生产建设活动，损坏水土保持设施、地貌植被，不能恢复原有水土保持功能的，应当缴纳水土保持补偿费。根据水土保持法的相关规定，其他生产建设活动，如排放废弃土、石、渣，损坏水土保持设施、地貌植被，不能恢复原有水土保持功能的单位和个人，应当缴纳水土保持补偿费。因此，在临时用地上排放废弃土、石、渣等，损坏水土保持设施、地貌植被的，应当缴纳水土保持补偿费。

4. 超期占地未处罚数

用地单位到期后，拒不履行土地复垦义务的，自然资源部门可以给予行政处罚。根据土地管理法的相关规定，用地单位拒不履行土地复垦义务、未经批准占用土地进行建设，未按批准内容建设，以及临时建筑物超过批准期限不拆除、在临时用地上修建永久性建筑物等违法情形，自然资源部门可以给予行政处罚。

（三）数据来源及载体

（1）临时用地审批信息（自然资源、林业、农业农村等部门）；

（2）土地复垦费缴纳信息（自然资源、税务部门）；

（3）耕地占用税数据（税务部门）；

（4）水土保持补偿费数据（水务、税务部门）；

（5）土地领域行政处罚信息（自然资源部门、林业、天眼查、企查查等）；

（6）土地纠纷裁判文书（中国裁判文书网）。

通过光盘拷贝获取临时用地数据，包含土地复垦费缴纳、退还数据。耕地占用税数据，包含应纳税额、入库税额等。水土保持补偿费缴纳数据，包含应缴纳金额、入库金额等。土地行政处罚数据，包含处罚内容、移送法院时间、法院是否接收等。

三、模型设计思路

（一）需求分析

2020年至2022年，阳城县人民检察院（以下简称阳城县院）在开展“河道清‘四乱’、保护母亲河”专项活动中发现，2011年8月至2018年12月，L石料加工厂、Q建材厂等10余家企业，经有关部门批准，在河道保护内（河岸上）临时占用100余亩耕地，用于加工堆放石料、修建搅拌站、工棚和养殖设施等。临时用地到期后，未复垦土地，亦未申请延期，继续占用土地，不仅影响河道生态环境，而且破坏土地资源。阳城县院及时启动公益诉讼诉前程序，依法向自然资源局、水务局等发出检察建议，在“检察＋行政”的监督下，涉案企业拆除了建筑物，并按要求完成了土地复垦和河道清理工作。

结合上述案例，经分析，临时用地复垦难的原因主要有：一是批前审核把关不严，如审批占用河道保护范围内的土地用于加工石料、修建猪舍、牛棚等，甚至审批占用耕地修建民宿宾馆等，导致用地期满后拆除难、复垦难。二是批后日常监管缺位，导致个别项目盲目扩大使用面积，改变土地用途，修建永久性建筑物，部分用地单位在期限届满后，通过连续申请延长用地期限，从而规避建设用地出让审批，导致临时用地“不临时”，土地迟迟不能复垦。

通过分析研判，辖区内临时用地单位在用地期限届满后，未复垦土地的情形较为普遍，特别是一些临时占用耕地项目，到期后未复垦土地，破坏土地资源，触碰耕地红线，影响粮食安全，有必要通过数字化法律监督开展临时用地土地复垦专项治理。

2022 年 10 月阳城县院针对办理中发现的问题，撰写“临时用地到期未复垦土地监督模型分析”课题材料，2023 年 1 月被山西省人民检察院立项。2023 年 4 月，阳城县院依托山西数字检察平台，搭建临时用地到期未复垦土地法律监督模型，收集了自然资源、林业等部门的临时用地数据、土地复垦费缴纳退还数据，税务部门的耕地占用税、水务税务部门水土保持补偿费缴纳，自然资源、林业等部门土地行政处罚数据等，以用地单位、统一社会信用代码、占地面积、占地位置、占地类型等为关键词，通过土地复垦费退还情况判断土地复垦情况，并利用卫星遥感技术、无人机航拍，结合人工筛查，摸排线索 250 余条。通过将临时用地数据与耕地占用税、水土保持补偿费缴纳数据进行比对碰撞，发现临时用地单位未依法缴纳税费，造成国有财产流失。通过将临时用地数据与土地执法领域行政处罚数据进行比对，发现行政机关对部分临时用地违法情形，怠于履行监督管理职责。

（二）数据分析

1. 超期未复垦

第一步，在临时用地数据中，将用地“批准时间”+2 年，计算出临时用地到期时间。第二步，到期时间 +1 年，计算出应复垦时间，应复垦时间小于当前时间的，即为监督线索。第三步，筛选出土地复垦费“退还情况”≠“0”的单位，即复垦费全额或部分在土地复垦费专门账户的用地单位，因按要求完成复垦后，土地复垦费会全额退还，未全部或部分退还的，可推定属于未复垦的情形。第四步，筛选出未缴纳土地复垦费即“土地复垦费”为“0”的单位，进一步核实是否属于未依法缴纳土地复垦费的情况（见图 1）。经对比，发现阳城水务张某水库供水有限公司张某一干渠、某陶瓷黏土矿矿区、某公司项目等 100 多个临时用地单位，3200 余亩土地到期未复垦。

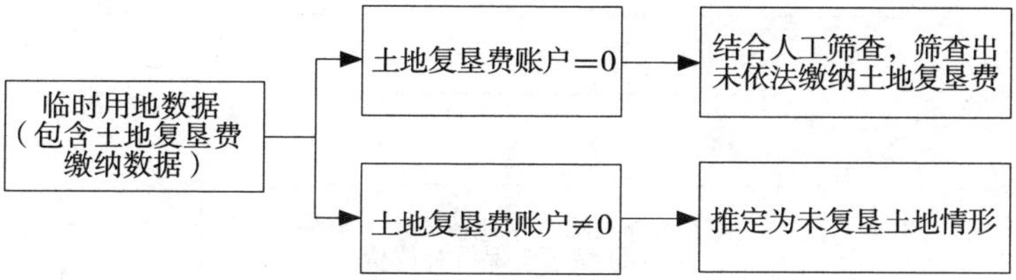

图 1　超期未复垦

2. 未缴纳耕地占用税

第一步，在临时用地数据表中，筛选出占用耕地，即占用“一般耕地”“基本农田”等地类的单位，即为应缴纳耕地占用税的单位。第二步，将筛选出的数据与耕地占用税缴纳数据进行比对碰撞，筛选出临时用地占用耕地未缴纳的单位（见图 2）。经比对，发现 J 市 C 供热有限公司、Y 县 H 建材有限公司、某高速等 73 个单位未缴纳耕地占用税。

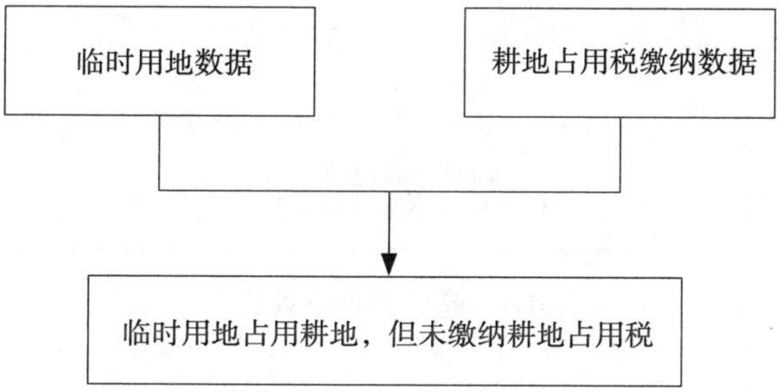

图 2　未缴纳耕地占用税

3. 未缴纳水土保持补偿费

第一步，在临时用地数据中筛选出含有“排放”“堆放”“石料”等关键词的用地单位。第二步，结合占地位置地形，通过公益诉讼大数据平台卫星遥感技术，排除未造成水土流失的用地单位。第三步，将排除、筛选后的临时用地数据与水务部门水土保持数据比对碰撞，筛选出临时用地未缴纳水土保持费的单位（见图 3）。经比对，发现新建 Y 县教育中心建设项目、Y 县 S 城中村改造工程项目、某产业园项目等共 45 个单位未缴纳水土保持补偿费。

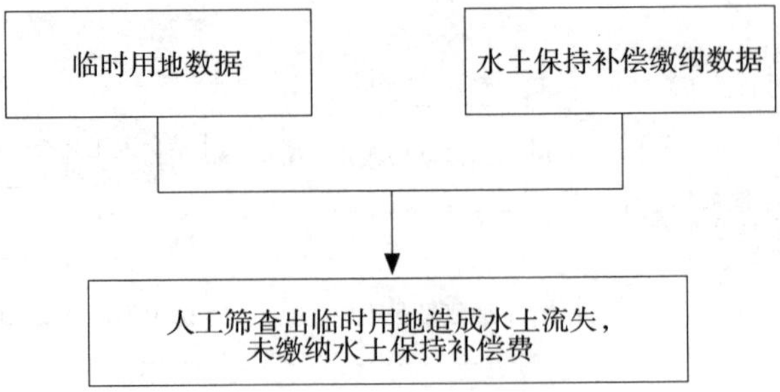

图 3　未缴纳水土保持补偿费

4. 超期占地未处罚

将第一个监督要点筛查出的临时用地数据与土地行政处罚数据比对，对行政机关未依法进行处罚的单位，督促行政机关及时予以处罚（见图 4）。

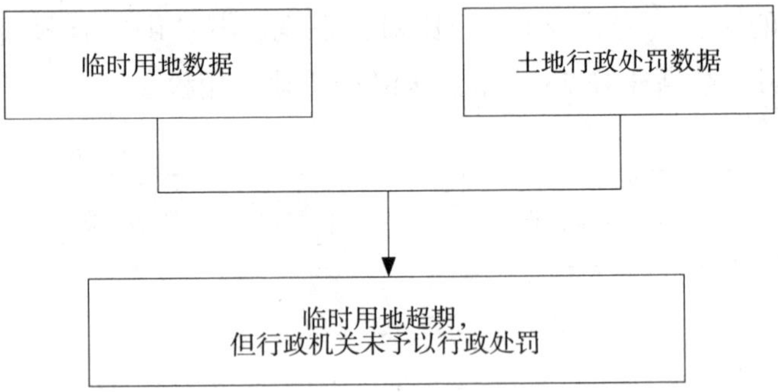

图 4　超期占地未处罚

5. 土地复垦情况查看

通过无人机、卫星遥感、实地测绘等方式，调查核实土地复垦情况。

（三）流程分析

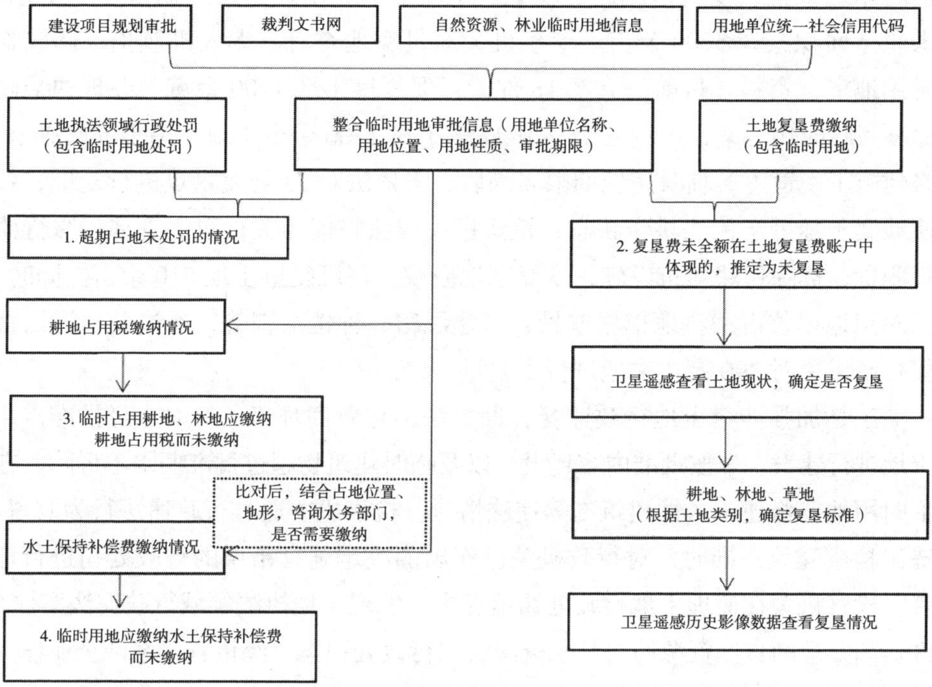

图 5　流程分析

（四）监督模型应用

土地资源是重要的自然资源，也是一切生产建设活动的物质基础。随着经济社会发展，在生产建设中不可避免临时使用土地，但临时用地到期未复垦土地，侵占耕地红线，使临时用地“不临时”。

一是通过模型破解临时用地复垦难题。检察机关通过公益诉讼检察、行政检察等监督方式，破解临时用地复垦难题，办理案件 31 件（类案 5 件），其中公益诉讼案件 30 件：土地复垦公益诉讼 18 件，耕地占用税公益诉讼 2 件，水土保持补偿费公益诉讼 9 件；行政违法行为监督案件 2 件。

二是公益诉讼助推土地复垦，保障地尽其用。检察机关深入贯彻习近平总书记关于耕地保护和粮食安全系列重要讲话精神，针对耕地“非农化”“非粮化”等问题，立足法律监督职能，借助数字检察，高质效一体履职，坚决遏制非法占用耕地行为，切实扛起耕地保护的检察责任。通过梳理临时用地审批、复垦情况，初步确定100个临时用地单位到期未复垦土地，未复垦面积共计3200余亩。检察机关通过实地查看、无人机航拍、调取临时用地审批资料，目前已立案18件，督促复垦土地1200余亩。办理的某高速项目临时用地案，占用五个乡镇27多个村1200余亩土地，用于堆放渣土、修建施工便道等。临时用地期限届满后，未依法对78处复垦点进行复垦，致使涉案土地处于无法耕作状态，检察机关依法督促相关行政主管部门履行监管职责，拆除违法建筑设施，恢复土地原貌。现已复垦土地810余亩。同时，针对用地单位占用耕地挖塘取景、修建民宿、种植苗圃等，通过公益诉讼督促行政机关对290余亩耕地进行了复垦。

三是加强涉企土地行政监督，助力法治化营商环境。针对未经批准占用土地进行建设、未按批准内容建设，以及临时建筑物超过批准期限不拆除、在临时用地上修建永久性建筑物等违法情形，检察机关通过行政违法行为监督，提出检察建议，同时，对行政机关已作出的决定确有错误的行政处罚进行监督。检察机关在梳理土地行政处罚信息中，发现土地执法领域行政违法案件2件。如办理的自然资源局对某水资源公司行政处罚案，经审查，案涉企业作为招商引资企业，自然资源部门在未全面审查证据的基础上，对其作出没收建筑物的处罚决定，存在认定事实错误、适用法律错误。检察机关通过调查核实、公开听证、制发检察建议等，自然资源部门撤销了对案涉企业的处罚决定，为企业挽回经济损失1500余万元，维护了企业合法权益，为优化法治化营商环境贡献了检察力量。针对未经批准占用土地修建永久建筑物，涉及强拆的行政非诉执行案，目前已筛选出法院裁定自然资源部门执行，尚未执行的案件线索19件；自然资源部门未移送执行的案件线索65条。

四、监督模型的整体效果

（一）联合办案效果

结合当前检察监督工作重点和上级部署专项行动，充分发挥民事、行政、公益诉讼检察职能，不断丰富模型内涵，拓展监督领域，进行融合式监督，既促进行政机关依法行政，又监督法院依法裁判，切实维护国家利益和社会公共利益。

一是发挥公益诉讼监督职能，开展生态环境领域和国有财产保护领域专项监督。针对土地未依法复垦问题，通过模型筛查出未依法复垦用地单位100余家3200余亩土地，依法督促相关行政主管部门履行监管职责，拆除违法建筑，按要求进行土地复垦，现已复垦土地1200余亩。针对部分用地单位未依法缴纳耕地占用税、水土保持补偿费导致国有税款流失问题，与自然资源、林业、水务、税务部门加强信息互通共享，形成治理合力，推动税费收缴到位，现已收缴耕地占用税5300余万元，水土保持补偿费260余万元。

二是发挥行政检察监督职能，开展土地领域行政违法行为监督、行政非诉执行监督。针对违法审批临时用地续期、违法占地未依法给予行政处罚以及行政处罚后执行不到位等问题，加强对相关行政主管部门、法院非诉执行的监督。现已办理土地执法领域行政违法监督案件1件，就自然资源部门对案涉企业作出没收违法建筑物的行政处罚决定，经依法审查，系法律适用错误，通过“检察听证 + 检察建议”，督促自然资源部门撤销错误的处罚决定，为企业挽回经济损失1500余万元，使案涉企业得以放下包袱、安心经营，切实通过检察履职优化营商环境。

三是发挥民事检察监督职能，开展涉土地租赁合同纠纷终本执行监督。通过裁判文书网搜索的涉土地合同纠纷相关判决，结合民事执行终本专项监督，发现相关线索20余条。

（二）社会治理效果

近年来，随着工业化、城镇化快速发展，加之工业用地、建设用地产生的增值利益巨大，各方面占地冲动强烈，大量土地甚至农用地、耕地被占用。而我国耕地数量总体较少、土地资源质量总体不高、人均占有量少，人地矛盾十分突出。为此，检察机关在办案中，深入贯彻习近平法治思想和习近平生态文明思想，以个案办理中发现的临时用地到期未复垦问题为切入点，通过“个案办理—类案监督—社会治理”工作思路，严格保护土地资源特别是耕地资源，同时通过建立工作协作机制，从源头上预防和减少非法占地现象，守护粮食安全“国之大者”。

一是破解临时用地到期未复垦问题。①临时用地现象较为普遍，其中原因有两点：第一，批前审查不严。自然资源部门审批前对项目选址和占用面积审查不严，仅按照复垦义务人申报的选址、面积进行审批，导致审批用地行为违法（如审批占用河道保护范围内的土地）、用地人缴纳的复垦保证金不足以完成复垦工程量。项目完工后，施工单位考虑到复垦的成本远远大于退还的复垦保证金，逃避复垦义务。第二，批后监管缺位。相关职能部门在用地审批后，日常监管不到位，导致个别项目盲目扩大使用面积，非法改变土地用途，甚至存在临时用地到期后再次申请延长用地期限等情况。②大量耕地被占用严重危害粮食安全。无农不稳，无粮则乱，而耕地是保障粮食安全"国之大者"的前提和根本。现实中许多临时用地存在占用耕地、农地的情况，部分临时用地使用人在土地上修建永久性建筑、厂房，且在用地到期后拒不拆除，非法占地，并擅自改变土地用途，侵占耕地红线、破坏国家的土地调控秩序。此外，现有法律法规中土地复垦规定存在漏洞：2021 年 11 月 4 日以前，仅临时占用永久基本农田的才需编制土地复垦方案，占用一般农田（含耕地）却无编制复垦方案的规定。2021 年 11 月 4 日，《关于规范临时用地管理的通知》（自然资规〔2021〕2 号）才规定临时用地申请人占用耕地的也应当编制临时用地土地复垦方案报告表。③临时用地到期未复垦破坏生态环境。根据水土保持法的相关规定，在山区、丘陵区、风沙区以及水土保持规划确定的容易发生水土流失的其他区域开办可能造成水土流失的生产建设项目，生产建设单位应当编制水土保持方案，采取水土流失预防和治理措施。然而，许多临时占地特别是工程项目占地，大多会在用地上建设工棚、办公场所、项目指挥部、砂石搅拌站、铺设临时道路等，这些均会采取水泥砂石硬化措施，且因水土保持与临时用地审批分属不同行政主管部门，存在信息不畅、监管不力等问题，导致大多临时用地未依法编制水土保持方案，造成水土流失、耕地有机含量减少，损害生态环境。

二是通过数据分析，开展法律监督。①数据资源的获取。一方面，积极争取党委政府支持和行政机关理解，让其认识到检察机关监督是与行政机关一道共同守护土地资源，目标一致，达成共识；拓展数据来源，分别向自然资源局、林草局、水务局调取临时用地审批文件及临时用地的台账，到辖区乡镇政府、村民委员会调取用地人与土地承包经营权人签订的租地协议、到用地单位、用地项目工地调查临时用地情况。另一方面，通过政府信息公开平台、裁判文书网、天眼查、企查查网络平台获取涉土地行政处罚、判决、用地单位基本信息等相关数据，充实完善检察监督数据资源。②从大量数据中挖掘检察监督点。运用发散思维、系统思维，结合个案办理中发现的问题，对上述收集的数据进行整理分析，挖掘临时用地到期未复垦、违法占地未处罚、未依法缴纳耕地占用税、水土保持补偿费等监督点，构思模型搭建框架和基本逻辑。第一，将所有的临时用地到期数据与土地行政处罚数据进行对比，即可以筛选出超期违法占地但未行政处罚的数据，依法向自然资源部门制发行政违法监督检察建议。第二，根据《土地复垦条例》中“土地复垦并验收合格后会将土地复垦费依法退回复垦义务人”的规定，将税务部门的土地复垦费收取与退回数据与临时用地数据进行对比，即可以筛选出临时用地中已复垦和未复垦的具体情况，依法监督相关行政主管部门督促复垦义务人依法完成土地复垦义务。第三，将临时用地数据中的地块性质进行细分，对其中占用耕地、农地、园地、林地的用地数据与税务部门耕地占用税征收数据进行对比，即可以筛选出临时占用土地中未依法缴纳耕地占用税的用地主体，对税务部门依法进行监督。第四，将临时用地数据中的项目名册与水务部门的水土保持项目名册进行对比，并结合水土保持补偿费的征收标准，即可筛选出未依法缴纳水土保持补偿费的项目名册，对水务部门进行监督。③通过“线上筛查 + 线下调查”方式，进行精准监督。一方面，根据上述分析步骤，将所获取的数据导入全省模型开发管理平台，通过算子运行得出比对结果。另一方面，按照比对结果，到相关行政主管部门、用地现场进行实地调查，并请检察技术人员运用无人机航拍测绘获取用地现状实拍图，进一步查清用地情况、相关税费缴纳情况、土地复垦情况，固定相关证据，分门别类开展精准监督。

三是延伸监督触角，确保税费类国有财产颗粒归仓。检察机关针对发现的临时用地未缴纳耕地占用税线索，立足公益诉讼监督职能，通过“实地调查 + 座谈会商”，督促行政部门依法履职。通过实地走访，发现税务、自然资源等部门对占用园地、林地、草地等农用地未依法征缴耕地占用税情况，按地类性质将相关数据分别推送至林业、自然资源、行政审批部门进行核对，确定欠缴耕地占用税主体名册。同时，组织各行政部门召开圆桌会议，形成检税监督征管机制，切实推动耕地占用税应缴尽缴。针对临时用地单位未缴纳耕地占用税立案 2 件（类案 1 件），督促税务部门收缴耕地占用税 5300 余万元。检察机关依托模型筛查出的临时用地未缴纳水土保持补偿费线索，认真开展“打击水土保持违法行为、保护黄河中游生态环境”专项行动。在办案中坚持问题导向、目标导向、结果导向，筑牢水土保持警戒线。以某高速项目建设为监督点，与林业、自然资源、住建等部门对接，第一时间获取阳城县主要建设施工项目名册、施工单位、项目地址等审批数据台账，对 96 个在建主要建设项目进行梳理分析，通过与水务部门相关数据比对、深入项目工地一线核实，摸排未依法编制水土保持方案、未依法缴纳水土保持补偿费等案件线索 17 件，立案 10 件（其中类案 1 件），督促税务部门收缴水土保持补偿费 260 余万元。

四是依法能动履职，推进长效治理。寸土寸金关乎国计，一垄一亩承载民生。推进临时用地到期有序复垦并建成高标准农田，推动资源节约和环境保护，促进土地可持续利用，是检察履职助力国家粮食安全战略落实落细的必然要求。检察机关结合办案中发现的违法占地特别是耕地非农化、行政主管部门之间信息不畅、职能交叉等问题，通过数字检察赋能法律监督，融入社会治理大局，联合出台《关于建立农用地保护工作机制的意见》，与行政机关协作建立“源头预防、中间核查、恢复性司法、综合治理”的长效机制，加强对农用地源头审批、事中检查、事后惩处等全链条监管，坚决防止农用地非农化，以检察履职助力守牢“中国粮食、中国饭碗”的底线。

结合检察机关办案中发现的违法占地特别是耕地非农化、行政主管部门之间信息不畅、职能交叉等问题，加强与自然资源、农业、林业等主管部门的协作配合，联合出台《关于建立农用地保护工作机制的意见》，建立行政主管部门与检察机关的职责分工、信息共享、联席会议、行刑衔接机制。明确自然资源、林业、农业农村等部门，每季度向检察机关报送耕地、林地及基本农田高质量保护数据、土地执法数据、公益诉讼整改情况等数据，建立土地行政案件与破坏农用地刑事案件办理的衔接机制，通过召开联席会议，分析研判农用地保护工作中出现的新情况、新问题，加强对农用地源头审批、事中检查、事后惩处等全链条监管，坚决防止农用地非农化，形成保护农用地资源的“检察 + 行政”合力。

第十三章

医药机构违规行为公益诉讼大数据法律监督模型构建 *

一、模型概述

党的二十大报告明确指出，要深化医药卫生体制改革，促进医保、医疗、医药协同发展和治理。阳泉市人民检察院认真贯彻最高人民检察院数字检察战略，深入落实山西省人民检察院大数据安排部署，针对医药机构常见、多发违规行为，研发“医药机构违规行为公益诉讼大数据法律监督模型”，创新算子破解模型构建难点，设置“化整为零”“起死回生”“暗渡陈仓”“冒名顶替”4个监督点，调取全市医院、诊所和药店等数据，通过大数据关联分析，开展碰撞比对，进行深度挖掘，发现隐秘问题线索，将法律监督从个别、被动、人工监督，转变为系统、主动、智能监督，督促行政机关依法履职，推动医药机构规范医疗销售行为，完善内控机制，补齐补强医药机构执业行为监管短板弱项，筑实筑牢医保基金安全防线，维护患者或其他利益相关人合法权益，维护医药行业良好运行秩序，保护国家利益和社会公共利益。监督模型跨市出省应用取得初步成效。

* 本模型由阳泉市人民检察院第六检察部构建。案例由阳泉市人民检察院张世荣、杨喜平、谷开元、石磊、张晓峰提供，案件管理办公室王海东、第六检察部刘舒、办公室梁彦参与，计财装备技术部郭海冰、赵星宇提供了技术支撑，本模型获得2023年山西省检察机关大数据法律监督模型竞赛一等奖。

二、模型设计依据

（一）法律监督依据

1.《行政诉讼法》

第 25 条第 4 款规定："人民检察院在履行职责中发现生态环境和资源保护、食品药品安全、国有财产保护、国有土地使用权出让等领域负有监督管理职责的行政机关违法行使职权或者不作为，致使国家利益或者社会公共利益受到侵害的，应当向行政机关提出检察建议，督促其依法履行职责。行政机关不依法履行职责的，人民检察院依法向人民法院提起诉讼。"

2.《社会保险法》

第 88 条规定："以欺诈、伪造证明材料或者其他手段骗取社会保险待遇的，由社会保险行政部门责令退回骗取的社会保险金，处骗取金额二倍以上五倍以下的罚款。"

3.《医师法》

第 23 条规定："医师在执业活动中履行下列义务：（一）树立敬业精神，恪守职业道德，履行医师职责，尽职尽责救治患者，执行疫情防控等公共卫生措施；（二）遵循临床诊疗指南，遵守临床技术操作规范和医学伦理规范等；（三）尊重、关心、爱护患者，依法保护患者隐私和个人信息；（四）努力钻研业务，更新知识，提高医学专业技术能力和水平，提升医疗卫生服务质量；（五）宣传推广与岗位相适应的健康科普知识，对患者及公众进行健康教育和健康指导；（六）法律、法规规定的其他义务。"

第 55 条规定："违反本法规定，医师在执业活动中有下列行为之一的，由县级以上人民政府卫生健康主管部门责令改正，给予警告；情节严重的，责令暂停六个月以上一年以下执业活动直至吊销医师执业证书：（一）在提供医疗卫生服务或者开展医学临床研究中，未按照规定履行告知义务或者取得知情同意；（二）对需要紧急救治的患者，拒绝急救处置，或者由于不负责任延误诊治；（三）遇有自然灾害、事故灾难、公共卫生事件和社会安全事件等严重威胁人民生命健康的突发事件时，不服从卫生健康主管部门调遣；（四）未按照规定报告有关情形；（五）违反法律、法规、规章或者执业规范，造成医疗事故或者其他严重后果。"

第 56 条规定："违反本法规定，医师在执业活动中有下列行为之一的，由县级以上人民政府卫生健康主管部门责令改正，给予警告，没收违法所得，并处一万元以上三万元以下的罚款；情节严重的，责令暂停六个月以上一年以下执业活动直至吊销医师执业证书：（一）泄露患者隐私或者个人信息；（二）出具虚假医学证明文件，或者未经亲自诊查、调查，签署诊断、治疗、流行病学等证明文件或者有关出生、死亡等证明文件；（三）隐匿、伪造、篡改或者擅自销毁病历等医学文书及有关资料；（四）未按照规定使用麻醉药品、医疗用毒性药品、精神药品、放射性药品等；（五）利用职务之便，索要、非法收受财物或者牟取其他不正当利益，或者违反诊疗规范，对患者实施不必要的检查、治疗造成不良后果；（六）开展禁止类医疗技术临床应用。"

第 61 条规定："违反本法规定，医疗卫生机构未履行报告职责，造成严重后果的，由县级以上人民政府卫生健康主管部门给予警告，对直接负责的主管人员和其他直接责任人员依法给予处分。"

第 62 条规定："违反本法规定，卫生健康主管部门和其他有关部门工作人员或者医疗卫生机构工作人员弄虚作假、滥用职权、玩忽职守、徇私舞弊的，依法给予处分。"

第 63 条规定："违反本法规定，构成犯罪的，依法追究刑事责任；造成人身、财产损害的，依法承担民事责任。"

4.《价格法》

第 33 条规定："县级以上各级人民政府价格主管部门，依法对价格活动进行监督检查，并依照本法的规定对价格违法行为实施行政处罚。"

第 41 条规定："经营者因价格违法行为致使消费者或者其他经营者多付价款的，应当退还多付部分；造成损害的，应当依法承担赔偿责任。"

5.《个人信息保护法》

第 13 条规定："符合下列情形之一的，个人信息处理者方可处理个人信息：（一）取得个人的同意；（二）为订立、履行个人作为一方当事人的合同所必需，或者按照依法制定的劳动规章制度和依法签订的集体合同实施人力资源管理所必需；（三）为履行法定职责或者法定义务所必需；（四）为应对突发公共卫生事件，或者紧急情况下为保护自然人的生命健康和财产安全所必需;（五）为公共利益实施新闻报道、舆论监督等行为，在合理的范围内处理个人信息;（六）依照本法规定在合理的范围内处理个人自行公开或者其他已经合法公开的个人信息;（七）法律、行政法规规定的其他情形。依照本法其他有关规定，处理个人信息应当取得个人同意，但是有前款第二项至第七项规定情形的，不需取得个人同意。”

6.《医疗保障基金使用监督管理条例》

第19条第1款规定:“参保人员不得利用其享受医疗保障待遇的机会转卖药品，接受返还现金、实物或者获得其他非法利益。”

第20条规定:“医疗保障经办机构、定点医药机构等单位及其工作人员和参保人员等人员不得通过伪造、变造、隐匿、涂改、销毁医学文书、医学证明、会计凭证、电子信息等有关资料，或者虚构医药服务项目等方式，骗取医疗保障基金。”

第28条规定:“定点医药机构有下列情形之一的，由医疗保障行政部门责令改正，并可以约谈有关负责人；造成医疗保障基金损失的，责令退回，处造成损失金额1倍以上2倍以下的罚款；拒不改正或者造成严重后果的，责令定点医药机构暂停相关责任部门6个月以上1年以下涉及医疗保障基金使用的医药服务；违反其他法律、行政法规的，由有关主管部门依法处理:（一）分解住院、挂床住院;（二）违反诊疗规范过度诊疗、过度检查、分解处方、超量开药、重复开药或者提供其他不必要的医药服务;（三）重复收费、超标准收费、分解项目收费;（四）串换药品、医用耗材、诊疗项目和服务设施;（五）为参保人员利用其享受医疗保障待遇的机会转卖药品，接受返还现金、实物或者获得其他非法利益提供便利;（六）将不属于医疗保障基金支付范围的医药费用纳入医疗保障基金结算;（七）造成医疗保障基金损失的其他违法行为。”

第40条规定:“定点医药机构通过下列方式骗取医疗保障基金支出的，由医疗保障行政部门责令退回，处骗取金额2倍以上5倍以下的罚款；责令定点医药机构暂停相关责任部门6个月以上1年以下涉及医疗保障基金使用的医药服务，直至由医疗保障经办机构解除服务协议；有执业资格的，由有关主管部门依法吊销执业资格:（一）诱导、协助他人冒名或者虚假就医、购药，提供虚假证明材料，或者串通他人虚开费用单据;（二）伪造、变造、隐匿、涂改、销毁医学文书、医学证明、会计凭证、电子信息等有关资料；（三）虚构医药服务项目；（四）其他骗取医疗保障基金支出的行为。定点医药机构以骗取医疗保障基金为目的，实施了本条例第三十八条规定行为之一，造成医疗保障基金损失的，按照本条规定处理。”

7.《医疗机构管理条例》

第5条第2款规定：“县级以上地方人民政府卫生行政部门负责本行政区域内医疗机构的监督管理工作。”

第24条规定：“医疗机构执业，必须遵守有关法律、法规和医疗技术规范。”

第39条规定：“县级以上人民政府卫生行政部门行使下列监督管理职权：（一）负责医疗机构的设置审批、执业登记、备案和校验；（二）对医疗机构的执业活动进行检查指导；（三）负责组织对医疗机构的评审；（四）对违反本条例的行为给予处罚。”

第49条规定：“没收的财物和罚款全部上交国库。”

8.《山西省医疗保障基金使用监督管理办法》

第4条规定：“县级以上人民政府医疗保障行政部门负责本行政区域内的医疗保障基金使用监督管理工作，规范医疗保障经办业务，监督纳入医保支付范围的医疗服务行为和医药费用，依法查处违法使用医疗保障基金的行为。”

第5条规定：“县级以上人民政府卫生健康部门负责医疗机构和医疗服务行业监督管理，规范医疗机构及其医务人员的医疗服务行为。诊疗行为规范由省人民政府卫生健康部门负责制定。县级以上人民政府市场监督管理部门负责医疗卫生行业价格监督检查。县级以上人民政府市场监督管理部门、药品监督管理部门按照职责规范药品经营行为。县级以上人民政府财政部门负责规范医疗保障基金预决算、财政专户核算，依法查处单位、个人违反医疗保障基金财务会计的行为。县级以上人民政府公安机关负责依法查处各类欺诈骗保等违法犯罪行为。县级以上人民政府其他有关部门在各自职责范围内做好相关工作。”

第11条第1款规定：“定点医疗机构应当遵守本省基本医疗保险药品目录、诊疗项目、医疗服务设施标准、医用耗材目录及其支付标准和价格管理的规定。”

第19条规定：“定点医药机构及其工作人员不得有以下行为：（一）分解住院、挂床住院；（二）违反诊疗规范过度诊疗、过度检查、分解处方、超量开药、重复开药；（三）重复收费、超标准收费、分解项目收费；（四）串换药品、医用耗材、诊疗项目和服务设施；（五）诱导、协助他人冒名或者虚假就医、购药；（六）伪造、变造、隐匿、涂改、销毁医疗文书、医学证明、会计凭证、电子信息，虚构医药服务项目，提供虚假证明材料；（七）为非定点医药机构提供医保结算；（八）为参保人员利用其享受医疗保障待遇的机会转卖药品，接受返还现金、实物或者获得其他非法利益提供便利；（九）将不属于医疗保障基金支付范围的医药费用纳入医疗保障基金结算；（十）造成医疗保障基金损失的其他违法违规行为。”

（二）监督要素

本模型共设计有4个监督点，分别是“化整为零”“起死回生”“暗渡陈仓”“冒名顶替”。

（1）“化整为零”（分解住院诊疗）：违反临床出院标准规定，人为将一次连续住院治疗过程，分解为二次甚至多次住院治疗，或人为将参保人员在院际之间、院内科室之间频繁转科的行为。

（2）“起死回生”（盗用逝者身份）：盗用已故人员身份，在医院、诊所、药店等医药机构进行诊疗或购买医药品的行为。

（3）“暗渡陈仓”（违规销售商品）：违规使用医保卡在药店购买非医保物品的行为，包括购买不属于国家医保支付目录中的西药、中药、中药饮片及其他食品、保健品、生活用品等商品的行为。

（4）“冒名顶替”（冒用他人身份）：冒用他人身份在医院进行诊疗支付结算的行为。

（三）数据来源及载体

（1）医疗机构表：从医疗保障局调取，载体：U盘。

（2）药店表：从医疗保障局调取，载体：U盘。

（3）医保药品目录表：从医疗保障局调取，载体：U盘。

（4）参保人员基本信息表：从山西省医疗保障局调取全市居民参保人员信息，调取全市职工参保人员信息，载体：U盘。

（5）药店销售支付记录表：从山西省医疗保障局及药店调取，载体：U盘及移动硬盘。

（6）医院诊疗收费记录表：从山西省医疗保障局及医院调取，载体：U盘及移动硬盘。

（7）死亡人员信息表：从疾病预防控制中心调取全市2021年1月至2023年4月死亡人员数据，载体：U盘。

三、模型设计思路

（一）需求分析

党的二十大报告在“增进民生福祉，提高人民生活品质”专章中强调，“深化医药卫生体制改革，促进医保、医疗、医药协同发展和治理”。医药监管部门是医疗民生领域落实惠民政策的具体责任主体，监管部门对医药机构依法监管、积极履职是人民群众切身利益的有效保障。《中共中央关于加强新时代检察机关法律监督工作的意见》对检察机关公益诉讼职能履行提出明确要求，建立公益诉讼检察与行政执法信息共享机制，加大生态环境和资源保护、食品药品安全、国有财产保护、国有土地使用权出让和英烈权益保护、未成年人权益保护等重点领域公益诉讼案件办理力度。积极稳妥拓展公益诉讼案件范围，总结实践经验，完善相关立法。检察机关加强对医药监管部门的法律监督，正是落实党中央部署、回应民生关切的法定职责和现实需要。

然而，医药机构监管存在点多、面广、信息孤岛林立和碎片化监管等问题，检察机关对监管部门的法律监督则面临线索来源少、调查取证难、办案效率低等问题，发现线索依赖走访调研、媒体报道、群众举报等方式，相对滞后；调查取证主要采取询问咨询、调取资料、摄影摄像、人工比对等方式，监督效能低下。比如，医药机构的违规执业行为手段隐蔽、违法形式多样、甄别认定复杂，涉及医院、药店、诊所多种主体，牵连许多普通群众，而医保、卫健、市场等行政机关在监管中存在职能交叉，客观上产生监管缺位或者多重监管现象，不利于保护人民群众切身利益，干扰医药行业正常秩序，侵害国家利益和社会公共利益。

为了切实解决上述问题，加强对医药行业行政监管机关法律监督，2023年，阳泉市检察院以督促行政机关整治医药机构违规行为切入口，以辖区全部医药机构诊疗销售数据为分析样本，研发“医药机构违规行为公益诉讼大数据法律监督模型”，通过对医疗机构诊疗收费信息、药店销售支付信息、医保参保人员信息、死亡人员信息、医药机构信息、医保支付项目信息等6类数据进行碰撞比对、深度挖掘，对在各种医药机构发生的全部诊疗人分解住院诊疗、盗用逝者身份、违规销售商品、冒用他人身份等4种多发频发涉医保资金使用违规违法行为进行快速筛查甄别，批量发现异常数据，及时研判案件线索。

截至目前，已调取2021年以来9200余万条数据，经监督模型筛查线索16万余条，涉案金额1700余万元，采取类案办理模式办理行政公益诉讼案件97件，对10名参保人员依法追究医保诈骗刑事责任，已挽回医保基金损失300余万元，还有1400余万元正在追缴中。通过办理行政公益诉讼案件，制发社会治理检察建议，督促相关行政机关依法积极履行监管职责，助力破解医药机构违规行为监管难点、堵点，维护医药行业良好运行秩序，保障人民群众合法权益，促进医保、医疗、医药协同发展和治理。

（二）数据分析

1. 数据分类

根据建模需求及功能的不同，将数据分为三类：

（1）基本信息数据：全局、动态、公开数据，用于模型全部监督点筛查比对，可一次性调取、长期使用。主要包括医疗机构目录（以表1为例）、药店目录、医保支付项目目录（包括西药、中药、中药药品、医疗器械、医用耗材、医疗项目）。

（2）人员信息数据：全局、动态、隐私数据，用于模型全部监督点筛查比对，一次调取后可在较长时间内使用。主要包括参保人员基本信息（以表2为例）、死亡人员信息，主要用于比对识别人员身份，获取联系方式。

表 1　医疗机构信息

套刷医保卡资金大数据监督模型 V1.0　　山西省阳泉市人民检察院

序号	单位名称	所在县区	统一社会信用代码	类别	类型	注册资本（万元）	地址	法定代表人	职务	联系电话
1										
2										
3										
4										
5										
6										
7										
8										
9										
10										

说明：1. 类别：医院、诊所、卫生站。
2. 类型：公立、私立。

表 2　医保参保人员信息

医药机构违规行为公益诉讼大数据法律监督模型 V1.0　　山西省阳泉市人民检察院

序号	姓名	性别	出生年月	身份证号	社会保障号码	联系方式	类别	缴费单位
1								
2								
3								
4								
5								
6								
7								
8								
9								
10								

说明：类别：居民医保、职工医保。

（3）收费支付数据：局部、动态、隐私数据，应用于部分监督点筛查比对。实时调取、药店销售记录、药店销售支付记录、医院门诊收费记录、医院住院收费记录。

2. 数据采集

在开展数据调取采集过程中，我们将采集方式分为 3 种：

（1）现场采集：即按照检察人员现场提出的明确要求，医药机构或监管部门配合完成数据采集。

（2）工具抓取：即由专用数据抓取工具软件通过互联网络进行数据捕获抓取。

（3）对象提供：即由数据提供方根据检察机关的要求完成数据收集后，通过网络、光盘或移动存储介质等方式提供给检察机关。

通过模型准确筛查推送线索的重要前提是，首先保证数据的真实性、完整性、客观性、有效性，在模型研发过程中我们发现，检察人员现场采集数据，有利于双方及时沟通协调，确保数据准确、完整、有效。

3. 数据处理

（1）表格规范：按照标准表格式，对调取的数据表进行整理。对数据项目不完整的，必要时可进行数据补充。

（2）类型转换：身份证号码等由数字组成的字符串在导入 Excel 表格中时，极易自动识别为数值类型，导致显示错误或者数据丢失，应当将其转换为文本类型。

（3）字符清洗："*""？""#""/""+""-""\" 等特殊符号，因其通常作为通配符、路径分隔符、运算符使用，故在上传至平台过程中可能导致错误，为防止此类问题发生，可用其他符号进行替换。为保证各数据表特殊符号替换的统一性，可建立符号替换表，以便操作及后期对照（见表 3）。数据经过首轮清洗上传至大数据平台导入模型进行运算比对后，根据运行流畅度、结果正确性进行再清洗、再调整，去除非必要数据，减少数据文件容量，降低系统资源消耗，提高运行效率，以便达到最佳效果。

（4）文件拆分：由各种 HIS 管理平台导出的数据通常为 CSV 格式，且文件容量较大，为便于编辑，通常需要转化为 Excel 文件。根据 Excel 文件版本的不同，可分为 XLS 和 XLSX 两种，前者能够支持最大 256（2 的 8 次方）列，最大 65536（2 的 16 次方）行；后者则能够支持最大 16384（XFD，2 的 14 次方）列，最大 1048576（2 的 20 次方）行。但是，大容量的文件会导致大量占用系统资源，导致文件操作缓慢迟钝，甚至造成系统崩溃，因此，可以 500000 行为单位将文件进行拆分，再上传至模型平台分别进行运算比对，输出结果时，可取各次结果的并集得出最终结果。

表 3　特殊符号替换对照

序号	原表符号	替换符号	备注
1	/	┋	虚线制表符
2	\	、	中文标点顿号
3	+	✥	
4	-	—	中文标点破折号
5	*	×	乘号
6	空格	，	中文逗号
7	日期连接符一	.	英文句号
8	日期和时间之间的空格	┅	
9	英文单词间空格	□	

4. 阈值设置

根据监督需要，结合筛查结果，科学设置逻辑规则阈值，可反复进行调试，直至结果合理。例如，经数据筛查并核实验证，分解住院诊疗的后一次入院时间与前一次出院时间之差设为 7 天较为合理；盗用逝者身份的情形，对于住院诊疗的，因医保报销支付存在起付点，故在筛查过程中将个人治疗费用合计设置在 500 元以上更为合理；对于冒用他人身份的情形，因我国传统文化的虚岁、周岁之间通常存在 1—2 岁年龄差，故在通过登记年龄与身份证年龄之差判断是否构成冒用时，以年龄差值大于 2 为宜。

5. 数据分析关键词

监督点 1 关键词：住院次数 >=2，且入院时间 - 出院时间 <=7 天。

监督点 2 关键词：诊疗人诊疗时间 > 死亡人员死亡时间，诊疗人入院时间 >= 死亡人员死亡时间。

监督点 3 关键词：支付方式包含“医保”，且购买人购买的“商品名称 <>”医保支付项目的“注册名称”。

监督点 4 关键词：诊疗人登记年龄与从支付结算社保卡所有人的身份证

号中提取的年龄之差 >2，且诊疗人姓名 <> 支付人姓名、诊疗人性别 <> 支付人性别。

6. 数据分析步骤

监督点 1："化整为零"

第一步，打开医院住院记录表；第二步，使用去重算子，去除全要素重复记录；第三步，使用 SQL 转化算子自行编写语句，统计每名住院患者的住院次数，并将每次住院的入院时间、出院时间依次作为新的列添加在表的右端，然后按照诊疗人姓名、身份证号进行分组排序，从而生成一张患者住院清单表；第四步，使用时间差算子，计算后一次入院时间与前一次出院时间的时间差；第五步，使用过滤算子，筛选出时间差小于等于 7 的所有记录，即为存在分解住院的情况，产生线索数据共计 7 条（见图 1）。

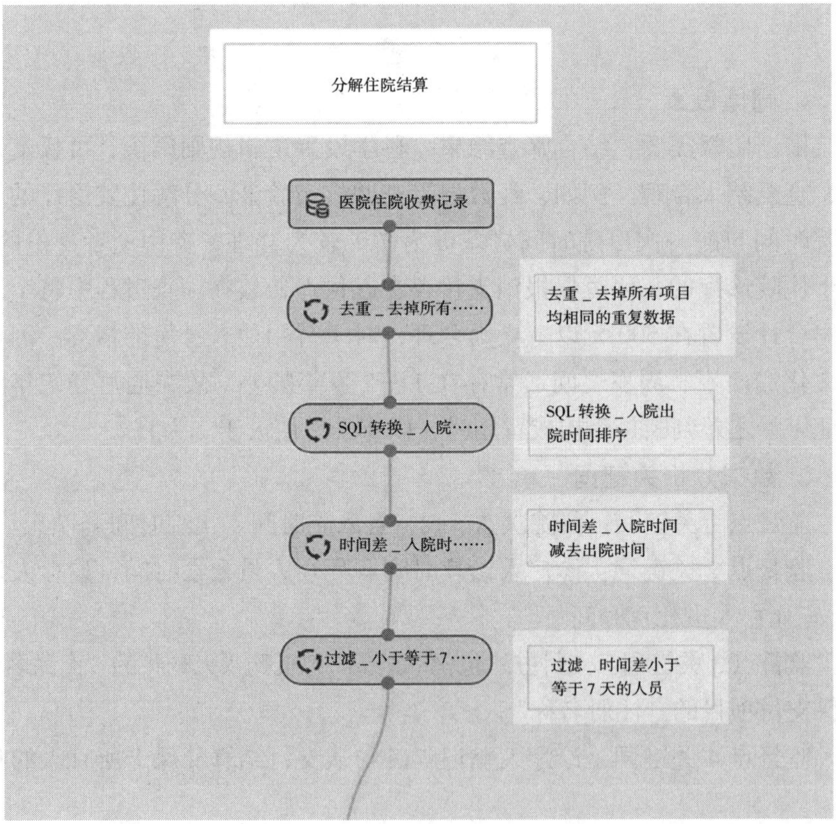

图 1

SQL 查询程序代码：

```
SELECT
  `诊疗人`,
  `身份证号`,
  MAX(CASE WHEN `住院次序` = 1 THEN `入院时间_DATE 类型` END) AS `第一次入院时间`,
  MAX(CASE WHEN `住院次序` = 1 THEN `出院时间_DATE 类型` END) AS `第一次出院时间`,
  MAX(CASE WHEN `住院次序` = 2 THEN `入院时间_DATE 类型` END) AS `第二次入院时间`,
  MAX(CASE WHEN `住院次序` = 2 THEN `出院时间_DATE 类型` END) AS `第二次出院时间`,
  MAX(CASE WHEN `住院次序` = 3 THEN `入院时间_DATE 类型` END) AS `第三次入院时间`,
  MAX(CASE WHEN `住院次序` = 3 THEN `出院时间_DATE 类型` END) AS `第三次出院时间`,
  MAX(CASE WHEN `住院次序` = 4 THEN `入院时间_DATE 类型` END) AS `第四次入院时间`,
  MAX(CASE WHEN `住院次序` = 4 THEN `出院时间_DATE 类型` END) AS `第四次出院时间`,
  MAX(CASE WHEN `住院次序` = 5 THEN `入院时间_DATE 类型` END) AS `第五次入院时间`,
  MAX(CASE WHEN `住院次序` = 5 THEN `出院时间_DATE 类型` END) AS `第五次出院时间`
FROM (
  SELECT
    `诊疗人`,
    `身份证号`,
    `入院时间`,
    `出院时间`,
    CAST(`入院时间` AS DATE) AS `入院时间_DATE 类型`,
    CAST(`出院时间` AS DATE) AS `出院时间_DATE 类型`,
    `费用合计`,
    row_number() over(PARTITION BY `诊疗人`, `身份证号` ORDER BY CAST(`入院时间` AS DATE))
AS `住院次序`
  FROM __THIS__
) subquery
GROUP BY `诊疗人`, `身份证号`
HAVING `第二次入院时间` is not null OR
    `第三次入院时间` is not null OR
    `第四次入院时间` is not null OR
    `第五次入院时间` is not null
```

监督点 2："起死回生"

第一步，打开医院门诊收费记录表、住院收费记录表，同时导入已故人员信息表（2021 年 1 月至 2023 年 4 月死亡人员信息）；第二步，使用去重算子，对三个表所有字段内容相同的记录进行去重；第三步，使用提取日期元素算子，提取门诊收费记录表中“诊疗时间”的年、月、日信息，分别生成新的数据列“诊疗年”“诊疗月”“诊疗日”；第四步，同理，提取已故人员信息表中“死亡时间”中的年、月、日信息，分别生成新的数据列“死亡年”“死亡月”“死亡日”；第五步，使用连接算子 inner 方法将以上两个新表进行连接；第六步，使用 SQL 转化算子自行编写语句，筛选出“诊疗年”>“死亡年”or“诊疗年”>“死亡年”and“诊疗月”>“死亡月”这两种情况下死亡后发生治疗行为的人员；第七步，使用过滤算子，筛选出“费用合计 >0”的费用明细情况，即为死亡后发生诊疗行为并产生实际诊疗费用的情况；第八步，使用排序算子按照身份证号对筛选结果进行排序，即可得出所有死亡后发生诊疗行为并产生诊疗费用的人员消费清单，产生线索数据共计 177 条。同理，对住院收费记录表进行相同操作并和已故人员信息表进行比对，最终没有筛出线索，说明这个表中没有出现死亡后又住院的情况（见图 2）。

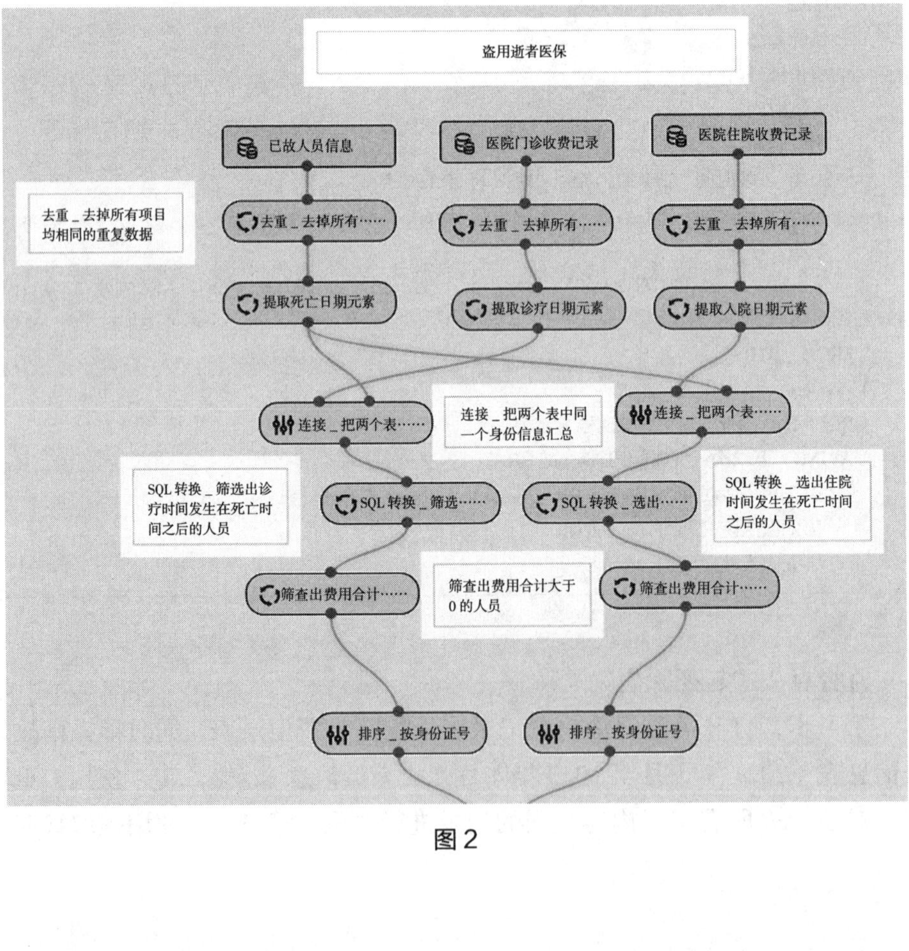

图 2

表连接操作 inner 方法，即取 A、B 两表的交集（见图 3）。

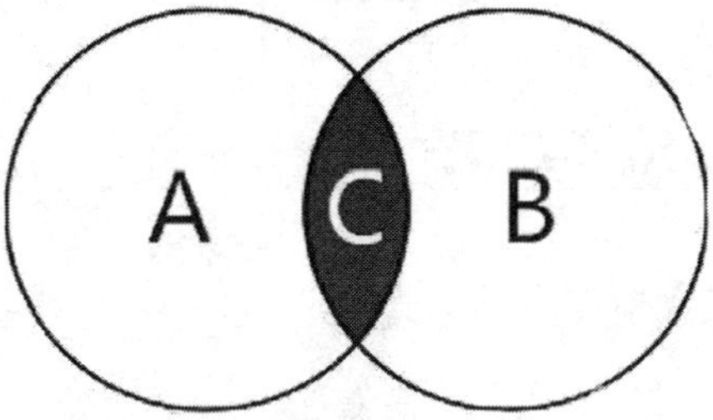

图 3

监督点 3："暗渡陈仓"

第一步，打开药店销售记录表和药店支付记录表；第二步，使用去重算子去除重复记录；第三步，使用过滤算子，筛选出药店支付记录表中所有采用医保方式支付的记录；第四步，使用连接算子的 inner 方法，将筛选出的结果与药店销售记录表进行连接得出使用医保支付的全部数据；第五步，使用连接算子将筛选结果表与医保药品目录表连接，以药品目录表中的"注册名称"和销售记录表中的"药品名称"为主键，使用 right 方法连接；第六步，使用过滤算子，过滤掉所有注册名称为 NULL 的记录，结果即为使用医保卡购买非医保药品的记录清单，产生线索数据共计 18761 条。同理，因为医院的所有数据在一张表中，而非药店的两张表，直接筛选使用医保支付的数据，再和药品目录表对比即可，产生线索数据共计 2873 条（见图 4）。

表连接操作 right 方法：对于右连接，right join 或 right outer join 对右表不加限制，结果返回右表的所有行。如果右表的某行在左表中没有匹配行，则在相关联的结果集行中左表的所有选择列表列均为空值（见图 5）。

监督点 4："冒名顶替"

第一步，打开医院门诊收费记录表、参保人员职工表、参保人员居民表；第二步，使用去重算子，去除门诊收费表重复数据，保证数据唯一性，使用过滤算子，过滤掉身份证号和社保卡号为空的信息，避免影响线索筛选；第三步，使用并集算子把两个参保人员信息表合并，使用过滤算子，过滤掉身份证号和社保卡号为空的信息，避免影响线索筛选；第四步，

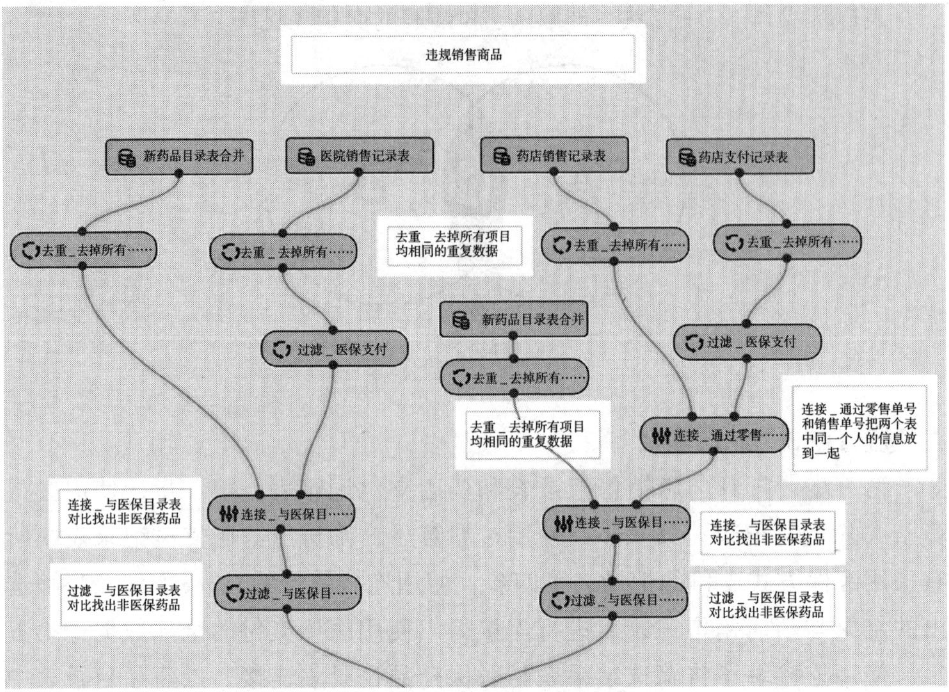

图4

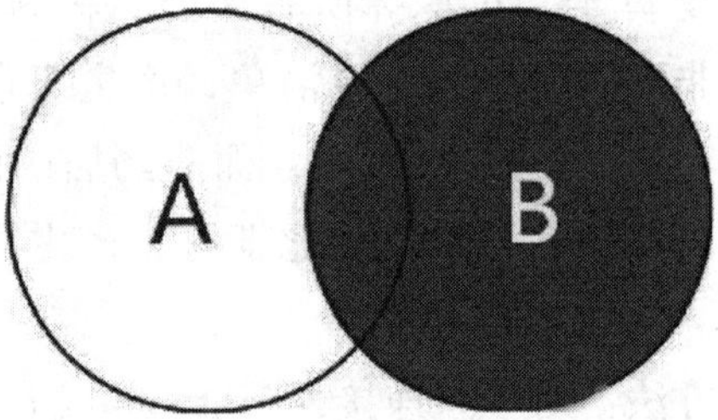

图5

使用连接算子 inner 方法把门诊表和参保人员信息表对比筛选出所有在保人员相关信息，使用去重算子去除重复数据；第五步，使用 SQL 转化算子自行编写语句，提取诊疗人身份证号第 7—10 位字符，通过函数转化为数值类型，即为出生年份，提取诊疗时间的年份转化为数值类型得出诊疗年份，取诊疗年份与身份证出生年份之差计算得出诊疗人在医院就诊时的年龄；第六步，使用过滤算子，过滤出就诊时的年龄与诊疗人登记年龄之差在 2 岁以上时即认为诊疗人在冒用他人身份（考虑以虚岁登记年龄，或者以有些诊疗人以农历时间计算年龄等情况，年龄差取 2 岁为宜）；第七步，使用两个过滤算子分别筛选出两个表中身份证号相同，但是性别和姓名不相同的信息；第八步，使用两个连接算子把年龄差在 2 岁以上，姓名和性别不相同筛选出的人员放在同一个表中，使用三个 select 算子和并集算子把相关人员身份证号放在同一列；第九步，使用连接算子 inner 方法把线索相关人员所有信息找到，使用去重算子去重；第十步，使用 group by 算子，通过诊疗人及其对应身份证号统计出筛选出每个人一年中消费金额总和；第十一步，使用连接算子的 inner 方法把每个人一年中消费金额总和作为单独一列加入线索表中；第十二步，使用连接算子的 left 方法把年龄差作为单独一列加入线索表中，使用去重算子保准线索唯一性。最终筛选出线索信息（见图 6）。

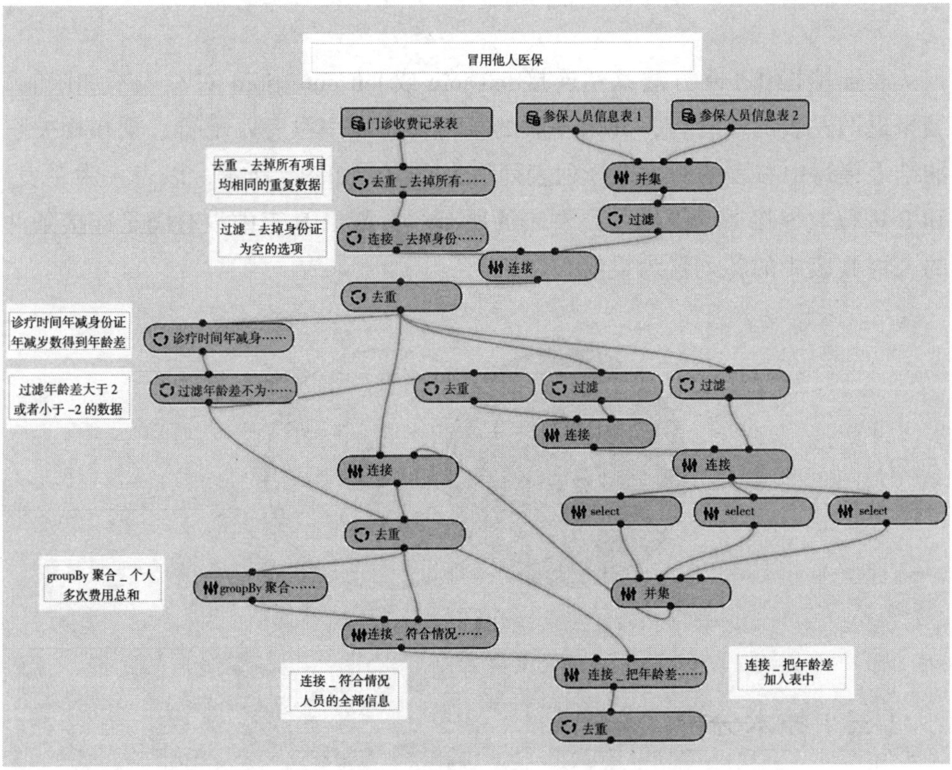

图 6

```
SELECT
  `诊疗人`
  ,`缴费时间`
  ,`费用合计`
  ,`诊疗时间`
  ,`身份证号`
  ,`年龄`
  ,CAST(SUBSTR(`诊疗时间`,1,4)AS INT)AS`诊疗时间(年)`
  ,CAST(SUBSTR(`身份证号`,7,4)AS INT)AS`身份证号(年)`
  ,CAST(SUBSTR(`年龄`,1,2)AS INT)AS`年龄(年)`
  ,CAST(SUBSTR(`诊疗时间`,1,4)AS INT)-
  CAST(SUBSTR(`身份证号`,7,4)AS INT)-
  CAST(SUBSTR(`年龄`,1,2)AS INT) AS`年龄差`
FROM __THIS__
WHERE`年龄`IS NOT NULL
```

表连接操作 left 方法：左连接 left join 或 left outer join 对左表不加限制，结果返回左表的所有行，如果左表的某行在右表中没有匹配行，则在相关联的结果集行中右表的所有选择列表列均为空值。如图 7 所示，以表 A 为左表，和 B 进行左连接后，返回的是左表的所有行，如果 B 表中没有满足连接条件的，将 B 表中的各列置为空值。

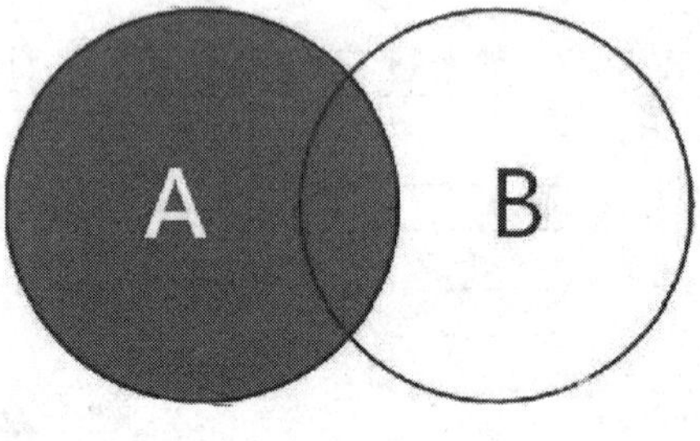

图 7

（三）技术分析

本模型在山西省检察院统一部署的模型开发管理平台上构建，该平台是一款智能建模平台，实现了从数据采集、模型构建、模型发布到模型共享的全流程覆盖。借助直观的图形化操作界面和丰富的算法支持，检察人员通过简单的拖拽操作和算子参数配置，即可实现流程化的快速建模，大大降低了技术门槛、提升了大数据法律监督效率。同时，平台内置的模型超市模块支持模型的集中部署、统一管理和应用发布，实现了模型在全省领域的有效融合和共享。模型发布至模型超市后，其他用户通过调整参数、替换数据源实现模型的升级、优化和本地化应用，从而快速推动类案监督在省域层面全面推广、快速发展，构建"一域突破、全省共享"的类案治理场景。

监督点 1：对于同一人在同一医院住院的，如果后一次入院时间与前一次出院时间之差小于 7 日，则作为疑似分解住院诊疗线索予以推送。

监督点 2：将医院门诊、住院收费记录表与已故人员清单数据表进行碰撞，对于采用医保方式进行结算的人员，将其诊疗时间与已故人员死亡时间进行比对，筛查发现诊疗行为发生在死亡时间之后的记录，作为盗用逝者身份的疑似线索予以推送。

监督点 3：将药店销售记录表与支付记录表进行碰撞，筛选出采用医保支付方式在药店购买物品的人员及其相应消费信息，将这些信息数据与医保药品目录表进行碰撞，以前述消费信息中的商品名称与医保药品目录表中的药品名称进行比对，不相符的记录即为违规销售商品的线索信息。

监督点 4：将医院中登记的诊疗人的姓名、性别、年龄等基本信息与支付人身份证相应信息进行比对，发现姓名、性别、年龄不符的人员，作为疑似冒用他人身份线索予以推送。

（四）流程分析

1. 数据收集和准备

收集与业务相关的数据，根据数据在指定的数据集中是否存在重复值、数据内容和定义是否一致、数据源是否完整、数值取值是否正确、数据精度是否达到业务规则等标准，进行数据清洗、预处理和转换，解决了数据的重复性、正确性、完整性、适用性和精确性等问题，以确保数据的质量和适用性。

2. 模型选择和设计

模型开发管理平台支持多种模型类型，包括经典机器学习模型和深度学习模型。根据相关业务数据的需求和问题类型，检察人员可以选择适用的模型算子，对业务数据逐步加工，进行端到端的建模工作。

3. 模型发布和共享

平台支持模型的导入、导出和分享，具备强大的模型发布和管理功能。模型构建完成之后，用户可以将模型发布至模型市场，其他用户可结合本地应用场景来实现模型的共享和复用，从而推进类案监督场景应用。

（五）监督模型应用

阳泉市人民检察院认真贯彻最高检、省检察院数字检察战略，针对医药机构常见、多发违规行为，设置“化整为零”“起死回生”“暗渡陈仓”“冒名顶替”4个监督点，研发“医药机构违规行为公益诉讼大数据法律监督模型”，调取全医药行业监管数据，运用模型发现隐秘问题线索，督促行政机关依法履职。通过对个案分析，阳泉市人民检察院对案件特征进行了总结，在全市开展专项行动，发挥“一体化”机制优势，采取“兵团作战”模式，动员全市各基层院向卫健、市场、医保等相关部门及医院、药店调取数据，通过模型大数据碰撞比对共筛查出问题线索共9批数据。在阳泉市应用积累经验基础上，通过省检察院公益诉讼检察部门在太原市、大同市、吕梁市选择不同类型市级院试行推广，同时通过跨省协作机制，与河北省石家庄市检察院协调，在该市进行推广应用。通过测试应用，不断检验模型科学性、合理性、可靠性。在与其他院交流过程中，积极听取试用反馈意见，对模型进行进一步优化完善，提高模型精准度，取得了很好效果。

案例1：阳泉市人民检察院通过医药机构违规行为公益诉讼大数据法律监督模型对阳泉市某人民医院2022年至2023年3月住院收费记录进行筛查比对后发现，史某甲、王某甲、郭某某、赵某某、邓某某等7人均在该院2次以上住院治疗，且第2次住院的入院时间与第1次住院的出院时间间隔均小于7日，其中史某甲间隔3天，王某甲间隔0天，郭某某间隔6天，史某乙间隔0天，王某乙间隔4天，赵某某间隔4天，邓某某间隔5天，存在分解住院行为，均采用医保方式支付结算，医疗费用合计193002.71元，致使社会公共利益受到侵害。阳泉市人民检察院采取类案办理模式，依法与阳泉市郊区卫生和体育局、阳泉市郊区医疗保障局进行磋商。督促两机关依法履行监督管理职责，规范医疗机构诊疗服务行为，保护患者合法权益。

案例2：阳泉市人民检察院通过医药机构违规行为公益诉讼大数据法律监督模型对阳泉市某人民医院2022年至2023年3月门诊收费记录与阳泉市2021年至2023年4月死亡人员进行筛查比对后发现，聂某某等40人在死亡后，仍然在阳泉市某人民医院发生诊疗行为，且均采用医保方式支付结算，医疗费用合计13519.34元，致使社会公共利益受到侵害。阳泉市人民检察院发挥一体化办案机制优势，将发现的问题线索交阳泉市郊区人民检察院等县区检察院办理，采取类案办理模式，依法与阳泉市郊区卫生和体育局、阳泉市郊区医疗保障局进行磋商。督促两机关依法履行监督管理职责，维护社会管理秩序，规范医疗机构诊疗服务行为，保障医保基金安全。

案例3：阳泉市人民检察院通过医药机构违规行为公益诉讼大数据法律监督模型对阳泉市郊区某药店销售记录与支付记录碰撞对比发现，该药店存在购买人通过医保卡支付购买电子血压计、血糖仪、香菇、木耳、蜂蜜、时珍黄金视力眼贴、西洋参、多元维生素片等非医保支付范围的医疗器械、药品、保健品、食品的情形，销售费用合计186372.59元，致使国家利益受到侵害。阳泉市人民检察院与阳泉市郊区医疗保障局磋商，建议其依法履职，督促医疗机构规范医保卡使用，保障医保基金安全。

案例4：阳泉市人民检察院通过医药机构违规行为公益诉讼大数据法律监督模型对阳泉市某人民医院门诊收费记录进行筛查比对发现，2022年1月至2023年3月，张某某、施某某、甄某某、赵某某、李某某、刘某某、马某某等10人在该院就诊时，挂号登记的年龄信息与其支付缴费的身份证号码中提取的年龄信息不符，且以上人员均使用医保方式进行支付，医疗费用合计18934.69元，存在冒用他人身份情形，医院核验诊疗人身份不规范，致使公共利益受到侵害。阳泉市人民检察院与阳泉市郊区卫生和体育局磋商，督促医疗机构严格身份核验，规范诊疗行为。

四、监督模型的整体效果

（一）联合办案效果

监督模型研发与应用过程中，阳泉市人民检察院充分发挥检察一体化机制优势，依托大数据分析，审查、调查、侦查“三查”合力，推动四大检察融合履职提升监督质效。

一是两级院协调联动，凝聚工作合力。上下紧密协同，分阶推进，突破数据调取难题。“医药机构违规行为公益诉讼大数据法律监督模型”共设计7类数据表，数据采集对象涉及市县两级医保、卫生、市场等监管部门和医院、药店众多数据主权单位，数据总量庞大，数据格式不一，因此，样本数据的调取和整合是首要难题。阳泉市人民检察院确定了重点突破、分阶推进的思路，将郊区人民检察院作为模型研发应用试点院，周密制定数据获取预案，与郊区院一同走访辖区内医保局、卫体局、市场局，经深入沟通协调，从部分医院、药店调取了首批数据，并同步修正了数据表，确保数据调取完整、真实、准确。以此为突破口，及时总结经验做法，迅速把取数范围扩展到全市。对于有的基层院在调取数据中遇到的困难，阳泉市人民检察院积极协调解决，并通过市医保局报经山西省医保局批准，调取2022年度阳泉市所有医药机构的全部数据，为模型构建和效能验证打下了坚实基础。集约化团队作战，强力推进案件办理。阳泉市人民检察院对模型筛查出的办案线索进行集中研判分流，先后分9批次向各县区院交办案件，加强对全市办案力量统一调度，根据线索处置和案件办理难度，开展跨县区交叉办案。加强对各县区院的全程动态指导，加快办案进度。同时，由市检察院搭建统一磋商平台，组织各办案单位和医保、卫生监管部门共同参与，研究具体案情，统一办理要求，厘清各行政机关监管职责权限，达成整改共识，促进案件依法高效办理。

二是公益诉讼检察牵头统揽，引领释放模型效能。针对“医药机构违规行为公益诉讼大数据法律监督模型”筛查出的9批异常数据，全市检察机关能动履职，充分行使调查核实权全面开展查证工作，以类案形式立案办理行政公益诉讼案97件，涉及医保基金规模1700多万元，其中分解住院诊疗6件，盗用逝者身份24件，违规销售商品58件，冒用他人身份9件。经过深入调查核实依法向医保部门发出磋商函80件，向卫生监管部门发出磋商函14件，向其他行业主管部门发出磋商函3件，向行政监管机关制发社会治理检察建议3件。通过案件办理，督促市县两级监管部门加强医药机构违规行为动态监管，维护患者合法权益，维护利益受损群众合法权益，对流失的医保基金分类定策，做到应追尽追，最大限度挽回损失，维护国家利益和社会公共利益。

三是刑事检察部门积极跟进，严厉打击违法犯罪行为。对“医药机构违规行为公益诉讼大数据法律监督模型”筛查出的线索进行全面评估研判，对医药机构违规行为情节严重涉嫌犯罪的线索，及时移交刑事检察部门处置，充分发挥刑事检察立案监督、侦查监督、审查起诉职能，对严重违法行为进行重点打击。截至目前，正在办理涉嫌犯罪案件 3 件，涉及医保基金流失 100 余万元。如矿区人民检察院针对刘某某等 18 名参保人员涉嫌冒用他人医保卡虚开药品转卖骗取医保基金共计 583403.68 元的案件，全程介入引导侦查。该案在移送审查起诉前，经过检察机关持续跟进，被骗取的医保基金已基本追回。另有一起医保诈骗案件涉案金额 20 余万元，检察机关跟进监督，公安机关正在侦查中。又如，郊区人民检察院公益诉讼部门在线索研判中发现，因死亡被注销户口的李某某产生 235725.7 元医药费，该院刑事检察部门审查拟监督公安机关立案侦查。

四是民事检察部门深度探索，依法保护弱势人群合法权益。针对监督模型筛查发现的违法行为，两级检察机关民事检察部门积极探索支持起诉、督促起诉，对于因医药机构违法违规诊疗、销售活动造成人身损害、财产损失的当事人，尤其是老年人、残疾人等弱势人群，支持其对医药机构提起医疗损害赔偿诉讼，并提供必要的法律咨询服务。督促公立医药机构对公益侵害人提起诉讼，及时制止侵害国家利益和社会公共利益的违法行为。

五是行政检察部门协同参与，推动堵塞信息共享机制漏洞。在督促行政机关追回医保基金的同时，各办案单位行政检察部门充分发挥职能作用，配套跟进监督，针对调查发现的相关行政机关履职不到位行为及时制发检察建议，督促公安机关认真履行职责，及时向医保经办机构通报参保居民死亡和户口注销情况；督促行业主管部门在参保职工死亡后及时终止医保关系，并提出从根本上消除信息共享断点、堵塞监管漏洞的对策建议。

（二）社会治理效果

阳泉市人民检察院通过公益诉讼检察权行使的技术化解析、模型化整合、数字化运行，构建针对医药行业违规行为监管和综合治理的法律监督模型，快速批量发现监督线索，依托大数据分析突破公益诉讼检察监督难点和滞后问题，有力拓展了职能履行的广度和深度，监督主动性、及时性、有效性显著增强，实现了检察监督社会治理效能指数级跃升。

一是挽回医保基金损失。阳泉市人民检察院通过调取2021年以来全市医院诊疗收费记录、药店经销存记录、医保支付项目目录、参保人员信息、死亡人员信息、行政机关处罚记录等9200余万条数据，经监督模型分析筛查监督线索16万余条，涉案金额1700余万元，采取类案办理模式办理行政公益诉讼案件97件，对10名参保人员依法追究医保诈骗刑事责任，通过案件办理现已挽回医保基金损失300余万元，还有1400余万元正在全力追缴中，有力维护了国家医保基金安全。

二是推动行业综合治理。检察机关针对调查、审查案件过程中发现的医药机构在医保基金使用管理方面的违规行为，通过制发社会综合治理类检察建议，协调各方力量共同推进医药行业综合治理。督促6家医疗机构建立健全基本医疗保险参保人员身份核验制度，严格落实“委托他人代为购药”的有关限制性规定，推动开展依法使用医保基金专项整治行动，对医务人员开展警示教育；督促城区医保部门对辖区内113家定点零售药店就医保卡使用开展专项行动，加强对零售药店的日常监督检查，对药店工作人员开展专题培训，提高医保定点药店规范经营的自觉性。通过专项整治，医药卫生行业医务人员诊疗行为、医院收费行为以及定点零售药店销售行为得到进一步规范，有效净化了医药行业运行环境。

三是健全医药机构监管长效机制。针对模型筛查出的冒用死亡人员医保待遇案件线索，检察机关认真审查深挖这些案件背后反映的死亡证明出具程序失范、死亡人员信息孤岛等问题，向阳泉市卫生和健康委员会制发社会治理检察建议，提出进一步规范死亡证明出具程序、完善死亡人员信息上报、严格落实死亡数据比对校核、推动医保部门与公安、民政、卫生等部门畅通死亡人员信息共享渠道，完善协同配合机制，联结信息断点，堵塞监管漏洞，实现医药机构执业行为监管视角下沉，端口前移，为维护健康有序的医药行为运行环境提供制度机制保障。

第十四章

盗窃、寻衅滋事和容留、介绍卖淫等多次违法行为构成犯罪类案监督模型构建*

一、模型概述

2022年9月28日，山西省人民检察院召开了全省检察机关数字检察建设工作推进会，对数字检察建设工作作出安排，要求以“数字革命”驱动新时代法律监督提质增效。2023年3月20日，省检察院召开全省检察机关学习贯彻全国两会精神电视电话会议，再次提出“加快推进数字检察工作，进一步拓展深化专项行动，研发应用更多的数字检察模型，为新时代法律监督工作赋能”。忻州市检察机关积极落实省院安排部署，结合忻州实际，不断探索建立数字检察类案监督模型。忻州市保德县人民检察院通过侦查监督与协作配合办公室登录公安警综平台开展常态化监督过程中发现一名叫郭某的男子，两年内多次寻衅滋事，依法已构成犯罪，但公安机关对其均以行政案件作出处罚，未刑事立案。经过梳理案件事实，归纳个案要素特征，发现“多次违法行为”已构罪但未被追究刑事责任的现象在其他罪名中也同样存在。此类案件数量巨大，仅依靠人工筛查难以实现有效监督。

为进一步提升忻州检察机关办案质效，加快“被动受案、个案办理”传统办案模式向“主动监督、类案治理”转变，促进检察人员革新办案理念，构建类案监督整体思维，本模型以“多次违法行为构罪类案”为切口，构建

---

*本模型由忻州市人民检察院构建。案例由保德县人民检察院曹鹏敏、李宏华提供，忻州市人民检察院第一检察部高伟、谢金娜、张齐、闫金等人参与，山西省人民检察院技术处彭瑞峰提供了技术支撑。本模型系针对辖区人员多次实施盗窃、寻衅滋事和容留、介绍卖淫等违法行为，应当立案但未立案情形。依托侦查监督与协作配合办公室，提取近5年来盗窃、寻衅滋事、容留、介绍卖淫等多次行政违法数据8000余条，通过与公安机关立案数据分析碰撞，发现监督立案线索10条，现已对2件案件立案监督，本模型的构建有效提升了监督效率和效果。

数字检察监督模型。针对辖区人员多次实施盗窃、寻衅滋事和容留、介绍卖淫等违法行为已达刑事立案标准但未被依法立案追诉的问题，依托侦查监督与协作配合办公室，利用类案监督模型通过警综平台提取盗窃、寻衅滋事和容留、介绍卖淫等多次行政违法数据与公安机关刑事立案数据进行分析比对，发现异常案件线索，再通过人工分析进一步研判，针对性开展立案监督，进一步提升检察机关监督质效。

二、模型设计依据

（一）法律监督依据

1.《刑法》

第264条规定："盗窃公私财物，数额较大的，或者多次盗窃、入户盗窃、携带凶器盗窃、扒窃的，处三年以下有期徒刑、拘役或者管制，并处或者单处罚金；数额巨大或者有其他严重情节的，处三年以上十年以下有期徒刑，并处罚金；数额特别巨大或者有其他特别严重情节的，处十年以上有期徒刑或者无期徒刑，并处罚金或者没收财产。"

第293条第1款规定："有下列寻衅滋事行为之一，破坏社会秩序的，处五年以下有期徒刑、拘役或者管制：（一）随意殴打他人，情节恶劣的；（二）追逐、拦截、辱骂、恐吓他人，情节恶劣的；（三）强拿硬要或者任意损毁、占用公私财物，情节严重的；（四）在公共场所起哄闹事，造成公共场所秩序严重混乱的。"

第359条第1款规定："引诱、容留、介绍他人卖淫的，处五年以下有期徒刑、拘役或者管制，并处罚金；情节严重的，处五年以上有期徒刑，并处罚金。"

2.《最高人民法院、最高人民检察院关于办理盗窃刑事案件适用法律若干问题的解释》

第2条规定："盗窃公私财物，具有下列情形之一的，'数额较大'的标准可以按照前条规定标准的百分之五十确定：（一）曾因盗窃受过刑事处罚的；（二）一年内曾因盗窃受过行政处罚的；……"

第3条规定："二年内盗窃三次以上的，应当认定为'多次盗窃'。"

3.《最高人民法院、最高人民检察院关于办理寻衅滋事刑事案件适用法律若干问题的解释》

第 2 条规定："随意殴打他人，破坏社会秩序，具有下列情形之一的，应当认定为刑法第二百九十三条第一款第一项规定的'情节恶劣'：……（三）多次随意殴打他人的；……"

第 3 条规定："追逐、拦截、辱骂、恐吓他人，破坏社会秩序，具有下列情形之一的，应当认定为刑法第二百九十三条第一款第二项规定的'情节恶劣'：（一）多次追逐、拦截、辱骂、恐吓他人，造成恶劣社会影响的；……"

第 4 条规定："强拿硬要或者任意损毁、占用公私财物，破坏社会秩序，具有下列情形之一的，应当认定为刑法第二百九十三条第一款第三项规定的'情节严重'：……（二）多次强拿硬要或者任意损毁、占用公私财物，造成恶劣社会影响的；……"

第 6 条规定："纠集他人三次以上实施寻衅滋事犯罪，未经处理的，应当依照刑法第二百九十三条第二款的规定处罚。"

第 2 条至第 4 条中的"多次"一般应当理解为 2 年内实施寻衅滋事行为 3 次以上。2 年内多次实施不同种类寻衅滋事行为的，应当追究刑事责任。

4.《最高人民法院、最高人民检察院关于办理组织、强迫、引诱、容留、介绍卖淫刑事案件适用法律若干问题的解释》

第 8 条第 1 款规定："引诱、容留、介绍他人卖淫，具有下列情形之一的，应当依照刑法第三百五十九条第一款的规定定罪处罚：（一）引诱他人卖淫的；（二）容留介绍 2 人以上卖淫的；（三）容留、介绍未成年人、孕妇、智障人员、患有严重性病的人卖淫的；（四）一年内曾因引诱、容留、介绍卖淫行为被行政处罚，又实施容留、介绍卖淫行为的；（五）非法获利人民币一万元以上的。"

（二）监督要素

盗窃、寻衅滋事行政违法行为人身份信息表（包含字段为姓名、身份证号码）；

盗窃、寻衅滋事行政案件处罚信息（包含字段为姓名、身份证号码、实施违法行为时间、实施违法行为地点、违法所得、办案单位、处罚方式、处罚时间）；

盗窃、寻衅滋事犯罪嫌疑人身份信息、刑事案件信息（包含字段为姓名、身份证号码、案件名称、侦查机关、审结情况、审结日期）；

容留、介绍卖淫行政违法行为人身份信息（包含字段为姓名、身份证号码）；

容留、介绍卖淫行政案件处罚信息（包含字段为姓名、身份证号码、实施违法行为时间、实施违法行为地点、违法所得、容留介绍人数、处罚机关、处罚方式、处罚时间）；

容留、介绍卖淫犯罪嫌疑人身份信息、刑事案件信息（包含字段为姓名、身份证号码、案件名称、侦查机关、审结情况、审结日期）。

首先，提取公安警综平台盗窃、寻衅滋事、容留介绍卖淫行政案件中违法嫌疑人的姓名、身份证号，比对出多次实施违法行为人员名单，结合各自对应违法行为实施时间找出初步符合条件的线索。其次，依据各罪名相关法律规定的不同立案标准，分别比对盗窃案件中违法数额、行政处罚时间等要素；寻衅滋事中违法行为时间、违法行为方式、违法行为后果、行政处罚时间等要素；容留介绍卖淫中容留介绍卖淫人数、容留介绍卖淫违法所得、违法行为实施时间、行政处罚时间等要素，在此基础上比对刑事案件数据库中的案件信息进而最终获取符合立案监督条件的异常线索。

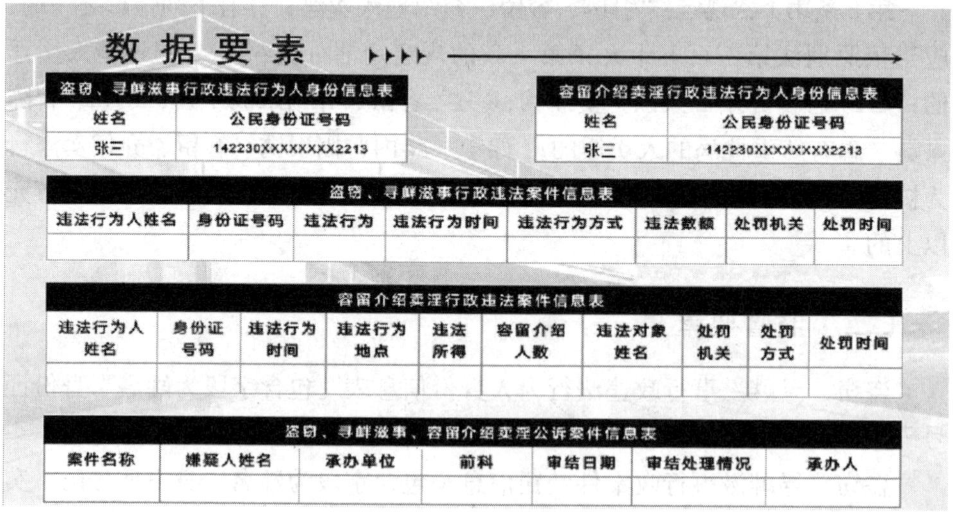
数据要素

盗窃、寻衅滋事行政违法行为人身份信息表

姓名	公民身份证号码
张三	142230XXXXXXXX2213

容留介绍卖淫行政违法行为人身份信息表

姓名	公民身份证号码
张三	142230XXXXXXXX2213

盗窃、寻衅滋事行政违法案件信息表

违法行为人姓名	身份证号码	违法行为	违法行为时间	违法行为方式	违法数额	处罚机关	处罚时间

容留介绍卖淫行政违法案件信息表

违法行为人姓名	身份证号码	违法行为时间	违法行为地点	违法所得	容留介绍人数	违法对象姓名	处罚机关	处罚方式	处罚时间

盗窃、寻衅滋事、容留介绍卖淫公诉案件信息表

案件名称	嫌疑人姓名	承办单位	前科	审结日期	审结处理情况	承办人

图 1　数据要素

（三）数据来源及载体

（1）数据来源：盗窃、寻衅滋事行政违法行为人身份信息（源于公安机关警综平台）；盗窃、寻衅滋事行政案件处罚信息（源于公安机关警综平台、行政处罚案件卷宗）；盗窃、寻衅滋事犯罪嫌疑人身份信息、刑事案件信息（源于公安机关立案文书、警综平台、检察业务应用系统）；容留、介绍卖淫行政违法行为人身份信息（源于公安机关警综平台）；容留、介绍卖淫行政案件处罚信息（源于公安机关警综平台、行政处罚案件卷宗）；容留、介绍卖淫犯罪嫌疑人身份信息、刑事案件信息（源于公安机关立案文书、警综平台、检察业务应用系统）。

（2）载体：一是从公安机关警综平台查阅调取一段时期内办理的行政案件违法行为人信息，该类数据目前仍需通过人工查询记录方式获取；二是查询案卡、行政案件电子卷宗、纸质卷宗获取行政案件处罚信息，该类数据同样需要通过人工查询记录方式获取；三是公安机关警综平台调取该类案件的刑事立案信息，并结合检察业务应用系统的刑事案件信息等确定监督异常线索。

三、模型设计思路

（一）需求分析

随着经济社会数字化水平的提高，大数据已深刻影响并改变着人们的思维和生产生活方式，2022 年 10 月，党的二十大报告鲜明提出，要加快建设“数字中国”。深化实施数字检察战略，以数字革命赋能法律监督已经成为新时代法律监督的必由之路。结合忻州近年来刑事案件发案总体趋势，情节严重、社会危险性大的案件数量逐年下降，单次行为情节轻微，但行为次数较多的刑事案件类型数量增加，情节轻微类型多样的刑事案件已成为影响社会稳定的主要风险因素之一。因此，忻州市检察机关充分运用大数据将监督触角延伸至刑事案件办理前端，通过分析研判多次行政处罚构成刑事犯罪未立案案件，以“多次违法行为构罪类案”为切口，构建数字检察监督模型。

（二）数据分析

1. 针对寻衅滋事涉嫌犯罪的分析

第一步：从公安警综平台提取寻衅滋事行政处罚案件 5 年内的违法行为人姓名及身份证号信息，筛查出重复出现 3 次以上的违法行为人。

第二步：在重复出现 3 次以上的寻衅滋事违法行为人之中，将其末次实施违法行为时间与首次实施违法行为时间作差，筛查出时间差小于等于 2 年的行为人。

第三步：提取第二步中筛查出的违法行为人姓名、身份证号码等身份信息，与刑事案件数据库中犯罪嫌疑人的姓名、身份信息进行比对，筛查出未予立案的异常线索。

2. 针对盗窃涉嫌犯罪的分析

监督点 1：对犯罪嫌疑人两年内实施 3 次盗窃行为但仍未立案的监督

第一步：从公安警综平台提取盗窃行政处罚案件 5 年内的违法行为人姓名及身份证号信息，筛查出重复出现 3 次以上的违法嫌疑人。

第二步：在重复出现 3 次以上的盗窃违法行为人之中，将其末次实施违法行为时间与首次实施违法行为时间作差，筛查出时间差小于等于 2 年的行为人。

第三步：提取第二步中筛查出的违法行为人姓名、身份证号码等身份信息，与刑事案件数据库中犯罪嫌疑人的姓名、身份信息进行比对，筛查出未予立案的异常线索。

监督点 2：对因特殊情形盗窃数额达到立案标准但仍未立案的监督

情形一：曾因盗窃受过刑事处罚的。

第一步：从公安警综平台筛查出盗窃违法数额达到 1000 元以上的违法行为人。

第二步：将第一步中筛查出的违法行为人身份信息与刑事案件数据库中的犯罪嫌疑人身份信息进行比对，筛查出曾因盗窃受过刑事处罚的嫌疑人，确定异常线索。

情形二：1 年内曾因盗窃受过行政处罚的。

第一步：公安警综平台盗窃类行政处罚案件 5 年内的犯罪嫌疑人姓名及身份证号信息，筛查出重复出现两次的违法行为人。

第二步：在重复出现两次的违法行为人之中，对其违法行为时间与本次被行政处罚时间作差，筛查出时间差小于等于 1 年的犯罪嫌疑人。

第三步：在 1 年内因盗窃受过两次行政处罚的违法行为人中，筛查出末次盗窃数额达到 1000 元以上的行为人。

3. 针对容留、介绍卖淫涉嫌犯罪的分析

监督点 1：1 年内曾因引诱、容留、介绍卖淫行为被行政处罚，又实施容留、介绍卖淫行为的

第一步：提取公安警综平台容留、介绍卖淫类行政处罚案件 5 年内的违法嫌疑人姓名及身份证号信息，筛查出重复出现 2 次以上的违法行为人。

第二步：在重复出现 2 次以上的违法行为人之中，将其末次违法行为与首次违法行为被行政处罚时间作差，筛查出时间差小于等于 1 年的行为人。

监督点 2：容留、介绍 2 人以上卖淫的

第一步：从公安警综平台 5 年内容留、介绍卖淫类行政处罚案件中筛查出一次容留、介绍卖淫对象 2 人以上的案件。

第二步：从公安警综平台容留、介绍卖淫类行政处罚案件 5 年内的违法行为人姓名及身份证号信息中，筛查出重复出现 2 次以上的行为人。

第三步：在重复出现 2 次以上的违法行为人之中，将其两次以上容留、介绍卖淫的对象进行查重比对，对于对象不一致的输出监督立案异常线索。

（三）流程分析

通过登录公安机关警综平台筛查出 5 年内因实施盗窃、寻衅滋事和容留、介绍卖淫等行政违法行为的人员名单，建立多次行政违法行为重点人员监测数据库。将数据导入数字检察模型开发管理平台开展定期监控，若同一人员信息连续出现 3 次以上，且符合法定时间要求，则提示线索异常。

本模型需要的检察机关外部数据主要来源于公安机关警务综合管理平台及相关行政案件卷宗，主要为盗窃、寻衅滋事和容留、介绍卖淫等行政案件办理方面的数据。字段要素包含各行政违法行为人基本信息，违法行为方式、地点、时间、办案单位、处罚时间、处罚方式等。

监督点 1：对嫌疑人两年内实施 3 次盗窃、寻衅滋事行为但仍未立案的监督

对盗窃类、寻衅滋事类行政处罚案件 5 年内的违法嫌疑人姓名及身份证号数据进行比对，找出两年内实施3次以上盗窃、寻衅滋事行为但仍未立案的犯罪嫌疑人，通过筛查找出首次违法盗窃、寻衅滋事时间与末次盗窃、寻衅滋事时间小于等于两年的犯罪嫌疑人，再对筛查出的数据进行核实，决定是否监督立案。

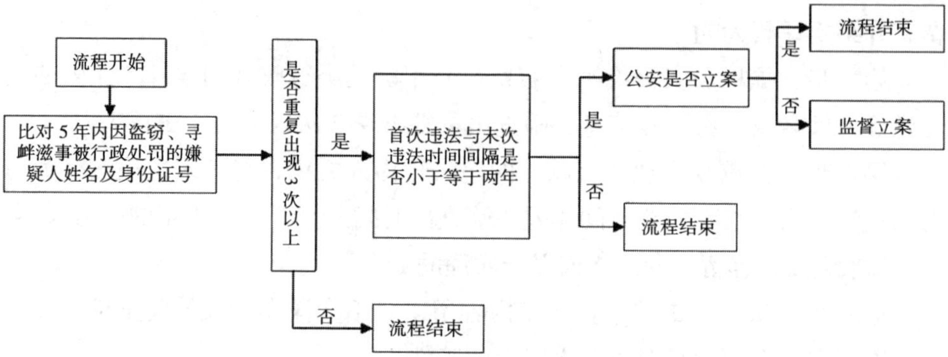

图2 监督点1流程分析

监督点2：对因特殊情形盗窃犯罪数额达到立案标准但仍未立案的监督

对盗窃类行政案件数额达到1000元以上，并有盗窃前科的犯罪嫌疑人数据进行筛查，找出曾因盗窃受过刑事处罚或1年内曾因盗窃受过行政处罚，其盗窃犯罪数额达到立案标准但仍未立案的犯罪嫌疑人，对筛查出的数据进行核实，决定是否监督立案。还可对重复出现两次的犯罪嫌疑人，将其两次因盗窃受行政处罚的时间作差，筛查出时间差小于等于1年的犯罪嫌疑人，再对筛查出的数据进行核实，决定是否监督立案。

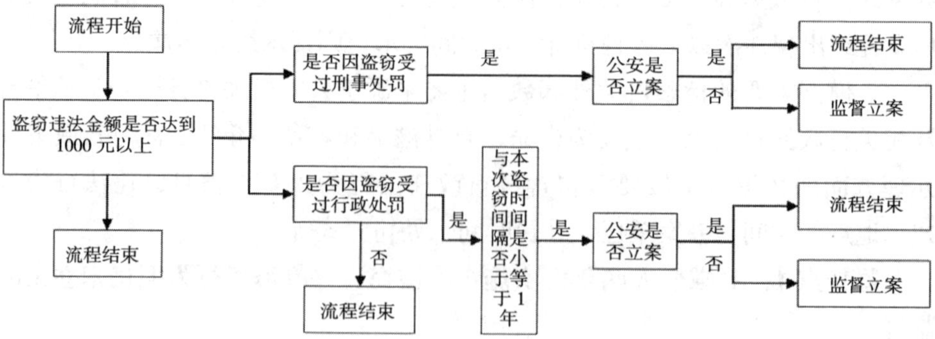

图3 监督点2流程分析

监督点3：1年内曾因引诱、容留、介绍卖淫行为被行政处罚，又实施容留、介绍卖淫的进行立案监督

对容留、介绍卖淫类行政处罚案件5年内的违法嫌疑人姓名及身份证号信息，筛查出重复出现2次以上的犯罪嫌疑人，找出1年内曾因引诱、容留、介绍卖淫行为被行政处罚，又实施容留、介绍卖淫行为但仍未被立案的犯罪嫌疑人，再对筛查出的数据进行核实，决定是否监督立案。

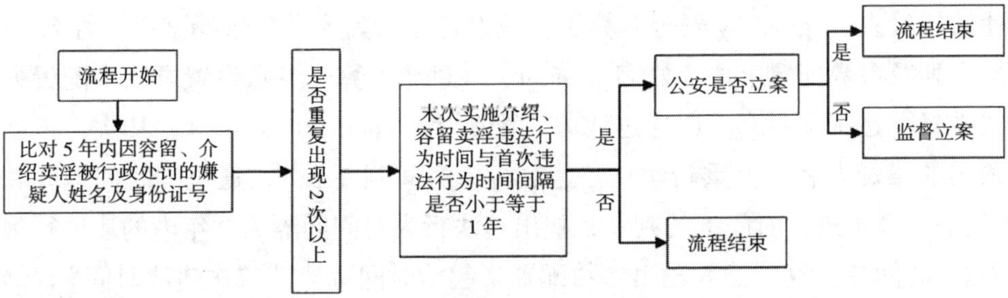

图4　监督点3流程分析

监督点4：容留、介绍2人以上卖淫的

对5年内容留、介绍卖淫类行政处罚案件中筛查出1次容留、介绍卖淫对象2人以上的案件，找出容留、介绍2人以上卖淫但仍未被立案的犯罪嫌疑人，对筛查出的数据进行核实，决定是否监督立案。还可以对重复出现2次以上的违法嫌疑人，将其两次以上容留、介绍卖淫的对象进行查重比对，对于对象不一致的输出监督立案异常线索进行核实，决定是否监督立案。

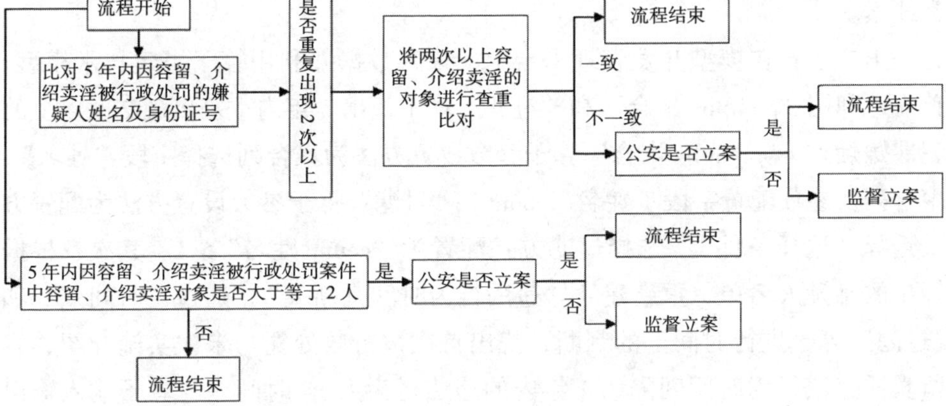

图5　监督点4流程分析

（四）模型构建过程

1. 盗窃、寻衅滋事多次违法行为构罪类案监督技术模型研究

第一步：根据监督点 1 确定监督需求为找出限定时间范围内犯罪嫌疑人两年实施 3 次盗窃、寻衅滋事行为但仍未立案的案件异常线索。

第二步：确定技术模型需实现的功能，并利用已有算子搭建模型。首先，利用“groupby 聚合”和“过滤”算子找出 5 年内重复出现 3 次以上的违法嫌疑人。“groupby 聚合”算子参数设置方法为聚合列选择字段“姓名”，聚合列及参数配置字段（姓名，count）；“过滤”算子参数设置方法为配置方式选择“选择条件”，选择过滤方式配置为“count 姓名”> 1。其次，根据筛出的嫌疑人名单，重新建立“违法行为时间判断表”，通过“时间差”和“过滤”算子进行时间上的判断，找出违法行为时间间隔为 2 年内的违法行为人。“时间差”算子输入输出参数配置，起始时间选择“首次违法时间”，结束时间选择“末次违法时间”，输出列配置为“差”；算子参数配置选择类型为“day”。“过滤”算子参数设置方法为配置方式选择“选择条件”，选择过滤方式配置为“差”<=730。

第三步：录入数据进行测试，根据测试结果调整数据格式、数据字段等内容。

2. 容留、介绍卖淫多次违法行为构罪类案监督技术模型研究

第一步：根据监督点 3 确定技术需求为筛查出 1 年内曾因引诱、容留、介绍卖淫行为被行政处罚，又实施容留、介绍卖淫行为但未被立案的案件异常线索。

第二步：在模型开发管理平台上，录入数据并利用算子搭建技术模型。首先，利用“groupby 聚合”和“过滤”算子找出 5 年内重复出现 2 次以上的犯罪嫌疑人。“groupby 聚合”算子参数设置方法为聚合列选择字段“姓名”，聚合列及参数配置字段（姓名，count）；“过滤”算子参数设置方法为配置方式选择“选择条件”，选择过滤方式配置为“count 姓名”> 1。其次，根据筛出的嫌疑人名单，重新建立“违法行为时间判断表”，通过“时间差”和“过滤”算子进行时间上的判断，找出首次被行政处罚与末次实施介绍、容留卖淫违法行为时间间隔为 1 年内的违法行为人。“时间差”算子输入输出

参数配置，起始时间选择“首次被行政处罚时间”，结束时间选择“末次违法行为时间”，输出列配置为“差”；算子参数配置选择类型为“day”。“过滤”算子参数设置方法为配置方式选择“选择条件”，选择过滤方式配置为“差”<=365。

第三步：根据监督点 4 确定技术需求为筛查出容留、介绍 2 人以上卖淫但未被立案的异常线索。

第四步：在模型开发管理平台，首先，利用“连接”和“去重”算子找出 5 年内重复出现 2 次以上且违法对象不一致的犯罪嫌疑人。“连接”算子输入输出参数配置为，左表输出列配置“姓名、实施违法行为时间”，右表输出列配置“违法对象姓名和介绍、容留人数”，算子参数配置连接类型为“内连接”，左右表连接主键为配置为（姓名，姓名）。“去重”算子参数配置筛选类型为“子集”，额外列配置为“实施违法行为时间”。其次，利用“过滤”算子筛出 5 年内因容留、介绍卖淫被行政处罚案件中容留、介绍卖淫对象 >=2 人的犯罪嫌疑人。“过滤”算子参数设置方法为配置方式选择“选择条件”，选择过滤方式配置为“介绍容留人数”>=2。

（五）监督模型应用

依托省院数字检察“模型开发管理平台”，查阅、调取、清洗数据共 8000 余条，并按照要求研究创建技术监督模型，并对数据分析运行过程、数据格式、输出线索等方面进行了研究。针对模型输出线索，对审查、调查、侦查“三查融合”方法进行研究，发现监督线索及时移送公安机关。同时，该模型还可推广到容留他人吸毒罪等犯罪监督线索获取。

一是输出线索分析。根据类案监督模型输出的异常线索，重新查看线索数据是否准确，数据格式是否无误，确保模型运算过程没有异常，从而确定输出线索的准确性。本模型受现有技术局限性的影响，个别监督点对应线索输出后还需人工进行整理。关于时间间隔的判断，无法对数据进行一次性的分析运算，必须在运算结果输出后，再次重新建立时间间隔判断表，对相关时间要素进行判定。容留、介绍卖淫两次以上违法行为实施对象是否一致，需根据输出结果人工比对。

二是实质性审查。检察机关在锁定异常线索后，需进一步调取线索关联案件的行政卷宗、刑事卷宗等文书材料，开展对案件事实的实质性审查监督。其间，主要针对嫌疑人的实施违法行为的时间、地点、手段、造成的危害后果，对行政处罚结果等关键点进行严格审查，确保每起案件事实清楚，并有相应证据予以印证，初步达到可以确定为立案监督线索的标准。

三是转化成案。在确立立案监督线索以后，检察机关工作人员以线索为导向，以立案监督标准为抓手，对作出行政处罚的机关走访了解办案经过、程序、证据等情况，并就案件事实对相关违法行为人进行了询问。真正做到了将案卷证据与实地调查相结合，确保证据合法有效，及时依法予以立案监督。

四是建立名单，重点监控易犯人员。对于异常线索中经核查无法立案，但仍存在风险隐患的人员建立“重点关注”名单，定期监控排查。例如，在“寻衅滋事”线索核查过程中，“白某某”出现 4 次寻衅滋事违法行为记录，但不满足“两年内”的时间要求，无法进行立案监督。但因其在 2022 年内有过两次违法行为，社会危险程度较高，所以将其列入监控名单。

五是案件办理效果。通过登录公安机关警综平台筛查出 5 年内因实施盗窃、寻衅滋事和容留、介绍卖淫等行政违法行为的人员名单，建立了多次行政违法行为重点人员监测数据库，并将数据导入数字检察模型开发管理平台开展定期监控。共筛查数据 8000 余条，清洗录入有效数据 845 条。共锁定异常线索 9 条，其中盗窃 1 条，寻衅滋事 3 条，容留、介绍卖淫 5 条。锁定异常线索后，进一步调取线索关联案件的行政卷宗、刑事卷宗等文书材料，开展对案件事实的实质性审查监督。经审查线索 9 条、卷宗 30 余册，共确立了 3 条立案监督线索，并已完成监督立案 2 件。

四、监督模型的整体效果

（一）联合办案效果

“盗窃、寻衅滋事和容留、介绍卖淫等多次违法行为”构罪案件，在日常生活中直接危及人民群众切身利益，其特有的隐蔽性及易发性，使这类案件成为影响社会稳定不可忽视的风险因素。因此，提升该领域法律监督质效，依托案件进一步发挥检察机关社会治理能力，既是检察工作现代化的应有之义，也是新时代更好满足市民安全需求的职责使命。从个案办理到类案监督，放大检察履职新优势。忻州市检察机关以“盗窃、寻衅滋事和容留、介绍卖淫等多次违法行为”构罪类案大数据法律监督入手，在办理案件的基础上，进一步发挥检察职能。

一是打击犯罪，有效维护社会稳定。通过本类型案件的办理，实现了对违法犯罪分子的有效打击和震慑，进一步维护了本地良好的社会治安环境，为人民正常的生活秩序保驾护航。

二是制发检察建议督促相关行政主管机关依法履职。针对公安机关多次行政处罚构成刑事犯罪未立案情况及时制发检察建议，督促其严格依法依规办案，及时遏制违法犯罪行为。针对市场监督管理局对废品回收站等场所监管不到位，经营者存在违法收赃等行为制发检察建议，督促其严格执法，认真查处不规范经营的市场主体，切实维护社会稳定。

三是建立联席会议机制。为进一步提升数据获取的效率和质量，加强与公安机关沟通协调、对接，市检察院与市公安局定期召开联席会议，分析研究多次行政处罚构罪未刑事立案的原因、特点等类案问题，共同研究对策措施，统一执法尺度。在严格规范信息查询程序、保障办案信息安全、明确失泄密责任的基础上，同步健全完善检察机关监督办案数据与公安机关共享的制度机制，为今后进一步推进数字检察监督活动奠定了积极条件。

四是建立异常线索监督和风险人员提示台账。将筛查出来的符合条件的异常线索和瑕疵条件线索进行分类处理，异常线索制表汇总，集中管理统计办案进度，能否成案，不成案原因等；瑕疵条件线索代表已存在一定违法行为，再犯可能性较高的违法行为人，对其进行内部风险管控，定期对其进行监督查询，重大敏感时期进行重点监控，从而降低其再犯可能性，有效做好社会维稳工作。

五是技术与业务深度融合。首先，解析个案、梳理要素。数字监督模型的构建不可能凭空臆造，必须与检察业务深度融合，以满足业务需求为起点，以服务业务本身为终点。实践中，需要检察官敏锐挖掘个案背后可能存在的共性问题，以数字思维和方法梳理出可以用于分析碰撞的数据要素。本模型源于保德县人民检察院检察官办理的一起寻衅滋事案，2022 年检察官在利用检警协作配合办公室登录公安警综平台常态化履行监督职责的过程中，发现一名叫郭某的违法行为人，两年内因寻衅滋事被行政处罚4次，依法已达到寻衅滋事罪刑事立案标准，但没有被公安机关立案侦查，通过分析该案特性，检察机关认为可能存在一定时间跨度内多次实施同类违法行为，案件线索较为隐蔽，未被司法机关及时发现，线索发现后公安机关存在怠于侦查、立案侦查后证据收集不充分等类案情形。经过认真研判，办案人员一致认为以上情形在其他涉及“多次违法行为”构罪的罪名中也同样存在，结合忻州司法实际情况，最终确立了盗窃、寻衅滋事、引诱容留介绍卖淫3类罪名作为模型重点研究监督罪名，进而锁定了3类罪名各自对应的行政违法行为人、行政案件、刑事案件信息。分别梳理出“违法行为人姓名”“居民身份证号码”“违法行为时间”“被行政处罚时间”“犯罪数额”“处罚机关”“处罚方式”等共享数据要素以及“违法行为对象”“违法行为方式”等个别罪名数据要素，开启了“数字赋能监督”第一步。

其次，构建模型、输出线索。“盗窃、寻衅滋事和容留、介绍卖淫等多次违法行为构罪类案监督”模型分为业务模型、技术模型两部分。业务模型包括以下几部分：第一，确定业务需求为对一段时间内的盗窃、寻衅滋事和容留、介绍卖淫行政违法案件进行筛查，找出多次被处罚但公安机关仍未立案的异常线索。具体为以下监督点：对犯罪嫌疑人两年内实施3次盗窃、寻衅滋事行为但仍未立案的监督；对因特殊情形盗窃犯罪数额达到立案标准但仍未立案的监督；1年内曾因引诱、容留、介绍卖淫行为被行政处罚，又实施容留、介绍卖淫行为的监督；对容留、介绍2人以上卖淫未立案的监督。第二，确定相关刑法及司法解释作为业务监督规则的基础依据，并按照盗窃、寻衅滋事和容留、介绍卖淫各自对应的类案特征找出其中用于法律判断的关键要素，结合一般办案流程及逻辑将各要素点进行排列，确定业务监督规则框架，绘制思维导图。盗窃违法行为中用于判断的关键要素为违法行为时间、被行政处罚时间、违法数额；寻衅滋事违法行为中用于判断的关键要素为违法行为时间；容留、介绍卖淫行为中用于判断的关键要素为违法行为时间、被行政处罚时间、违法行为次数、违法行为对象人数等。第三，在技术模型实现基础业务监督规则覆盖下的监督效果后，还可进一步拓展更深层次的业务监督点，继续发掘已有数据的潜在价值，进一步完善、拓展现有业务监督规则。技术模型就是要在数字“模型开发管理平台”上，利用已有算子，以一定的逻辑规则，搭建分析处理所调取数据的模型框架，发挥大数据对法律监督工作的放大、叠加、倍增作用、输出批量异常问题线索。技术模型的构建大致分为三部分，即设计数据字段、确定技术需求、搭建技术模型。其中数据是基础，数据的质量与数量直接决定模型的最终成效；技术需求为构建方向，其来源于业务需求，更服务于业务需要；技术模型是最终成果，需要经历框架搭建、可行性验证、输出预期监督线索、验收合格、推广应用等几个环节。

最后，问题核实、类案监督。数字监督模型输出的只是异常数据线索，并不直接等于已查实的监督案件。要使得线索最终成案，需要进一步以审查、调查、侦查“三查融合”的思维和方法，对问题线索展开全面核查，力求将事实查清查明。对于核查出的线索应建立异常线索台账，将线索逐一录入，确定违法行为人姓名、线索异常点、线索核查情况、能否成案、不成案原因等。根据已有办案经验应将线索核查重点放在以下几个方面：在核查线索过程中，要确保线索的准确性和真实性。在数据录入中含有人工录入环节以及数据分析处理中会存在不可预期的错误，因此在异常线索输出后还应对其相应原始数据进行再次检查，确保无误。在调阅行政案卷和相关法律文书核查线索过程中，应注意审查顺序，逐步深入案情。例如，发现“寻衅滋事”多次违法行为构罪异常线索后，要确定其“三次违法行为”线索的真实性，时间跨度是否符合条件，是否已经被公安机关立案侦查，对于其中两次行为时间较近或完全一致的现象，要进一步审查确定是否为公安机关错填所致，弄清缘由。在审查案卷过程中要着重审查每次违法行为时间、事实是否有证据印证，是否清楚，犯罪嫌疑人供述、相关当事人证言是否真实可靠。应积极听取公安机关办案人员的意见，走访调查，形成线索处理意见。决定立案监督的，应当同时将调查收集的证据材料送达公安机关。对于异常线索中经核查无法立案，但仍然存在风险隐患的人员应建立“重点关注”名单，定期监测排查。例如，在“寻衅滋事”线索核查过程中，出现“白某某”4次寻衅滋事违法行为的记录，但是由于其不满足“两年内”的时间要求无法进行立案监督，但其最后两次均为2022年实施，再犯风险极大，所以将其列入该名单进行监控。

（二）社会治理效果

从职能延伸到价值提升，实现社会治理新成效。新时代检察机关发挥法律监督职能，仅仅依靠个案办理、案结事了的传统模式，已无法满足国家现代化治理需求，而数字检察为检察工作参与社会治理提供了小切口，一方面使检察职能得以延伸，另一方面通过类案监督实现了对社会违法现象的治理，进而使法律监督的价值得以提升。从专项工作到制度化、常态化推进，塑造检察工作新格局。

一是建立数字检察办案单元，推进监督事项案件化办理。大数据法律监督的过程实际是检察机关主动履职，主动搜索异常案件线索的过程，因此能有效筛查到线索只完成了第一步，更重要的是通过对异常线索的审查、调查、侦查将线索转化成案，最终实现监督目的。为落实好这一要求，专门抽调人员成立了数字检察办案单元。将任务分解成“复查线索可靠性”“审查案卷卷宗、文书材料”“走访调查，询问办案人意见”“审查证据链条，确定案件事实”“制发相关法律文书”“跟踪落实情况”等几部分，并分别指定专人负责，切实把数字检察工作量化，压实到办案单元中每一个人。力求将各类监督事项案件化办理。从寻衅滋事个案的线索挖掘，到数据调取、数据分析、线索核实，再到异常线索归档办理，分别排查，最终实现对各条线索的有效监督，在监督过程中建立了完整的办案流程。避免出现对异常线索只筛查、不解析，对监督事项只监督不治理，对检察建议只制发不跟踪等问题，切实形成“个案办理—类案监督—系统治理”的闭环管理。

二是强化审查、调查、侦查“三查融合”监督机制。检察监督的传统路径是个案审查，但主动发现线索、主动进行法律监督的路径决定了监督线索及证据均需由检察机关主动出击、调取，且大数据法律监督不仅要求从个案中发现问题，更强调对数据分析研判发现的异常线索进行深入挖掘，促进解决执法司法领域存在的一类问题。因此，加快在思维方法上、制度体系上从单一审查向“三查融合”方式转变，深度融合法律赋予检察机关的调查权和自行补充侦查权，形成“三查融合”的办案机制，增强法律监督的系统性和监督刚性，是做好数字检察工作的必然要求。例如，检察机关在办理“郭某寻衅滋事案”的过程中，在给公安机关制发《要求说明不立案理由通知书》后，得到公安机关认为不构成犯罪的回复。该院干警迅速组织力量对案件展开调查，一边调阅公安行政卷宗审查案件事实，一边走访听取办案人员意见、相关当事人意见，基本核实清楚行为人的 4 次寻衅滋事事实及处理情况，并将相关证据予以固定，同时进一步对相关法律规定进行查阅分析，确保有法可依、事实清楚、证据充分。本案于 2022 年 7 月 14 日被公安机关立案侦查，在案件被公安移送检察机关起诉时，承办检察官再次详细对案件证据、事实进行审查，对证据链条存在薄弱的环节，通过自行补充侦查收集部分证据材料，从而使得案件能诉能判，真正确保了监督成效。最终，本案于 2022 年 10 月 19 日一审判决郭某构成寻衅滋事罪，并采纳了检察机关的量刑建议。

三是完善信息共享机制，在保障数据安全的前提下破除数据壁垒。信息数据是开展数字检察工作的基础，能否高效、便捷、安全、准确地获取数据直接决定大数据监督工作质量的高低。在工作开展初期，检察机关数据调取比较困难，主要表现在获取数据的渠道较为单一，主要依靠与相关职能机关进行沟通后借助其机关内部的电子系统查阅所需数据；获取数据的方式较为简陋，主要依靠人工录入，其次依靠数据库表的直接拷贝；获取数据的安全防范措施较少，基本依靠内网电子硬盘进行拷贝传输。忻州市检察机关为进一步畅通与公安机关在重点执法司法数据领域的获取途径，通过召开联席会议等方式沟通双方对数据共享的需求，对数据调取工作进行了协调，并对数据安全、数据保密作出规范管理，建立了完整的办案指引。从数据获取到数据治理，从模型运用到线索审查，从立案监督到系统治理，为全市检察人员提供全流程办案经验借鉴。截至目前，共筛查数据 8000 余条，获取有效数据 845 条。

第十五章

交通肇事类案司法救助监督模型构建*

一、模型概述

针对交通肇事类案司法救助线索发现难、救助渠道单一、救助力度欠缺等问题，2022 年 8 月广灵县人民检察院在办案中发现存在司法救助个案线索，9 月搭建监督模型取得初步成效，12 月将该模型在全市推广。大同市人民检察院第八检察部牵头，从检察业务应用系统、公安、法院办案系统、相关行政机关信息系统共收集数据 62 万余条，全市检察机关应用该模型从 62 万余条基础数据中筛查出交通肇事类司法救助线索 125 条，经人工核查，共办理交通肇事类司法救助案件 91 件，发放司法救助金 93.71 万元。对救助后家庭生活仍然困难人员启动上下级联动救助，对广灵县院办理的杨某某等 3 人司法救助案，灵丘县院办理的张某某司法救助案，县区院救助后，市院又救助 17.65 万元，有效化解社会矛盾。同时发现疑似违规领取社会补助的线索 496 条，移送至 10 个县区院公益诉讼检察部门相关线索 10 条，制发检察建议 2 份，与妇联、乡村振兴局会签文件 3 份。该模型可复制、可推广、有成效，真正实现了“一域突破，全市共享”。

---

*本模型由大同市广灵县人民检察院构建。案例由大同市人民检察院第八检察部王志军、广灵县人民检察院岳晓丽等人提供，广灵县人民检察院第一检察部马月、第二检察部薛振康等人参与，马腾、燕同富、余倩云等人提供了技术支撑。本模型获得 2023 年山西省检察机关大数据法律监督模型竞赛二等奖。

二、模型设计依据

（一）法律监督依据

根据《人民检察院开展国家司法救助工作细则》规定，符合司法救助条件，要求受害人被违法犯罪侵害造成人身伤害或者遭受重大财产损失，无法通过诉讼获得赔偿，造成生活困难。

1.《人民检察院开展国家司法救助工作细则》

第7条规定："救助申请人符合下列情形之一的，人民检察院应当予以救助：（一）刑事案件被害人受到犯罪侵害致重伤或者严重残疾，因案件无法侦破、已过追诉时效、加害人死亡或者没有赔偿能力，造成生活困难的；（二）刑事案件被害人受到犯罪侵害致人身伤害，急需救治，无力承担医疗救治费用的；（三）刑事案件被害人受到犯罪侵害致死或者丧失劳动能力，依靠其收入为主要生活来源的近亲属或者其赡养、扶养、抚养的其他人，因案件无法侦破、已过追诉时效、加害人死亡或者没有赔偿能力，造成生活困难的；（四）刑事案件被害人受到犯罪侵害，致使财产遭受重大损失，因案件无法侦破、已过追诉时效、加害人死亡或者没有赔偿能力，造成生活困难的；（五）举报人、证人、鉴定人因向检察机关举报、作证或者接受检察机关委托进行司法鉴定而受到打击报复，致使人身受到伤害或者财产受到重大损失，造成生活困难的；（六）因道路交通事故等民事侵权行为造成人身伤害，无法通过诉讼获得赔偿，造成生活困难的；（七）人民检察院根据实际情况，认为需要救助的其他情形。"

2.《最高人民检察院关于全面加强未成年人国家司法救助工作的意见》

第3条规定："对下列未成年人，案件管辖地检察机关应当给予救助：（一）受到犯罪侵害致使身体出现伤残或者心理遭受严重创伤，因不能及时获得有效赔偿，造成生活困难的。（二）受到犯罪侵害急需救治，其家庭无力承担医疗救治费用的。（三）抚养人受到犯罪侵害致死，因不能及时获得有效赔偿，造成生活困难的。（四）家庭财产受到犯罪侵害遭受重大损失，因不能及时获得有效赔偿，且未获得合理补偿、救助，造成生活困难的。（五）因举报、作证受到打击报复，致使身体受到伤害或者家庭财产遭受重大损失，因不能及时获得有效赔偿，造成生活困难的。（六）追索抚育费，因被执行人没有履行能力，造成生活困难的。（七）因道路交通事故等民事侵权行为造成人身伤害，无法通过诉讼获得有效赔偿，造成生活困难的。（八）其他因案件造成生活困难，认为需要救助的。”

3.《山西省特困人员认定办法》

第 28 条第 3 项规定：“特困人员依法被判处刑罚，且在监狱服刑的，应当及时终止救助供养。”

4.《山西省最低生活保障对象审核确认办法》

第 12 条第 2 项规定：“在监狱内服刑、在戒毒所强制隔离戒毒或者宣告失踪人员，不计入共同生活的家庭成员。”

5. 其他

还有《关于深化开展“关注困难妇女群体，加强专项司法救助”活动的通知》等有关规定。

（二）监督要素

根据《人民检察院开展国家司法救助工作细则》规定，符合司法救助条件，受害人被违法犯罪侵害导致其人身伤害或者遭受重大财产损失，无法通过诉讼获得赔偿，造成生活困难，可获取司法救助。其主要监督点和监督规则如下：

监督点 1：交通肇事案件（致人重伤、死亡或者使公私财产遭受重大损失）。

监督点 2：未获得赔偿。

监督点 3：生活困难（低保、特困、残疾人等）。

主要监督规则如下：

对下列人员提出国家司法救助申请的，应予以救助：

规则 1：刑事案件被害人受到犯罪侵害，致使重伤或严重伤残，因案件无法侦破，或加害人死亡或者没有赔偿能力，无法通过诉讼获得赔偿，造成生活困难的。

规则 2：刑事案件被害人受到犯罪侵害危及生命，急需救治，无力承担医疗救治费用的。

规则 3：刑事案件被害人受到犯罪侵害而死亡，因案件无法侦破造成以其收入为主要生活来源的近亲属生活困难的；或者因加害人死亡或没有赔偿能力，以被害人收入为主要生活来源的近亲属无法通过诉讼获得赔偿，造成生活困难的。

规则 4：刑事案件被害人受到犯罪侵害，致使财产遭受重大损失，因案件无法侦破造成生活困难的；或者因加害人死亡或没有赔偿能力，无法通过诉讼获得赔偿，造成生活困难的。

规则 5：举报人、证人、鉴定人因举报、作证鉴定受到打击报复，致使人身受到伤害或财产受到重大损失，无法通过诉讼获得赔偿，造成生活困难的。

规则 6：追索赡养费、抚养费、抚育费等，因被执行人没有履行能力，造成申请执行人生活困难的。

规则 7：对于道路交通事故等民事侵权行为造成人身伤害，无法通过诉讼获得赔偿，造成生活困难的。

规则 8：党委政法委和政法各单位根据实际情况，认为需要救助的其他人员。

（三）数据来源及载体

1. 检察业务应用系统、检察机关信访登记系统数据

（1）检察业务应用系统导出数据。

（2）检察机关信访登记系统导出数据。

2. 公安、法院办案系统相关数据

（1）光盘拷贝公安警综平台交通肇事案件数据。

（2）光盘拷贝法院判决裁定数据。

3. 行政部门内部平台相关生活困难人员数据

（1）乡村振兴局：光盘拷贝脱贫户数据。

（2）妇联：光盘拷贝困难妇女、儿童信息。

（3）残联：光盘拷贝残疾人信息。

（4）民政局：光盘拷贝民政局特困人口信息、城市低保人口信息、农村低保人口信息。

（5）退役军人事务局：光盘拷贝退役军人信息。

三、模型设计思路

（一）需求分析

对于司法救助工作中存在的因信息衔接不畅通、部门协同不及时导致救助实效不到位等问题，检察机关可以与政府相关职能部门加强沟通协调，打破信息壁垒，通过交通肇事类案司法救助监督模型，通过数据比对分析，发现司法救助线索，锁定救助对象，实现对因交通肇事致贫的被害人及近亲属进行及时救助，同时加强司法救助与社会救助的联动互动，建立多元联动的救助工作格局。

（二）数据分析

1. 个案分析

2012 年 9 月 12 日，广灵县某乡发生一起交通肇事案件，受害人郭某某在骑摩托车回家途中发生交通事故，肇事司机逃逸致其死亡，案件无法侦破，死者家属未得到任何赔偿。经调查了解，死者父亲以种地为生，腿部残疾（无残疾证），无劳动能力，母亲患有脑出血、脑梗，左腿行动不便，弟弟于 2020 年因突发疾病不幸身亡，留下一个女儿，由死者父亲抚养并供其读书，受害人父母、侄女是建档立卡脱贫户、低保户，无其他生活来源，生活困难，符合国家司法救助条件。经过分析，主要要素有交通肇事、被害人、低保、未成年人、困难妇女等。

2. 数据治理

通过对 2008 年以来公安警综平台交通肇事案数据进行调取，输入交通肇事、逃逸等数据要素，又发现 6 件类似的交通肇事逃逸案件，调取被害人及其近亲属身份信息。

3. 分析比对

首先，根据被害人信息收集到被害人近亲属信息 13 条。其次，输入低保户、困难妇女、特困户、未成年人等监督要素，经过分析比对，发现 9 条司法救助线索。

4. 结果验证

通过对这 9 名可能符合救助条件的人员，进行人工走访调查，全部符合检察机关司法救助条件，数据监督模型基本构成。

综上，根据交通肇事逃逸、无法获得赔偿、生活困难等核心要素，通过在检察业务应用系统、检察机关信访登记系统、公安警综平台、法院判决裁定信息数据中筛选出交通肇事类案被害人及其近亲属、申诉人信息，然后与民政局、妇联、残联、乡村振兴局等相关行政机关的生活困难人员信息数据取交集，初步获得可能符合司法救助条件的线索，经过进一步人工核查，确定符合司法救助条件的人员信息。同时，进行反向筛查，在检察业务应用系统、法院判决裁定信息数据中筛选出犯罪嫌疑人、服刑人员信息，然后与民政局、妇联、残联、乡村振兴局等相关行政机关领取社会救助和政府补助的数据取交集，初步获得不符合领取社会救助和政府补助的线索，然后开展进一步人工核查。

（三）流程分析

第一步：获取基础数据。从检察业务应用系统导出案件数据，从检察机关信访登记系统中导出信访数据，从公安警综平台调取案件数据，从法院调取判决裁定数据，从相关行政部门调取困难妇女、困难儿童、残疾人、特困户、低保户、孤儿、脱贫边缘户、易返贫用户等数据，形成基础数据池。

第二步：数据处理。一是先通过关键词“交通肇事”筛选出交通肇事类案数据，再通过选择属性处理，把被害人及其近亲属信息、申诉人信息选择出来，然后把选择出的数据进行并集处理，形成被害人及其近亲属信息、申诉人信息数据归集；二是把从相关行政部门调取的困难人口信息数据通过选择属性、并集处理，形成生活困难人员信息数据归集。

第三步：数据碰撞。将两个数据归集通过身份证号码取交集处理，筛选出属于生活困难人员的被害人及近亲属、申诉人信息，获得符合司法救助的线索，将获得的线索，通过人工实地走访调查，确定符合司法救助的人员。

第四步：反向筛查。将案件信息数据通过选择属性，把犯罪嫌疑人的信息选择出来，然后做并集处理，形成犯罪嫌疑人数据归集，再将犯罪嫌疑人数据归集与领取低保、特困等社会救助和政府补助的数据通过身份证号码进行取交集处理，获得违规领取社会救助和政府补助的线索，并通过人工核查等形式，确定出违规领取社会救助和政府补助的人员。（见图 1）

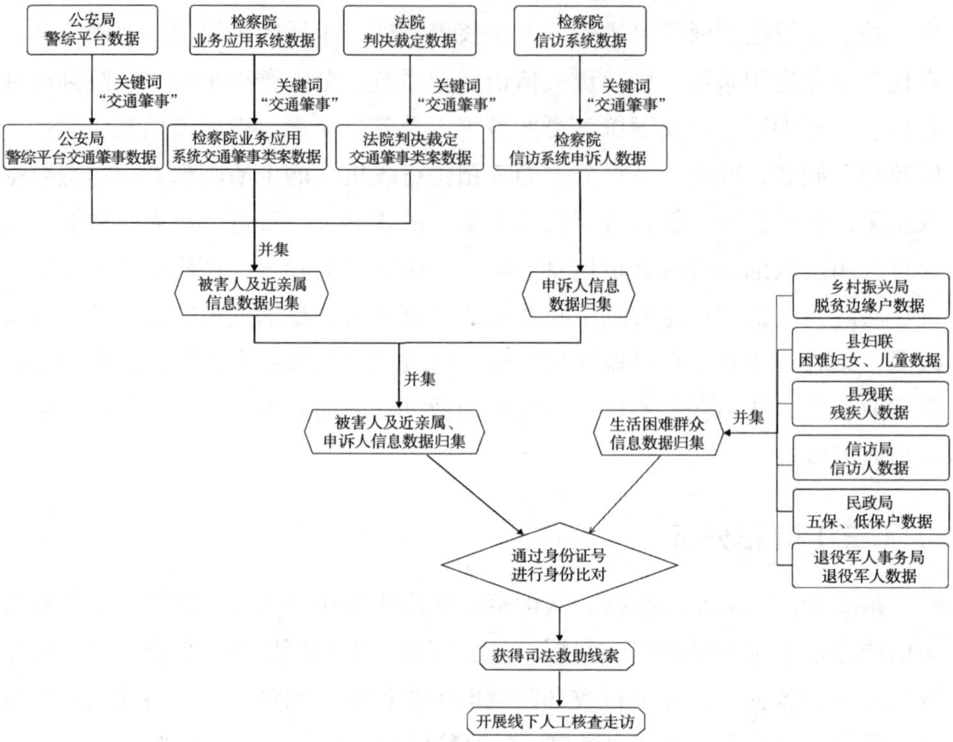

图 1　交通肇事类案司法救助模型

（四）监督模型应用

2022 年 9 月，广灵县人民检察院搭建交通肇事类案司法救助监督模型，通过多次组织召开数字检察专题党组会、工作推进会、座谈交流会，聚焦核心业务，组织干警参加数字检察业务培训，通过学习不断提高类案分析、模型提炼能力，提升数字检察办案水平。2022 年 12 月底，该模型取得明显成效，向全市推广。全市检察机关上下齐心协力抓落实、强推进，努力从“小切口”挖出“大富矿”，2023 年全市召开 9 次数字检察监督模型工作推进会、1 次数字检察监督模型观摩会，该模型在省院模型平台运行逐渐完善达到可复制、可推广、有成效。监督模型在全市检察机关推广应用后，形成部门协同的案例规模和治理成果，“一域突破，全市共享”。两级院不断更新办案理念、深化探索实践、强化数据赋能，积极构建救助关口前移、救助多元化局面，建立内部线索移送、办理、反馈全链条的融合履职机制，深化司法救助的政治效果、法律效果和社会效果的有机统一，以数字革命助推社会治理现代化、驱动检察工作现代化。

案例：2022 年排查出的一起交通肇事案的司法救助线索，郭某某在骑摩托车回家途中发生交通事故，肇事司机逃逸致其死亡，案件一直未侦破。进一步对低保、困难妇女等信息与被害人信息进行碰撞时又发现，被害人父母、侄女都是低保户，遂及时将线索移送广灵县院。通过人工核查，三人系农村地区脱贫不稳定户、低保户以及未成年人、困难妇女、残疾人，因家庭失去主要劳动力，老人无人赡养，孩子无钱读书，因案致贫，生活陷入困境，立即启动国家司法救助程序，经检察长批准决定对一家三口每人救助 1.5 万元。2023 年春节前夕，检察官将 4.5 万元救助金送到郭某甲等三人手中，解决了其家庭的燃眉之急，实现了救急救困的目的，让困难群众切实感受到党和政府的关怀、司法的温情和社会的温暖。

四、监督模型的整体效果

（一）联合办案效果

一是理念先行，让数据思维贯穿办案监督全过程先行。转变理念，凝聚共识。大同市院多次组织召开数字检察专题党组会、工作推进会、座谈交流会，聚焦核心业务，组织干警参加数字检察业务培训，通过学习不断提高类案分析、模型提炼能力，提升数字检察办案水平。

二是打破壁垒，深化各业务部门协作融合。刑事和民事案件是司法救助线索主要来源。大同市院注重强化部门间联动，制定了司法救助案件线索移送工作规则及工作流程，各业务部门融合办案，建立线索移送共享机制，使司法救助案件受理、办理环节无缝对接，快速运转。截至 2023 年 5 月，依托省院大数据模型平台，运行交通肇事类案司法救助监督模型，进行分析筛选，全市共发现 125 条司法救助线索，并及时向各县区移送，其中广灵县院

33条，浑源县院24条，云冈区院有25条，新荣区院4条，灵丘县院4条，平城区院9条，天镇县院4条，阳高县院8条，云州区院10条，左云县院4条。经过人工核查，有91人符合司法救助条件。与此同时反向筛查出疑似违规领取社会补助人员线索496条，向10个县区院公益诉讼检察部门移送线索，制发检察建议2份，与妇联、乡村振兴局会签文件2份。

三是从“个案办理”到“类案监督”，提升司法救助质效。积极探索“以个案为突破点，以模型为牵引线，以监督为融合面，以治理为综合体”的数字检察模式，运用大数据分析研判这个金钥匙，解决过去零散个案监督不易发现深层次、系统性、源头性的监督办案和社会治理问题。交通肇事类案司法救助监督模型的搭建，大大便利了司法救助线索的发现，个案办理—类案救助—社会治理取得了明显成效。通过在个案办理中发现规律，构建多跨监督场景，推进法律监督模式向质效导向、类案为主、数据赋能的治理模式变革。

（二）社会治理效果

一是批量发现救助线索。2022年8月，大同市广灵县人民检察院搭建交通肇事类案司法救助监督模型取得了明显成效后在全市推广应用。目前，基础数据池导入62万余条数据，筛查出司法救助线索125条，通过人工核查确定符合司法救助条件人员91人，发放救助金93.71万元。

二是上下一体共同救助。经大数据比对分析筛查出司法救助线索，再通过人工调查核实，确定符合司法救助条件的人员，对于部分生活极其困难的人员，基层院救助后做好“家庭困难”标记，及时向市院推送救助情况，市院定期搜索关键词“家庭困难”，从中发现家庭特别困难的人员信息，再与基层院已经救助的数据进行碰撞，发现需要再次救助的线索，市院启动救助程序，市县两级院联合救助形成合力，切实帮助困难家庭渡过难关。如广灵县院办理的杨某某等3人司法救助案，其丈夫因交通肇事死亡，未得到赔偿，杨某某系二级伤残无劳动能力；两个孩子一个是高中在校学生，另一个也是二级伤残无劳动能力，广灵县院救助3万元后，其家庭生活仍然十分困难，遂将该情况向市院推送，市院定期筛查发现杨某某信息与困难妇女、残疾人、低保户信息都能碰撞出数据，经实地核查，其家庭确实困难，市院决定对其3人再救助12.99万元。浑源县院办理的张某某司法救助案，浑源县院救助后，市院又救助4.66万元。及时帮助被害人家庭解了燃眉之急，有效化解了社会矛盾，实现了办案效果的三个统一。

三是检察融合反向监督。反向筛查出不符合领取社会补助（救助）的线索496条，向10个县区院公益诉讼检察部门移送线索。其中向广灵县院移送的涉及服刑人员领取低保、特困补助21人，经人工线下核查，有10人不符合领取条件，通过磋商，民政部门主动整改自查，已追回低保金1.03万元；9人已停发，为国家挽回损失7万余元。针对低保户、特困户审核存在的漏洞，向民政部门、有关乡镇人民政府制发综合治理类检察建议2份、行政执法监督检察建议1份。各部门积极整改，民政部门在全县范围内开展了违规领取低保金专项清理活动，在审批低保、特困申请时及时到司法部门调取是否存在违法犯罪记录信息。检察机关在讯问犯罪嫌疑人时，讯问其是否享受社会救助，对作出刑事判决的低保、特困人员信息及时反馈给民政部门，建立行政执法与刑事司法衔接机制，及时堵塞漏洞，预防国有财产流失。

四是多项联动溯源治理。对于生活确实困难的妇女儿童、退役军人等人员，经数据碰撞筛查后虽然不属于司法救助范围，但符合社会救助条件，通过与民政、妇联等相关部门建立联合机制，对其进行社会救助。

五是建立融合工作机制。大同市检察机关探索构建与妇联、民政等多部门救助、帮扶职能相融合工作机制，推动形成社会救助工作合力。大同市人民检察院与大同市妇女联合会联合下发了《加强协作配合共同做好国家司法救助，保护妇女儿童合法权益工作的实施意见》，广灵县人民检察院与广灵县妇女联合会下发了《关于深化开展“关注困难妇女群体，加强专项司法救助”活动的实施意见》，云州区人民检察院与云州区乡村振兴局联合下发了《关于建立检察机关国家司法救助助力巩固脱贫攻坚成果同乡村振兴有效衔接的意见》等多项司法救助衔接机制，通过检察融合监督，助力溯源治理，形成了救助线索信息共享，救助精准及时、救助方式多元、跨部门联合推进社会治理的工作格局，助推从“单一”司法救助向“多元”社会救助转变，进一步深化司法救助社会效果。

六是从“坐等案来”到“主动服务”，创新司法救助模式。司法救助工作是检察机关联系困难群众的“连心桥”，是“我为群众办实事”的生动实践，能够解群众“急难愁盼”，传递司法温度。市县两级院上下联动，把研发应用大数据法律监督模型作为司法救助工作的重中之重，系在心上、扛在肩上、抓在手上。充分借助检察一体化优势，有效整合市县两级院力量，在较短时间内完成了司法救助监督模型在全市推广应用。检察机关还与相关行政机关建立了日常联络机制、信息沟通机制、联席会议机制、跟踪回访机制、司法救助和社会救助衔接机制，构建多元联动的救助工作格局，推动各单位各部门间的协作实现以“我管”促“都管”，不断提升监督效能，同时深度挖掘数据资源和数据分析研判优势，落实监督办案一体化要求，聚焦社会治理的难点痛点，促进实现社会治理。

检察机关将牢牢把握“数字赋能监督，监督促进治理”的数字检察原则，紧紧围绕中心大局，聚焦社会治理中的“难点”“弱点”“堵点”“痛点”，将交通肇事类案监督模型扩展到全部刑事案件，同时配套搭建“政府补（救）助资金监管类案监督模型”“民事监督类案监督模型”“公益诉讼类案监督模型”，深化研究运用大数据促进执法司法公正、助力国家治理，提高运用大数据的意识和能力，运用大数据法律监督模型开展检察融合监督，联合相关执法司法部门开展专项监督行动，有效堵塞漏洞，促进建章立制，实现源头性防治，助推市域社会治理现代化。

第十六章

非监禁刑执行类案监督模型构建*

一、模型概述

2019年12月28日，十三届全国人大常委会第十五次会议通过了社区矫正法，并于2020年7月1日起施行。社区矫正法是我国第一部全面规范社区矫正工作的法律，其颁布实施标志着社区矫正工作进入了新的发展阶段，也标志着社区矫正检察监督从此纳入法治化轨道。社区矫正检察监督在检察机关回归法律监督的宪法定位及全面协调充分发展"四大检察"的历史背景下，理应受到重视与加强，并成为检察机关拓展检察职能的新方向与着力点。为进一步强化对社区矫正对象的监督管理，我们坚持问题导向和线索发现相统一，搭建了社区矫正监督复合型模型，其中包括脱管监督、漏管监督、涉嫌违法犯罪监督、禁止令人员监督、收监执行监督五个小监督模型。

二、模型设计依据

（一）法律监督依据

1.《社区矫正法》

第17条规定："社区矫正决定机关判处管制、宣告缓刑、裁定假释、决定或者批准暂予监外执行时应当确定社区矫正执行地。社区矫正执行地为社区矫正对象的居住地。社区矫正对象在多个地方居住的，可以确定经常居住地为执行地。社区矫正对象的居住地、经常居住地无法确定或者不适宜执行

---

*本模型由太原市清徐县人民检察院构建。案例由清徐县人民检察院孙寅平等人提供，清徐县人民检察院第一检察部司一丹、赵伟等人参与，第三检察部刘倩等人提供技术支撑，本模型获得2023年山西省检察机关大数据法律监督模型竞赛二等奖。

社区矫正的，社区矫正决定机关应当根据有利于社区矫正对象接受矫正、更好地融入社会的原则，确定执行地。本法所称社区矫正决定机关，是指依法判处管制、宣告缓刑、裁定假释、决定暂予监外执行的人民法院和依法批准暂予监外执行的监狱管理机关、公安机关。”

第 20 条规定：“社区矫正决定机关应当自判决、裁定或者决定生效之日起五日内通知执行地社区矫正机构，并在十日内送达有关法律文书，同时抄送人民检察院和执行地公安机关。社区矫正决定地与执行地不在同一地方的，由执行地社区矫正机构将法律文书转送所在地的人民检察院、公安机关。”

第 21 条规定：“人民法院判处管制、宣告缓刑、裁定假释的社区矫正对象，应当自判决、裁定生效之日起十日内到执行地社区矫正机构报到。人民法院决定暂予监外执行的社区矫正对象，由看守所或者执行取保候审、监视居住的公安机关自收到决定之日起十日内将社区矫正对象移送社区矫正机构。监狱管理机关、公安机关批准暂予监外执行的社区矫正对象，由监狱或者看守所自收到批准决定之日起十日内将社区矫正对象移送社区矫正机构。”

第 30 条规定：“社区矫正对象失去联系的，社区矫正机构应当立即组织查找，公安机关等有关单位和人员应当予以配合协助。查找到社区矫正对象后，应当区别情形依法作出处理。”

第 62 条规定：“人民检察院发现社区矫正工作违反法律规定的，应当依法提出纠正意见、检察建议。有关单位应当将采纳纠正意见、检察建议的情况书面回复人民检察院，没有采纳的应当说明理由。”

2.《社区矫正法实施办法》

第 4 条规定：“司法行政机关依法履行以下职责：（一）主管本行政区域内社区矫正工作；（二）对本行政区域内设置和撤销社区矫正机构提出意见；（三）拟定社区矫正工作发展规划和管理制度，监督检查社区矫正法律法规和政策的执行情况；（四）推动社会力量参与社区矫正工作；（五）指导支持社区矫正机构提高信息化水平；（六）对在社区矫正工作中作出突出贡献的组织、个人，按照国家有关规定给予表彰、奖励；（七）协调推进高素质社区矫正工作队伍建设；（八）其他依法应当履行的职责。”

第 5 条规定：“人民法院依法履行以下职责：（一）拟判处管制、宣告缓刑、决定暂予监外执行的，可以委托社区矫正机构或者有关社会组织对被告人或者罪犯的社会危险性和对所居住社区的影响，进行调查评估，提出意见，供决定社区矫正时参考；（二）对执行机关报请假释的，审查执行机关移送的罪犯假释后对所居住社区影响的调查评估意见；（三）核实并确定社区矫正执行地；（四）对被告人或者罪犯依法判处管制、宣告缓刑、裁定假释、决定暂予监外执行；（五）对社区矫正对象进行教育，及时通知并送达法律文书；（六）对符合撤销缓刑、撤销假释或者暂予监外执行收监执行条件的社区矫正对象，作出判决、裁定和决定；（七）对社区矫正机构提请逮捕的，及时作出是否逮捕的决定；（八）根据社区矫正机构提出的减刑建议作出裁定；（九）其他依法应当履行的职责。”

第 6 条规定：“人民检察院依法履行以下职责：（一）对社区矫正决定机关、社区矫正机构或者有关社会组织的调查评估活动实行法律监督；（二）对社区矫正决定机关判处管制、宣告缓刑、裁定假释、决定或者批准暂予监外执行活动实行法律监督；（三）对社区矫正法律文书及社区矫正对象交付执行活动实行法律监督；（四）对监督管理、教育帮扶社区矫正对象的活动实行法律监督；（五）对变更刑事执行、解除矫正和终止矫正的活动实行法律监督；（六）受理申诉、控告和举报，维护社区矫正对象的合法权益；（七）按照刑事诉讼法的规定，在对社区矫正实行法律监督中发现司法工作人员相关职务犯罪，可以立案侦查直接受理的案件；（八）其他依法应当履行的职责。”

第 7 条规定：“公安机关依法履行以下职责：（一）对看守所留所服刑罪犯拟暂予监外执行的，可以委托开展调查评估；（二）对看守所留所服刑罪犯拟暂予监外执行的，核实并确定社区矫正执行地；对符合暂予监外执行条件的，批准暂予监外执行；对符合收监执行条件的，作出收监执行的决定；（三）对看守所留所服刑罪犯批准暂予监外执行的，进行教育，及时通知并送达法律文书；依法将社区矫正对象交付执行；（四）对社区矫正对象予以治安管理处罚；到场处置经社区矫正机构制止无效，正在实施违反监督管理规定或者违反人民法院禁止令等违法行为的社区矫正对象；协助社区矫正机构处置突发事件；（五）协助社区矫正机构查找失去联系的社区矫正对象；执行人民法院作出的逮捕决定；被裁定撤销缓刑、撤销假释和被决定收监执行的社区矫正对象逃跑的，予以追捕；（六）对裁定撤销缓刑、撤销假释，或者对人民法院、公安机关决定暂予监外执行收监的社区矫正对象，送交看守所或者监狱执行;（七）执行限制社区矫正对象出境的措施;（八）其他依法应当履行的职责。”

第8条规定:“监狱管理机关以及监狱依法履行以下职责:（一）对监狱关押罪犯拟提请假释的，应当委托进行调查评估；对监狱关押罪犯拟暂予监外执行的，可以委托进行调查评估;（二）对监狱关押罪犯拟暂予监外执行的，依法核实并确定社区矫正执行地；对符合暂予监外执行条件的，监狱管理机关作出暂予监外执行决定;（三）对监狱关押罪犯批准暂予监外执行的，进行教育，及时通知并送达法律文书；依法将社区矫正对象交付执行;（四）监狱管理机关对暂予监外执行罪犯决定收监执行的，原服刑或者接收其档案的监狱应当立即将罪犯收监执行;（五）其他依法应当履行的职责。”

第35条规定:“社区矫正对象具有下列情形之一的，执行地县级社区矫正机构应当给予警告:（一）违反人民法院禁止令，情节轻微的;（二）不按规定时间报到或者接受社区矫正期间脱离监管，超过十日的;（三）违反关于报告、会客、外出、迁居等规定，情节较重的;（四）保外就医的社区矫正对象无正当理由不按时提交病情复查情况，经教育仍不改正的;（五）受到社区矫正机构两次训诫，仍不改正的;（六）其他违反监督管理规定，情节较重的。”

第36条规定:“社区矫正对象违反监督管理规定或者人民法院禁止令，依法应予治安管理处罚的，执行地县级社区矫正机构应当及时提请同级公安机关依法给予处罚，并向执行地同级人民检察院抄送治安管理处罚建议书副本，及时通知处理结果。”

第38条第1款规定:“发现社区矫正对象失去联系的，社区矫正机构应当立即组织查找，可以采取通信联络、信息化核查、实地查访等方式查找，查找时要做好记录，固定证据。查找不到的，社区矫正机构应当及时通知公安机关，公安机关应当协助查找。社区矫正机构应当及时将组织查找的情况通报人民检察院。”

第46条规定:“社区矫正对象在缓刑考验期内，有下列情形之一的，由执行地同级社区矫正机构提出撤销缓刑建议:（一）违反禁止令，情节严重的;（二）无正当理由不按规定时间报到或者接受社区矫正期间脱离监管，超过一个月的;（三）因违反监督管理规定受到治安管理处罚，仍不改正的;（四）受到社区矫正机构两次警告，仍不改正的;（五）其他违反有关法律、行政法规和监督管理规定，情节严重的情形。社区矫正机构一般向原审人民法院提出撤销缓刑建议。如果原审人民法院与执行地同级社区矫正机构不在同一省、自治区、直辖市的，可以向执行地人民法院提出建议，执行地人民法院作出裁定的，裁定书同时抄送原审人民法院。社区矫正机构撤销缓刑建议书和人民法院的裁定书副本同时抄送社区矫正执行地同级人民检察院。”

第 47 条规定："社区矫正对象在假释考验期内，有下列情形之一的，由执行地同级社区矫正机构提出撤销假释建议：（一）无正当理由不按规定时间报到或者接受社区矫正期间脱离监管，超过一个月的；（二）受到社区矫正机构两次警告，仍不改正的；（三）其他违反有关法律、行政法规和监督管理规定，尚未构成新的犯罪的。社区矫正机构一般向原审人民法院提出撤销假释建议。如果原审人民法院与执行地同级社区矫正机构不在同一省、自治区、直辖市的，可以向执行地人民法院提出建议，执行地人民法院作出裁定的，裁定书同时抄送原审人民法院。社区矫正机构撤销假释的建议书和人民法院的裁定书副本同时抄送社区矫正执行地同级人民检察院、公安机关、罪犯原服刑或者接收其档案的监狱。”

第 48 条规定："被提请撤销缓刑、撤销假释的社区矫正对象具备下列情形之一的，社区矫正机构在提出撤销缓刑、撤销假释建议书的同时，提请人民法院决定对其予以逮捕：（一）可能逃跑的；（二）具有危害国家安全、公共安全、社会秩序或者他人人身安全现实危险的；（三）可能对被害人、举报人、控告人或者社区矫正机构工作人员等实施报复行为的；（四）可能实施新的犯罪的。社区矫正机构提请人民法院决定逮捕社区矫正对象时，应当提供相应证据，移送人民法院审查决定。社区矫正机构提请逮捕、人民法院作出是否逮捕决定的法律文书，应当同时抄送执行地县级人民检察院。”

第 49 条规定："暂予监外执行的社区矫正对象有下列情形之一的，由执行地县级社区矫正机构提出收监执行建议：（一）不符合暂予监外执行条件的；（二）未经社区矫正机构批准擅自离开居住的市、县，经警告拒不改正，或者拒不报告行踪，脱离监管的；（三）因违反监督管理规定受到治安管理处罚，仍不改正的；（四）受到社区矫正机构两次警告的；（五）保外就医期间不按规定提交病情复查情况，经警告拒不改正的；（六）暂予监外执行的情形消失后，刑期未满的；（七）保证人丧失保证条件或者因不履行义务被取消保证人资格，不能在规定期限内提出新的保证人的；（八）其他违反有关法律、行政法规和监督管理规定，情节严重的情形。社区矫正机构一般向执行地社区矫正决定机关提出收监执行建议。如果原社区矫正决定机关与执行地县级社区矫正机构在同一省、自治区、直辖市的，可以向原社区矫正决定机关提出建议。社区矫正机构的收监执行建议书和决定机关的决定书，应当同时抄送执行地县级人民检察院。”

3.《最高人民法院、最高人民检察院、公安部、司法部关于进一步加强社区矫正工作衔接配合管理的意见》

第 7 条规定：“人民法院、公安机关、司法行政机关在社区服刑人员交付接收工作中衔接脱节，或者社区服刑人员逃避监管、未按规定时间期限报到，造成没有及时执行社区矫正的，属于漏管。”

第 10 条规定：“社区服刑人员在社区矫正期间脱离居住地社区矫正机构的监督管理下落不明，或者虽能查找到其下落但拒绝接受监督管理的，属于脱管。”

（二）监督要素

在矫期间未打卡次数超过规定次数；在矫期间存在越界情况；报到入矫时间与判决生效时间相差超过规定时间；在矫期间存在再次犯罪的情况；在矫期间通过伪造病历申请监外执行；在矫期间监外执行时间超过有效时间；在矫期间存在违反禁止令情况。

（三）数据来源及载体

数据来源 1：入矫人员信息；数据载体：社区矫正一体化平台。

数据来源 2：判处缓刑及假释、暂予监外执行的人员信息；数据载体：检察业务应用系统。

数据来源 3：在矫人员被行政处罚、被采取强制措施信息；数据载体：公安机关警综平台。

数据来源 4：暂予监外执行的社区矫正人员医疗信息；数据载体：卫健

医疗数据库。

数据来源 5：存在禁止令的社区矫正人员信息；数据载体：行政机关数据库。

三、模型设计思路

（一）需求分析

1. 对脱管问题的监督

在矫数据清单中，行为人签到打卡情况，T（时间跨度，变量，如 1 月）内，查询到未签到打卡情况 >=N（未签到打卡次数，变量，如 10 次），且处理情况 =A（是否处理，定量，如否），变量由前端用户配置；监督模型对业务需求的响应情况为：同一人，在时间跨度内，未签到打卡次数 >=N 且累计涉案金额 =A，则完全响应（比对检察院受案登记信息获得立案监督线索），行政处罚次 =N–5 且累计涉案金额 >=A–5，则部分响应（经研判可转为刑事案件线索），其余则不响应（因与法定立案标准相差甚远）。

2. 对漏管问题的监督

在案件清单中，判决生效日期为定量,T（时间跨度，变量，如 1 月）内，查询到应移送时间 >=N（应移送时间，变量，如 10 日），变量由前端用户配置；监督模型对业务需求的响应情况为：同一人，在时间跨度内，应移送时间 >=N，则完全响应（比对检察院受案登记信息获得立案监督线索）。

3. 对在矫人员涉嫌违法犯罪行为监督

在案件清单中，T（时间跨度，变量，如 2 年）内，查询到立案时间 >=N（报到时间，定量），由后台进行部署；监督模型对业务需求的响应情况为：同一人，在时间跨度内，应立案时间 >=N，则完全响应（比对检察院受案登记信息获得立案监督线索），其余则不响应（因与法定立案标准相差甚远）；在案件清单中,T（时间跨度，变量，如 2 年）内，查询到立案时间＜ =N（报到时间，定量），且一审判决案由、一审判决其他案由≠违法案由，由后台进行部署；监督模型对业务需求的响应情况为：同一人，在时间跨度内，应立案时间＜ =N，且一审判决案由、一审判决其他案由≠违法案由，则完全响应（比对检察院受案登记信息获得立案监督线索），其余则不响应（因与法定立案标准相差甚远）。

4. 对社会矫正人员收监执行的监督

对不符合暂予监外执行条件的社会矫正人员进行监督，在案件清单中，T（时间跨度，定量，如入矫时间）内，查询到在矫人员姓名、身份证号码与卫检系统不统一，由后台进行部署；监督模型对业务需求的响应情况为：同一人，在时间跨度内，在矫人员姓名、身份证号码与卫检系统不统一，则完全响应（比对检察院受案登记信息获得立案监督线索），其余则不响应（因与法定立案标准相差甚远）；在案件清单中，T（时间跨度，定量，如入矫时间）内，查询到在矫人员姓名、身份证号码与卫检系统相统一，诊断结果相对比，由后台进行部署；监督模型对业务需求的响应情况为：同一人，在时间跨度内，诊断结果相对比结果不一致，则完全响应（比对检察院受案登记信息获得立案监督线索），其余则不响应（因与法定立案标准相差甚远）。

对暂予监外执行事由消失进行监督，在案件清单中，T（时间跨度，定量，如入矫时间）内，查询到在矫人员怀孕 / 哺乳期结束时间，且解矫时间 = 空值，且人员在矫状态 = 在矫，由后台进行部署；监督模型对业务需求的响应情况为：同一人，在时间跨度内，在矫人员怀孕 / 哺乳期结束时间，且解矫时间 = 空值，且人员在矫状态 = 在矫，则完全响应（比对检察院受案登记信息获得立案监督线索），其余则不响应（因与法定立案标准相差甚远）。

5. 对涉及禁止令人员进行监督

在案件清单中，T（时间跨度，变量，如 2 年）内，查询到人员姓名、身份证号码统一，存在有禁止令且许可证尚未注销和未向社会公告或者禁止执教人员仍在执教的情形，由后台进行部署；监督模型对业务需求的响应情况为：同一人，在时间跨度内，许可证尚未注销和未向社会公告或者禁止执教人员仍在执教，则完全响应（比对检察院受案登记信息获得立案监督线索），其余则不响应（因与法定立案标准相差甚远）。

（二）数据分析

社区矫正数字化监督以判决原始数据库、入矫原始数据库、卫健医疗数据库、公安社会管理数据库、行政机关数据库为依据，通过数据筛查、数据碰撞、关联分析、异常统计分析等，发现社区矫正中的异常现象，为社区矫正法律监督管理提供线索（见图1）。

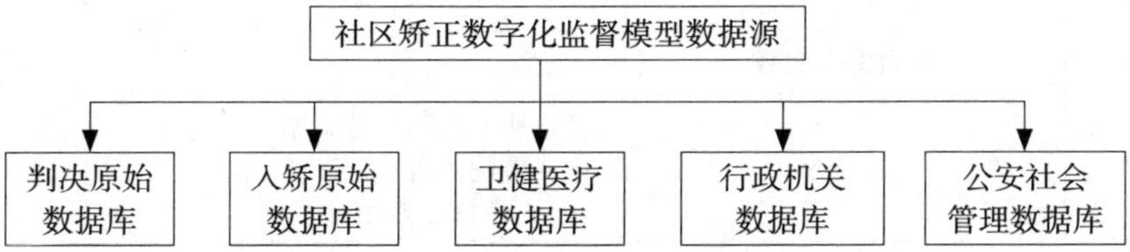

图1　社区矫正数字化监督分析模型数据源

7类数据源的详细描述如表1—表7所示。

表1　社区入矫人员

编号	属性名	释义	备注
1	姓名		
2	性别		
3	身份证号		
4	户籍地		
5	居住地		
6	在矫前职业		
7	罪名		
8	刑期		单位：月
9	刑期起止时间		格式：yyyy-mm-dd
10			格式：yyyy-mm-dd
11	法院执行通知书送达时间		格式：yyyy-mm-dd
12	报到时间		格式：yyyy-mm-dd
13	判决宣告时间		格式：yyyy-mm-dd
14	人员状态		
15	未打卡次数		
16	请假次数		
17	越界情况		
18	是否处理		是或否
19	是否受到训诫、警告处罚		

续表

编号	属性名	释义	备注
20	裁定或决定机关		
21	书面警告次数		
22	禁止令	禁止从事医药行业、禁止从事销售行业、禁止从事教育类行业	
23	禁止从事特定活动内容		
24	暂予监外执行类型	保外就医、妊娠	
25	暂予监外执行的开始时间		格式：yyyy-mm-dd
26	暂予监外执行的结束时间		格式：yyyy-mm-dd
27	暂予监外执行情形消失时间		格式：yyyy-mm-dd
28	暂予监外执行的解矫时间		格式：yyyy-mm-dd
29	诊断机构		
30	平台入矫时间		格式：yyyy-mm-dd
31	司法所接收时间		格式：yyyy-mm-dd
32	入矫宣告时间		格式：yyyy-mm-dd

表 2　法院判决数据

编号	属性名	释义	备注
1	姓名		
2	性别		
3	身份证号		
4	户籍地		
5	居住地		
6	案由		
7	罪名		
8	刑期（月）		
9	判决时间		格式：yyyy-mm-dd
10	判决生效时间		格式：yyyy-mm-dd
11	执行时间		格式：yyyy-mm-dd
12	备注（是否有禁止令）	刑罚执行中的禁止性措施	禁止令、职业禁止令

表 3 行政处罚数据库

编号	属性名	释义	备注
1	姓名		
2	性别		
3	身份证号		
4	户籍地		
5	现住址		
6	违法记录		
7	行政立案时间		格式：yyyy-mm-dd
8	行政处罚类型		
9	行政处罚决定时间		格式：yyyy-mm-dd

表 4 刑事处罚数据库

编号	属性名	释义	备注
1	姓名		
2	性别		
3	身份证号		
4	户籍地		
5	现住址		
6	罪名		
7	刑事立案时间		格式：yyyy-mm-dd
8	判决时间		格式：yyyy-mm-dd
9	刑期		单位：月
10	刑期起止时间		格式：yyyy-mm-dd
11			格式：yyyy-mm-dd

表 5 取保候审

编号	属性名	释义	备注
1	姓名		
2	性别		
3	常用证件号码		

续表

编号	属性名	释义	备注
4	出生日期		
5	现住址		
6	案件名称		
7	办案单位		
8	呈请日期		格式：yyyy-mm-dd

表 6 监视居住

编号	属性名	释义	备注
1	姓名		
2	性别		
3	常用证件号码		
4	出生日期		格式：yyyy-mm-dd
5	现住址		
6	案件名称		
7	办案单位		
8	呈请日期		格式：yyyy-mm-dd

表 7 提请批准候审

编号	属性名	释义	备注
1	姓名		
2	性别		
3	常用证件号码		
4	出生日期		格式：yyyy-mm-dd
5	现住址		
6	案件名称		
7	办案单位		
8	呈请日期		格式：yyyy-mm-dd

（三）技术分析

1. 技术架构

社区矫正数字化监督模型以社区矫正监督的 7 个数据库为数据源，由五个子模型构成，分别为脱管监督子模型、漏管监督子模型、在矫人员涉嫌违法犯罪监督子模型、社矫人员收监执行监督子模型、涉及禁止令人员监督子模型。脱管监督子模型用于对脱管问题进行监督，漏管监督子模型用于对漏管问题进行监督，在矫人员涉嫌违法犯罪监督子模型用于对漏罪、新罪问题监督，社矫人员收监执行监督子模型用于对社会矫正人员收监执行的监督，涉及禁止令人员监督子模型用于对涉及禁止令人员进行监督（见图 2）。

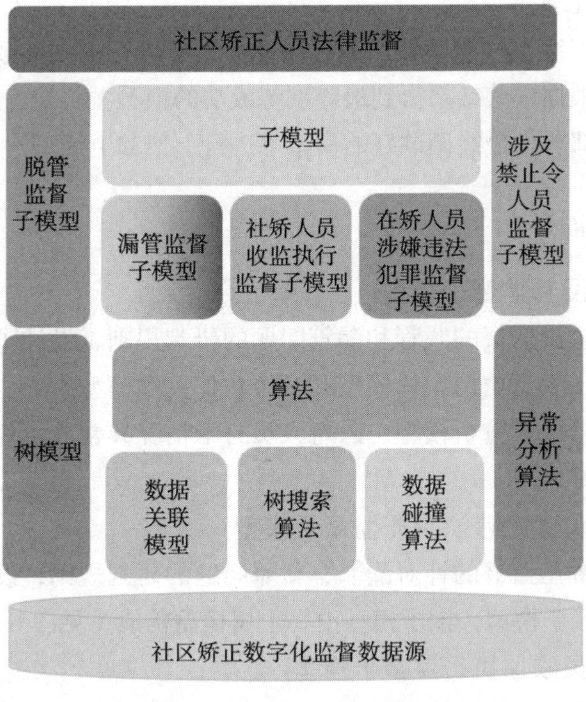

图 2 社区矫正数字化监督模型

2. 技术路线

（1）数据采集和预处理。根据模型要求进行关键词识别，并形成数据元素表结构。对采集到的数据进行清洗、集成、变换等操作，形成标准化数据。

（2）模型设计与检验。根据法律法规依据挖掘模型，设计模型内容，用实验数据检验模型，反复迭代完善模型内容。

（3）算法模型搭建并运用。通过多数据源接入，利用各类算子实现数据间连接、碰撞、分析，在平台上进行模型搭建，并经过多次训练，将模型迭代上线。

3. 软件项目技术路线

（1）搭建项目。在平台中新建一个项目，通过项目名称和描述区分项目。

（2）数据导入。用本地导入或者数据库导入两种方式上传模型相关数据。

（3）数据探索。通过图形探索和统计分析探索数据特征。

（4）数据预处理。将数据源拖入画布中，利用"交互式预处理"算子对数据进行初步处理。

（5）模型训练及性能验证。通过对算法模型进行不同参数调试，得到多个训练结果，根据训练结果得到最终训练成功的模型。

（6）模型部署。最终调试好的模型可进行上架和上线。

（四）流程分析

1. 脱管、漏管监督子模型

依据社区矫正监督的脱管和漏管问题的研判规则，设计了脱管和漏管监督子模型，该子模型由两个树模型和一个数据关联模型组成，两个树模型分别为脱管和漏管线索分析模型、入矫人员打卡情况异常分析模型。三个模型分别见图 3—图 5。

2. 在矫人员涉嫌违法犯罪监督子模型

依据社区矫正监督的针对漏罪、新罪问题的研判规则，设计在矫人员涉嫌违法犯罪监督子模型，该子模型由一个树模型构成（见图 6）。

3. 社矫人员收监执行监督子模型

依据社区矫正对收监执行监督的研判规则涉及社矫人员收监执行监督子模型，该子模型由两个树模型构成（见图 7—图 8）。

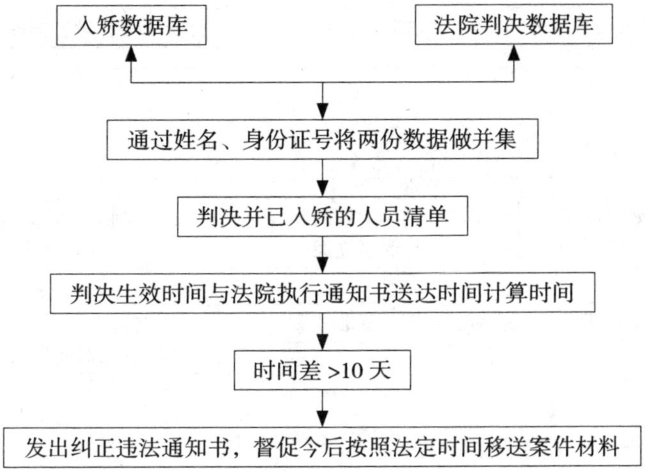

图 3　脱管、漏管线索分析

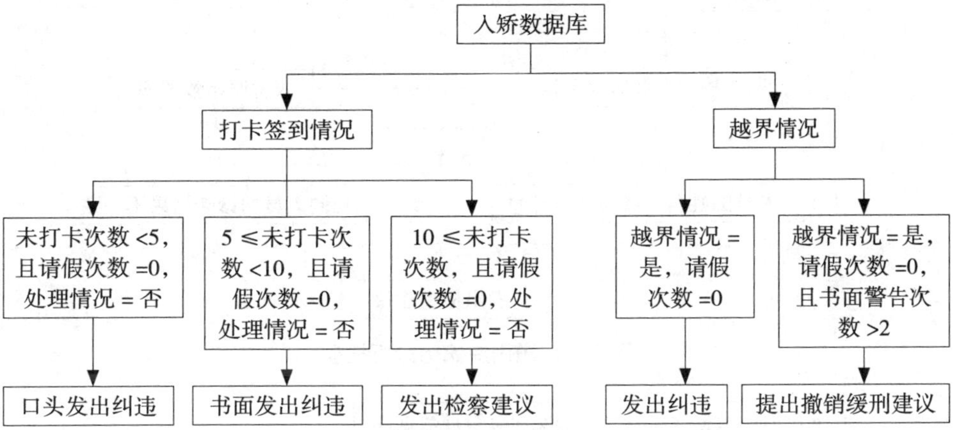

图 4　入矫人员打卡情况异常分析模型

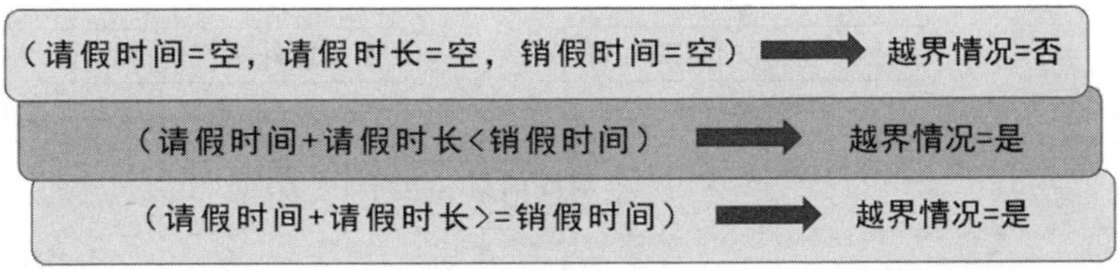

图 5　数据关联模型

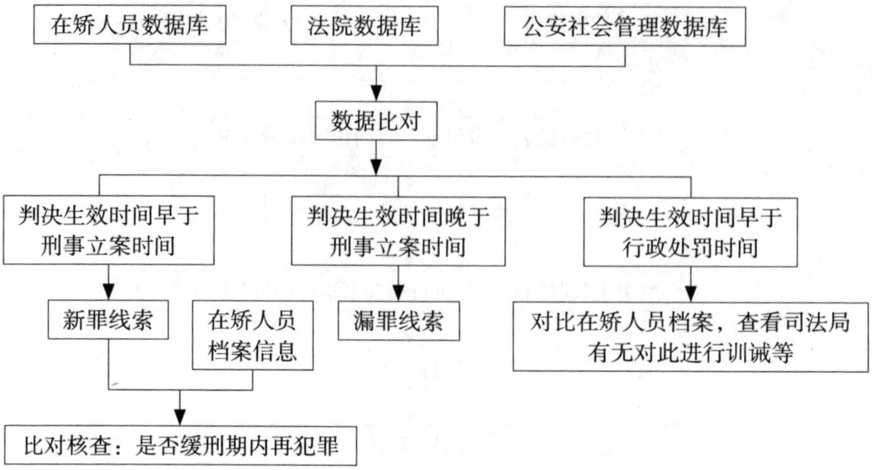

图 6　涉嫌再犯罪分析模型

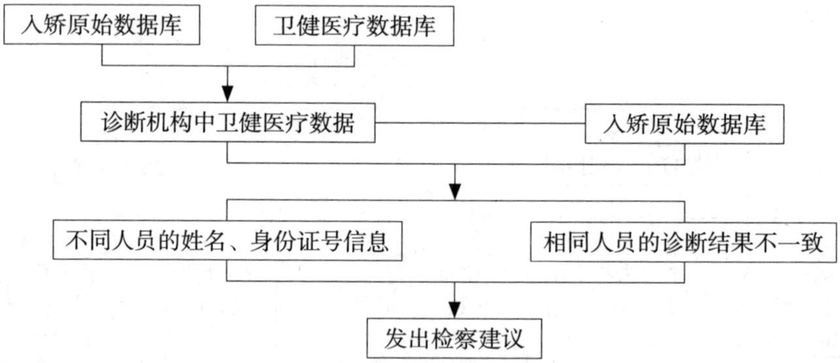

图 7　涉嫌伪造病历分析模型

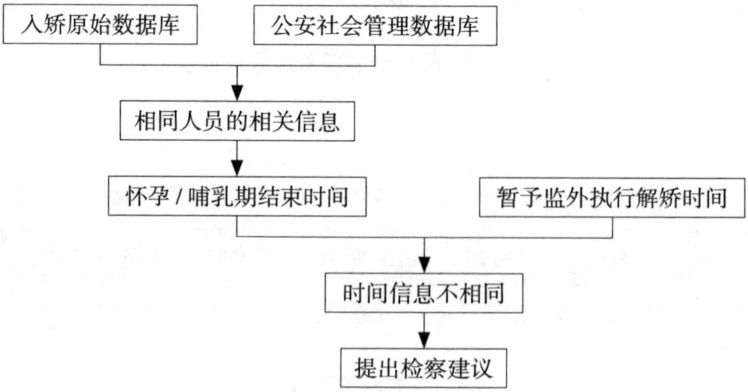

图 8　监外执行消失情形分析模型

4. 涉及禁止令人员监督子模型

依据社区矫正对涉及禁止令人员进行监督的研判规则，设计涉及禁止令人员监督子模型，该子模型由一个树模型组成（见图 9）。

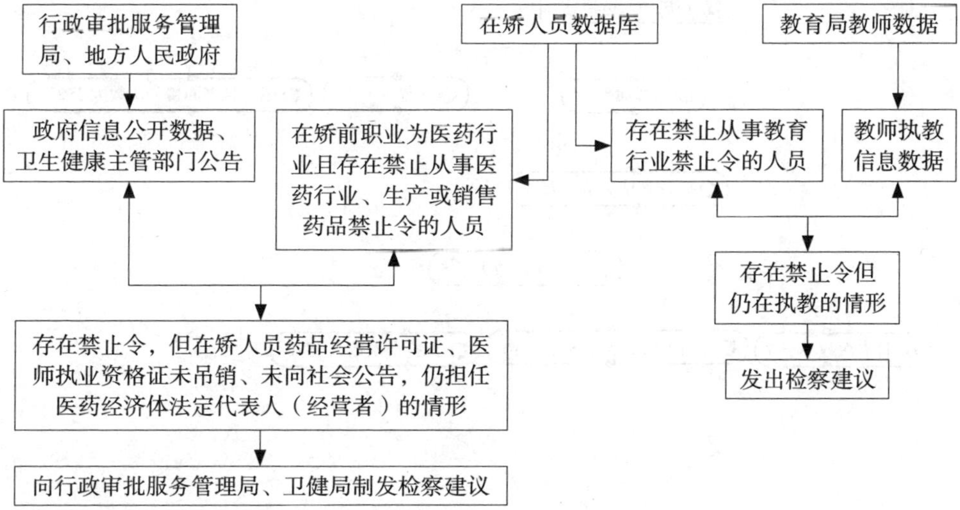

图 9　禁止令人员分析模型

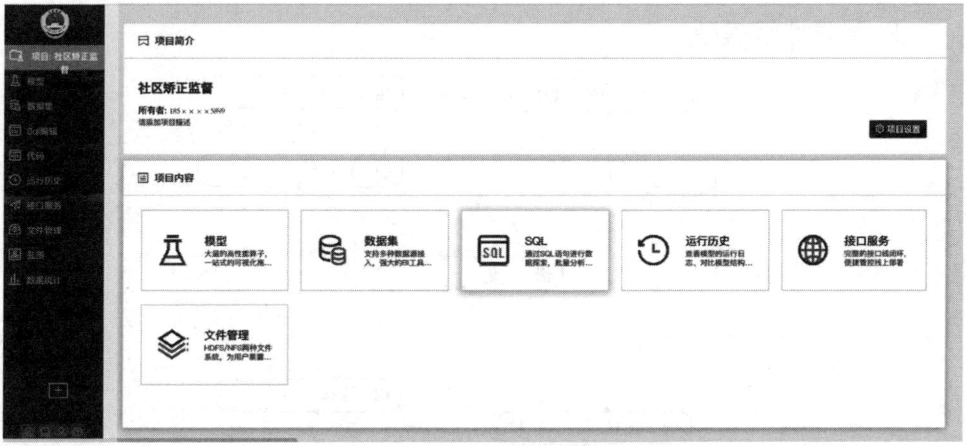

图 10　社区矫正监督项目首页

（五）监督模型

1. 脱管监督模型

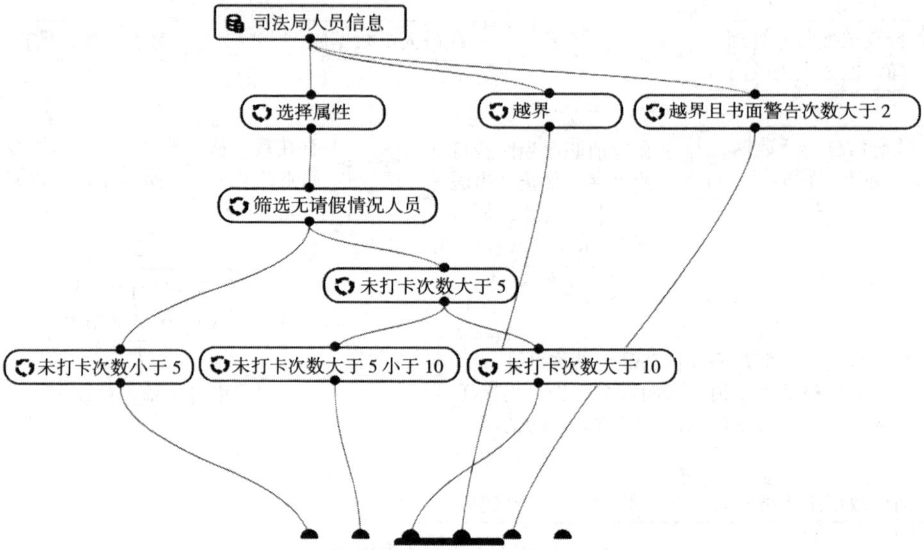

图 11　脱管监督模型

2. 漏管监督模型

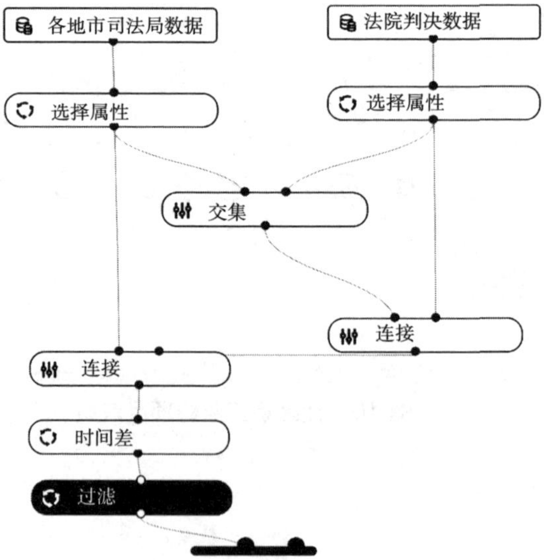

图 12　漏管监督模型

3. 再犯罪监督模型

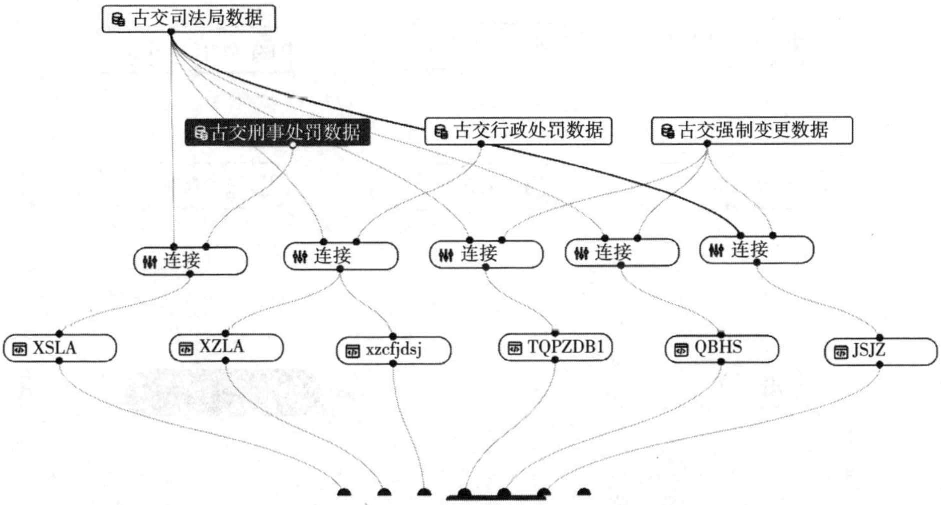

图 13　再犯罪监督模型

4. 监外执行监督模型

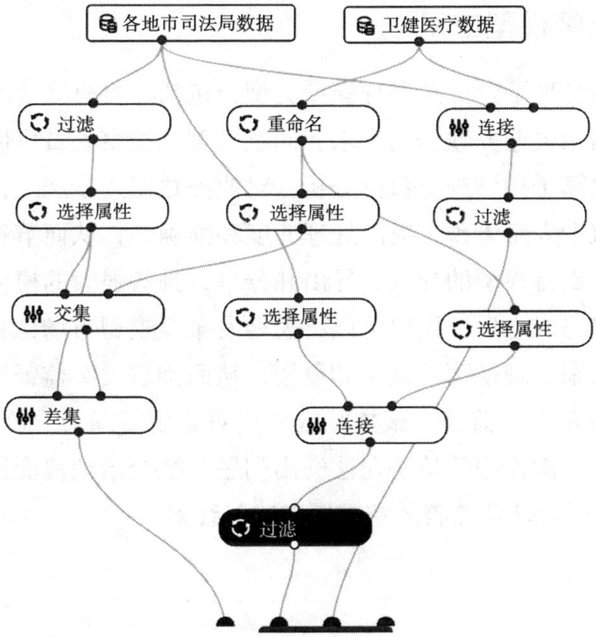

图 14　监外执行监督模型

5. 禁止令监督模型

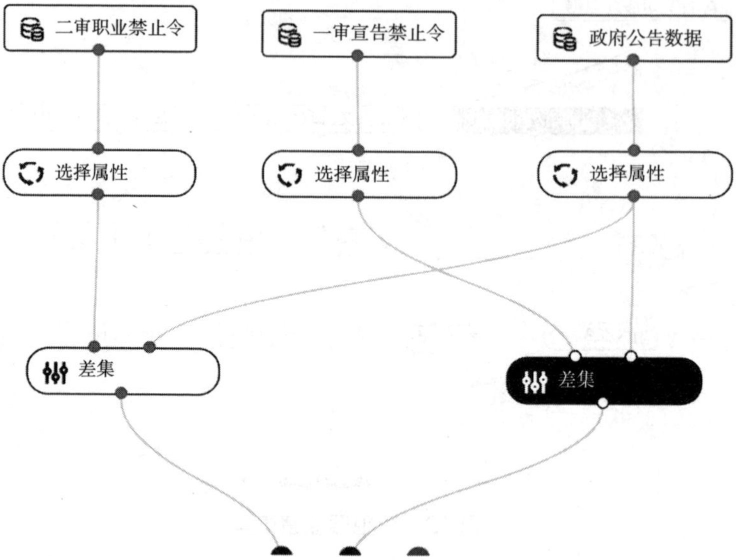

图 15　禁止令监督模型

（六）监督模型应用

模型开发管理平台支持多种模型类型，包括经典机器学习模型和深度学习模型。根据相关业务数据的需求和问题类型，检察人员可以选择适用的模型算子，通过算子操作进行数据分析，对业务数据逐步加工，进行端到端的建模工作，减少人工干预，提高处理速度和准确性，从而节省了大量时间和资源。平台也支持模型的导入、导出和分享，具备强大的模型发布和管理功能。模型构建完成之后，用户可以将模型发布至模型市场，其他用户可结合本地应用场景来实现模型的共享和复用，从而推进类案监督场景应用。模型适用于社区矫正人员监督，聚焦社区矫正对象脱管漏管、严重违法收监难、暂予监外执行弄虚作假等执法司法突出问题、社会治理薄弱地带，运用大数据深度赋能新时代法律监督，精准锁定监督线索。

四、监督模型的整体效果

（一）联合办案效果

多个机关间的协作和信息共享，可以更全面地获取案件相关信息，提高法律监督的精准度，重点打击违纪违法的关键节点，加大侦破力度，不仅解决了法律监督效率的问题，更解决了传统模式下监督线索发现难的问题。模型初期以清徐县为试点开展应用，共收集公检法司相关数据 1600 余条，筛查出监督线索 50 余条，经调查核实监督纠正脱管 15 人、漏管 7 人、缓刑期间再犯罪 1 人、缓刑期间违反禁止令 4 人，截至 2023 年 5 月中旬，针对模型发现的问题共计制发纠正违法通知书 27 份，制发社会治理类检察建议 2 份，均得到采纳，相关单位已进行整改。2023 年 4 月以来进一步推广应用。目前已经收集相关数据近两万条。经测算，筛查出监督线索 211 条，向各院反馈脱管线索 83 条，漏管线索 119 条，在矫人员再犯罪线索 9 条。模型效果逐步显现。

（二）社会治理效果

本模型针对社区矫正人员脱管漏管、再犯罪、涉嫌禁止令违法、监外执行弄虚作假等问题，清徐县人民检察院依法提出检察建议，对行政机关仍未依法全面履职的，依法提起行政公益诉讼。同时，对于办案中发现的在矫人员脱管漏管、再犯罪等共性问题，根据法律法规、规章制度中关于社区矫正法制度规定，总结提炼出可适用大数据模型监督的违法情形，构建出大数据法律监督模型，通过从司法局、法院、公安等机关获取社区矫正人员信息数据、法院判决数据、行政处罚数据、刑事处罚数据、采取强制措施数据等数据，进行比对发现线索，实现检察机关以个案治理到类案监督的转变，让大数据赋能社区矫正监督工作，真正实现检察监督“生产力”质的提升，推动社区矫正对象管理的共性问题的系统治理。

一是打破数据壁垒，搭起“信息桥梁”。新的监督模式充分运用“数字检察 + 能动履职”的方式，用看不见的数字化消除监督“盲区”，实现由“盲目巡察”向“精准出击”的转变，有效提升了公、检、法、司四机关刑事执行履职能力。

二是赋能监督质效，增强刑罚威慑。通过模型发现，社矫对象王某有两次非法越界行为，而且，其判决生效时间是2022年11月29日，法院送达文书日期是2023年1月5日，经调查核实，查明王某还有多次用翻拍的照片签到的情形，存在脱管、漏管问题，立即监督相关部门予以纠正。通过模型构建了对非监禁刑执行全方位立体式的监督体系，破解了以往监督的随意性、浅表性、滞后性难题，实现了从“零敲碎打”“盲目巡察”向“全面覆盖”“深度穿刺”的转变，极大地提升了非监禁刑的威慑力，有力地保障了社区矫正法律的正确实施。

三是破除“监管盲区”，促进社会治理。路某某等4人因犯销售假药罪，被判令缓刑期内禁止从事药品相关活动，但其中3人仍在卫生所出诊、卖药。调查核实后，第一，监督卫健体局依法注销他们的乡村医生注册并公示，变更涉案卫生室的主要负责人，并追回他们违法领取的工资、补贴18万余元；第二，督促司法局依法惩戒他们违反禁止令的行为；第三，制发社会治理检察建议，督促卫健体局加强乡村医生队伍管理，探索建立入职查询，健全常态化医风医德教育机制；第四，推动溯源治理，与法院、卫健部门等会签《落实从业禁止制度的意见》，形成有效执行禁止令的常态化机制和工作合力。通过模型应用，破解了禁止令制度存在的“执行难”“监督难”瓶颈，切实拧紧了禁止令执行的压力阀，提高了从业禁止人员执行的自觉性，增强了相关管理人员的责任心，有效提升了社会治理效能。

第十七章

民间借贷类案监督模型构建*

数字检察的民间借贷类案模型打破部门、条线界限，以数字检察一体化思路，通过两个“全面监督”+两个“重点监督”检察融合监督方式，从典型个案分析到案发规律处理、数据共享归集、数据碰撞比对，到进一步线索研判，开展民事检察监督、民事执行利息税领域公益诉讼监督以及对涉非法经营罪线索向刑事部门移送的检察融合式监督；对民事审判程序监督、民间借贷终结本次执行类案件执行监督以及对虚假诉讼案件进行民事生效裁判监督的全方位的民事检察监督。重点选择对小额诉讼类案件与对“职业放贷人”类案件开展重点监督，以民促公，以民促刑，民公刑联动，促进法律监督线索的共享和统筹，激发融合监督的叠加效应，引导民间融资健康有序发展。

一、模型概述

该模型主要以民间借贷纠纷为切口，立足“融合监督”职能，挖掘各类类案监督线索并推动数据资源共建共享，进而进行检察监督。通过分析研判小额诉讼、职业放贷人、终结本次执行等关键要素，系统归集未依法适用小额诉讼程序及未在小额诉讼程序审理期限内审结的民间借贷纠纷案件、“职业放贷人”类案件同案不同判等核心数据，批量发现民事审判监督线索，同时通过对虚假诉讼类民间借贷纠纷案件进行民事生效判决、裁定、调解书的监督，对民间借贷终结本次执行类案件进行执行类案监督，实现对民间借贷类民事案件受理、审理、裁判和执行等各个环节的全过程监督。此外，通过

*模型由山西省晋中市平遥县人民检察院构建。案例由平遥县人民检察院霍海燕提供，平遥县人民检察院雒春炜、郭晓智等人参与，杨阳等人提供了技术支撑。本模型主要依托山西省人民检察院研发的“模型开发管理平台”进行大数据比对分析，获得2023年全省检察机关大数据法律监督模型三等奖，所涉两件案例入选山西省民事检察典型案例。

联合公益诉讼部门对执行利息税案件进行公益诉讼类案监督，对涉“非法经营罪”等线索向刑事部门进行移送，探索“个案办理—类案监督—系统治理”的大数据法律监督路径，破解民间借贷类案件数据获取难、线索发现难、案件查证难、融合监督难等一系列难题，实现对民间借贷纠纷案件融合式全链条、全领域、全方位、全流程的数字法律监督，形成民间借贷保护的综合治理，促使金融秩序的健康有序发展。

二、模型设计依据

（一）法律监督依据

1.《民事诉讼法》(2017 年)

第 157 条规定:“基层人民法院和它派出的法庭审理事实清楚、权利义务关系明确、争议不大的简单的民事案件，适用本章规定。基层人民法院和它派出的法庭审理前款规定以外的民事案件，当事人双方也可以约定适用简易程序。”

第 162 条规定:“基层人民法院和它派出的法庭审理符合本法第一百五十七条第一款规定的简单的民事案件，标的额为各省、自治区、直辖市上年度就业人员年平均工资百分之三十以下的，实行一审终审。”

（1）根据《山西省高院关于 2017 年度人身损害赔偿和小额诉讼执行标准的通知》，适用小额诉讼程序审理的民事案件的标的额限额为 16000 元，执行时间为 2017 年 7 月 1 日至 2018 年 6 月 30 日。即 2017 年 7 月 1 日至 2018 年 6 月 30 日，适用小额诉讼程序审理的民事案件的标的额限额为 16000 元。

（2）根据 2017 年度就业人员年平均工资统计为 61547 元，故 2018 年 7 月 1 日至 2019 年 6 月 30 日，适用小额诉讼程序审理的民事案件的标的额限额为 18464 元。

（3）根据 2018 年度就业人员年平均工资统计为 67669 元，故 2019 年 7 月 1 日至 2020 年 6 月 30 日，适用小额诉讼程序审理的民事案件的标的额限额为 20300 元。

（4）根据 2019 年度就业人员年平均工资统计为 72207 元，故 2020 年 7

月 1 日至 2021 年 6 月 30 日，适用小额诉讼程序审理的民事案件的标的额限额为 21662 元。

（5）根据 2020 年度就业人员年平均工资统计为 77364 元，故 2021 年 7 月 1 日至 2022 年 1 月 1 日，适用小额诉讼程序审理的民事案件的标的额限额为 23209 元。

2.《民事诉讼法》(2021 年、2023 年)

第 160 条第 1 款规定:“基层人民法院和它派出的法庭审理事实清楚、权利义务关系明确、争议不大的简单的民事案件，适用本章规定。”

第 165 条第 1 款规定:“基层人民法院和它派出的法庭审理事实清楚、权利义务关系明确、争议不大的简单金钱给付民事案件，标的额为各省、自治区、直辖市上年度就业人员年平均工资百分之五十以下的，适用小额诉讼的程序审理，实行一审终审。”

（1）根据 2020 年度就业人员年平均工资统计为 77364 元，故 2022 年 1 月 1 日至 6 月 30 日，适用小额诉讼程序审理的民事案件的标的额限额为 38682 元。

（2）根据 2021 年度就业人员年平均工资统计为 84938 元，故 2022 年 7 月 1 日至 2023 年 6 月 30 日，适用小额诉讼程序审理的民事案件的标的额限额为 42469 元。

3.《最高人民法院关于适用〈中华人民共和国民事诉讼法〉的解释》

第 272 条规定:“民事诉讼法第一百六十五条规定的各省、自治区、直辖市上年度就业人员年平均工资，是指已经公布的各省、自治区、直辖市上一年度就业人员年平均工资。在上一年度就业人员年平均工资公布前，以已经公布的最近年度就业人员年平均工资为准。”

4.《全国法院民商事审判工作会议纪要》(2019 年)

该司法解释第 53 条专门对“职业放贷人”作出了明确规定。未依法取得放贷资格的以民间借贷为业的法人，以及以民间借贷为业的非法人组织或者自然人从事的民间借贷行为，应当依法认定无效。同一出借人在一定期间内多次反复从事有偿民间借贷行为的，一般可以认定为是职业放贷人。民间借贷比较活跃的地方的高级人民法院或者经其授权的中级人民法院，可以根据本地区的实际情况制定具体的认定标准。

5.《最高人民法院关于审理民间借贷案件适用法律若干问题的规定》（2020年第一次修正）

第14条第3项进一步明确了“职业放贷人”的定义，将其界定为“未依法取得放贷资格的出借人，以营利为目的向社会不特定对象提供借款的”，并明确涉“职业放贷人”的民间借贷合同应当被认定为无效合同。

6.《最高人民法院关于审理民间借贷案件适用法律若干问题的规定》（2020年第二次修正）

第13条对“未依法取得放贷资格的出借人，以营利为目的向社会不特定对象提供借款的，应当认定民间借贷合同无效”的规定进行了保留。

7.《最高人民法院关于严格规范终结本次执行程序的规定（试行）》

第1条第4项之规定，终结本次执行程序必须自执行案件立案之日起已超过3个月。

8.《税收征收管理法》

第5条第1款规定：“国务院税务主管部门主管全国税收征收管理工作。各地国家税务局和地方税务局应当按照国务院规定的税收征收管理范围分别进行征收管理。”

9.《个人所得税法》

第2条第1款第6项规定：“下面各项个人所得，应当缴纳个人所得税：……（六）利息、股息、红利所得。”

第3条第3项规定：“个人所得税的税率：……（三）利息、股息、红利所得，财产租赁所得，财产转让所得和偶然所得，适用比例税率，税率为百分之二十。”

第6条第1款第6项规定：“应纳税所得额的计算：……（六）利息、股息、红利所得和偶然所得，以每次收入额为应纳税所得额。”

10.《最高人民法院、最高人民检察院、公安部、司法部关于办理非法放贷刑事案件若干问题的意见》

第1条明确规定，“经常性地向社会不特定对象发放贷款”，是指2年内向不特定多人（包括单位和个人）以借款或其他名义出借资金10次以上。贷款到期后延长还款期限的，发放贷款次数按照1次计算。根据《全国法院民商事审判工作会议纪要》第53条之规定，民间借贷比较活跃的地方的高级人民法院或者经其授权的中级人民法院，可以根据本地区的实际情况制定具体的认定标准。

（二）监督要素

该模型主要是突破部门、条线界限，以数字检察一体化思路，对民间借贷纠纷案件开展两个“全面监督”+两个“重点监督”的检察融合式监督，以民促公，以民促刑，民公刑联动，促进法律监督线索的共享和统筹，激发融合监督的叠加效应，更好地提升监督质效。

一个“全面监督”即全面发挥检察职能对民间借贷纠纷问题开展民事、刑事、公益诉讼监督，实现融合式监督；另一个“全面监督”则是从民事检察监督的视野出发，对民间借贷纠纷案件中涉及的民事生效裁判、民事审判程序、民事执行开展全流程监督。

两个“重点监督”则是选取多发的小额诉讼类案件、“职业放贷人”类案件开展重点监督。

该模型建模过程主要是，从典型个案分析到案发规律梳理，数据共享归集、数据碰撞对比，然后进一步进行线索研判、移送线索调查、开展精准监督，最后制发类案检察建议。

具体研判规则如下：

1. 将民间借贷纠纷案件与简易程序审理案件系统数据进行关联，并与小额诉讼适用标的额进行比对碰撞，对发现的未依法适用小额诉讼程序的案件依法制发审判程序违法类案检察建议。

2. 将民间借贷纠纷案件与小额诉讼程序审理案件系统数据进行关联，并与小额诉讼两个月的审理期限进行比对碰撞，对发现的超期限审理小额诉讼程序的案件依法制发审判程序违法类案检察建议。

3. 提取审判数据中“原告”起诉的次数，筛选出原告连续起诉超过10次以上次数的案件，与放贷人资格名单进行比对碰撞，筛选出未取得放贷资格的民间借贷纠纷案件为疑似“职业放贷人”类案件，将该案件进行调卷核实，核实原告与被告的关系、借款利息等，判断是否属于“同案不同判”、是否判决合同有效，开展民事审判程序监督。从案卷中提取“出借人的资金来源”“借贷金额小”“借条格式化”“缺席判决”“公告送达”“砍头息”等特征进行比对，符合特征点越多，则虚假诉讼嫌疑越大，可以开展对民事生效裁判案件的监督。对涉及“非法经营罪”“套路贷”等特征的案件向刑事检察部门移送监督。

4. 调取法院执行系统 2020 年至 2023 年执行数据，将民间借贷纠纷案件与终结本次执行程序案件进行关联，并与 3 个月的执行期限进行比对碰撞，若未超过 3 个月，再核实其是否履行了必要的执行措施，若未履行完毕，则调卷核实，依法制发执行活动违法类案检察建议。

5. 将法院审判数据与执行数据关联，获取有关执行完毕的民间借贷纠纷案件比对大于执行结案标的额与申请执行标的额之和的案件，且实际到位标的额大于审判时结案标的金额的案件，再将其与缴纳个人利息所得税情况进行比对碰撞，筛选出未依法缴纳利息税的案件，并依法向税务机关制发公益诉讼类案检察建议。

（三）数据来源及载体

1. 落地数据

主要来源于法院，具体需要通过法院内部的审判系统、执行系统获取法院的相关民事审判数据、民事执行数据，获取法院的民事裁判文书数据以及法院的民事审判、执行卷宗。

2. 协查数据

（1）来源于税务局，具体需要向税务部门调取相关的缴纳利息税详细数据。

（2）来源于公安局，具体需要调取相关人员的常住人口基本信息、犯罪记录等。

（3）来源于金融服务中心，具体需要调取取得放款资格的名单。

3. 网络数据

（1）来源于《山西省高院关于 2017 年度人身损害赔偿和小额诉讼执行标准的通知》。

（2）来源于山西统计局网站，具体需要调取 2017 年至 2021 年关于在岗职工年平均工资。

三、模型设计思路

（一）需求分析

（1）对未依法适用小额诉讼程序的民间借贷纠纷案件监督需求分析：以“立案案由”“适用程序”“结案方式”“结案标的金额”为要素，筛选出适用简易程序审理的一审民间借贷纠纷案件，再将其逐年与小额诉讼程序标的额执行标准进行比对筛查，该监督模型对业务需求全部响应。

（2）对未在小额诉讼程序审理期限内审结的民间借贷纠纷案件进行监督需求分析：以“立案案由”“适用程序”“立案日期”“结案日期”“延长天数”“扣除天数”为要素，计算出审限，提取出审限大于两个月的适用小额诉讼程序审理的一审民间借贷纠纷案件，再筛选出无“延长天数”且无“扣除天数”情形的案件，该监督模型对业务需求全部响应。

（3）对“职业放贷人”案件审判活动进行审判程序违法监督、“职业放贷人”虚假诉讼类案件进行民事生效裁判、调解的监督以及将当事人 2 年内向不特定多人出借资金 10 次以上的线索向刑事检察部门移送。进行刑事监督需求分析：以“立案案由”“当事人类型”为要素，提取当事人类型中的“原告”起诉次数，筛选出原告次数大于 10 次的民间借贷纠纷案件，再将其与放贷资格名单进行比对，进而筛选出“职业放贷人”的可疑案件。对于出借人的资金用途，审查是否符合借条格式化、砍头息等特征，高度契合及存在虚假诉讼嫌疑的，可开展民事生效裁判案件监督。该监督模型对业务需求部分响应，不能响应的点由办案人员手动查询。

（4）对民间借贷终本执行类案件执行监督需求分析：以“立案案由”“结案方式”“立案日期”“结案日期”为要素，计算出审限，比对出审限小于等于 3 个月的案件数据。该监督模型对业务需求全部响应。

（5）对执行利息税案件进行公益诉讼监督需求分析：以“立案案由”“结案方式”“结案标的金额”“实际到位标的额”“结案标的额”“申请执行标的额”为要素，筛选出实际到位标的额大于审判时结案标的金额、执行结案标的额以及实际到位标的额大于申请执行标的额与案件申请费之和的案件，再将其缴纳个人利息所得税情况进行比对，进而筛选出未依法缴纳个人利息所得税的相关当事人。该监督模型对业务需求全部响应。

（二）数据分析

1. 对未依法适用小额诉讼程序的民间借贷纠纷案件进行监督

（1）数据来源

一是法院 2017 年以来的审判数据（通过法院“华宇系统”采集）；二是小额诉讼适用标的额（通过《山西省高院关于 2017 年度人身损害赔偿和小额诉讼执行标准的通知》及国家统计局网站 2017 年至 2021 年关于在岗职工年平均工资的统计获取）。

（2）数据分析步骤

第一步：获取 2017 年以来的审判数据。通过法院的“华宇系统”采集法院 2017 年至 2023 年的审判数据。

第二步：获取小额诉讼适用标的额。根据《民事诉讼法》（2012 年）之规定，小额诉讼适用标的额为“各省、自治区、直辖市上年度就业人员年平均工资百分之三十”；根据《民事诉讼法》（2021 年）之规定，小额诉讼适用标的额为“各省、自治区、直辖市上年度就业人员年平均工资百分之五十”；《山西省高院关于 2017 年度人身损害赔偿和小额诉讼执行标准的通知》规定适用小额诉讼程序审理的民事案件的标的限额为 16000 元。通过国家统计局网站获取 2017 年至 2021 年关于在岗职工年平均工资。

第三步：根据民事诉讼法对于小额诉讼适用标准的调整时间以及《山西省高院关于 2017 年度人身损害赔偿和小额诉讼执行标准的通知》规定，从当年 7 月 1 日至次年 6 月 30 日止按上一年度有关统计数据确定小额诉讼执行标准，将审判数据划分为七个时间段。

第四步：根据民事诉讼法之规定，适用小额诉讼程序的前提条件是符合适用简易程序适用条件，故逐个时间段筛选出已经判决的适用简易程序审理的一审民间借贷纠纷案件。

第五步：将筛查出的案件与各个时间段的小额诉讼程序标的限额进行比对，进而筛选出未依法适用小额诉讼程序审理的可疑案件。

第六步：将筛查出的案件通过随机调取相关案卷材料进行比对核实，综合分析研判，发出审判程序违法类案监督检察建议书。

2. 对未在小额诉讼程序审理期限内审结的民间借贷纠纷案件进行监督

（1）数据来源

法院自 2017 年以来的审判数据（通过法院“华宇系统”采集）。

（2）数据分析步骤

第一步：获取 2017 年以来的审判数据。通过法院的“华宇系统”采集法院 2017 年至 2023 年的审判数据。

第二步：筛选出适用小额诉讼程序审理的一审民间借贷纠纷案件。

第三步：计算出审理期限。通过“立案日期”“结案日期”计算出审理期限。

第四步：筛选出审限大于两个月的适用小额诉讼程序审理的一审民间借贷纠纷案件。

第五步：筛选出无“延长天数”且无“扣除天数”情形的案件。

第六步：比对出可疑案件，进行调卷继续人工核实。

3. 对“职业放贷人”类案件审判活动进行监督

对“职业放贷人”案件审判活动进行审判程序违法监督、对“职业放贷人”虚假诉讼类案件进行民事生效裁判、调解的监督以及将当事人 2 年内向不特定多人出借资金 10 次以上的线索向刑事检察部门移送，从而进行刑事监督。

（1）数据来源

一是法院 2017 年以来的审判数据（通过法院“华宇系统”采集）；二是放贷资格名单数据（源于金融事务服务中心数据）。

（2）数据分析步骤

第一步：获取 2017 年以来的民间借贷纠纷案件数据。通过法院的“华宇系统”采集法院 2017 年至 2023 年的审判数据。

第二步：提取“原告”起诉的次数。

第三步：筛选出原告连续 2 年内起诉 10 次以上次数的案件。

第四步：与放贷人资格名单进行比对，筛选出未取得放贷资格的民间借贷纠纷案件为疑似“职业放贷人”案件。

第五步：将筛查出的案件进行调卷核实，核实原告与被告的关系、借款利息等，是否属于“同案不同判”、是否判决合同有效，开展民事审判程序监督。

第六步：从案卷中提取“出借人的资金来源”“借贷金额小”“借条格式化”“缺席判决”“公告送达”“砍头息”等特征进行比对，符合特征点越多，虚假诉讼嫌疑越大，可以开展对民事生效裁判案件的监督。

第七步：对涉及“非法经营罪”“套路贷”等特征的案件向刑事检察部门移送监督。

4. 对民间借贷终本执行类案件进行执行监督

（1）数据来源

法院 2020 年至 2023 年的执行数据（通过法院执行系统调取）。

（2）数据分析步骤

第一步：获取法院执行系统 2020 年至 2023 年的执行数据。

第二步：提取“终结本次执行程序”的民间借贷纠纷案件。

第三步：计算执行期限，比对是否超过 3 个月。

第四步：再随机调取 2022 年的此类执行案件进行核实，进而向法院制发执行监督检察建议。

5. 对执行利息税案件进行公益诉讼监督

（1）数据来源

一是法院 2017 年以来的审判数据（通过法院“华宇系统”采集）；二是法院 2020 年以来的执行数据（通过法院执行系统调取）；三是缴纳利息税数据（通过税务部门调取）。

（2）数据分析步骤

第一步：通过法院的“华宇系统”调取 2017 年至 2023 年的审判数据，获取有关民间借贷纠纷的审判结案标的金额情况。

第二步：通过法院执行系统调取法院 2020 年至 2023 年执行数据，获取有关民间借贷纠纷案件的执行实际到位标的额情况。

第三步：通过执行依据文书号将审判数据与执行数据进行连接。

第四步：比对实际到位标的额大于审判时结案标的金额以及实际到位标的额大于执行结案标的额与申请执行标的额之和的案件。

第五步：关联信息研判。提取申请执行人，再将其与缴纳个人利息所得税情况进行比对。

第六步：通过调取相关执行卷宗，以及向税务部门调查核实，筛选出未依法缴纳个人利息所得税的相关当事人，进而向税务部门制发公益诉讼检察建议。

（三）技术分析

本模型在山西省院统一部署的模型开发管理平台上构建，该平台是一款智能建模平台，实现了从数据采集、模型构建、模型发布到模型共享的全流程覆盖。借助直观的图形化操作界面和丰富的算法支持，检察人员通过简单的拖拽操作和算子参数配置，即可实现流程化的快速建模，大大降低了技术门槛，提升了大数据法律监督效率。同时，平台内置的模型超市模块支持模型的集中部署、统一管理和应用发布，实现了模型在全省领域的有效融合和共享。模型发布至模型超市后，其他用户通过调整参数、替换数据源来实现模型的升级、优化和本地化应用，从而快速推动类案监督在省域层面全面推广、快速发展，构建“一域突破、全省共享”的类案治理场景。

（四）流程分析

1. 数据收集和准备

收集与业务相关的数据，根据数据在指定的数据集中是否存在重复值、数据内容和定义是否一致、数据源是否完整、数值取值是否正确、数据精度是否达到业务规则等标准，进行数据清洗、预处理和转换，解决了数据的重复性、正确性、完整性、适用性和精确性等问题，以确保数据的质量和适用性。

2. 模型选择和设计

模型开发管理平台支持多种模型类型，包括经典机器学习模型和深度学习模型。根据相关业务数据的需求和问题类型，检察人员可以选择适用的模型算子，对业务数据逐步加工，进行端到端的建模工作。

3. 模型发布和共享

平台支持模型的导入、导出和分享，具备强大的模型发布和管理功能。模型构建完成之后，用户可以将模型发布至模型市场，其他用户可结合本地应用场景来实现模型的共享和复用，从而推进类案监督场景应用。

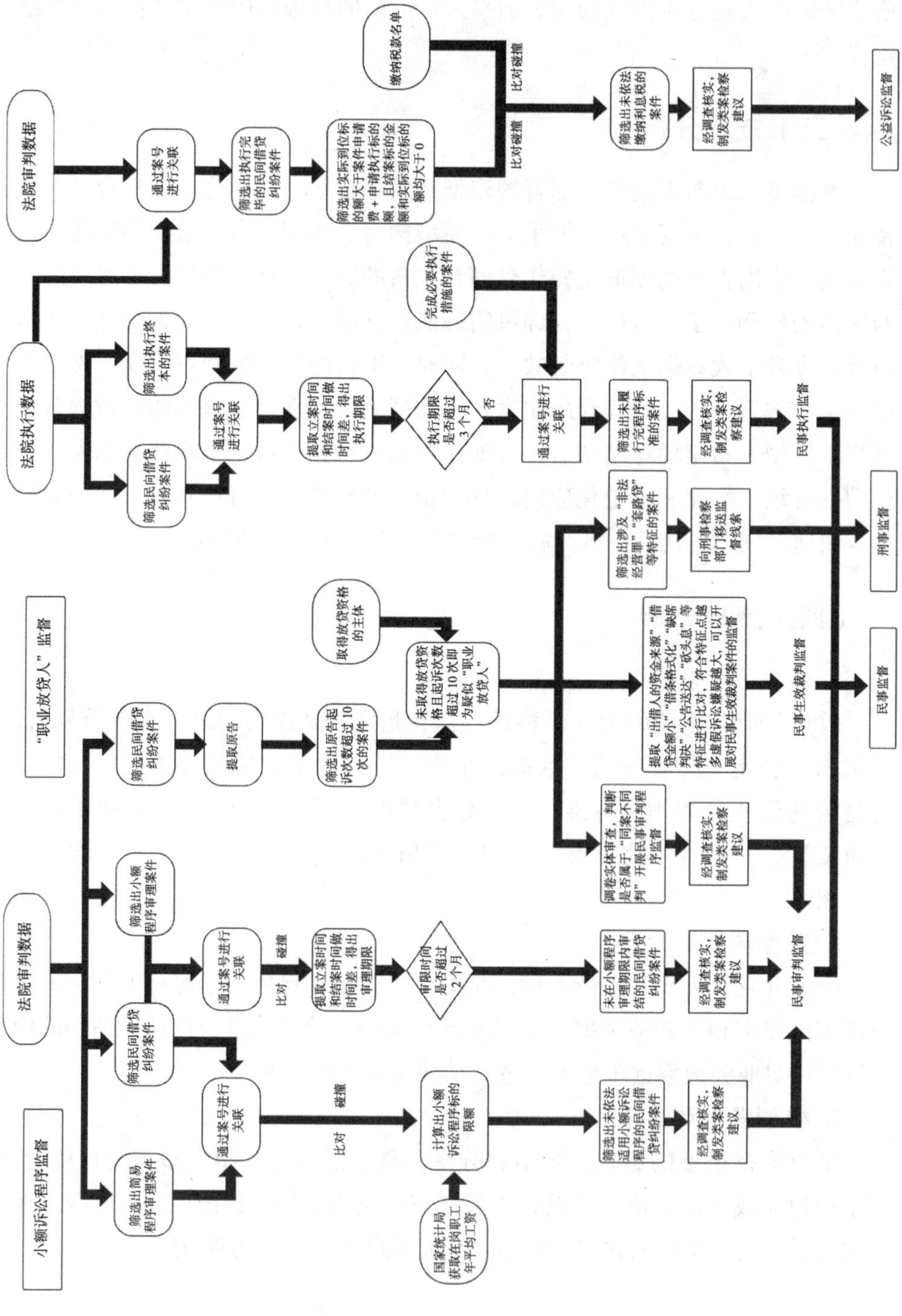

图 1 民间借贷类案监督流程分析

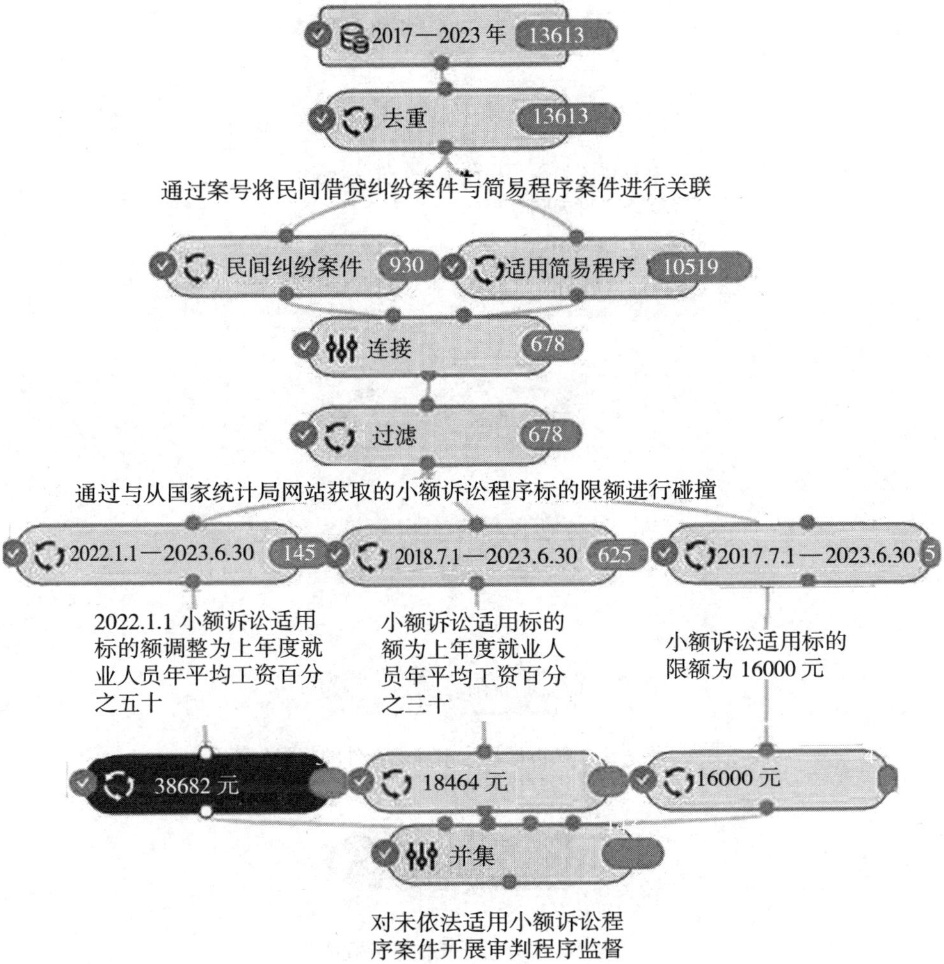

图2　未依法适用小额诉讼程序的民间借贷纠纷案件模型

数据来源：法院审判数据

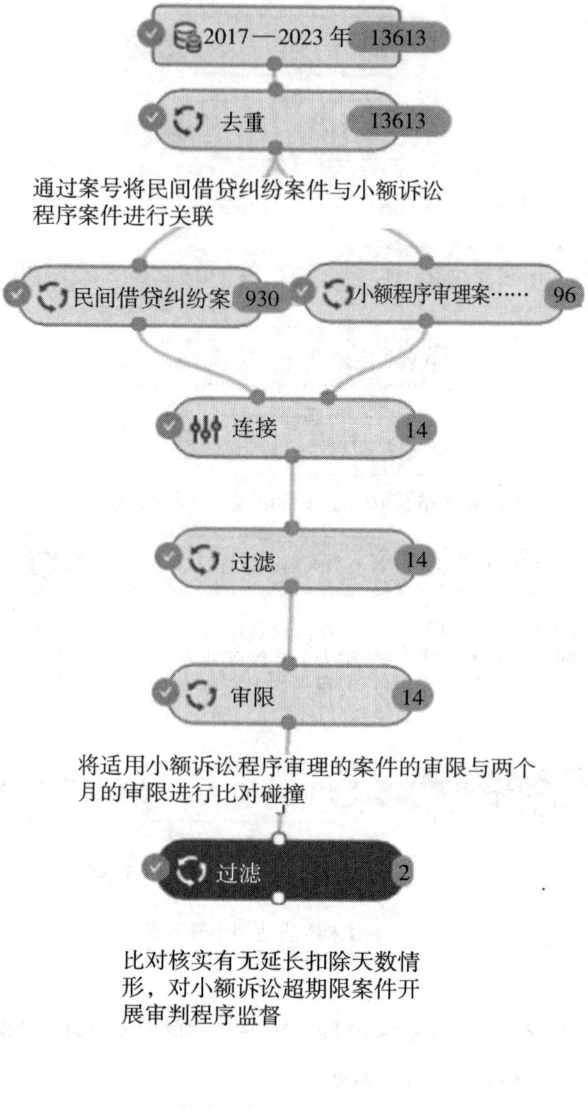

图 3　未在小额诉讼程序审理期限内审结的民间借贷纠纷案件模型

数据来源：法院审判数据

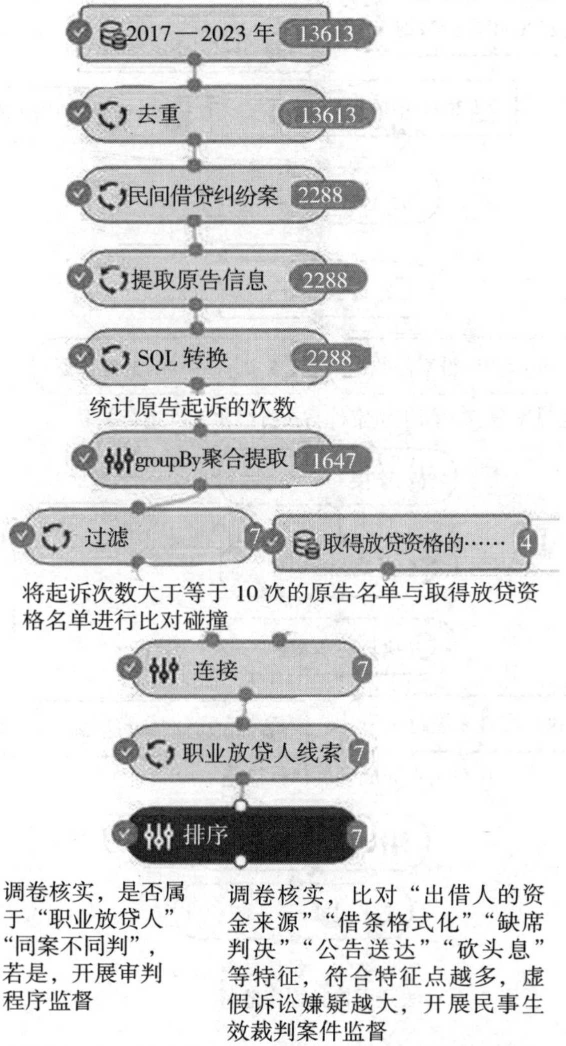

图 4　“职业放贷人”类民间借贷纠纷案件民事审判程序监督及民事生效裁判监督模型

数据来源：1. 法院审判数据
　　　　　2. 金融事务服务中心

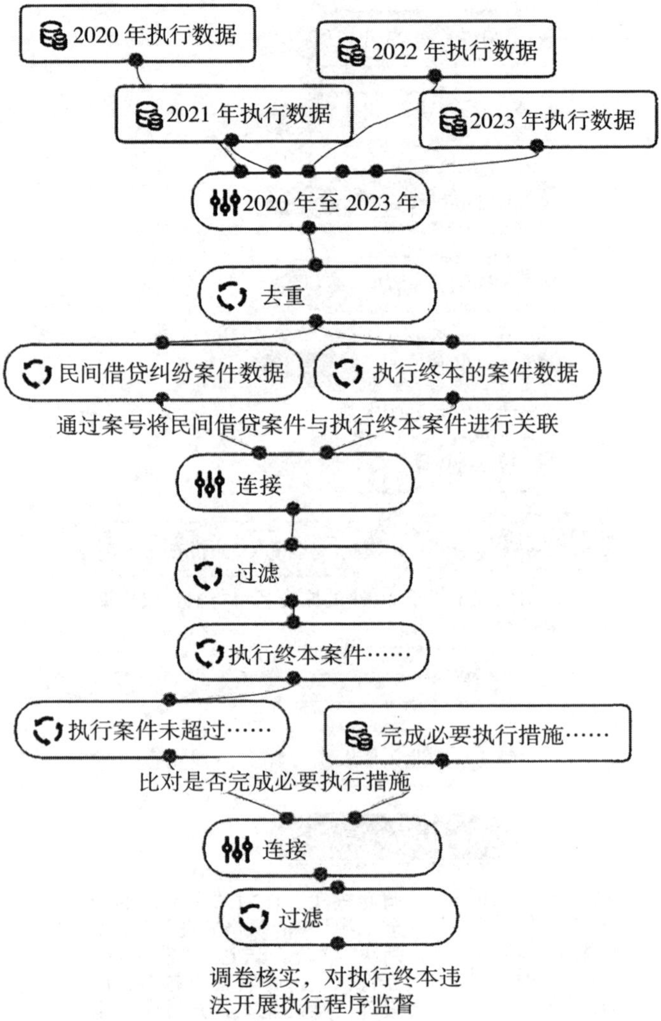

图 5　民间借贷执行监督之执行终本案件监督模型

数据来源：法院执行数据

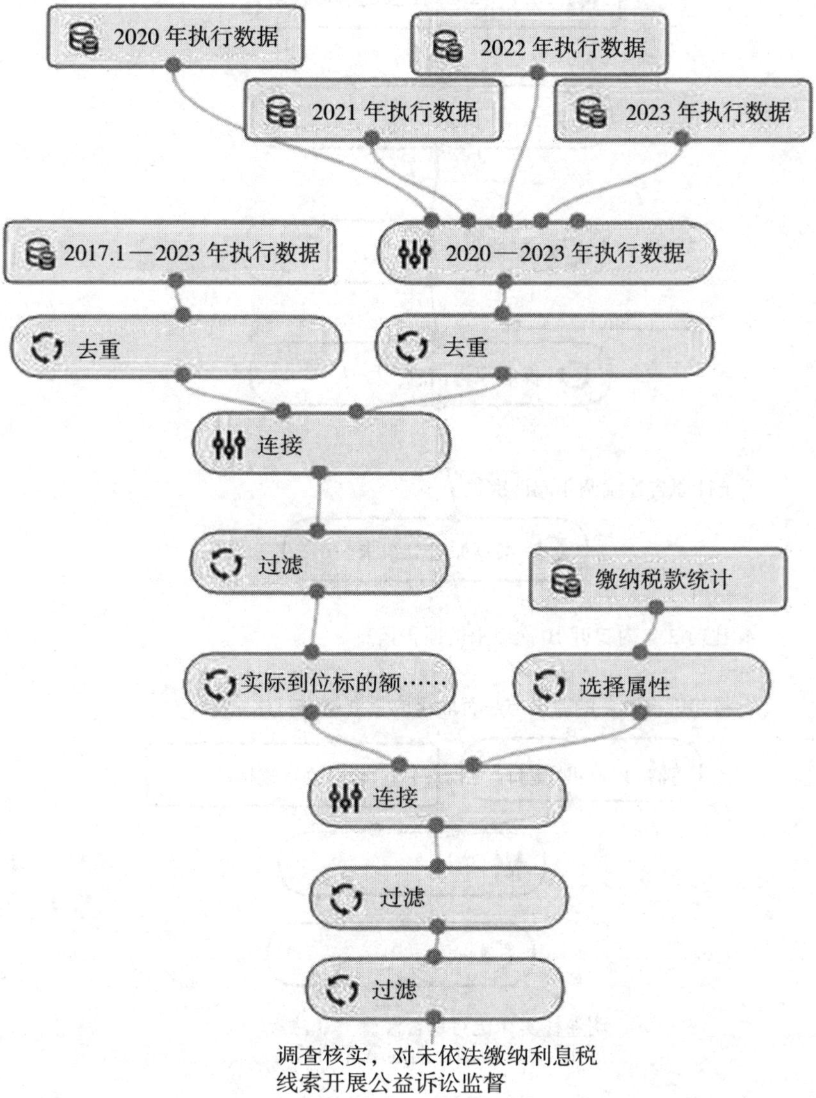

图 6　民间借贷案件执行利息税公益诉讼监督模型

数据来源：法院执行数据

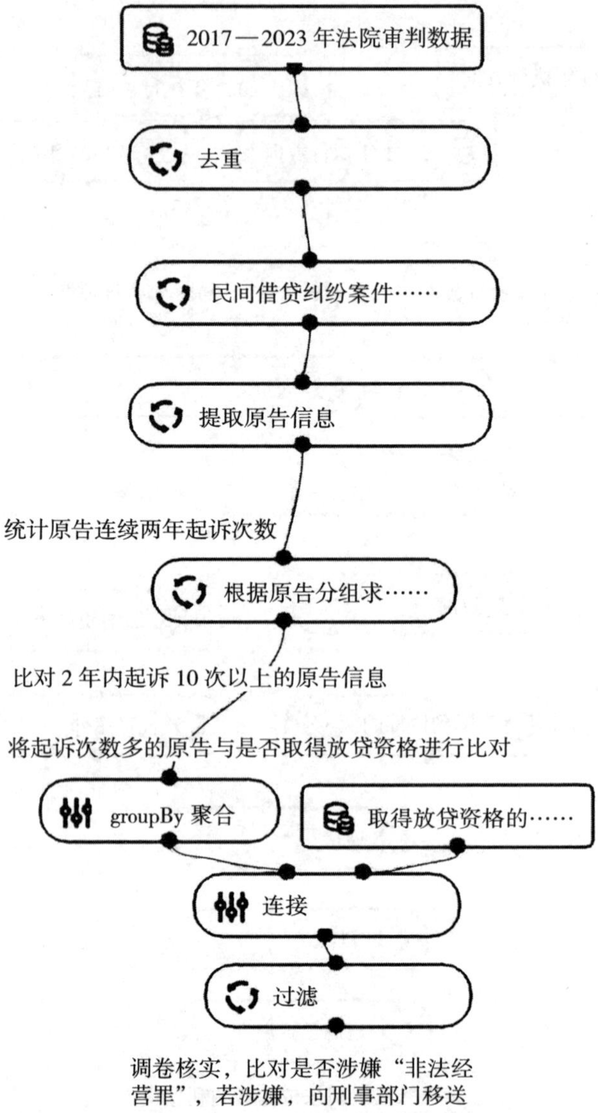

图 7　民间借贷案件刑事线索移送模型

数据来源：法院审判数据

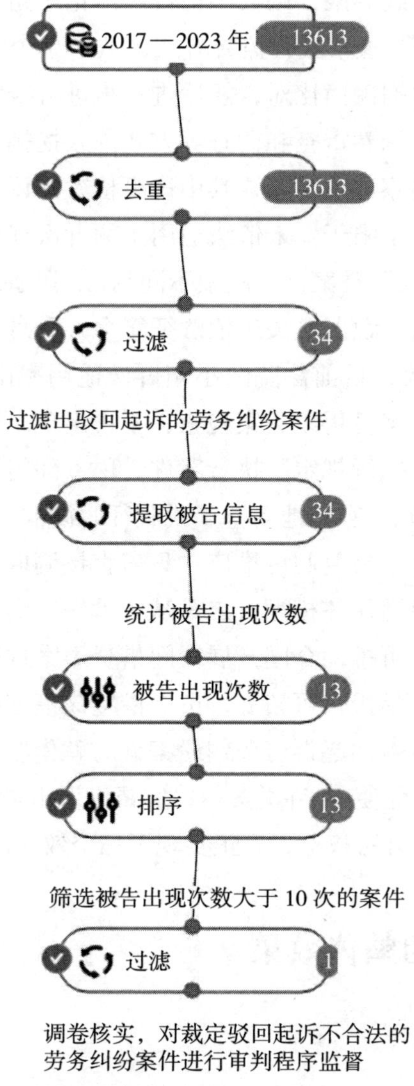

图8　拓展模型——驳回起诉的劳务纠纷案件

数据来源：法院审判数据

（五）监督模型应用

该模型打破部门、条线界限，以数字检察一体化思路，通过两个“全面监督”+两个“重点监督”检察融合监督方式，从典型个案分析到案发规律处理、数据共享归集、数据碰撞比对，然后进一步进行线索研判，针对筛查出的线索，以及后期通过调卷审查和调查等方式深入挖掘的问题，精准开展类案监督，共制发类案检察建议7件，其中民事检察建议5份，公益诉讼检察建议1份。其中包括但不限于：未依法适用小额诉讼程序、适用小额诉讼程序超期限、“职业放贷人”类案件“同案不同判”、民事终结本次执行程序超期限、驳回起诉不合法；税务机关未依法征管个人利息税等。目前已全部收到回复并予以采纳整改，目前法院的小额诉讼适用率由41%提高为目前的100%，“职业放贷人”案件得以类案检索，不再出现“同案不同判”等情形，法院严格依照“终本执行规定”执行案件。税务部门开展利息税专项行动，追缴利息税9000余元，有力地堵塞了税收征收漏洞。从应用效果来说，一是从“会用”到“用好”易复制可推广，只需直接调取法院审判数据、执行数据任何检察机关即可适用该模型；二是从“单一”到“多元”实效强可推动，融合“四大检察”可推动全国开展民间借贷类案件监督专项行动；三是从“浅表”到“深入”易操作可拓展，可以借鉴该模型构建其他类案监督模型，如某院在办理裁定驳回起诉劳务纠纷案件时就借鉴了该模型，构建了新模型，发现1条线索，促使19件类案得以监督，发出类案检察建议并被采纳，有效地维护了当事人合法权益，真正实现了三个效果的有机统一。

四、监督模型的整体效果

（一）联合办案效果

开展民事检察监督、民事执行利息税公益诉讼监督以及对涉非法经营罪线索向刑事检察部门移送的融合式监督；对民事审判程序监督、民间借贷执终本案件执行监督以及对虚假诉讼案件进行民事生效裁判监督的全方位的检察监督。重点选择对小额诉讼类案件与对“职业放贷人”类案件开展重点监督，以民促公，以民促刑，民公刑联动，促进法律监督线索的共享和统筹，激发融合监督的叠加效应，引导民间融资健康有序发展。在民事检察监督方面，民事检察部门积极探索“个案办理—类案监督—系统治理”的大数据监督路径，从现有数据出发，通过解剖麻雀，从立案、受理、审判、执行各个环节入手，全流程开展监督，排查线索264条。在公益诉讼检察监督方面，民事检察部门履职过程中，税务分局未依法履行执行利息税征管职责，及时向公益诉讼检察部门移送监督线索10条。在刑事检察监督方面，民事检察部门履职过程中，发现涉及涉“非法经营罪”线索4条，及时向刑事检察部门予以移送。

近年来，民间借贷纠纷审判案件占所有审判案件的19%，民事执行案件占所有执行案件的41%。民间借贷类案件已成为民事案件的第一大类案由，尤其是涉小额诉讼和职业放贷人等类型较多。通过构建“民间借贷类案法律监督模型”，对民间借贷类案件通过大数据进行“融合式”全面监督，探索融入社会治理的大格局，展现数字治理实效，实现“以数字检察为指引，以类案监督为核心，以促进社会治理为目标”的民间借贷检察创新发展之路。在办理案件中，联合办案所取得的效果有：

一是融入原始数据妙解数据获取难。这个也是该模型的最大亮点。在数字检察实践中，存在数据获取难，需要人工录入等问题。为了解决该问题，在该模型建立过程中，检察官从法院调取了全部的审判数据与执行数据，坚持从原始数据出发，避免人工录入，利用现有数据进行关联，深挖数据富矿，然后基于该原始数据进行碰撞比对，解决了数据获取难的问题，也真正实现了大数据赋能监督。

二是融汇共享数据破解线索发现难。传统的民事法律监督基本停留在被动个案监督模式，即依当事人申请并立案初查后，再作出监督决定。民事检察办案处于信息不对称，被动实施监督的状况。检察机关通过与法院、税务部门等机关定期召开联席会议、建立数据共享机制，拓宽了案源渠道，变被动监督为主动监督。

三是融通多个机构化解案件查证难。在民事检察监督中，存在对于虚假诉讼民间借贷案件，虚假诉讼双方一般是提前串通，设置了完整的证据卷，单靠个案卷宗很难发现疑点。对于执行利息税案件，税务机关也不能及时掌握。检察机关通过与法院、税务局、金融事务服务中心等加强沟通，建立协作机制，多方协作配合，共同深入调查核实，夯实了证据基础。

四是融合“四大检察”消除法律监督难。民间借贷作为多层次信贷市场的重要组成部分，以其形式灵活、手续简便、融资快捷等特点，为人民群众的生产生活带来诸多便利，但由此也引发了诸多的民事纠纷以及刑事犯罪等问题，紧靠单个的部门不能全面监督。检察机关通过与内部各个部门加强协调配合，融合民事、刑事、公益诉讼检察职能，通过运用数字检察和多元化调查核实手段，对民间借贷类案件进行了全方位法律监督，实现了从“办一案”到“牵一串”的跨越性进步。

（二）社会治理效果

党的十九大报告中首次提出“三大攻坚战”，其中第一项便是防范化解重大风险，而对民间借贷相关的金融风险进行防范化解应为题中之义。对民间借贷纠纷的全面监督，使得本地民间金融风险在一定程度上得到化解与防范。

一是加强类案监督，提升监督效能。平遥县检察机关以“个案求实”“类案求效”为价值导向，积极探索“个案办理—类案监督”的监督路径，充分发挥类案监督的效果倍增作用。如小额诉讼程序违法监督案件，由于小额诉讼案件已经审理完毕，一般不具有可整改性，因此法院即使接受监督，一般也不需要对过去的个案采取实际整改措施，监督效果不明显。因此，通过数字化手段，对小额诉讼程序违法行为进行类案检索，对其实时监督，变不需要个案整改转为个案立即整改，提高监督法刚性，提升监督质效。

二是统一裁判标准，做到“同案同判”。平遥县检察机关通过对法院“职业放贷人”类审判程序违法案件的监督，促使法院建立“类案检索”机制，对案由、基本事实、争议焦点、法律适用等方面具有相似性的民事案件的法律适用问题进行检索、梳理、分析，助力法院在受理、审理、审判、执行等各个环节准确认定“职业放贷人”，推进“同案”裁判尺度、裁判规则上的一致性，维护国家法制的统一、尊严和权威，提高司法公信力。

三是规范办案程序，保障人民权益。平遥县检察机关通过对法院未依法适用小额诉讼程序和适用小额诉讼程序超期限案件开展全面监督，促使法院严格规范适用小额诉讼程序，正确把握小额诉讼程序的适用范围，做到应用尽用，充分发挥小额诉讼简、短、快的优势，提高诉讼效率，节约司法资源，让人民群众省时省钱省力省心，实现了审判质效与人民群众满意度的双提升，真正实现三个效果的有机统一。

四是加强沟通协作，净化金融环境。平遥县检察机关会同公安、法院、金融事务服务中心等部门围绕“职业放贷人”问题进行深入研讨，明确各个单位在惩治虚假诉讼、高利转贷、民间借贷相关的重点领域以及在共享金融信息、防范金融风险方面的职责，建立健全联席会议制度，形成工作合力，加强联动效应，加强预警和研判，完善防范对策，共同建立起协同治理和规范民间借贷行为的工作机制，联手打击虚假诉讼，切实维护社会经济秩序稳定和社会诚信建设。

五是建立长效机制，保护国有财产。为解决民事执行案件中申请执行人在法院为其执行到借款本金及利息后，没有主动申报纳税，导致税收流失的问题，平遥县检察机关联合县税务部门、法院共同签订《关于民事诉讼案件利息、股息、红利所得税收征管协作机制》，对民间借贷案件执行到利息款项后未依法缴纳个人所得税的案件进行专项整治，以“司法＋行政”协同发力，联合管控，共同协助税务机关及时掌握民事借贷案件执行情况，做到应征尽征，切实堵塞税收管理漏洞，消除民间借贷个税监管盲区，保护国有财产。

第十八章

养老金违法续发监督模型构建*

养老基金的使用安全涉及广大人民群众的切身利益，关系社会保障事业的长远健康发展。针对养老金发放过程中存在的多领、冒领现象，通过从社保中心、医院、殡仪馆、用人单位、公安、纪委监委等部门调取养老金发放数据、死亡数据、退休数据和处分数据，进行数据比对发现线索，对冒领、多领和违规领取养老金的个人及时追缴多领取的养老金差额。同时，针对社保中心履职不到位的问题，发出诉前检察建议，督促社保中心依法履职，助推养老金发放和审核的规范化管理，促进养老基金高效平稳运行。

一、模型概述

“养老金违法续发监督模型”是山西省孝义市人民检察院构建的社保基金保护公益诉讼法律监督模型。孝义市人民检察院通过对 2020 年办理的一起在缓刑期间违规参与养老金调整的行政公益诉讼案件组织回头看，分析后发现上述问题存在的主要原因是社保中心与相关部门的信息对接不畅，导致社保中心没有及时按照相关规定对缓刑人员作出降低待遇的调整，而养老金的调整群体除了刑事处罚人员，还涉及退休、死亡、行政处罚等人员，因此，有必要扩大监督范围，实现养老基金保护从个案到类案的监督。而社保中心、医院、公安等相关部门均有内部统计数据，信息来源真实，具有数字检察监督的可行性。目前，本模型已具备 3 个场景的监督功能，即“不及时报告死亡时间，冒领、多领养老金”“提供不准确、不完整人事档案资料，提前退休享受养老待

---

* 本模型由山西省吕梁市孝义市人民检察院构建，孝义市人民检察院第四检察部刘德光、武志锋、张建飞、赵敏、李霞、贾履阳等人参与。本模型获得 2023 年全省检察机关大数据法律监督模型二等奖，并在全市进行推广使用。本模型依托山西数字检察模型统一开发管理平台进行大数据比对分析。

遇”“受党政纪处分、行政、刑事处罚人员违规领取养老金”，并在吕梁市范围内成功应用，对于全省开展养老基金的保护具有普遍意义。下一步，孝义市人民检察院将继续扩大监督范围，完善同工而养老待遇却不同、虚构劳动关系骗取养老金等后续模型的搭建，以实现养老基金的全方位监督。

二、模型设计依据

（一）法律监督依据

1.《行政诉讼法》

第 25 条第 4 款规定：“人民检察院在履行职责中发现生态环境和资源保护、食品药品安全、国有财产保护、国有土地使用权出让等领域负有监督管理职责的行政机关违法行使职权或者不作为，致使国家利益或者社会公共利益受到侵害的，应当向行政机关提出检察建议，督促其依法履行职责。行政机关不依法履行职责的，人民检察院依法向人民法院提起诉讼。”

2.《最高人民法院、最高人民检察院关于检察公益诉讼案件适用法律若干问题的解释》

第 21 条规定：“人民检察院在履行职责中发现生态环境和资源保护、食品药品安全、国有财产保护、国有土地使用权出让等领域负有监督管理职责的行政机关违法行使职权或者不作为，致使国家利益或者社会公共利益受到侵害的，应当向行政机关提出检察建议，督促其依法履行职责。行政机关应当在收到检察建议书之日起两个月内依法履行职责，并书面回复人民检察院。出现国家利益或者社会公共利益损害继续扩大等紧急情形的，行政机关应当在十五日内书面回复。行政机关不依法履行职责的，人民检察院依法向人民法院提起诉讼。”

3.《人民检察院公益诉讼办案规则》

第 24 条规定：“公益诉讼案件线索的来源包括：（一）自然人、法人和非法人组织向人民检察院控告、举报的；（二）人民检察院在办案中发现的；（三）行政执法信息共享平台上发现的；（四）国家机关、社会团体和人大代表、政协委员等转交的；（五）新闻媒体、社会舆论等反映的；（六）其他在履行职责中发现的。”

4.《社会保险法》

第 88 条规定：“以欺诈、伪造证明材料或者其他手段骗取社会保险待遇的，由社会保险行政部门责令退回骗取的社会保险金，处骗取金额二倍以上五倍以下的罚款。”

5.《社会保险基金行政监督办法》

第 32 条规定：“用人单位、个人有下列行为之一，以欺诈、伪造证明材料或者其他手段骗取社会保险待遇的，按照《中华人民共和国社会保险法》第八十八条的规定处理：(一) 通过虚构个人信息、劳动关系，使用伪造、变造或者盗用他人可用于证明身份的证件，提供虚假证明材料等手段虚构社会保险参保条件、违规补缴，骗取社会保险待遇的；(二) 通过虚假待遇资格认证等方式，骗取社会保险待遇的；……（六）其他以欺诈、伪造证明材料等手段骗取社会保险待遇的。”

6.《国务院关于建立统一的城乡居民基本养老保险制度的意见》

第 7 条养老保险待遇领取条件之规定：“城乡居民养老保险待遇领取人员死亡的，从次月起停止支付其养老金。”

7.《国务院关于工人退休、退职的暂行办法》和《关于安置老弱病残干部的暂行办法》规定下列几种情况可以办理提前退休：

（1）从事井下、高空、高温、繁重体力劳动和其他有害身体健康工种的职工，男年满 55 周岁，女年满 45 周岁，连续工龄或工作年限满 10 年。

（2）男年满 50 周岁，女年满 45 周岁，连续工龄或工作年限满 10 年的，经医院证明，并经劳动鉴定委员会确认，完全丧失劳动能力的职工。

（3）因工致残，经医院证明（工人并经劳动鉴定委员会确认）完全丧失工作能力的。

8.《关于深化国有企业内部人事、劳动、分配制度改革的意见》

第 2 条规定，取消企业行政级别。企业不再套用政府机关的行政级别，管理人员不再比照国家机关公务员确定管理人员的行政级别待遇。打破传统的“干部”和“工人”之间的界限，变身份管理为岗位管理。在管理岗位工作的即为管理人员。岗位发生变动后，其收入和其他待遇要按照新的岗位相应调整。

9.《关于公务员被采取强制措施和受行政刑事处罚工资待遇处理有关问题的通知》

第 2 条规定，公务员退休后被采取强制措施和受行政、刑事处罚的退休费待遇处理：

（1）公务员退休后被取保候审、监视居住、刑事拘留、逮捕期间，停发退休费待遇，按本人原基本退休费的 75% 计发生活费。经审查核实，公安机关撤销案件或人民检察院不起诉或人民法院宣告无罪、免予刑事处罚，未被收容教育、强制隔离戒毒、劳动教养、行政拘留，且未被追究政纪责任的，恢复退休费待遇，减发的退休费予以补发。

……

（3）公务员退休后被行政拘留期间，停发退休费待遇，按本人原基本退休费的 75% 计发生活费。期满后，按 2% 降低基本退休费。今后国家调整退休费时，不受原处罚的影响。

……

（5）公务员退休后被判处管制、拘役或拘役被宣告缓刑、有期徒刑被宣告缓刑期间，停发退休费待遇，按本人原基本退休费的 60% 计发生活费。刑罚执行完毕或缓刑考验期满不再执行原判刑罚的，按 40% 降低基本退休费，补贴按办事员确定。今后国家调整退休费时，按办事员的标准执行。

（6）公务员退休后被判处有期徒刑以上刑罚的，从人民法院判决生效之日起，取消原退休费待遇。刑罚执行完毕后的生活待遇，由原发给退休费的单位酌情处理。

……

10.《关于公务员受处分工资待遇处理有关问题的通知》

第 2 条规定，公务员退休后被追究政纪责任的退休费待遇：

（1）公务员在处分决定机关作出处分决定前已经退休或退休后有违法违纪行为，依法应给予警告、记过、记大过处分的，不降低退休费待遇。

（2）公务员在处分决定机关作出处分决定前已经退休或退休后有违法违纪行为，依法应给予降级处分的，从应受处分的次月起，按 2% 降低基本退休费。今后国家调整退休费时，不受应给予处分的影响。

（3）公务员在处分决定机关作出处分决定前已经退休或退休后有违法违纪

行为，依法应给予撤职处分的，从应受处分的次月起调整退休费待遇。未重新明确执行退休待遇职务层次的，按12%降低基本退休费，补贴按降低一个职务层次确定，今后国家调整退休费时，按原执行退休待遇职务低一个职务层次的标准执行。重新明确执行退休待遇职务层次的，按降低后的职务层次确定基本退休费和补贴，今后国家调整退休费时，按降低后职务层次的标准执行。

（4）公务员在处分决定机关作出处分决定前已经退休或退休后有违法违纪行为，依法应给予开除处分但未被判处刑罚的，从应受处分的次月起，按25%降低基本退休费，补贴按办事员确定。今后国家调整退休费时，按办事员的标准执行。

（5）公务员退休后被追究政纪责任，原应给予的处分被变更，需要调整退休费待遇的，从审查结论作出的次月起执行。原应给予的处分被减轻或撤销的，多减发或停发的退休费予以补发。原应给予的处分被减轻或撤销的，多减发或停发的退休费予以补发。原应给予的处分被加重的，少减发的退休费予以扣发。

11.《关于事业单位工作人员和机关工人被采取强制措施和受行政刑事处罚工资待遇处理有关问题的通知》

第2条规定，事业单位工作人员和机关工人退休后被采取强制措施和受行政、刑事处罚的退休费待遇处理：

（1）事业单位工作人员和机关工人退休后被取保候审、监视居住、刑事拘留、逮捕期间，停发退休费待遇，按本人基本退休费的75%计发生活费。经审查核实，公安机关撤销案件或人民检察院不起诉或人民法院宣告无罪、免予刑事处罚，未被收容教育、强制隔离戒毒、劳动教养、行政拘留，且未被追究违纪责任的，恢复退休费待遇，减发的退休费予以补发。

（2）事业单位工作人员和机关工人退休后被刑事拘留在逃或批准逮捕在逃的，停发退休费待遇。

（3）事业单位工作人员和机关工人退休后被行政拘留期间，停发退休费待遇，按本人原基本退休费的75%计发生活费。期满后，按2%降低基本退休费。今后国家调整退休费时，不受原处罚的影响。

（4）事业单位工作人员和机关工人退休后被收容教育、强制隔离戒毒、劳动教养期间，停发退休费待遇，按本人原基本退休费的75%计发生活费。

期满后，按12%降低基本退休费，补贴按低一个职务层次（技术等级）确定。今后国家调整退休费时，按原执行退休待遇职务层次（技术等级）的低一个职务层次（技术等级）的标准执行。

（5）事业单位工作人员和机关工人退休后被判处管制、拘役或拘役被宣告缓刑期间，停发退休费待遇，按本人原基本退休费的60%计发生活费。刑罚执行完毕或缓刑考验期满不再执行原判刑罚的，按12%降低基本退休费，补贴按低一个职务层次（技术等级）确定。今后国家调整退休费时，按原执行退休待遇职务层次（技术等级）的低一个职务层次（技术等级）的标准执行。

事业单位工作人员和机关工人退休后被判处有期徒刑被宣告缓刑期间，停发退休费待遇，按本人原基本退休费的60%计发生活费。缓刑考验期满不再执行原判刑罚的，按40%降低基本退休费，补贴按最低职务层次（技术等级）确定，今后国家调整退休费时，按最低职务层次（技术等级）的标准执行。

（6）事业单位工作人员和机关工人退休后被判处有期徒刑（不含被宣告缓刑的）以上刑罚的，从人民法院判决生效之日起，取消原退休费待遇。刑罚执行完毕后的生活待遇，由原发给退休费的单位酌情处理。

（7）事业单位工作人员和机关工人退休后受到刑事处罚，经再审宣告无罪或免予刑事处罚，且不追究违纪责任的，从再审宣告无罪或免予刑事处罚的次月起恢复退休费待遇。原判期间和刑罚执行完毕至再审宣告无罪或免予刑事处罚期间，被停发的退休费由单位补发。

（8）事业单位工作人员和机关工人退休后受到刑事处罚，经再审宣告无罪或免予刑事处罚，但被追究违纪责任的，根据应给予的处分相应确定退休费待遇，从审查结论作出的次月起执行。原判期间和刑罚执行完毕至作出审查结论期间，被多减发的退休费由单位补发。

（9）事业单位工作人员和机关工人退休后被采取强制措施和受行政、刑事处罚的，如已参加养老保险并按养老保险有关规定计发基本养老金，其待遇处理办法按国家有关养老保险的规定执行。

12.《关于事业单位工作人员和机关工人受处分工资待遇处理有关问题的通知》

第2条规定，事业单位工作人员和机关工人退休后被追究违纪责任的退休费待遇处理：

（1）事业单位工作人员和机关工人在处分决定机关作出处分决定前已经退休或退休后有违法违纪行为，应当给予警告、记过处分的，不降低退休费待遇。

（2）事业单位工作人员和机关工人在处分决定机关作出处分决定前已经退休或退休后有违法违纪行为，应当给予降低岗位等级或者撤职处分，未重新明确执行退休待遇职务层次(技术等级)的，从审查结论作出的次月起，按12%降低基本退休费，补贴按低一个职务层次(技术等级)确定，今后调整退休费时，按原执行退休待遇职务层次(技术等级)低一个职务层次(技术等级)的标准执行；重新明确执行退休待遇职务层次(技术等级)的，按降低后的职务层次(技术等级)确定基本退休费和补贴，今后调整退休费时，按降低后职务层次(技术等级)的标准执行。

（3）事业单位工作人员和机关工人在处分决定机关作出处分决定前已经退休或退休后有违法违纪行为，依法应给予开除处分但未被判处刑罚的，从审查结论作出的次月起，按25%降低基本退休费，补贴按最低职务层次(技术等级)确定。今后调整退休费时，按最低职务层次(技术等级)的标准执行。

（4）事业单位工作人员和机关工人退休后被追究违纪责任，原应给予的处分被变更，需要调整退休费待遇的，从审查结论作出的次月起执行。原应给予的处分被减轻或撤销的，多减发或停发的退休费予以补发。原应给予的处分被加重的，少减发的退休费予以扣发。

（5）事业单位工作人员和机关工人在处分决定机关作出处分决定前已经退休或退休后有违法违纪行为，应当给予处分的，如已参加养老保险并按养老保险有关规定计发养老金，其待遇处理办法按国家有关养老保险的规定执行。

13.《劳动和社会保障部关于进一步规范基本养老金社会化发放工作的通知》

第7条规定：“离退休人员发生下列情形之一，社会保险经办机构应停发或暂时停发其基本养老金……（三）被判刑收监执行或被劳动教养期间的。”

14.《劳动人事部关于退休职工被判缓刑期间可否享受原退休待遇的复函》

退休职工被判处徒刑宣告缓刑，没有被剥夺政治权利的，其在缓刑期间可以继续享受退休待遇。

15.《关于退休人员被判刑后有关养老保险待遇问题的复函》

退休人员被判处拘役、有期徒刑及以上刑罚或被劳动教养的，服刑或劳动教养期间停发基本养老金，服刑或劳动教养期满后可以按服刑或劳动教养前的标准继续发给基本养老金，并参加以后的基本养老金调整。退休人员在服刑或劳动教养期间死亡的，其个人账户储存额中的个人缴费部分本息可以继承，但遗属不享受相应待遇。退休人员被判处管制、有期徒刑宣告缓刑和监外执行的，可以继续发给基本养老金，但不参与基本养老金调整。退休人员因涉嫌犯罪被通缉或在押未定罪期间，其基本养老金暂停发放。如果法院判其无罪，被通缉或羁押期间的基本养老金予以补发。

（二）监督要素

运用大数据开展法律监督的具体数据研判规则如下：

1. 针对不及时报告死亡时间，冒领、多领养老金问题

（1）将医院提供的死亡人员信息表，殡仪馆提供的殡葬人员遗体停放/火化信息表分别与社保中心提供的机关企事业单位退休死亡人员停发养老金信息表通过“姓名”和“身份证号”进行连接比对，比对出医院和殡仪馆死亡人员在社保中心停发养老金的信息。

（2）在第（1）项的基础上，提取医院死亡人员信息表中的“死亡时间”，殡葬人员遗体停放/火化信息表中的“停放时间”“火化时间”，机关企事业单位退休死亡人员停发养老金信息表中的“停发时间”，将死亡时间/火化时间/停放时间分别与停发时间作时间差，比对出时间差大于一个月以上的信息。

（3）在第（2）项的基础上，将两组数据进行合并去重之后，筛查出未如实申报死亡时间，多领取养老待遇的案件线索。

（4）针对社保中心未及时终止已故退休人员养老金的行政公益诉讼线索，依法立案调查，督促履职；针对多领取养老金的个人，督促社保中心及时追缴。

2. 针对提供不准确、不完整人事档案资料，提前退休享受养老待遇问题

（1）将社保中心提供的企业退休女职工信息表和企业提供的退休女职工信息表通过“姓名”和“身份证号”进行连接比对，获取两表中同一女职工

退休信息。

（2）在第（1）项的基础上，过滤出女职工为管理岗和工人岗的退休信息。

（3）在第（2）项的基础上，提取管理岗和工人岗信息表中的“退休年龄”和“岗位性质”。

（4）在第（3）项的基础上，查看其退休年龄是否符合其退休时的岗位性质。筛查退休时为管理岗，同时小于正常退休年龄（55 周岁）的线索。

（5）在第（4）项的基础上，向社保中心调阅档案，向所在单位详细核查其工作履历，综合判断其岗位性质，并排除特殊工种、病退情形，进而确定违规提前退休人员信息。

（6）针对社保中心未依法履职，致使企业女职工提前退休领取养老待遇的行政公益诉讼线索，依法立案调查、督促履职。

3. 针对受党政纪处分、行政、刑事处罚人员违规领取养老金问题

监督场景 1：受党政纪处分的退休人员违规领取养老金问题

（1）将纪委监委提供的受党政纪处分退休人员信息表与社保中心提供的机关企事业单位退休人员信息表通过“姓名”和“身份证号”进行连接，比对出受党政纪处分退休人员在社保中心领取养老金的信息。

（2）在第（1）项的基础上，将获取的数据与社保中心提供的机关企事业单位违纪违法退休人员信息表进行链接，比对出受处分退休人员多领取养老金的信息。

（3）在第（2）项的基础上，调查核实社保中心是否按照规定及时停止发放养老金和调资。

监督场景 2：受行政处罚的退休人员违规领取养老金问题

（1）将公安机关提供的受行政处罚人员信息表与社保中心机关企事业单位退休人员信息表通过“姓名”和“身份证号”进行连接，比对出受行政处罚人员在社保中心领取养老金的信息。

（2）在第（1）项的基础上，将获取的数据与社保中心提供的机关企事业单位违纪违法退休人员信息表进行连接，比对出受行政处罚退休人员多领取养老金的信息。

（3）在第（2）项的基础上，调查核实社保中心是否按照规定及时停止发放养老金和调资。

监督场景3：受刑事处罚的退休人员违规领取养老金问题

（1）将从检察业务应用系统调取的受刑事处罚人员信息表与社保中心提供的机关企事业单位退休人员信息表通过“姓名”和“身份证号”进行链接，比对出受刑事处罚人员在社保中心领取养老金的信息。

（2）在第（1）项的基础上，将获取的数据与社保中心提供的机关企事业单位违纪违法退休人员信息表进行连接，比对出受刑事处分退休人员多领取养老金的信息。

（3）在第（2）项的基础上，调查核实社保中心是否按照规定及时停止发放养老金和调资。

针对社保中心未按规定对上述人员办理养老金的行政公益诉讼线索，依法立案调查、督促履职。

（三）数据来源和载体

（1）社保中心提供的退休死亡人员养老待遇停止数据，主要包括姓名、身份证号码、社保中心登记死亡时间、社保中心待遇停发时间。

（2）医院提供的已故人员数据，主要包括姓名、身份证号码、医院登记死亡时间。

（3）殡仪馆提供的殡葬人员遗体停放及火化时间数据，主要包括姓名、身份证号码、遗体停放时间 / 火化时间。

（4）社保中心企业提供的退休女职工数据，主要包括企业名称、姓名、身份证号码、退休年龄、岗位性质、退休时间、当前月待遇。

（5）国有企业提供的退休女职工数据，主要包括企业名称、姓名、身份证号码、退休年龄、岗位性质。

（6）社保中心提供机关企事业退休人员数据，主要包括单位、姓名、身份证号码、退休时间、身份。

（7）纪委监委提供的退休人员受处分数据，主要包括单位、姓名、身份证号码、处分结果、退休年龄、处分时间。

（8）公安局提供的行政处罚数据，主要包括单位、姓名、身份证号码、处罚结果、处罚时间、拘留天数。

（9）检察院案件管理系统获取受强制措施人员数据，主要包括单位、姓名、身份证号码、强制措施、强制措施地点、强制措施决定日期、强制措施执行日期、审结前强制措施、审结日期、审结处理情况等。

（10）检察院案件管理系统获取受刑事处罚人员数据，主要包括一审判决日期、一审宣告刑、一审宣告刑刑期、一审缓刑考验期、一审判决生效日期、二审生效期、二审判决日期、身份。

（11）社保中心提供的退休违纪违法人员数据，主要包括单位、姓名、身份证号码、退休时间。

三、模型设计思路

（一）需求分析

1.“不及时报告死亡时间，冒领、多领养老金”需求分析：通过从医院、殡仪馆、社保中心三家单位调取数据信息，将姓名、身份证号码作为筛查要素，提取出同一人的死亡日期和待遇停发日期，通过比对日期，计算出时间差，从中发现未按规定终止养老金的行政公益诉讼线索。

2.“提供不准确、不完整人事档案资料，提前退休享受养老金”需求分析：通过从社保中心、企业调取数据信息后，将姓名、身份证号码作为筛查要素，提取同一人的退休年龄、岗位性质并进行比对，从中筛查出退休年龄与岗位性质不符合规定的退休人员，从而发现违规提前退休领取养老金的行政公益诉讼线索。

3.“受党政纪处分、行政、刑事处罚人员违规领取养老金”需求分析：通过将公安、检察机关、纪委监委调取的信息表分别与从社保中心调取的退休人员信息表进行比对，按姓名、身份证号码为筛查要素，匹配过滤出这部分受党政纪处分退休人员在社保中心领取养老金的信息，比对其受处分和受处罚期间社保中心是否按规定停止发放养老金及调资。

（二）数据分析

运用“养老金违法续发监督模型”开展法律监督数据分析如下：

1. 针对不及时报告死亡时间，冒领、多领养老金问题

需要养老金停发数据、退休人员死亡数据、遗体停放/火化数据等。

（1）养老金停发数据，主要包括姓名、身份证号码、社保中心登记死亡时间、待遇停发时间。

（2）退休人员死亡数据，主要包括姓名、身份证号码、医院登记死亡时间。

（3）遗体停放/火化数据，主要包括姓名、身份证号码、遗体停放时间/火化时间。

2. 针对提供不准确、不完整人事档案资料，提前退休享受养老金问题

（1）企业退休女职工数据，主要包括企业名称、姓名、身份证号码、退休年龄、岗位性质、退休时间、当前月待遇。

（2）企业退休女职工数据，主要包括企业名称、姓名、身份证号码、退休年龄、岗位性质。

（3）机关企事业单位退休人员数据，主要包括单位、姓名、身份证号码、退休时间、身份。

3. 针对受党政纪处分、行政、刑事处罚人员违规领取养老金问题

（1）退休人员受处分数据，主要包括单位、姓名、身份证号码、处分结果、退休年龄、处分时间。

（2）行政处罚数据，主要包括单位、姓名、身份证号码、处罚结果、处罚时间、拘留天数。

（3）受强制措施人员数据，主要包括单位、姓名、身份证号码、强制措施、强制措施地点、强制措施决定日期、强制措施执行日期、审结前强制措施、审结日期、审结处理情况等。

（4）受刑事处罚人员数据，主要包括单位、姓名、身份证号码、一审判决日期、一审宣告刑、一审宣告刑刑期、一审缓刑考验期、一审判决生效日期、二审判决/裁定日期、身份。

（5）退休违纪违法人员数据，主要包括单位、姓名、身份证号码、退休时间。

具体分析步骤如下：

（1）进行数据清洗。前期从各渠道收集来的原始数据杂乱无序，数量庞大且存在许多无效信息，将数据按照模型开发管理平台所要求的格式进行统一处理，经过删减整理，将复杂数据转化为更加直观的数据。

（2）根据不同的监督点，运用平台的算子连接相关数据信息后开始进行碰撞和比对，运行完成后获取的数据即为养老金违法续发的案件线索。

第一，将社保中心提供的退休死亡人员养老金停发数据分别与医院提供的机关企事业单位退休死亡人员数据以及殡仪馆提供的殡葬人员遗体停放 / 火化时间数据进行连接比对，将姓名、身份证号码作为筛查要素，匹配过滤出医院和殡仪馆死亡人员在社保中心领取养老金的信息，再通过作时间差，计算出死亡时间大于养老金停发时间一个月以上的数据。将两组数据进行合并去重之后，得到未如实申报死亡时间，多领取养老金的案件线索 80 余条。

第二，将社保中心提供的企业退休女职工数据和企业提供的退休女职工数据进行连接比对，将姓名、身份证号码作为筛查要素，匹配过滤出这部分企业退休女职工在社保中心领取养老金的信息，再通过过滤筛查出身份为管理岗但是退休年龄小于 55 周岁的女职工信息。之后进一步核实其提前退休的原因，排除病退或特殊工种提前退休情形，得到未按规定提前退休领取养老金女职工的案件线索 9 条。

第三，将社保中心提供的机关企事业单位退休人员数据与纪委监委提供的退休人员受处分数据进行连接比对，将姓名、身份证号码作为筛查要素，匹配过滤出这部分受党政纪处分退休人员在社保中心领取养老金的信息，然后与社保中心提供的退休违纪违法人员数据进行连接，比对过滤出社保中心未按规定停止、取消、降低受党政纪处分退休人员养老金的线索（退休人员在受行政处罚期间和受刑事处罚期间违规领取养老金的数据碰撞过程同上）。

（三）技术分析

本模型在省院统一部署的模型开发管理平台上构建，该平台是一款智能建模平台，实现了从数据采集、模型构建、模型发布到模型共享的全流程覆盖。借助直观的图形化操作界面和丰富的算法支持，检察人员通过简单的拖拽操作和算子参数配置，即可实现流程化的快速建模，大大降低了技术门槛，提升了大数据法律监督效率。同时，平台内置的模型超市模块支持模型的集中部署、统一管理和应用发布，实现了模型在全省领域的有效融合和共享。模型发布至模型超市后，其他用户通过调整参数、替换数据源来实现模型的升级、优化和本地化应用，从而快速推动类案监督在省域层面全面推广、快速发展，构建“一域突破、全省共享”的类案治理场景。

（四）建模流程

1. 数据收集和准备

收集与业务相关的数据，根据数据在指定的数据集中是否存在重复值、数据内容和定义是否一致、数据源是否完整、数值取值是否正确、数据精度是否达到业务规则等标准，进行数据清洗、预处理和转换，解决了数据的重复性、正确性、完整性、适用性和精确性等问题，以确保数据的质量和适用性。

2. 模型选择和设计

模型开发管理平台支持多种模型类型，包括经典机器学习模型和深度学习模型。根据相关业务数据的需求和问题类型，检察人员可以选择适用的模型算子，对业务数据逐步加工，进行端到端的建模工作。

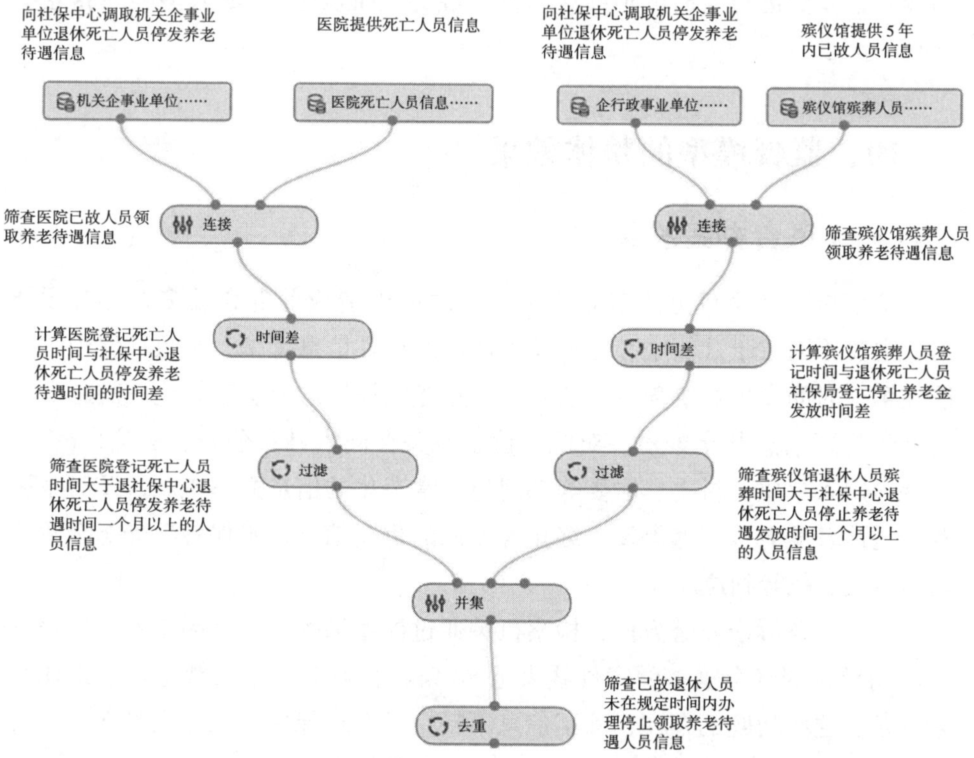

图1　隐瞒死亡时间多领、冒领养老金监督模型流程

3. 模型发布和共享

平台支持模型的导入、导出和分享，具备强大的模型发布和管理功能。模型构建完成之后，用户可以将模型发布至模型超市，其他用户可结合本地应用场景来实现模型的共享和复用，从而推进类案监督场景应用。

（五）监督模型应用

针对养老金发放过程中存在的多领、冒领现象，通过从社保中心、医院、殡仪馆、用人单位、公安、纪委监委等部门调取养老金发放数据、死亡数据、退休数据和处分数据，进行数据比对发现线索，对冒领、多领和违规领取养老金的个人及时追缴多领取的养老金差额。

通过模型碰撞比对，发现110余条违规领取养老金的案件线索，移送社保中心核实后，确认冒领、多领和违规领取养老金的个人，并对多领取的养老金差额进行及时的追缴，目前已经分三批次追回63人多领的养老金161万余元。

四、监督模型的整体效果

（一）联合办案效果

检察机关在案件办理过程中分析，之所以造成养老金被多领、冒领情形，主要原因在于社保中心与相关单位之间存在信息壁垒，导致社保中心不能在第一时间发现影响养老金暂停、终止等的情形。要想破解这一问题，关键在于打通信息共享渠道，对此，检察机关会同人社、公安、法院、民政、医院、用人单位、村委、居委等部门建立常态化的信息共享机制，及时掌握和推送涉及养老金待遇停发、终止等方面的重要信息，确保各项养老金政策及时落实、执行到位。

一是公益诉讼监督方面，检察机关通过模型筛查，发现因未及时申报死亡时间导致养老金被多领案件线索近80条，企业职工未按规定提前退休线索9条。这些问题的存在，除了信息不畅，还有社保中心工作人员在审查待遇发放以及职工退休工作时，存在审查不严及履职不到位情形。养老基金的损失，既扰乱了社会的公平稳定，又损害了国家利益。孝义市检察机关通过行政公益诉讼立案，在进一步调查核实的基础上，与市人社局、市社保中心召开“养老金违法续发”公益诉讼线索通报暨督促履职座谈会。通过公开宣告并送达检察建议，与人社部门面对面追溯问题根源，从源头防范社保资金管理风险，并要求人社局和社保中心查漏洞、补短板，及时挽回国有财产损失，确保养老基金安全高效运行。

二是刑事检察监督方面，检察机关在案件办理过程中，充分运用“三查融合”理念，重点对其未按规定及时申报停发养老金的原因进行深入调查，进而核实其是否存在故意骗取养老金情形；对于伪造、变造劳动人事档案等骗取养老金涉嫌犯罪的，及时移送公安机关立案侦查。对于已判决未按规定停止养老待遇的退休人员线索及时移交至人社局，以停止其退休待遇并追缴多领取的养老金；对于未判决的退休人员线索移交至刑事检察部门，并联合案管部门实时跟踪判决结果，一经判决便将其结果通知人社局，及时按规定办理其养老金暂停、降低或取消业务。

三是行政检察监督方面，养老基金的安全监管需要各部门的共同努力，特别是作为负有直接监管养老基金职责的社保部门，更需要提高认识，并在日常工作中须严把各项审核关口。检察机关在日常办案中，发现行政机关在养老金审核、执法过程中，存在执法不规范、执法主体不适格等问题时，应及时开展行政执行活动违法行为监督，向行政机关提出检察意见，督促其规范执法，共同构筑养老金领域安全监管的防护网。

四是职务犯罪检察监督方面，检察机关在办理涉养老金领域刑事案件时，重点梳理社保部门相关工作人员的工作流程，主动审查各相关部门工作人员在养老金审核发放环节是否存在徇私舞弊、滥用职权、玩忽职守，甚至通过“里勾外联”的方式共同套取、骗取养老基金造成养老基金重大损失的情形，对于发现的违纪违法案件线索，第一时间移送纪委监委部门。

（二）社会治理效果

养老基金的使用安全涉及广大人民群众的切身利益，关系社会保障事业的长远健康发展。针对社保中心履职不到位的问题，发出诉前检察建议，督促社保中心依法履职，助推养老金发放和审核的规范化管理，促进养老基金高效平稳运行。同时，孝义市人民检察院针对养老金发放的监管漏洞，对人社局制发检察建议2件，通过行政公益诉讼案件助推养老金监管部门查漏洞、补短板，出台相关机制。

一是建章立制，堵塞漏洞。针对社保中心履职不到位情形，通过召开线索通报暨督促履职座谈会，以公开宣告送达方式，发出督促履职的诉前检察建议，以“我管”促“都管”，有效助推相关部门尽主责、补缺位。市人社局出台《关于进一步加强社会保险待遇暂停和停发管理工作的通知》，要求责成专人对辖区内死亡人员、违法违纪人员及时核实上报，引导督促参保人员主动参与社保资格认证；出台《关于进一步规范企业职工退休审批工作的通知》，明确了企业女职工按退休时所在工作岗位确定退休年龄，要求用人单位规范职工人事档案，强化退休经办流程。同时市人社局组织专人对乡镇（社区）社保员和企业人事部门负责人进行了专题培训。

二是加强协作，形成合力。在积极争取政府主要领导支持的同时，强化部门联动，畅通数据共享机制，同时将排查出的110余条线索，根据各相关部门的职责分工，一一分解、比对验证，实现精准定位，准确率达100%。

三是推广应用，扩大成效。鉴于该监督模型在孝义市的成功应用，吕梁市人民检察院高度重视，经沟通协调，推动召开“吕梁市养老保险政策研讨暨工作推动会”，督促出台《关于参加企业职工基本养老保险女职工办理退休手续问题的处理意见》，对全市企业女职工退休问题进行了再明确、再指导。目前，该模型已推广到全市，通过调取其他县院的数据，比对出案件线索200余条，目前已将该线索反馈至各县院进行调查核实。以一域推动全市治理，法律监督的社会效能不断放大。

接下来，孝义市人民检察院将树牢“数字检察一子落、检察监督满盘活”的办案理念，以养老金违法续发模型为起点，继续完善同工但养老待遇却不同、虚构劳动关系骗取养老金等后续模型的搭建，拓展大数据法律监督的更多应用场景，助推社保基金安全高效运行。

第十九章

虚假诉讼获取京牌小客车指标类案监督模型构建 *

针对辖区内通过虚假诉讼非法获取京牌小客车指标问题，平城区人民检察院对行政机关依法提出检察建议并被采纳，推动市县（区）两级检察机关分别与公安机关、人民法院会签文件，建立常态化防范、查办虚假诉讼沟通联系工作机制。同时，对于办案中发现的虚构婚姻关系、伪造身份证明、房屋产权登记证书、虚构租赁合同等共性问题，根据有关规定，总结提炼出可适用大数据法律监督的违法情形，构建出大数据法律监督模型。通过从与法院搭建的案件信息共享平台、政府政务服务中心便民热线 12345、检察热线 12309 和全国检察机关网上信访信息系统等调取的数据，进行数据比对发现线索，实现从个案办理到类案监督，推动虚假诉讼问题的系统治理。

一、模型概述

根据《北京市小客车数量调控暂行规定》及其实施细则等有关规定，个人京牌车辆指标的获取途径为 5 种，即摇号、法拍、租赁、公户车牌和夫妻过户变更（新规规定夫妻关系需存续满 1 年以上）等。近年来，由于北京市机动车保有量激增，通过前 4 种获取京牌车辆指标难度增大，一些不法分子选择以假结婚的方式获取京牌车辆指标。违法犯罪团伙为获取价值不菲的经济利益，通过伪造“夫妻”之间车辆所有权过户的虚假协议、虚假公证、虚

* 本模型由大同市人民检察院与大同市平城区人民检察院合作构建。案例由大同市人民检察院第五检察部与大同市平城区人民检察院第四检察部提供，大同市人民检察院检察技术部与大同市平城区人民检察院办公室提供了技术支撑。本模型主要依托山西省人民检察院研发的模型开发管理平台进行大数据比对分析，并获得 2023 年全省检察机关大数据法律监督模型二等奖，在全市范围推广应用。

假诉讼等方式，倒卖京牌车辆指标。2022 年，大同市平城区人民检察院（以下简称平城区院）核查全国检察机关网上信访信息系统控告申诉受理的举报线索时，发现黄某某与葛某某离婚诉讼案件涉及京牌车辆财产分割。经对案情进行研判、调查核实后证实该案涉嫌伪造虚假身份信息，捏造婚姻关系，伪造房屋产权登记证书、虚假租赁合同的事实。经分析，该案可能涉嫌虚假诉讼，且存在有关人员从事倒卖京牌车辆指标的系列犯罪线索。大同市人民检察院高度重视，并成立了专项监督活动领导小组，决定在全市检察机关统一部署开展“通过诉讼方式非法获取京牌指标”专项监督活动。

二、模型设计依据

（一）法律监督依据

1. 法律规定

（1）《民法典》

第 7 条规定：“民事主体从事民事活动，应当遵循诚信原则，秉持诚实，恪守承诺。”

（2）《民事诉讼法》（2021 年）

第 115 条规定：“当事人之间恶意串通，企图通过诉讼、调解等方式侵害他人合法权益的，人民法院应当驳回其请求，并根据情节轻重予以罚款、拘留；构成犯罪的，依法追究刑事责任。”

第 207 条规定：“当事人的申请符合下列情形之一的，人民法院应当再审：（一）有新的证据，足以推翻原判决、裁定的；（二）原判决、裁定认定的基本事实缺乏证据证明的；（三）原判决、裁定认定事实的主要证据是伪造的；（四）原判决、裁定认定事实的主要证据未经质证的；（五）对审理案件需要的主要证据，当事人因客观原因不能自行收集，书面申请人民法院调查收集，人民法院未调查收集的；（六）原判决、裁定适用法律确有错误的；（七）审判组织的组成不合法或者依法应当回避的审判人员没有回避的；（八）无诉讼行为能力人未经法定代理人代为诉讼或者应当参加诉讼的当事人，因不能归责于本人或者其诉讼代理人的事由，未参加诉讼的；（九）违反法律规定，剥夺当事人辩论权利的；（十）未经传票传唤，缺席判决的；（十一）原判决、裁定遗漏或者超出诉讼请求的；（十二）据以作出原判决、裁定的法律文书被撤销或者变更的；（十三）审判人员审理该案件时有贪污受贿，徇私舞弊，枉法裁判行为的。”

第 215 条规定：“最高人民检察院对各级人民法院已经发生法律效力的判决、裁定，上级人民检察院对下级人民法院已经发生法律效力的判决、裁定，发现有本法第二百零七条规定情形之一的，或者发现调解书损害国家利益、社会公共利益的，应当提出抗诉。地方各级人民检察院对同级人民法院已经发生法律效力的判决、裁定，发现有本法第二百零七条规定情形之一的，或者发现调解书损害国家利益、社会公共利益的，可以向同级人民法院提出检察建议，并报上级人民检察院备案；也可以提请上级人民检察院向同级人民法院提出抗诉。各级人民检察院对审判监督程序以外的其他审判程序中审判人员的违法行为，有权向同级人民法院提出检察建议。”

（3）《刑法》

第 307 条之一规定：“以捏造的事实提起民事诉讼，妨害司法秩序或者严重侵害他人合法权益的，处三年以下有期徒刑、拘役或者管制，并处或者单处罚金；情节严重的，处三年以上七年以下有期徒刑，并处罚金。单位犯前款罪的，对单位判处罚金，并对其直接负责的主管人员和其他直接责任人员，依照前款的规定处罚。有第一款行为，非法占有他人财产或者逃避合法债务，又构成其他犯罪的，依照处罚较重的规定定罪从重处罚。司法工作人员利用职权，与他人共同实施前三款行为的，从重处罚；同时构成其他犯罪的，依照处罚较重的规定定罪从重处罚。”

2. 司法解释、文件、规定

（1）《最高人民法院、最高人民检察院关于办理虚假诉讼刑事案件适用法律若干问题的解释》

（2）《最高人民法院关于深入开展虚假诉讼整治工作的意见》

（3）《最高人民法院关于在民事诉讼中防范与惩治虚假诉讼工作指引（一）》

（4）《最高人民法院关于防范和制裁虚假诉讼的指导意见》

（5）《人民检察院检察建议工作规定》

第3条规定："人民检察院可以直接向本院所办理案件的涉案单位、本级有关主管机关以及其他有关单位提出检察建议。需要向涉案单位以外的上级有关主管机关提出检察建议的，应当层报被建议单位的同级人民检察院决定并提出检察建议，或者由办理案件的人民检察院制作检察建议书后，报被建议单位的同级人民检察院审核并转送被建议单位。需要向下级有关单位提出检察建议的，应当指令对应的下级人民检察院提出检察建议。需要向异地有关单位提出检察建议的，应当征求被建议单位所在地同级人民检察院意见。被建议单位所在地同级人民检察院提出不同意见，办理案件的人民检察院坚持认为应当提出检察建议的，层报共同的上级人民检察院决定。"

3. 指导性案例、典型案例

（1）最高检第十四批指导性案例（2019年5月21日）

检例第53号：武汉乙投资公司等骗取调解书虚假诉讼监督案。

要旨：伪造证据、虚构事实提起诉讼，骗取人民法院调解书，妨害司法秩序、损害司法权威，不仅可能损害他人合法权益，而且损害国家和社会公共利益的，构成虚假诉讼。检察机关办理此类虚假诉讼监督案件，应当从交易和诉讼中的异常现象出发，追踪利益流向，查明当事人之间的通谋行为，确认是否构成虚假诉讼，依法予以监督。

检例第56号：江西熊某等交通事故保险理赔虚假诉讼监督案。

要旨：假冒原告名义提起诉讼，采取伪造证据、虚假陈述等手段，取得法院生效裁判文书，非法获取保险理赔款，构成虚假诉讼。检察机关在履行职责过程中发现虚假诉讼案件线索，应当强化线索发现和调查核实的能力，查明违法事实，纠正错误裁判。

（2）最高法发布整治虚假诉讼典型案例（2021年11月9日）

要旨：故意捏造债权债务关系和以物抵债协议，向人民法院提起民事诉讼，致使人民法院开庭审理，干扰正常司法活动的，构成虚假诉讼罪。

典型意义：实践中，故意捏造债权债务关系和以物抵债协议的行为多发生在离婚等类型民事诉讼和民事执行过程中，行为人往往意图通过上述行为，达到多分配夫妻共同财产或者非法转移被执行财产的目的。此类行为不仅会受到道德的谴责，更会受到法律的严惩。司法机关要及时甄别、发现、惩处此类虚假诉讼违法犯罪行为，依法追究行为人的刑事责任，保护人民群众合法权益。

（二）监督要素

依据法律规定，结合案件的程序和证据情况，检察机关初步分析具有以下异常情形：

1. 当事人均为外省人员，婚姻登记在外省，但在大同市平城区起诉，并提供房屋租赁合同、公证书等作为经常居住地的证据。这种跨省起诉离婚的情况，当事人的真实婚姻状况在异地查询不便，可能涉及虚假婚姻信息以及虚假房屋租赁的情况。

2. 家庭为再婚家庭且无子女，除京牌车辆外无其他财产需要分割。这种情况下，双方仅仅为了京牌车辆的财产分割进行诉讼，并且在短时间内迅速达成调解协议，呈现出异常的简单化和诉求一致性。

3. 在立案后，原被告迅速达成调解协议，特别是对离婚、子女和其他财产分割等重要事项无争议。这种快速达成协议的情况可能存在串通行为。

4. 京牌车辆原登记人在达成调解协议后，需协助办理京牌车辆过户手续，此情况有可能是双方当事人为了变更京牌车辆所有权而进行的虚假诉讼。需进一步调查双方当事人是否故意串通，以虚假诉讼的方式获取京牌车辆指标。

以上异常情形表明了该案件存在虚假诉讼的可能性，并依据相关法律规定，提取出以上虚假诉讼相关的监督规则，相关需要进一步调查核实，并建立相应的法律监督模型以筛选识别类似案件。

（三）数据来源及载体

一是控告申诉信访信息（源于全国检察机关网上信访信息系统），通过光盘或者 U 盘获取数据。

二是市民投诉举报信息（源于政务服务中心便民热线 12345），通过光盘或者 U 盘获取数据。

三是举报人举报申诉信息（源于检察热线 12309），通过光盘或者 U 盘获取数据。

四是市民拍摄照片、视频举报信息（源于随手拍公益诉讼 App），通过光盘或者 U 盘获取数据。

五是民事诉讼案件基本信息（源于法院华宇案件审判系统），通过光盘或者 U 盘获取数据。

六是执行案件基本信息（源于法院执行案件信息系统），通过光盘或者 U 盘获取数据。

七是当事人婚姻登记信息（源于民政局婚姻登记处），通过光盘或者 U 盘获取数据。

八是案件审判和执行卷宗（源于法院，20 余件案例），通过光盘或者 U 盘获取数据。

三、模型设计思路

（一）需求分析

虚假诉讼获取京牌小客车指标法律监督模型需求分析：以“离婚调解结案”为关键词，适用简易程序、结案标的为车辆、审理时间小于 30 天作为类案监督点对民事审判案件基础信息进行筛查，再与执行数据进行比对，发现可疑案件信息。通过与婚姻登记处信息对比，确定虚构婚姻关系的离婚纠纷虚假诉讼案件。

（1）离婚调解结案。双方当事人利用管理漏洞，通过伪造婚姻登记证书，虚构婚姻关系，恶意串通，达成将车辆由原所有人变更至另一方的调解协议，以达到非法买卖京牌车辆指标的目的，据此筛查出 2600 多件离婚调解结案的案件。

（2）适用简易程序、结案标的为车辆、审理时间小于 30 天。此类案件，由于双方之间仅是为了买卖车辆指标而进行诉讼，因此在诉讼过程中，均快速达成调解协议，且协议内容中，除了京牌车辆以外不会有其他的财产需要分割，法院对此类案件也会采用简易程序审理，那么再以适用简易程序、结案标的为车辆、审理时间小于 30 天作为要素特征点进行检索，筛查出 600 余条案件信息。

（3）申请法院强制执行。在获得法院的调解文书后，还需要法院协助执行通知书等文书，才能办理车辆过户手续，因此进一步通过与法院执行数据碰撞，将数据量降至150余条。

（4）婚姻登记信息。以身份信息为数据基础，经过与婚姻登记处数据碰撞，发现20余条数据无法查询到婚姻登记信息、2条数据与婚姻登记处实际信息不符，达到人工可核查的数量量级。

（二）数据分析

第一步：基础数据格式化。为了满足模型开发管理平台数据导入要求，调取了全市法院2017年以来，近5年的民事审判、执行基础数据，后续根据数据碰撞分析后，又调取了民政局婚姻登记处的相关婚姻状况信息。为了满足模型开发管理平台数据导入要求，对获取的基础数据进行了格式化处理，以保证数据可用性。

第二步：智能化分析碰撞。根据案件特征要素梳理出的检察监督点，模型开发管理平台采取数据清洗过滤、分层检索、对比碰撞等方法对大量案件进行自动化分析，并生成分析结果。首先，将全市法院2017年以来，50000余件民事审判案件基础信息进行大数据筛查，筛查出2600多件以离婚调解结案的案件；再以适用简易程序、结案标的额只有车辆、审理时间小于30天作为要素特征点进行检索，筛查出600余条案件信息。其次，进一步通过与法院执行数据碰撞，将数据量降至150余条。最后，以身份信息为数据基础，经过与婚姻登记处数据碰撞，发现4人身份信息不真实，20余条数据无法查询到婚姻登记信息，另外有2条数据与婚姻登记处实际信息不符。

第三步：汇总文书比对。根据从平台筛查出的20余条异常案件数据，由检察官进一步审查电子卷宗、纸质卷宗，进行二次分析研判，发现6件离婚纠纷案件，涉及京牌车辆财产分割，可能存在虚假诉讼行为。

（三）技术分析

1. 数据收集和准备

收集与业务相关的数据，根据数据在指定的数据集中是否存在重复值、数据内容和定义是否一致、数据源是否完整、数值取值是否正确、数据精度是否达到业务规则等标准，进行数据清洗、预处理和转换，解决数据的重复性、正确性、完整性、适用性和精确性等问题，以确保数据的质量和适用性。

2. 模型选择和设计

模型开发管理平台支持多种模型类型，包括经典机器学习模型和深度学习模型。根据相关业务数据的需求和问题类型，检察人员可以选择适用的模型算子，对业务数据逐步加工，进行端到端的建模工作。

3. 模型发布和共享

平台支持模型的导入、导出和分享，具备强大的模型发布和管理功能。模型构建完成之后，用户可以将模型发布至模型市场，其他用户可结合本地应用场景来实现模型的共享和复用，从而推进类案监督场景应用。

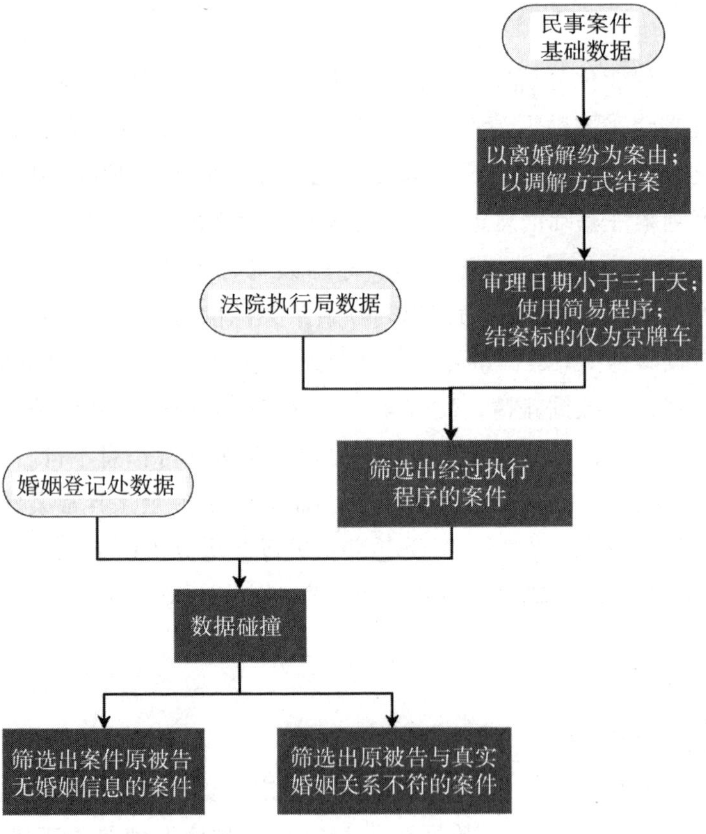

图 1　模型思维导图

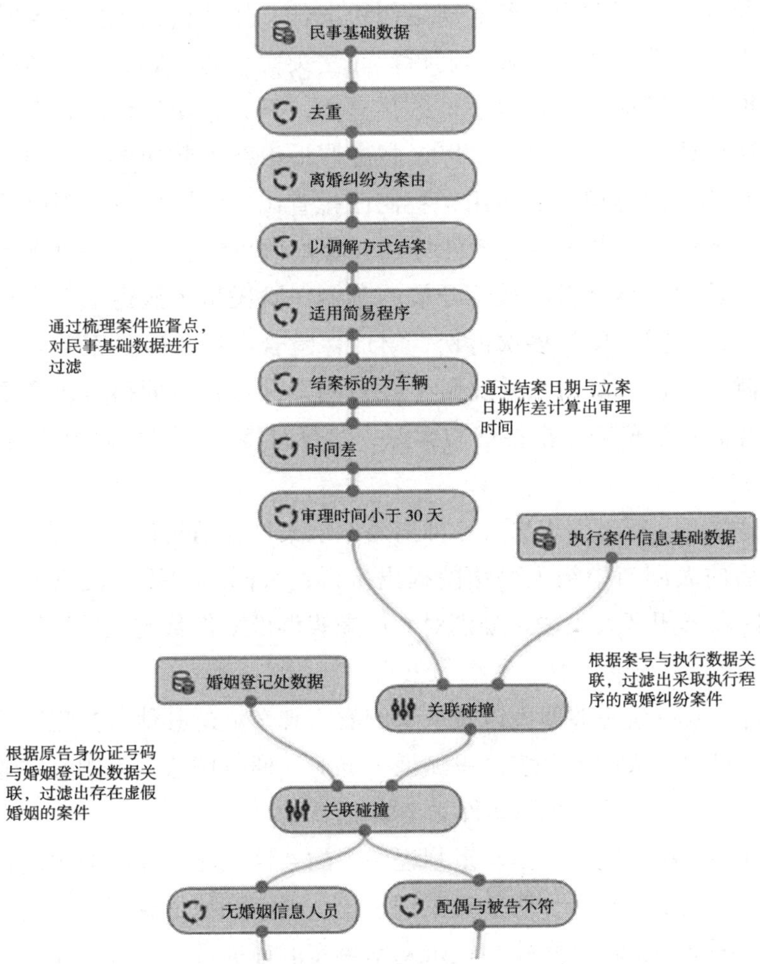

图2　虚假诉讼获取京牌小客车指标法律监督模型

（四）监督模型应用

虚假诉讼获取京牌小客车指标类案模型建立后，大同市人民检察院同平城区人民检察院根据从平台筛查出的20余条异常案件数据，由检察官进一步审查电子卷宗、纸质卷宗，进行二次分析研判，发现6件离婚纠纷案件，涉及京牌车辆财产分割，最终办理了6件提请抗诉案件。

由于该模型具有数据获取便利性、轻量级轻投资、可操作性强、监督效果明显、普适应用性强的特征，下一步可将此模型应用于全省法院内排查此类涉及京牌车辆财产分割的离婚纠纷案件，作为检察机关参与社会治理的切入点，着手解决“京牌车辆指标非法买卖”防治难题。以该模型为基础，可推广至其他虚假诉讼案件的排查中，例如，车辆保险诈骗、民间借贷、司法确认、执行异议等，以提高虚假诉讼线索收集能力。目前通过该模型在其他案件类型上的运用，我们已排查出 34 件民间借贷纠纷案件、7 件机动车交通事故责任纠纷案件可能涉嫌虚假诉讼。例如，以全市民事审判数据为基础，结合省院最近开展的车辆保险民事虚假诉讼数字检察专项监督活动，以同一原告多次诉讼、财产保险合同纠纷等类案监督点进行数据对比碰撞，进一步对法院民事生效裁判案件进行全面摸排，实现对民事生效案件监督全覆盖，挖掘优质案源，培育有特色、有影响的精品案件，提升监督质效。

（1）对数据分析时筛查出的 6 件离婚纠纷案件提请抗诉，大同市人民检察院审查后向大同市中级人民法院提出抗诉，大同市中级人民法院指令再审，平城区和云州区人民法院分别对 6 件虚假诉讼案件裁定撤销调解、驳回起诉。

（2）将虚假诉讼犯罪线索以及从事倒卖京牌车辆的其他人员犯罪线索及时移送公安机关，大同市公安局平城区分局对“通过虚假诉讼的方式非法买卖京牌小客车指标”系列犯罪案件立案侦查。

（3）针对人民法院在立案、审判程序中的共性问题，发出类案监督检察建议，建议法院安装身份证明信息识别系统、婚姻登记信息识别系统，加强对以身份、婚姻等证件信息作为认定基本事实的证据进行审核；建议审判人员加强证据审查意识，对快速达成调解协议的离婚、财产分割无争议的异地起诉案件，强化审慎、警惕意识，及时发现虚假诉讼。

（4）对于已经通过人民法院执行过户的车辆，经请示山西省人民检察院和北京市人民检察院审批同意，向北京市公安局交通管理局发出检察建议，由其依法撤销机动车登记。向北京市交通委员会发出检察建议，由其公布指标作废，3 年内不予受理该申请人提出的指标申请。

（5）2023 年 3 月 1 日，最高人民检察院第六检察厅《民事检察工作情况》第 5 期转发了山西省人民检察院上报的“黄某某与葛某某离婚纠纷虚假诉讼监督案”典型案例。

四、监督模型的整体效果

（一）联合办案效果

通过构建数字模型，检察机关借助数字化、智能化载体，更加高效、精准服务司法办案，提高线索排查效率，履行法律监督职能，实现大数据赋能民事检察，充分发挥检察专业优势，刑事引导侦查，民事协助调查，实现民事监督纠错和刑事打击犯罪双重法律监督效果。

一是民事检察监督方面。从个案线索发现，到向类案监督延伸，通过构建数字模型，对人民法院2017年以来5万余件民事案件进行大数据筛查，将筛查出来的6件虚假诉讼案件线索，充分发挥检察系统办案一体化优势展开深入调查，发现6件案件均存在虚构婚姻关系、伪造身份证明、房屋产权登记证书、虚构租赁合同的事实，通过提请抗诉对涉嫌虚假诉讼的离婚调解案件进行监督，法院均已经裁定再审。并对法院在立案、审判程序中的共性问题，发出类案监督检察建议，均获采纳，创造检法共同预防、打击虚假诉讼良好局面。同时将虚假诉讼犯罪线索以及从事倒卖京牌车辆的其他人员犯罪线索及时移送公安机关，在公安机关立案侦查后，利用刑事检察部门提前介入的契机，共同引导侦查。

二是刑事检察监督方面。刑事检察部门在公安机关立案侦查后，提前介入侦查，有针对性地引导公安机关进行系列取证，民事检察部门亦积极协助刑事案件的办理，向公安机关通报当前民事虚假诉讼监督案件的办理情况，主动提供相关数据、材料、具体线索供公安机关参考。在此基础上，刑事检察部门从查明6件虚假诉讼案件和从事倒卖京牌车辆的其他人员相关情况出发，引导公安机关调取一系列证据：（1）向相关当事人、诉讼代理人了解案件诉讼情况，进行调查询问；（2）查询法院送达地址确认书中所留手机号码的机主信息，调取相关人员银行交易明细、电话清单；（3）向北京市交通管理部门取证，调取车辆购买信息、年检信息、过户申请等证据。通过民事检察部门提供的材料、具体线索，公安机关现已对6件案件刑事立案，并且通过刑事检察部门的引导侦查，公安机关将从事倒卖京牌车辆的犯罪人员锁定，后续将进行深入调查。

（二）社会治理效果

通过办理本案，维护了首都小客车指标调控管理秩序。对于已经通过人民法院执行过户的车辆，经请示山西省人民检察院和北京市人民检察院审批同意，向北京市公安局交通管理局发出检察建议，由其依法撤销机动车登记。向北京市交通委员会发出检察建议，由其公布指标作废，3 年内不予受理该申请人提出的指标申请。实现了对虚假诉讼案件的有效监督，扩大检察机关在防范打击虚假诉讼方面的影响力，形成对虚假诉讼的强大震慑，实现“办理一案、治理一片、规范一方”的社会治理效果。

第二十章

涉洗钱犯罪及关联犯罪法律监督模型构建 *

一、模型概述

党的二十大对新时代加强检察机关法律监督工作提出更高要求，山西省阳泉市人民检察院认真贯彻落实党中央关于全面加强反洗钱工作部署要求，积极探索构建“涉洗钱犯罪及关联犯罪”的监督模型。本模型以2018年以来检察业务系统中受理洗钱7类上游犯罪案件为基础数据，从基础数据中筛出被告人、被告人家属、与被告人密切关联人员数据，通过整合、提取、筛查洗钱上游犯罪案件内部数据信息和银行、房产、车辆等外部数据信息，筛查出问题线索。将问题线索通过与公安、检察机关刑事受案信息比对去重，发现监督线索。该模型遵循“风险为本”的反洗钱监督理念，运用数据挖掘技术提高反洗钱数据价值，实现数据采集、数据分析、数据应用的融合以达到类案治理式监督，有效打击洗钱犯罪，维护金融安全。

二、模型设计依据

（一）法律监督依据

1.《反洗钱法》

第2条规定：“本法所称反洗钱，是指为了预防通过各种方式掩饰、隐瞒毒品犯罪、黑社会性质的组织犯罪、恐怖活动犯罪、走私犯罪、贪污贿赂犯

---

* 本模型由山西省阳泉市人民检察院第一检察部构建。案例由阳泉市人民检察院曹志勇、王艳娥、郭云丽、马岗峰提供，案件管理办公室王海东、第一检察部郝佳参与，计财装备技术处郭海冰、赵星宇提供了技术支撑。本模型获得2023年山西省检察机关大数据法律监督模型三等奖。

罪、破坏金融管理秩序犯罪、金融诈骗犯罪等犯罪所得及其收益的来源和性质的洗钱活动，依照本法规定采取相关措施的行为。”

第 4 条规定：“国务院反洗钱行政主管部门负责全国的反洗钱监督管理工作。国务院有关部门、机构在各自的职责范围内履行反洗钱监督管理职责。国务院反洗钱行政主管部门、国务院有关部门、机构和司法机关在反洗钱工作中应当相互配合。”

第 5 条规定：“对依法履行反洗钱职责或者义务获得的客户身份资料和交易信息，应当予以保密；非依法律规定，不得向任何单位和个人提供。反洗钱行政主管部门和其他依法负有反洗钱监督管理职责的部门、机构履行反洗钱职责获得的客户身份资料和交易信息，只能用于反洗钱行政调查。司法机关依照本法获得的客户身份资料和交易信息，只能用于反洗钱刑事诉讼。”

第 19 条规定：“金融机构应当按照规定建立客户身份资料和交易记录保存制度。在业务关系存续期间，客户身份资料发生变更的，应当及时更新客户身份资料。客户身份资料在业务关系结束后、客户交易信息在交易结束后，应当至少保存五年。金融机构破产和解散时，应当将客户身份资料和客户交易信息移交国务院有关部门指定的机构。”

2.《刑法》

第 191 条规定：“为掩饰、隐瞒毒品犯罪、黑社会性质的组织犯罪、恐怖活动犯罪、走私犯罪、贪污贿赂犯罪、破坏金融管理秩序犯罪、金融诈骗犯罪的所得及其产生的收益的来源和性质，有下列行为之一的，没收实施以上犯罪的所得及其产生的收益，处五年以下有期徒刑或者拘役，并处或者单处罚金；情节严重的，处五年以上十年以下有期徒刑，并处罚金：（一）提供资金帐户的；（二）将财产转换为现金、金融票据、有价证券的；（三）通过转帐或者其他支付结算方式转移资金的；（四）跨境转移资产的；（五）以其他方法掩饰、隐瞒犯罪所得及其收益的来源和性质的。单位犯前款罪的，对单位判处罚金，并对其直接负责的主管人员和其他直接责任人员，依照前款的规定处罚。”

第 312 条规定：“明知是犯罪所得及其产生的收益而予以窝藏、转移、收购、代为销售或者以其他方法掩饰、隐瞒的，处三年以下有期徒刑、拘役或者管制，并处或者单处罚金；情节严重的，处三年以上七年以下有期徒刑，并处罚金。单位犯前款罪的，对单位判处罚金，并对其直接负责的主管人员和其他直接责任人员，依照前款的规定处罚。”

3.《最高人民法院关于审理洗钱等刑事案件具体应用法律若干问题的解释》

第1条规定：“刑法第一百九十一条、第三百一十二条规定的‘明知’，应当结合被告人的认知能力，接触他人犯罪所得及其收益的情况，犯罪所得及其收益的种类、数额，犯罪所得及其收益的转换、转移方式以及被告人的供述等主、客观因素进行认定。具有下列情形之一的，可以认定被告人明知系犯罪所得及其收益，但有证据证明确实不知道的除外：（一）知道他人从事犯罪活动，协助转换或者转移财物的；（二）没有正当理由，通过非法途径协助转换或者转移财物的；（三）没有正当理由，以明显低于市场的价格收购财物的；（四）没有正当理由，协助转换或者转移财物，收取明显高于市场的‘手续费’的；（五）没有正当理由，协助他人将巨额现金散存于多个银行账户或者在不同银行账户之间频繁划转的；（六）协助近亲属或者其他关系密切的人转换或者转移与其职业或者财产状况明显不符的财物的；（七）其他可以认定行为人明知的情形。被告人将刑法第一百九十一条规定的某一上游犯罪的犯罪所得及其收益误认为刑法第一百九十一条规定的上游犯罪范围内的其他犯罪所得及其收益的，不影响刑法第一百九十一条规定的“明知”的认定。”

第2条规定：“具有下列情形之一的，可以认定为刑法第一百九十一条第一款第（五）项规定的‘以其他方法掩饰、隐瞒犯罪所得及其收益的来源和性质’：（一）通过典当、租赁、买卖、投资等方式，协助转移、转换犯罪所得及其收益的；（二）通过与商场、饭店、娱乐场所等现金密集型场所的经营收入相混合的方式，协助转移、转换犯罪所得及其收益的；（三）通过虚构交易、虚设债权债务、虚假担保、虚报收入等方式，协助将犯罪所得及其收益转换为‘合法’财物的；（四）通过买卖彩票、奖券等方式，协助转换犯罪所得及其收益的；（五）通过赌博方式，协助将犯罪所得及其收益转换为赌博收益的；（六）协助将犯罪所得及其收益携带、运输或者邮寄出入境的；（七）通过前述规定以外的方式协助转移、转换犯罪所得及其收益的。”

第4条规定："刑法第一百九十一条、第三百一十二条、第三百四十九条规定的犯罪，应当以上游犯罪事实成立为认定前提。上游犯罪尚未依法裁判，但查证属实的，不影响刑法第一百九十一条、第三百一十二条、第三百四十九条规定的犯罪的审判。上游犯罪事实可以确认，因行为人死亡等原因依法不予追究刑事责任的，不影响刑法第一百九十一条、第三百一十二条、第三百四十九条规定的犯罪的认定。上游犯罪事实可以确认，依法以其他罪名定罪处罚的，不影响刑法第一百九十一条、第三百一十二条、第三百四十九条规定的犯罪的认定。本条所称'上游犯罪'，是指产生刑法第一百九十一条、第三百一十二条、第三百四十九条规定的犯罪所得及其收益的各种犯罪行为。"

4.《最高人民检察院、公安部关于公安机关管辖的刑事案件立案追诉标准的规定（二）》

第43条规定："为掩饰、隐瞒毒品犯罪、黑社会性质的组织犯罪、恐怖活动犯罪、走私犯罪、贪污贿赂犯罪、破坏金融管理秩序犯罪、金融诈骗犯罪的所得及其产生的收益的来源和性质，涉嫌下列情形之一的，应予立案追诉：（一）提供资金账户的；（二）将财产转换为现金、金融票据、有价证券的；（三）通过转账或者其他支付结算方式转移资金的；（四）跨境转移资产的；（五）以其他方法掩饰、隐瞒犯罪所得及其收益的来源和性质的。"

5.《最高人民法院关于审理掩饰、隐瞒犯罪所得、犯罪所得收益刑事案件适用法律若干问题的解释》

第1条第1款、第2款规定："明知是犯罪所得及其产生的收益而予以窝藏、转移、收购、代为销售或者以其他方法掩饰、隐瞒，具有下列情形之一的，应当依照刑法第三百一十二条第一款的规定，以掩饰、隐瞒犯罪所得、犯罪所得收益罪定罪处罚：（一）一年内曾因掩饰、隐瞒犯罪所得及其产生的收益行为受过行政处罚，又实施掩饰、隐瞒犯罪所得及其产生的收益行为的；（二）掩饰、隐瞒的犯罪所得系电力设备、交通设施、广播电视设施、公用电信设施、军事设施或者救灾、抢险、防汛、优抚、扶贫、移民、救济款物的；（三）掩饰、隐瞒行为致使上游犯罪无法及时查处，并造成公私财物损失无法挽回的；（四）实施其他掩饰、隐瞒犯罪所得及其产生的收益行为，妨害司法机关对上游犯罪进行追究的。人民法院审理掩饰、隐瞒犯罪所得、犯罪所得收益刑事案件，应综合考虑上游犯罪的性质、掩饰、隐瞒犯罪所得及其收益的情节、后果及社会危害程度等，依法定罪处罚。"

6.《刑事诉讼法》

第 8 条规定："人民检察院依法对刑事诉讼实行法律监督。"

第 109 条规定："公安机关或者人民检察院发现犯罪事实或者犯罪嫌疑人，应当按照管辖范围，立案侦查。"

第 113 条规定："人民检察院认为公安机关对应当立案侦查的案件而不立案侦查的，或者被害人认为公安机关对应当立案侦查的案件而不立案侦查，向人民检察院提出的，人民检察院应当要求公安机关说明不立案的理由。人民检察院认为公安机关不立案理由不能成立的，应当通知公安机关立案，公安机关接到通知后应当立案。"

第 144 条第 1 款规定："人民检察院、公安机关根据侦查犯罪的需要，可以依照规定查询、冻结犯罪嫌疑人的存款、汇款、债券、股票、基金份额等财产。有关单位和个人应当配合。"

第 171 条第 2 项规定："人民检察院审查案件的时候，必须查明：……（二）有无遗漏罪行和其他应当追究刑事责任的人。"

7.《人民检察院刑事诉讼规则》

第 256 条第 1 款规定："经公安机关商请或者人民检察院认为确有必要时，可以派员适时介入重大、疑难、复杂案件的侦查活动，参加公安机关对于重大案件的讨论，对案件性质、收集证据、适用法律等提出意见，监督侦查活动是否合法。"

第 557 条第 2 款、第 3 款规定："人民检察院发现公安机关可能存在应当立案侦查而不立案侦查情形的，应当依法进行审查。""人民检察院接到控告、举报或者发现行政执法机关不移送涉嫌犯罪案件的，经检察长批准，应当向行政执法机关提出检察意见，要求其按照管辖规定向公安机关移送涉嫌犯罪案件。"

第 559 条第 1 款规定："人民检察院经审查，认为需要公安机关说明不立案理由的，应当要求公安机关书面说明不立案的理由。"

第 567 条规定："人民检察院应当对侦查活动中是否存在以下违法行为进行监督：（一）采用刑讯逼供以及其他非法方法收集犯罪嫌疑人供述

的;(二)讯问犯罪嫌疑人依法应当录音或者录像而没有录音或者录像，或者未在法定羁押场所讯问犯罪嫌疑人的;(三)采用暴力、威胁以及非法限制人身自由等非法方法收集证人证言、被害人陈述，或者以暴力、威胁等方法阻止证人作证或者指使他人作伪证的;(四)伪造、隐匿、销毁、调换、私自涂改证据，或者帮助当事人毁灭、伪造证据的;(五)违反刑事诉讼法关于决定、执行、变更、撤销强制措施的规定，或者强制措施法定期限届满，不予释放、解除或者变更的;(六)应当退还取保候审保证金不退还的;(七)违反刑事诉讼法关于讯问、询问、勘验、检查、搜查、鉴定、采取技术侦查措施等规定的;(八)对与案件无关的财物采取查封、扣押、冻结措施，或者应当解除查封、扣押、冻结而不解除的;(九)贪污、挪用、私分、调换、违反规定使用查封、扣押、冻结的财物及其孳息的;(十)不应当撤案而撤案的;(十一)侦查人员应当回避而不回避的;(十二)依法应当告知犯罪嫌疑人诉讼权利而不告知，影响犯罪嫌疑人行使诉讼权利的;(十三)对犯罪嫌疑人拘留、逮捕、指定居所监视居住后依法应当通知家属而未通知的;(十四)阻碍当事人、辩护人、诉讼代理人、值班律师依法行使诉讼权利的;(十五)应当对证据收集的合法性出具说明或者提供证明材料而不出具、不提供的;(十六)侦查活动中的其他违反法律规定的行为。”

8.《最高人民检察院、公安部关于刑事立案监督有关问题的规定(试行)》

第1条规定:“刑事立案监督的任务是确保依法立案，防止和纠正有案不立和违法立案，依法、及时打击犯罪，保护公民的合法权利，保障国家法律的统一正确实施，维护社会和谐稳定。”

第2条规定:“刑事立案监督应当坚持监督与配合相统一，人民检察院法律监督与公安机关内部监督相结合，办案数量、质量、效率、效果相统一和有错必纠的原则。”

9.《监察法》

第34条第1款规定:“人民法院、人民检察院、公安机关、审计机关等国家机关在工作中发现公职人员涉嫌贪污贿赂、失职渎职等职务违法或者职务犯罪的问题线索，应当移送监察机关，由监察机关依法调查处置。”

10.《数据安全法》

第 38 条规定："国家机关为履行法定职责的需要收集、使用数据，应当在其履行法定职责的范围内依照法律、行政法规规定的条件和程序进行；对在履行职责中知悉的个人隐私、个人信息、商业秘密、保密商务信息等数据应当依法予以保密，不得泄露或者非法向他人提供。"

11.《政务信息资源共享管理暂行办法》

第 12 条规定："使用部门应根据履行职责需要使用共享信息。属于无条件共享类的信息资源，使用部门在共享平台上直接获取；属于有条件共享类的信息资源，使用部门通过共享平台向提供部门提出申请，提供部门应在 10 个工作日内予以答复，使用部门按答复意见使用共享信息，对不予共享的，提供部门应说明理由；属于不予共享类的信息资源，以及有条件共享类中提供部门不予共享的信息资源，使用部门因履行职责确需使用的，由使用部门与提供部门协商解决，协商未果的由本级政务信息资源共享主管部门协调解决，涉及中央有关部门的由联席会议协调解决。提供部门在向使用部门提供共享信息时，应明确信息的共享范围和使用用途（如，作为行政依据、工作参考，用于数据校核、业务协同等），原则上通过共享平台提供，鼓励采用系统对接、前置机共享、联机查询、部门批量下载等方式。各政务部门应充分利用共享信息。凡属于共享平台可以获取的信息，各政务部门原则上不得要求自然人、法人或其他组织重复提交。"

12.《最高人民法院关于人民法院在互联网公布裁判文书的规定》

第 1 条规定："人民法院在互联网公布裁判文书，应当依法、全面、及时、规范。"

第 3 条规定："人民法院作出的下列裁判文书应当在互联网公布：（一）刑事、民事、行政判决书；（二）刑事、民事、行政、执行裁定书；（三）支付令；（四）刑事、民事、行政、执行驳回申诉通知书；（五）国家赔偿决定书；（六）强制医疗决定书或者驳回强制医疗申请的决定书；（七）刑罚执行与变更决定书；（八）对妨害诉讼行为、执行行为作出的拘留、罚款决定书，提前解除拘留决定书，因对不服拘留、罚款等制裁决定申请复议而作出的复议决定书；（九）行政调解书、民事公益诉讼调解书；（十）其他有中止、终结诉讼程序作用或者对当事人实体权益有影响、对当事人程序权益有重大影响的裁判文书。”

（二）监督要素

本模型共设计有3个监督点，分别为上游犯罪案件内部线索、资金往来型外部线索、财产转换型外部线索。

（1）上游犯罪案件内部线索：通过提取“财产往来情况”“关联人员信息”“人员关系”等关键要素，整合检察业务应用系统内部数据和公安办案平台，通过信息筛查和数据碰撞，发现已决洗钱上游犯罪案件中遗漏洗钱犯罪线索。

（2）资金往来型外部线索：通过调取分析洗钱上游犯罪被告人密切关系人并调取密切关系人的银行交易明细，筛查大额异常资金往来情况，新发现洗钱犯罪线索。

（3）财产转换型外部线索：通过调取分析洗钱上游犯罪被告人密切关系人房产、车辆持有和交易情况，筛查财产转换异常情况，新发现洗钱犯罪线索。

（三）数据来源及载体

（1）上游犯罪涉及财产和财产往来情况表：从检察业务应用系统办理的洗钱犯罪7类上游犯罪案件文书文本提取；载体为U盘。

（2）上游犯罪共犯对合犯财产情况表：从检察业务应用系统人民法院裁判文书提取；载体为U盘。

（3）上游犯罪涉及人员基础情况表：从检察业务应用系统办理的洗钱犯罪7类上游犯罪案件文书文本和裁判文书提取；载体为U盘。

（4）关联人员银行交易情况表：从银行调取；载体为U盘。

（5）关联人员房产情况表：从房地产登记中心调取；载体为U盘。

（6）关联人员车辆情况表：从公安交警车辆管理部门调取；载体为U盘。

（7）重点对象查处情况表：从检察机关业务系统和公安办案系统调取；载体为U盘。

三、模型设计思路

（一）需求分析

2018年以来，全国检察机关起诉洗钱犯罪案件数量，保持快速上升，实现较大突破。但是，洗钱犯罪与上游犯罪案件数量之间不成比例。当前洗钱犯罪从处置、离析到甩干，手段隐蔽、花样百出。受办案时限、办案人员精力所限，数据碎片化形成信息分割，导致洗钱犯罪线索发现难。为解决这一难题，阳泉市检察院立足刑事检察监督职能，依托大数据分析，研究构建涉洗钱犯罪及关联犯罪监督模型。

（二）数据分析

1. 数据分类

根据建模需求及功能不同，将数据分为两类：

（1）基本信息数据：全局、动态、内部数据，用于模型全部监督点筛查基础，可定期调取、长期使用。主要包括检察机关洗钱上游犯罪案件信息、检察机关受理刑事案件信息、公安机关受案、立案信息。

（2）外部财产数据：全局、动态、隐私数据，用于模型监督点1、2筛查对比。主要包括关联人员银行账户、房产登记、车辆登记及交易信息。

2. 数据采集

在开展数据采集过程中，采集方式分为两种。

（1）自行采集：根据授权配置检察业务系统案件查询权限，从系统中导出案件信息和相关文书，完成数据采集。

（2）对象提供：由数据方根据检察机关的要求完成数据收集，如公安机关受案立案信息和银行账户、房产交易中心、车辆管理部门的信息。

3. 数据储存

（1）专人、专柜、专机、专盘、专网进行数据调取、储存、迁移、清洗、处理、应用，保证数据安全。

（2）原始数据、整理数据、清洗数据、模型数据、导出线索数据分类保存。

（3）全程做好数据备份，分时间、阶段、类别、版本进行标识储存。

4. 数据处理

（1）表格规范：按照标准数据表格式要求，对调取数据进行整理，制作规范数据表（见表1—表7）。

表1　上游犯罪涉及财产和财产往来情况表

序号	案件名称	罪名	裁判时间	被告人	身份证号	关联人员姓名	关联人员身份证号	关联关系	收支情况	财产类型	金额或价值（万元）	时间	备注

表2　上游犯罪共犯对合犯财产情况表

序号	案件名称	罪名	裁判时间	被告人	身份证号	共犯对合犯姓名	共犯对合犯身份证号	关系	财产类型	金额或价值（万元）	时间	备注

表3　上游犯罪涉及人员基础情况表

序号	案件名称	罪名	裁判时间	被告人	身份证号	关联人员姓名	关联人员身份证号	关联关系

表 4　关联人员银行交易情况表

序号	案件名称	姓名	身份证号	银行账户	交易情况	交易金额（万元）	交易时间	交易对方姓名	交易对方银行账户

表 5　关联人员房产情况表

序号	案件名称	姓名	身份证号	房屋所有权证号	房产位置	房产交易情况	房产交易金额（万元）	交易时间	房产交易对方姓名	房产交易对方身份证号

表 6　关联人员车辆情况表

序号	案件名称	姓名	身份证号	车辆号牌	车辆型号	车辆交易情况	车辆交易金额（万元）	车辆交易时间	车辆交易对方姓名	车辆交易对方身份证号

表 7　重点对象查处情况表

序号	部门受案号	案件名称	嫌疑人姓名	检察机关受理日期	审结案由	证件号码

(2)类型转换：身份证号码等由数字组成的字符串在导入 Excel 表格中，极易自动识别为数值类型，导致显示错误或数据丢失，应将其转换为文本类型。

(3)字符清洗：对“#”“*”“？”“/”“+”等特殊符号，在上传平台过程中可能导致错误，用其他符号进行代替，实现数据表特殊符号替换的统一性，保证平台规则运行。

5. 数据分析步骤

本监督模型通过提取“财产往来情况”“关联人员信息”“人员关系”等关键要素，整合检察业务应用系统内部数据和公安办案平台、银行交易记录等外部数据，通过信息筛查和数据碰撞，发现监督线索。

模型共设三个监督点，分别为上游犯罪案件内部线索、资金往来型外部线索、财产转换型外部线索。

监督点 1：上游犯罪案件内部线索

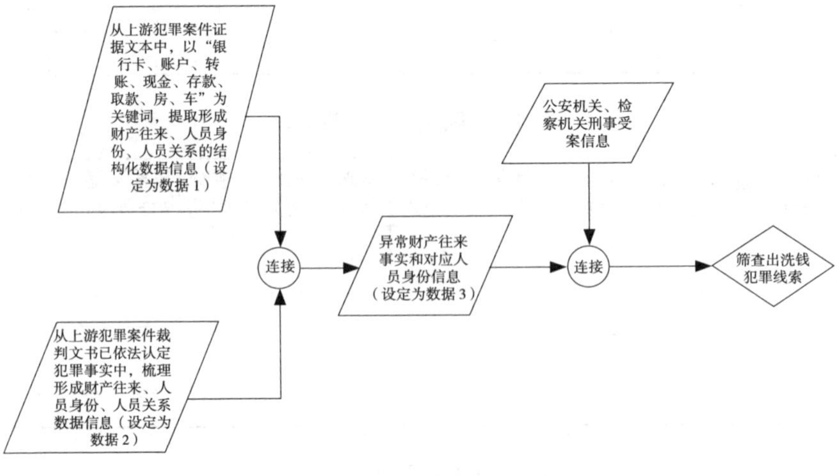

第一步：从上游犯罪案件证据文本中，以“银行卡、账户、转账、现金、存款、取款、房、车”为关键词，提取形成财产往来、人员身份、人员关系的结构化数据信息（设定为数据 1）。

第二步：从上游犯罪案件裁判文书已依法认定犯罪事实中，梳理形成财产往来、人员身份、人员关系数据信息（设定为数据 2）。

第三步：数据 1 与数据 2 进行碰撞对比，过滤已认定为犯罪的财产往来信息，筛查出异常财产往来事实和对应人员身份信息（设定为数据 3）。

第四步：数据 3 与公安机关、检察机关刑事受案信息进行碰撞比对，筛查出洗钱犯罪线索。

监督点 2：资金往来型外部线索

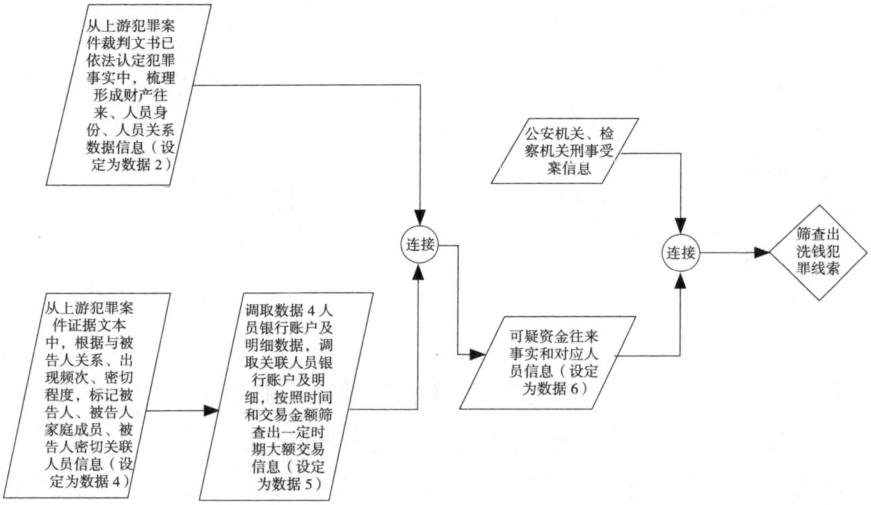

第一步：从上游犯罪案件裁判文书已依法认定犯罪事实中，梳理形成财产往来、人员身份、人员关系数据信息（设定为数据 2）。

第二步：从上游犯罪案件证据文本中，根据与被告人关系、出现频次、密切程度，标记被告人、被告人家庭成员、被告人密切关联人员信息（设定为数据 4）。

第三步：调取数据 4 人员银行账户及明细数据，调取关联人员银行账户及明细，按照时间和交易金额筛查出一定时期大额交易信息（设定为数据 5）。

第四步：数据 5 与数据 2 进行碰撞对比，即将关联人员银行交易情况与裁判认定犯罪事实财产往来、人员情况进行碰撞对比，筛查出新的可疑资金往来事实和对应人员信息（设定为数据 6）。

第五步：数据 6 与公安机关、检察机关刑事受案信息进行碰撞比对，筛查出洗钱犯罪线索。

监督点 3：财产转换型外部线索

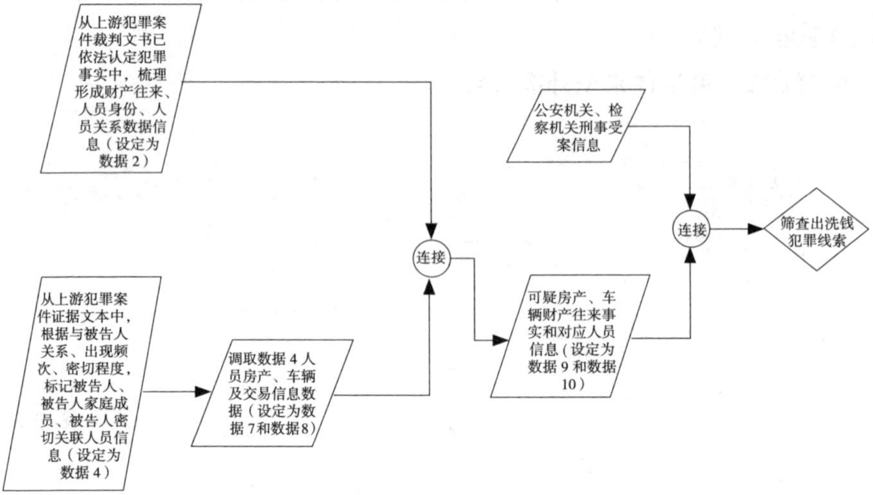

第一步：从上游犯罪案件裁判文书已依法认定犯罪事实中，梳理形成财产往来、人员身份、人员关系数据信息（设定为数据 2）。

第二步：从上游犯罪案件证据文本中，根据与被告人关系、出现频次、密切程度，标记被告人、被告人家庭成员、被告人密切关联人员信息（设定为数据 4）。

第三步：调取数据 4 人员房产、车辆及交易信息数据（设定为数据 7 和数据 8）。

第四步：数据 7、数据 8 与数据 2 进行碰撞对比，即将房产、车辆及交易情况与裁判认定犯罪事实财产往来、人员情况进行碰撞对比，筛查出可疑房产、车辆财产往来事实和对应人员信息（设定为数据 9 和数据 10）。

第五步：数据 9 和数据 10 分别与公安机关、检察机关刑事受案信息进行碰撞比对，筛查出洗钱犯罪线索。

（三）技术分析

本模型在省院统一部署的模型开发管理平台上构建，该平台是一款智能建模平台，实现了从数据采集、模型构建、模型发布到模型共享的全流程覆盖。借助直观的图形化操作界面和丰富的算法支持，检察人员通过简单的拖拽操作和算子参数配置，即可实现流程化的快速建模，大大降低了技术门槛、提升了大数据法律监督效率。同时，平台内置的模型超市模块支持模型的集中部署、统一管理和应用发布，实现了模型在全省领域的有效融合和共享。模型发布至模型超市后，其他用户通过调整参数、替换数据源来实现模型的升级、优化和本地化应用，从而快速推动类案监督在省域层面全面推广、快速发展，构建“一域突破、全省共享”的类案治理场景。

（四）流程分析

1. 数据收集和准备

收集与业务相关的数据。根据数据在指定的数据集中是否存在重复值、数据内容和定义是否一致、数据源是否完整、数值取值是否正确、数据精度是否达到业务规则等标准，进行数据清洗、预处理和转换，解决了数据的重复性、正确性、完整性、适用性和精确性等问题，以确保数据的质量和适用性。

2. 模型选择和设计

模型开发管理平台支持多种模型类型，包括经典机器学习模型和深度学习模型。根据相关业务数据的需求和问题类型，检察人员可以选择适用的模型算子，对业务数据逐步加工，进行端到端的建模工作。

3. 模型发布和共享

平台支持模型的导入、导出和分享，具备强大的模型发布和管理功能。模型构建完成之后，用户可以将模型发布至模型市场，其他用户可结合本地应用场景来实现模型的共享和复用，从而推进类案监督场景应用。

（五）监督模型应用

阳泉市人民检察院认真贯彻最高检、省检察院数字检察战略，针对洗钱犯罪与上游犯罪案件数量之间不成比例，洗钱犯罪线索发现难的问题，立足刑事检察监督职能，依托大数据分析，研究构建“涉洗钱犯罪及关联犯罪监督模型”。本模型以“身份识别和大额可疑交易甄别”为前提，以“系统规则自动取数和人工分析相结合”为基础，以“信息持续跟踪和深度挖掘”为手段，对近5年阳泉市检察机关办理的7类上游犯罪案件进行整理、加工、整合，筛查出案件线索51条，移送、监督公安机关立案查处洗钱犯罪3件6人，涉及洗钱金额2000余万元。通过该法律监督模型强化数据整合，推动监督模型效能转化，努力破除监察、侦查、检察机关之间的信息壁垒。特别是要注重在检察机关内部数据中挖掘监督潜力，实现传统的个案办理式监督向类案治理式监督转变。

案例1：2021年8月，阳泉市人民检察院办理审查逮捕案件时，发现犯罪嫌疑人姚某方及其共犯与某受贿案件的受贿款项流转关联密切，存在异常情况。经调阅、审查受贿案件材料发现，姚某方等3人为受贿人提供银行账户、办理银行转账、参与澳门赌博，协助转移、结算、保管受贿资金1000余万元。办案人员将上述线索及人员信息，与公安机关、检察机关刑事受案信息进行比对，发现3人涉嫌洗钱犯罪事实未被查处，依法监督公安机关立案3人，并持续跟进。在梳理涉案资金时又成功发现并追诉1人，现4人均已被人民法院作出有罪判决。

案例2：阳泉市人民检察院在开展涉洗钱罪及关联犯罪法律监督模型应用过程中，对阳泉市2018年至2023年办理的洗钱罪上游7类犯罪案件被告人关联人员进行筛选，调取被告人密切关联人员银行交易明细，按照时间和交易金额筛查出一定时期异常大额交易信息数据，将密切关联人员银行异常交易数据与裁判认定犯罪事实财产往来、人员情况进行碰撞比对，筛查出2012年至2021年郭某慧与受贿案被告人李某宪之间有频繁异常资金交易金额达数百万元，将上述信息与上游犯罪判决已认定犯罪事实进行比对，属于未认定的事实。将上游犯罪被告人密切关联人员郭某慧身份信息与公安机关、检察机关刑事受案信息进行比对，发现郭某慧涉嫌洗钱犯罪未被查处过，经调查核实和分析研判，郭某慧存在为受贿所得赃款提供账户予以保管、支取的行为涉嫌洗钱犯罪。

案例3：阳泉市人民检察院通过涉洗钱罪及关联犯罪法律监督模型筛查出2013年12月史某生受贿案密切关联人员吕某华银行账户有两笔5万元异常资金往来，将上述信息与上游犯罪判决已认定犯罪事实进行比对，属于未认定的事实。将上游犯罪被告人密切关联人员吕某华身份信息与公安机关、检察机关刑事受案信息进行比对，发现吕某华涉嫌洗钱犯罪未被查处过，经调查核实和分析研判，吕某华存在为受贿所得赃款提供账户予以保管、支取的行为涉嫌洗钱犯罪，现已被人民法院作出有罪判决。

四、监督模型的整体效果

（一）联合办案效果

在监督模型研发与应用过程中，阳泉市人民检察院充分发挥检察机关主导、整合作用，激活数据信息，依托检察一体化优势、助推融合履职，调查、侦查、审查“三查融合”，提升监督质效。

一是上下联动，发挥检察一体化优势。为有力有序推进法律监督模型应用，阳泉市人民检察院确定阳泉市城区人民检察院作为模型应用试点院，汇聚市县两级院纵向监督合力，畅通上下级信息共享机制和案件受理流转机制，通过衔接配合，对综合研判有成案条件的2起涉嫌洗钱犯罪线索依法移送立案，有效实现线索到案件的转化。同时，打破部门职责分工局限，召开跨部门检察官联席会议，对模型生成的线索及时研判、及时分流，加强跟踪指导、督促办理，推动普通刑事犯罪、重大犯罪、经济犯罪、职务犯罪检察部门融合履职。

二是充分释放侦查监督与协作效能。健全完善检警信息数据共享机制，有效运行侦查监督与协作办公室，常态化召开联席会议，研判案件线索、分析洗钱犯罪态势，消除认识分歧、减轻办案阻力。检察机关就首批洗钱犯罪线索共同召开侦查监督与协作联席会对线索进行研判，监督立案3人，持续跟踪过程中又追诉1人。检察机关与公安机关通过落实制度机制，充分发挥监督立案、移送线索、追诉漏犯等检察职能，共同推动洗钱犯罪查办。

三是凝聚合力“三查融合”。努力破除监察、公安、检察机关的信息壁垒，通过模型创建融合调查、侦查、审查的共同力量，充分发挥审查、调查、侦查各自属性，产生倍增效应和综合效能的“融合”，一体化开展线索发现、碰撞研判、调查核实，在一案多办、协同办理等方面形成更多实践和制度成果，通过模型构建和应用，实现全市打击洗钱犯罪较大突破，案件数量成倍增加。

（二）社会治理效果

阳泉市人民检察院通过对刑事检察权数字化赋能，构建涉洗钱犯罪及关联犯罪法律监督模型，实现快速有效发现监督线索，破除洗钱犯罪及关联犯罪发现难的问题，以主动监督、融合监督、有效监督，完善制度机制与有关部门形成共识，凝聚打击洗钱犯罪的合力，构建社会治理新模式。

一是加强检警协作，建立联合打击洗钱犯罪的长效机制。通过模型构建和应用，进一步健全完善了检警信息数据共享和工作协作机制。依托侦查监督与协作办公室，及时共享通报洗钱上游犯罪受案信息和案件线索，开展提前介入侦查、常态化召开联席会议、研判案件线索、分析洗钱犯罪态势等方式，有效消除认识分歧、减轻办案阻力，凝聚打击合力，通过引导侦查、移送线索、监督立案、追诉漏犯等，有效推进洗钱犯罪查办工作，通过检警协作已立案追诉洗钱犯罪 3 件 6 人，有效维护了国家金融安全。

二是加强监检衔接，形成深挖关联犯罪共识。检察机关与纪检监察机关，在调查和审查深挖贪污贿赂职务犯罪关联犯罪线索形成初步共识，进一步全面收集涉案财产相关证据，查深查透赃款和财产保管、流转路径、方式等，深挖下游洗钱犯罪，实现上下游犯罪协同查处，共同打击的合力。强化日常沟通衔接，及时通报反馈洗钱及关联犯罪线索发现和处置情况，推进案件线索有效向案件转化。

三是跨领域合作，构建治理新模式。检察机关积极与当地人民银行、金融机构开展交流，推进金融机构反洗钱工作与司法机关查办洗钱犯罪工作信息数据连通，在金融机构反洗钱系统筛查异常信息与刑事案件信息比对，完成人员画像筛查甄别洗钱犯罪线索与通过银行反洗钱系统进行资金穿透，助力案件侦破与同步追赃挽损等方面已确定意向并初步达成共识，为模型的应用和升级奠定了基础。检察机关主动将检察职能融入国家反洗钱工作大局，深化跨领域协作，构建“监管 + 司法”全链条、立体化的数据共享、协同发力的社会治理新模式。

第二十一章

数字检察建设的经验总结与“2.0 时代”的整体构想

数字检察是数字中国的重要组成部分，是检察机关履行法律监督职能的重要抓手，是推进检察工作现代化的重要引擎，是提高法律监督能力的重要依托。在此背景下，进一步加强检察信息化、智能化建设，赋能法律监督，是提升检察机关能动依法履职水平的一次深刻变革。利用信息化手段，推进法律监督广度拓展，努力实现法律监督无处不在，让法律监督对象感觉到监督无所不知，形成有力震慑；坚持大数据思维，促进法律监督深度延伸，挖掘社会治理根源，填补制度漏洞，扎紧制度笼子；构建分析模型集，着眼监督效度提升，让监督先行一步，形成监督预判，筑牢数字检察思想堤坝，让检察官高质效办好每一个案件。在各级检察机关艰险探索和辛勤努力下，数字检察建设和业务建设取得了令人瞩目的成绩。相关技术化模型的广泛应用，让检察机关不再局限于传统文本化个案审查、卷宗审查、人工审查等办案模式，而是通过数字赋能，最大限度激发“数据”对检察监督的叠加、倍增作用，让监督线索发现难、工作碎片化、质效不突出等瓶颈问题有新的“破解之道”。

一、当前数字检察建设的基本经验总结

在数字时代，以“数字革命”驱动新时代法律监督提质增效，推动数字检察建设具有重要理论意义。因此，在数字检察建设中，进一步探索构建起“数字检察”的数据结构体系，探索设计“数字检察”的模型算法，探索开发“数字检察”的要素系统，进而逐步构建起“数字检察”运行体系，对推动检察工作的高质量发展具有重要的现实意义。

（一）数字检察理论逻辑与实践逻辑的关联性建构

数字检察的概念不论是在理论界，还是在实践中，不论是从广义角度，还是从狭义角度，都有不同的理解和定义，笔者认为所谓“数字检察”，是依托大数据、云计算、移动互联网、5G技术、人工智能等新技术，采取研发专用程序、在业务信息系统嵌入监督模块及构建模型对海量数据进行分析研判等方式，提高检察机关在办公、办案、服务、决策、管理的智能化水平，内部服务于检察活动流程，外部对法律监督行为提供科技支撑，是推进检察工作现代化的一种全新监督运行模式。基于上述理解可以看出，“数字检察”的逻辑关联性是以数据为对象实现监督工具体系的建构，即以数字化为手段、以模型为方式实现法律监督体系更好融入国家治理体系，进而释放更大治理效能。

1. 理论体系的逻辑关联

从解释学角度理解，法律规范运行和调整社会运行的过程，其本质是基于法律规范的抽象对象与社会事实的现实对象之间进行解释，这种相互作用的本质过程是社会现象结构与抽象对象结构之间发生的相互作用。在社会发展到高级复杂性的过程中，法律必须转化成为一种抽象的解释学体系，以维持针对情境多样性概念解释的弹性化。只有借助一套抽象的概念工具以及借助对行动、期望、互动及其在结构上高度复杂的系统建构才能达到上述目的。因此，正如现代法律科学化理论认为，法律机制运行以一种技术合理性的机器那样来运作，尤其是对本身目的行动的法律效果与机会加以理性计算方面，拥有相对模式化和系统化运行自主性逻辑空间。此时法律系统的运行是在一种可计算的方式下运作，就像一台机器的运行模式一样具有了高度技术性特征。正是基于上述原理，现代法律科学研究倡导“行为主义（behavioralism）法学突出使用符号和数学公式即图表对法律现象和行为进行描述的方法”[①]。因此，在“数字检察”理论体系的构建过程中，要夯实“数字检察”底层逻辑关系具有重要意义。通过对原始数据中进行自底层向高层不断挖掘获取有效信息，不断在模糊中刻画清晰数据结构，形成模型化的检

---

① 吕世伦、王振东：《西方法律思潮源流论》，中国人民大学出版社2008年版，第480页。

察工作思路，从而进一步提升法律监督工作的科学性和有效性。

2. 要素体系的逻辑关联

从法理学角度理解，数字检察核心的法律监督数字化过程并非简单的形式上转译成法律代码。因为从解释学本质角度理解，数据的堆砌不是信息，即在数据片段中没有关系的数据堆砌不是信息，因为它们之间没有直接的关联。抽象的数学语言精确解释无限复杂世界，用不同的数据集将它实例化，数据要素之间的关系就会越来越像你在真实世界中的相互关系一样。换言之，构成法律体系的规则体系对现实世界是一种表征和模拟的法律解释过程和结果，特别是当事件自身是高度复杂性与规则体系结构复杂性相互耦合时，这些规则体系才能对现实世界的运行发挥调整和规制作用。在特定表征结构和信息效用下，通过对一定比特量的信息进行的各种关系重构，才能形成一个新的维度空间。在监督流程构建过程中要以数据为中心，采取“自上而下”的体系结构设计，通过对现有法律监督规范进行数字化建模，实现监督系统程序流程与现实数据运行之间的一对一映射关系，从而实现监督活动的信息化管理和规范运行目的。而“数字”时代的法律监督思维模式将首先要摆脱抽样数据思维模式的束缚，采取“整体性”和“全方位”的数据采集方式对监督对象行为进行“全景式”监督扫描，从而实现更为精准和有效的监督活动。因此，“数字检察”平台建设的基础环节是对相关法律法规的主体要素、客体要素、程序要素进行全面“数字化”转换，组成网状结构的监督要素模型和监督要素图谱，这是数字检察的核心要素系统。在此基础上，通过构建现实数据对象和要素模型的关系，才能实现大数据环境下检察业务平台正常运行。

3. 对象体系的逻辑关联

在数字检察平台建设工作中，以数字化形态出现的数据是监督的对象，是整个系统设计和运行的核心。现实性的法律监督活动在系统运行的全过程中将以数据的形态予以呈现。从本质理解，数据形态的存在是对外部实体进行一定程度的简化和必要的抽象，通过运用适当的技术表现形式，用以揭示和描述实体基本特征和规则运行。而从数字化凭条体系的运行过程中看，监督对象只有当对其自身所蕴含的数字信息与调整的工具之间有效关联，以抽象数字形态出现的监督对象才能表现为数字检察的调整对象。此时法律秩序被视作一个巨大、复杂的机械装置，而法律规则体系就是一个巨大逻辑性运行体系，如果了解这个机器如何运作，那么只要实现算法形态的操控，这台高度系统化的技术体系就会完全按照预测的方案运动。以模型化方法对一项传统理论进行加工和改造，应当为模型工具与法律运行对象结合上找到切实可行的基点或接口。从社会科学研究的一般规律看，模型和对象的真正整合并非易事，模型和数据的整合则更为困难。对数字检察及其运行机制的模型化体系构建是一个系统工程，每一个环节都是紧密相连的，每一个细节都是最终成就检察权运行体系的和谐和完备，而串联起上述系统运行的纽带和桥梁是“数据”，即以数字化形态存在的监督对象。在数字检察建设过程中，如何将文本性的数据量化为可供计算机系统识别和计算的数据种类和结构，成为监督模型“数字化”的重要途径。对数字检察及其运行机制的模型化体系构建是一个系统工程，每一个环节都紧密相连，串联起上述系统运行的纽带和桥梁是数据，即以数字化形态存在的监督对象。因此，如何将现实法律监督过程进行模型化处理，进而形成能够被算法识别和处理的数据体系，成为数字检察建设和运行的核心环节。

（二）数字检察业务体系与技术体系的衔接性建构

从信息化技术发展的代际关系来看，大数据时代与之前数据时代发展的最大区别在于信息数量和规模的指数级增长，呈现出规模数量“巨大”、种类体系“庞大”、复杂程度“极大”的特点，使得这种数据特征对于新的时代发展对检察业务运行提出的崭新理念和挑战。基于这些背景，以数据要素为核心构建数字检察信息处理平台成为大数据时代的必然的选择。而在数字检察体系架构转换建设过程中，必然需要高度重视检察权运行机制的模式体系转换问题。

1. 监督流程的体系衔接

基于数据挖掘技术为基础的数字检察业务平台，其基本特征在于不以事先预设的要素关联和制度假设为研判前提，而是通过数据挖掘技术找到现实检察工作中的信息数据关系，通过所挖掘的法律监督业务信息与监督规范之间的差异性比对，达到数字检察建设的目标。在法律监督模型设计和实现过程中，往往采取“指标化”的量化模式，即通过分解检察业务流程相关指标体系，并以此为基础对真实情况的监督对象进行数字化流程转换，从而达到对监督活动数据进行自动化处理的目的。这种量化结构的最大特征是指标体系的离散性，很有可能因为指标设置“粗粒化”而出现法律监督工具智能化不足而机械化色彩浓厚的特点。这就需要在数字检察系统流程设计过程中，对实体原型进行必要的抽象化处理，即通过相应的数字化形态转换将监督事项主要特征标注出来，通过监督要素和行为对象之间量化数据关系的相互关联性匹配。

2. 证据审查的体系衔接

目前各地检察机关信息化平台建设不断加强机制创新，坚持监督数据与办案平台的整合力度，建设贯通监督和案件审查的一体化资源共享、数据互联互通机制建设，从而为案件办理工作提供全方位查询、分析及辅助研判服务，逐步形成在一体化融合平台、智能辅助工具等方面规范化、标准化的智能化平台。其根本原因在于现实电子数据体系规律巨大、关联性高度复杂的特点，而基于人工分析本身任务繁重、效率低、准确率差的突出问题，在业务流程实现过程中开发一系列符合检察业务办理需要自动化证据审查工具是必要的手段。

3. 处理工具的体系衔接

在数字化特别是大数据时代实现对检察实践活动这种多变量、多因素非线性自适应复杂巨系统的原型模型构建，必须要有更为先进的算法方法作为支撑。也就是说，只有通过开发出行之有效的算法进行拟合化处理，才能将上述复杂系统化归还原为较为简单的“元要素”关系进行处理，从而避免因数据类型巨量化导致的系统开发风险。这就需要法律监督平台的模型算法的构建要符合“全程性、主动性、实时性”的功能特征，实现事前监督指标对应、事中监督监测规范、事后监督严密准确的“全过程分析”自动化运行的目标。

（三）数字检察制度机制与运行机制的整合性建构

数字检察的运行过程不仅涉及监督对象体系的结构转换，还涉及监督工具体系的系统重构。这一过程不仅体现为制度与技术之间的高度耦合性，更为重要的是还体现了检察业务与数据处理的过程衔接性，后者表现为连续性的社会现实活动与离散性的计算机系统之间的运行模式转换。因此，数字检察建设的关键落脚点在于如何妥善实现上述运行模式的体系性转换。

1. 夯实底层要素体系

使用数学语言精确地表达监督对象的内在特征，通过数学上的演绎推理和分析求解，使得我们能够深化对监督过程中实际问题的认识和解决。而实现上述要求，首先需要在法律监督行为要素定义和计算逻辑体系数字化基础上，进一步拓展和深化两者之间体系的耦合性，才能设计开发出基于数据收集、管理、监测和评估为一体的法律监督平台。因此，开发符合检察业务需要的底层监督要素系统意义，形成数据挖掘依据的实体要素系统，从而达到数据比对依据的规范要素体系，才能达到以数据辅助办案工作的流程要素的目的，进而能够以更加科学的手段对收集到的信息资源进行汇总、综合、分析和反馈。

2. 建构普适数据模型

当前各地级检察机关在数字检察建设中，围绕数据模型构建、算法开发等各子系统开发取得了初步成效。但是，目前法律监督模型的构建往往按照不同的业务领域特点而构建。虽然在一定程度上能够有效发挥不同模型对于具有监督对象的调整和规范作用，但从全局的角度来看，这些模型应用在一个领域或者几个领域，还没有达到全领域和全流程数据模型的效果，因此法律监督业务模型普适性需求更加迫切。特别是在模型体系构建过程中，各类检察案件案情情况各异，现实中涉及的可能触发相关法律规范的情形多样，这对系统有效进行数据识别、整理提出了较高的技术要求。在模型设计过程中检察权运行的核心算法体系的设计与开发工作就成为重中之重的任务。目前，各地检察机关模型开发主要集中在与数据的处理与分析阶段，对于算法本身的研究还处于探索阶段。在未来数字检察建设过程中，其难点和重点也将集中于构建符合中国特色检察权运行机制的算法体系建设环节，因此需要各级检察业务部门和技术部门未雨绸缪，加强相关问题的预研力度，确保在重点算法设计中取得技术突破。

3. 畅通数据信息渠道

受到当前数字检察系统化布局的所处阶段限制，检察内部的办案系统和办公系统等还没有完全融合，检察系统与外部系统也没有深度融合，多层级信息资源的综合数据平台还未建立，优化建立与信息资源单位的协作机制还不够完善，这些都是实现数字检察建设的重要组成部分。同时，通过网络化数据传递方式，将环保、水利、金融、税收、房产、消费等数据信息进行综合采集和获取，并在此基础上进行数据分析和处理，是实现数据信息高度共享的关键环节，而这就需要制定科学规范的数据间接口技术以有利于各层级和各部门监督信息的相互连接。因此，在数字检察建设过程中，各级检察机关要抓住运用模型方法推进法律监督全面深化变革的契机，针对关键业务环节监督多跨场景出发，既要善于从政务数据共享交换平台、政法跨部门大数据办案平台、行政执法与刑事司法信息共享平台及多跨场景中连接数据，又要充分挖掘检察机关内部数据，积极借鉴先行实践单位总结出的好方法和好经验，通过数据整合的过程提升数字检察的整体性发展格局。特别是要强化检察一体化履职理念，上下级检察院要统筹数据资源运用，形成监督合力。各业务部门在运用大数据中，既要加强协作配合，也要敏于发现其他检察业务问题线索，从而通过模型化体系的不断发展完善促进各项检察业务的实质性融合。

二、当前数字检察建设面临的“堵点”分析

当前，我国检察工作正处于检察信息化向检察智能化转型升级的关键时期，全国各级检察机关努力推进信息技术与检察业务深度融合。数字技术的应用以提升法律监督工作质效为目标，对提高办案工作效率、构建便捷检察人员操作的应用系统平台等方面的作用非常显著。面对数字检察建设的“堵点”问题，解决关键在于如何从法律监督理念、机制、工具、手段、方法等全方位全过程进行深刻思考。这不仅关系到数字化思维、数字化技术、数字化应用相统一的系统性工程，通过数字赋能转变监督办案模式的转型，也是推进检察监督机制转换、流程重塑、模式转型的重要创新。同时，更是对现行法律监督体制机制、组织架构、方式流程、监督工具的全方位、系统性变革。因此，聚焦数字检察的“堵点”问题，破题之策首先在于如何解决思想

认知和思维体系的“结点”问题。[①] 数字时代的到来，也让我们产生时间的紧迫感、工作责任感。特别是在数字检察建设理论探索和实践运行过程中，面临着一系列关键性“堵点”问题，亟待解决。

（一）技术体系与检察业务的耦合性问题

在看到数字检察取得成绩的同时，必须清醒认识到新一代人工智能的来临，不仅对社会发展的影响程度已经逐步加深，数字检察工作面临的挑战将更为严峻。2022 年岁末，以 ChatGPT 和百度文心一言等大模型的相继问世，AI 技术呈现出新的发展方向和趋势，同时也引爆新一轮人工智能竞争的风口。数字技术的新应用、新业态、新场景必将风起云涌，给国家治理现代化、特别是为数字法治创造了机遇，也提出了挑战。新一代人工智能技术迭代升级，不仅为数字检察建设提供了新的发展机遇，同时也带来了技术方法的模式化冲击。与新一代生产式人工智能技术存在代差，目前数字检察业务建设往往采取“大数据”时代自下而上的数据挖掘方式。主要技术路径是从大量实际产生的数据中通过数据挖掘技术找到数据之间的关系并建立模型，以数据为先导的方式进行检察业务信息的比对与分析，从中寻求相应的风险点和监督点。这种不事先预先设定具体的研究目的或方法，直接从大量实际产生数据中通过算力进行数据挖掘技术找到数据之间的关系并建立数学模型的方法，在理论层面并无重大缺陷。但在实践中，这种大数据模型主要针对结构化的数据展开，处理方法相对单一，只能通过最基本的运算得出一般性的趋势和规律，缺乏对数据的深度分析。基于格式化数据对象的大数据模型与检察业务现实案件情形之间存在识别率不高、误判漏监等问题。尤其是无法对现实鲜活案例形成针对性、适应性分析，从而导致现实中存在一些模型设定的理想化运行环境特征比较明显，一旦脱离预先设定的数据格式和要素体系，将无法实现有效监督。

① 本内容在第二章数字检察建设的基本思路有完整阐释。

（二）数字空间与模型工具的结合性问题

从本质理解，数字检察作为一场法律监督理念和体系重塑性变革，其核心要义不仅在于构建全流程的智能辅助办案系统，更重要的实现全体系的数字化结构体系的重塑。在实现路径上，只有通过建模与代码实现等工具手段运用，才能实现对法治规范体系及法治运行复杂现实进行数字化体系的转换目的，进而深入把握了各要素运行之间的本质联系。具体到“数字检察”制度构建过程中，基础性工作在于以模型构建和分析为方法，搭建起法律规范空间与现实社会空间之间的桥梁，使得系统之间复杂性和非线性关系降维成基于抽象数字关系体系之间的模型化体系，从而达到以技术化的分析工具对于现实检察业务发展和法律监督工作提质增效的目的。但是由于法律制度本身运行具有模糊性和灵活性，在现实中很难直接将法律转化为算法性的“代码”形式，即完全基于计算机可以理解的算法程序性语言。这种多变量、多因素非线性自适应复杂巨系统的原型模型构建，必须要有更为先进的算法方法作为支撑。而算法的运算其本质就是实现实体性法律规范要素和现实性证据事实之间的数据关系的相互匹配。只有探索建构符合检察业务流程和法律监督业务的算法化系统体系，才能真正实现“数字检察”体系性建构的目的。而实现上述目标的关键，则是要探索如何将法律制度通过计算机语言进行算法化的表达，通过代码的方式表达法律监督规范体系，从而为后续业务体系的建设奠定坚实基础。

（三）工具手段与办案经验的融合性问题

“数字检察”体系的构建意义在于，其本身不仅是技术工具，更是一种思维方法的结构化转换；不仅涉及法律解释的方法论，更关系到检察业务发展的根本性问题；不仅涉及法律监督运行机制的技术转向的关键问题，更体现出法律解释的深层价值性意义。面对这种时代赋予各级检察机关全体检察人员的使命，我们全力应对技术发展带给我们的挑战，在实践中不断取得突破和进展。但是，有一个突出问题摆在了数字检察建设的过程中，即作为一种以技术化为主要特征的业务新形态，传统检察业务办理的经验和做法是否完全被忽视甚至是被否定呢？这个问题如果得不到妥善解决，将严重影响基层检察办案人员的工作积极性，甚至将产生对数字检察技术化发展的负面认知。从本质上分析，数字检察是一项跨专业、跨领域的工作，既要有业务体系的“导航”，也要有技术的“驾驶”，绝不能将大数据法律监督停留在技术层面，而忽视检察一线干警的实践智慧。如果这种经验做法应当得到更好的保持，那么更为重要的问题在于这些经验如何转换为数字检察的技术优势呢？因此，对于上述问题的回答，解决的关键在于如何在高度数字化的空间体系中坚持法律监督工作的基本原则，不仅需要工作思路的改进、更需要工作方法的创新，同时也是解决数字技术赋能检察业务功能的根本性问题。

三、当前数字检察建设的实践模式运行体系

山西省人民检察院依托国家先进计算太原中心建设检察大数据中心，在检察“一张网”建设和运维、数据互联互通、模型共享共用等方面取得很好成效。逐步树牢可推广、可复制、能共享的理念，遵循“分头建设、分散储存、关联应用”的数据模式，加强研发和应用的统筹，丰富拓展模型应用场景，使数字检察成为提升法律监督能力的重要手段。

（一）以“数字检察战略”提升法律监督新质效

2023年10月，最高检召开了全国检察机关数字检察工作推进会，会议要求以检察工作现代化服务保障中国式现代化，检察机关必须以数字赋能铸就法律监督的“利器”，以“数字革命”驱动新时代法律监督提质增效。数字检察战略的实施将有利于提升新时代法律监督质效，法律监督质效的提升将会推动数字司法的机制和制度的进一步完善，数字司法的建立和完善将进一步推进数字法学的跃升。目前，从数字检察工作机制到法律监督手段，再到数字检察的体系构建，这一系列数字检察工作部署，为数字检察战略的实施奠定了基础，同时也为数字检察的建设指明了方向和路径。山西进一步落实应勇检察长在全国检察长会议上提出的要以“数字检察战略”赋能高质量发展的工作要求和山西调研时的“四个一网”的重要精神，立足法律监督，明晰法律监督的权责边界，在实践过程中，结合数字检察工作实际，探索、

创新、优化数据监督模型，归集、碰撞相关数据，发现深藏其中的监督线索，提出嵌入式监督、融合式监督和渗透式监督的工作法：以嵌入式监督的工作模式，进行浅层次上的监督工作；以融合式监督的方法，撬动社会治理现代化；以渗透式监督的贯通形式，深层次的挖掘法律政策的漏洞，让法律监督融入社会治理，从而促进社会治理能力和治理水平的有效提升。嵌入式监督主要针对一些浅层次的问题，通过监督模型嵌入被监督单位，发现一些常见问题，进一步提升规范执法行为，纠正一些不规范的行为。如在太原市院侦查监督与协作配合机制下侦查活动全流程监督，将监督模型嵌入公安机关中，公安机关侦查终结后批准移送审查起诉但未移送的案件是其内部监督的盲区，通过嵌入式监督的方式可以帮助公安机关解决这个监督问题，从而实现对违法行为及时发现、及时核查、及时监督、及时整改。融合式监督主要针对一些普遍性问题，在检察院发挥监督职能过程中，需要各家单位联合完成，如晋城阳城县院在办理临时用地年末复垦土地监督类案中，需要临时用地审批数据、土地复垦费交纳退还数据、耕地占用税数据、水土保持补偿费数据、土地行政处罚数据等，检察院在调取数据后通过监督模型的数据碰撞发现水务、税务等领域的问题，在社会治理的过程中需要各部门形成联动机制，建立数据共享，具体来说，该项监督需要自然资源、水务、税务等部门建立“农用地保护”工作机制，形成农用地保护“检察+行政”合力，逐步实现融合式监督。渗透式监督主要是针对一些从浅层次到深层次的问题的监督。如省院第一检察部构建的醉驾型危险驾驶模型就体现出这一特点。醉驾入刑以来，醉驾型危险驾驶案件数量逐年攀升，呈现出持续多发态势，通过构建醉驾型危险驾驶监督模型，以实现对醉驾案件起诉量刑或不起诉的监督。在办案实践中，发现对于醉驾犯罪嫌疑人应当吊销其驾驶证而没有吊销；有的醉驾犯罪嫌疑人不如实供述自己的职业和所在单位，公安机关没有查询并移送相关人员的单位社保和公职信息，犯罪嫌疑人如系公职人员，致使该犯罪嫌疑人因醉驾被不诉后，不能及时将不起诉决定送达相关单位，最终导致该犯罪嫌疑人不会受到相应的党纪政纪处分，对此，需要对党员信息、社保信息等进行筛查以实现渗透式监督，从而形成对吊销醉驾案件犯罪嫌疑人驾驶证的监督和公职人员涉嫌酒驾的信息移送至相关单位的监督。

（二）以“数字检察战略”注入法律监督新动能

“数字检察战略是法律监督手段的‘革命’，是提高法律监督能力的重要依托”。作为宪法规定的国家的法律监督机关，检察机关发挥其法律监督功能，有助于法律体系内部的统一。法律监督是统一的整体，需要从宏观上准确把握法律监督运行的规律和特色，严格区分宪法定位与具体行使监督职权的界限，坚持法律监督的统一性，完善具体监督制度，不能破坏法律监督内涵的完整性。基于上述原则，围绕数字检察战略实施最高检印发了《2023—2027年检察改革工作规划》围绕“六大体系”部署36项改革任务，健全数字检察制度体系成为六大体系中的一项重要内容，在改革内容中要求进一步提升新时代法律监督质效。

在数字法学理论建构方面，从数字法学“规范空间”“解释空间”体系构建，推进数字化时代的现代化，要求法学研究注重考察新的社会关系和治理规则。针对数字化对国家治理和社会治理的影响，法学研究者应该积极提炼相应的数字法治观念，推动构建面向数字化的法治体系，探索信息化社会的治理机制，促进塑造信息化社会的法治秩序等。例如，山西省委政法委印发了《关于推进检务数据与相关部门数据融合工作方案》，协调26个省直相关单位推进检务数据与相关部门数据融合工作专班，解决了在省级层面获取外部数据缺少机制办法的问题。

在数字检察案件办理方面，阳泉市人民检察院基于该文件获取了全市医药行业监管数据，并针对医药机构常见、多发违规行为，设置“化整为零”“起死回生”“暗渡陈仓”“冒名顶替”4个监督点，研发“医药机构违规行为公益诉讼大数据法律监督模型”，运用模型发现隐秘问题线索，督促行政机关依法履职，推动医药机构整改规范，筑实筑牢医保基金安全防线，维护人民群众合法权益，维护医药行业良好运行秩序，实现诉源治理，保护国家利益和社会公共利益。大同市广灵县人民检察院针对交通肇事类案司法救助线索发现难、救助渠道单一、救助力度欠缺等问题，大同市检察院第八检察部牵头，从检察业务应用系统，公安、法院办案系统，相关行政机关信息系统收集数据，筛查出交通肇事类司法救助线索，经人工核查，办理了一批交通肇事类司法救助案件，发放了一批司法救助金。同时发现了一批疑似违规领取社会补助的线索，依据该线索，广灵县人民检察办理了此类行政公益诉讼案件，向相关行政机关发出了检察建议，追回违规领取的低保金。

在数字司法运行机制方面，法律监督目标的实现首先是以监督数据贯通融合的形态所呈现，实现各监督系统之间的数据贯通与系统融合，从整体上实现监督的系统性目标，进而在现实监督工作中实现对各监督机制功能的整合，从而达到坚持系统观念、运用系统方法，以系统施治、标本兼治的理念贯通监督、凝聚合力的监督目标。从数字司法“系统运行”“证据运行”“模型运行”的角度，推进数字化时代的司法工作建设，不仅要实现公检法司的数据共享，还要实现政法机关机制完善，大数据法律监督中的算法偏见、“自动售货机”理念、泛在监控观念等，也都需要通过制度的改进予以矫正或消除。例如，基于山西省委政法委《关于进一步推进山西政法跨部门大数据办案平台建设和应用的实施意见》工作机制，全省检察机关在运行上逐步实现公检法司的数据融通，实现政法机关数据共建、共用、共享等机制。

在数字检察体系建设方面，从数字检察概念体系与特征形态、底层要素模型构建、数据赋能实现机制、模型化体系构建、绩效管理机制构建等角度进行了理论研究和探索，在实践中通过构建刑事检察、刑事执行检察、行政检察、公益诉讼检察等领域的模型，在办理案件过程中取得一定的效果。“数字检察”体系的构建意义在于，其本身不仅是技术工具，更是一种思维方法的结构化转换；不仅涉及法律解释的方法论，更关系到检察业务发展的根本性问题；不仅涉及法律监督运行机制的技术转向的关键问题，更体现出法律解释的深层价值性意义。“数字检察”底层要素模型构建目的是通过对大数据挖掘技术获取的样本数据进行算法编制，获取其中的标识信息，进而设计系统模型，达到数据挖掘和系统构建的目的。“数字检察”数据赋能实现机制主要探索将区块链技术广泛应用于司法存证、检察服务等场景，充分发挥担保证据效力、规范诉讼程序、深化法律监督的重要作用，从而达到数据赋能检察业务功能实现的目的。“数字检察”的模型化使得检察机关不再局限于个案审查、卷宗审查、人工审查，而是通过数字赋能，最大限度激发“数据”对检察监督的叠加、倍增作用，让监督线索发现难、工作碎片化、质效不突出等瓶颈问题有新的“破解之道”。“数字检察”绩效管理是通过数字思维，依托数字工具，利用数字技术，通过数字绩效管理顶层设计，实现从考核方案制定、组织实施、过程管理、结果运用等环节全流程数字绩效管理及考核管理工作。

（三）以“数字检察战略”推动法治建设新发展

在数字时代，数字化在推动经济社会发展、促进国家治理体系和治理能力现代化、满足人民群众日益增长的美好生活需要方面，发挥着越来越重要的作用。法作为人类调整社会关系规范体系基本经验总结，具有高度理性化和系统化特点，现有法律主体的身份、行为乃至社会关系都已经数字化，这给传统法治带来了诸多挑战，且必然重塑人类的行为规则和社会的法治体系。网络化、数字化、智能化迅猛发展，技术进步为建设中国特色社会主义法治体系提供强大动力，给国家治理、社会治理和全球治理都带来了前所未有的机遇和挑战。

在数字时代如何更好地推进国家治理体系和治理能力现代化，蕴含着许多法学命题，我国正在推进的现代化，呈现出数字化、智能化、全球化等诸多新特征，而大数据和人工智能等技术为国家治理和社会治理提供了技术支撑。针对数字化对国家治理和社会治理的影响，当前理论界已经开始对数字法学、数字司法、数字检察、数字法治等展开了深入的研究和探索，这必将推动构建面向数字化的法治体系，促进塑造数字化社会法治新的技术模式。实践中已在智慧政务、智慧司法、智慧管理等方面取得了许多重要进展，为法学理论研究注入了新要素、新动能。聚焦数字化建设对法治工作、检察履职的深刻影响，“破题”之策在于数字检察战略。而检察机关通过数字检察战略的贯彻实施，不仅能够有效提高我国数字法治水平，同时也为“数字中国”建设提供法治保障。

山西检察机关紧跟数字革命的发展步伐，推进数字检察建设，深化检察大数据战略。以“业务主导、数据整合、技术支撑、重在应用”工作机制为主导，坚持统筹规划、集约化建设，出台了“1+4”制度机制，将数字检察纳入山西数字政府建设规划，搭建起“1+2+3”数字检察基础底座，形成了“1234567”的工作方法，全力配合省委政法委编发了数据融合方案。按照“省院统建、一级部署、三级共享应用”的原则，围绕“四大检察”主责主业，统一部署了“8+N”数字检察监督专项行动，全省检察机关在山西省人民检察院统一模型开发管理平台上建立的102个法律监督模型，在全省取得良好效果。山西坚持一体履职、综合履职、能动履职，真正做到既敢于监督、善于监督，又依法监督、规范监督，数字检察工作取得一定成效，为推动解决社会治理深层问题，服务经济社会高质量发展作出了新贡献。

四、数字检察“2.0时代”的法学基础理论体系转向

当前随着社会信息化水平的不断提升，数字技术正以新理念、新业态、新模式全面融入人类经济、政治、文化、社会、生态文明建设等各领域和全过程，给人类社会生产生活带来广泛而深刻的影响。而在数字技术深入影响经济社会发展的背景下，数字法治建设在护航数字中国建设、助力国家治理现代化的进程中发挥了重要的基础性作用。以“数字革命”驱动新时代法律监督提质增效，进一步探索构建数字检察的数据结构体系、设计数字检察的模型算法、开发数字检察的要素系统，进而逐步构建起数字检察运行体系，对推动检察工作高质量发展具有重要意义。检察机关通过数字检察战略的贯彻实施，不仅能够有效提高我国数字法治水平，同时也为“数字中国”建设提供法治保障。当前，我国检察工作正处于检察信息化向检察智能化转型升级的关键时期，全国各级检察机关努力推进信息技术与检察业务深度融合。数字技术的应用作为提升法律监督工作质效为目标，在提高办案工作效率、构建便捷检察人员操作的应用系统平台等方面的作用非常显著。但数字时代的到来，也让我们感到时间紧、任务重。检察机关作为法律监督机关，应该主要从法律监督的理念、法律监督的机制、法律监督的工具、法律监督的手段、法律监督的方法等方面进行全方位、全过程、全角度、全立体进行深刻挖掘。数字检察这场变革是数字化思维、数字化技术、数字化应用、数字化体系等相统一的系统性工程，通过数字赋能转变法律监督办案思维，转变法律监督办案模式，从而有效推进检察监督机制转换、流程重塑、模式转型、制度创新和社会治理；同时，更是对现行法律监督体制机制、组织架构、方式流程、监督工具的全方位、系统性变革，对从整体上推动检察事业发展的办案质量提升、办案效率提高、办案动力提级具有重要意义。作为检察数字化建设的关键一环，如何在理论和制度建构层面紧紧围绕数字化时代的革命

性变化，进一步加快推进数字检察建设、进一步深化落实检察大数据战略，对于当前检察理论研究而言具有更加紧迫的现实意义。在数字时代，社会科学研究正在面临剧烈信息技术发展的巨大冲击，而法学基础理论研究也面临着范式体系调整的重大挑战和机遇。法学理论研究正日益受到“数字化”思维的渗透与影响，这种趋势集中体现在，以技术化、定量化为特点的“计量法学”、大数据法学等新兴理论观点的提出，以及以法律数学化思想、信息空间法学为研究方法的学术成果不断涌现，从而掀起了信息时代法学研究的技术化热潮。对于数字检察基础问题的分析其逻辑理路，应当进一步思考法律“符码化”如何经过“量化体系”转换进而跃迁至对法的“代码化”问题，从而在数字法学理论层面夯实对数字检察制度体系的基础性问题。

（一）转向前提：法的符码化体系特征

从法律历史发展角度理解，法律的本质是人类构建秩序的符号体系，它承载着人类所认知的事物的法的规定性。从形成过程看，法律不是完全意义的逻辑推理的产物，而是符号化的社会发展趋势的集中体现。从法律规范化体系角度理解，法律文本把主体的理解结构外化为符号结构的同时也把理解结构内部的冲突演化为符号结构的运行过程，并且这种符号结构的冲突在一定程度上也最终与现实主体行为关联。在这些符号化体系中，法律规范体系的形成，首先必须对各种事实高度抽象出其概念，而把各种概念组合形成规范，这些规范及其结构按照严密的逻辑体系排列。概念乃是解决法律问题所必需的和必不可少的工具，建构一个定义上严格而一致的概念系统十分必要。其运行规律在于将多种多样的现象安排有序并结合在一起，使得现象之间存在一种外在的逻辑调整和规则形态。在法律规则和命题之间纯逻辑的推演，从而逻辑体系和概念体系在内在的逻辑结构关联中不断实现结构体系的延伸和完备性的建构。同时，更为重要的意义在于，抽象的法律规范经由解释，逐步使案件事实变成较具体的、接近现实的规范。数学化的过程本质是对现实事物以数学符号加以抽象的“叙述”。法律思想体系的数字化转向并非简单将主体和客体的信息一律转化为数字化符号，而是探索如何能够在抽象数据形态与现实实体形态的相互作用中，实现数字符号与实体性对象之间的相互依存、相互渗透、相互转化。

（二）转向枢纽：法的数量化体系转换

传统法哲学思想认为，从实质层面看法的制定不是人作为个体意识活动任性的产物，而是人们社会生产和实践活动经验的总结。法是从社会现实生活中抽象和概括出来，是由国家意志固定化建立起一种法律的秩序。而现代法律科学研究则认为，现实的法律运行是一个受多因素、多变量影响的复杂大系统，其中各因素、变量之间相互影响而产生了复杂的运行规律。此时法律不仅作为一种文本化的规则体系，还是一种具有自关联性特征的运行体系。即法作为人类调整社会关系规范体系基本经验总结，具有高度理性化和系统化特点。在数字空间体系中，取代传统逻辑地位的是形式的、是符号或数理逻辑，按照某种操作规则理解符号的系统，即一种逻辑的形式化的科学语言。具体而言，法律解释过程作为理性的法律制度本身通过运用理性的抽象形成形式化的法律概念和范畴所形成的具体法律规范体系直接调整社会现实行为，进而通过将范畴和形式运用到法律活动中实现社会关系的调整。因此，数学化的过程本质是对现实事物以数学符号加以抽象的“叙述”。而数学方法的应用，本质上是各种类型系统从无序到有序的自组织转变建立了一套数学模型和处理方案，通过对现实社会关系的抽象化，将现实法律关系阐述为一种具体的抽象，一种工具性的解释架构。此时在量化性的法解释体系加持下，实体性事物被数字化形态所表征，并可能在计算机中逼真地再现人类社会发展的社会运行规则体系。通过对数据特征的分析和判断，设计算法和演化规则，可以直接根据复杂系统的微观作用机制设计局部演化规则来模拟复杂现象，以构成数字法学理论研究的基础和前提。

（三）转向目标：法的代码化体系建构

随着信息化技术发展，在现代信息社会空间体系中，代码化过程通过它所触发的一系列行为，正在从社会的底层架构影响着现实规范运行的模式和方法，而上述社会形态的转换对于建立数字化法律的科学方法论体系具有重要理论意义。当前法学界有学者提出基于传统意义上行为调整规范的法律条文，必须通过代码的转换才能在信息空间中有效发挥作用，从而形成了法律运行的“代码化”思想。这种区别于传统法学研究和思维的“技术化”路径，对于法哲学研究而言不亚于一场影响学科发展方向的思维革命。现代法学理论研究重点在探讨法律规范对于社会现象如何实现有效规制的同时，更加注重法律问题和制度自身逻辑的抽象，而其实现路径就是法律的代码化问题。换言之，当一个系统能够用有效的代码化表征和分析，这个系统就是在通过代码为形态进行规制的。根据上述分析可以看出，在数据空间体系中证据原本的性质没有发生本质变化，只是因为载体的技术特征而让事实信息具有了代码化趋向。在实现过程中关键是要将法律通过计算机语言进行形式化的表达：通过代码的方式表达法律条文，必须要经历从文本化到代码化的转化。目前，运用信息技术手段完成对法律文本世界的重构，用代码代替文字，是未来法学研究发展的重要趋势。

五、数字检察“2.0时代”的法律制度模式体系转换

作为一种社会调控机制，法的运行过程通过对社会运行结构优化和行为协调，实现对社会关系的调整和调控的目标。换言之，作为一种规范体系，以规则体系方式出现的法律并不能够直接调整现实的社会利益关系和行为模式。立法者通过规则化文本体系将理想化的社会运行模式进行系统化的抽象，从而形成了具有高度系统性的法律制度体系。从运行机制衔接性角度来看，法律本身并非仅仅是一种纯粹的逻辑抽象的符号形态，还是具有一种结构形态意义的体系化存在。作为社会规范体系的法律在调整社会现实行为过程中，通过法律制度体系的结构性优化来调整外部社会行为，并将规范体系的空间所确立的应然性规则要求转化为实然性现实秩序需要。法律系统与社会系统相互作用，进一步提升了法律规范体系自身适应复杂社会现实的能力，达到通过内在系统秩序影响规则外部世界的方式。因此，对于数字检察研究而言，思考和分析法律制度运行的数字化方式转换问题成为建构数字检察理论与制度体系的关键性问题。

（一）耦合基础：法律规范体系的形态转换

数字检察的发展迫切需要基于法律规范的数字化技术规制和发展，只有技术手段的不断推进才能顺应这种变化趋势。从原理上理解，法律作为一种

规范体系，并不能够直接调整现实的社会利益关系和行为模式，而是立法者通过立法行为将理想化的社会运行模式进行规范化和系统化，从而抽象形成各种条文化的法律制度体系和范畴。换言之，在社会系统运行中，法律制度并非简单“还原”为其他社会关系的存在，而是通过规范空间要素体系完善和结构体系完备，进而影响现实社会关系的运行。因此，数字法学的关键问题在于如何从技术化角度建立起法律规范行为可能性空间和现实行为现实空间之间的转变机制。正如韦伯所认为，“原始的‘法’不知体系化为何物……体系化意味着，建立所有由分析所获得的法的原则的联系，使他们之间组成一个逻辑上清楚的，本身逻辑上毫无矛盾的和首先是原则上没有缺漏的规则体系”[①]。逻辑自洽、结构统一的法律规范体系自身，同时也是作为法律规范所要调整的目标秩序的一种特殊表现形态存在的。因此，在数字检察法律制度模式的探索过程中，以数据为要素的信息空间与法律规则代码之间的耦合性问题的主要探讨的重要对象是系统整体与要素之间，不同层次和结构功能之间相互联系的方式，以及系统与外部环境之间的相互关系问题，这是其中的关键和核心。作为从社会现实中形成和发展的法律规则体系逐渐实现了从传统调整模式向数字化模式的转换。法律条文的计算化主要是对法律条文进行数学建模，让计算机通过逻辑推理进行逻辑分析。将法律转换成计算机语言来进行形式化表达，最终实现法律条文的可计算化，经由数学建模进行逻辑推理和智能分析，而随着人工智能等技术的飞速发展，恰好为法律的这一发展趋势提供了技术性前提和基础。

（二）耦合关键：法律运行体系的模式转换

20 世纪 80 年代兴起的系统法学研究中，一些专家学者率先在国内提出通过数学建模等抽象化研究工具运用，特别是对法律体系及法治运行复杂现象进行抽象，通过准确把握法律关系中本质联系，建立法律运行的模型化分析方法进行了探讨。尽管社会生活各种复杂现象和复杂系统形成的条件千差万别，但它们都可以通过某种数学结构以算法或规则模拟、描述和表达计

---

① ［德］马克斯·韦伯：《经济与社会（下卷）》，林荣远译，商务印书馆 1997 年版，第 16 页。

算。通过对数据特征的分析和判断，设计算法和演化规则，可以直接根据复杂系统的微观作用机制设计局部演化规则来模拟复杂现象。而随着大数据手段的运用，通过对样本数据进行算法编制，获取其中的标识信息，进而设计系统模型，达到数据挖掘和规范空间构建有机融合。这种基于算法的分析方式，体现了系统化、整体化的思维方式。从运行过程来看，算法本身运行过程，是通过建立起算法运行与外部行为调整之间的关联关系，将一定的算法逻辑框架作为分析数据的依据。基于算法的运行方式使得法律系统在和环境的互动关系中获得一定灵活的功能运行模式，并通过规则性编码体系中构建出预期性的目标性行为结构，并以相应的代码结构中介模式实现上述结构体系的模型化转换，从而达到对社会活动的有效调整目的。具体到“数字司法”以及“数字检察”制度构建过程中，基础性工作在于以模型构建和分析为方法，搭建起了法律规范空间与现实社会空间之间的桥梁，使得系统之间复杂性和非线性关系降维成简单性和线性可模型化体系，有效提升规范系统适应运行环境的能力和需要，弥合法律技术与社会效果之间的“沟壑”，从而实现了“规范”和“事实”之间有效转化的目标。

（三）耦合路径：法律调整手段的方式转换

从本质理解，数字检察作为一场法律监督理念和体系重塑性变革，其核心要义不仅在于构建全流程的智能辅助办案系统，更重要的实现全体系的数字化结构体系的重塑。因此，如何在高度数字化的空间体系中坚持法律监督工作的基本原则，不仅需要工作思路的改进，更需要工作方法的创新，同时也是解决数字技术赋能检察业务功能的根本性问题。但由于法律制度本身运行具有模糊性和灵活性，在现实中很难直接将法律转化为算法性的“代码”形式，即完全基于计算机可以理解的算法程序性语言。虽然从形式上可以把法律系统视为具备能够实现推理和演绎的逻辑体系，但并不意味着其可以不借助于相应的技术手段就可以建立一个具有高度数学特征的符码化形态。只有通过建模与代码实现等工具手段运用，对法治规范体系及法治运行复杂现实进行数字化体系的转换，从而进一步深入把握了各要素运行之间的本质联系。此时算法本身作为一种技术化的分析工具对于现实检察业务发展和法律监督工作的提质增效如何发挥作用，成为大数据战略赋能新时代检察高质量发展的关键性问题。算法的运算本质就是实现实体性法律规范要素和现实性证据事实之间的数据关系的相互匹配。此时算法不仅是规范本身或者规范的简单集合，更是通过代码的形式将文本和符号规则降维到现实空间的过程和事实，从而形成规范逻辑空间和现实空间的关联关系。这种作用机理的核心过程，在于算法体系的规范系统通过自身的逻辑体系严密性来重构其自身运动规律，并将外在性的社会运行系统按照算法体系自身关联性规则构成一种运行过程，并按照算法自身规则运行与外部现实社会环境之间实现互动。

六、数字检察“2.0 时代”建设整体构想

数字检察的运行过程本身不仅涉及监督对象体系的结构转换，同时还需要监督工具体系的系统重构。其本身不仅体现为制度与技术之间的高度耦合性，同时更为重要的是检察业务与数据处理的过程衔接性，是一种“连续性”的社会现实活动与“离散性”的计算机系统之间的运行模式转换。因此，新一代数字检察建设的关键落脚点在于如何妥善实现上述运行模式的体系性转换，充分运用现有技术力量和新一代人工智能技术工具，深化理论研究和实务探索，规划“数字检察 2.0 时代”的建设蓝本。

（一）建立基于“要素”底层逻辑的监督工具体系

从前文分析可以看出，法律监督的数字化过程并非简单地从形式上转译法律代码。而数字时代的法律监督思维模式首先要摆脱抽样数据思维模式的束缚，采取整体、全方位的大数据采集方式对监督对象行为进行“全景式”监督扫描，从而实现更为精准和有效的监督活动。而大数据工具的应用关键在于在数字检察理论体系的构建过程中，通过对原始数据进行深度挖掘获取有效信息，不断刻画出清晰的数据结构，进而形成模型化的检察工作思路，进一步提升法律监督工作的科学性和有效性。因此，数字检察平台建设的基础环节是对相关法律法规的主体要素、客体要素、程序要素进行全面数字化转换，组成网状结构的监督要素模型和监督要素图谱，这是数字检察的核心底层逻辑环节。这是因为，使用数学语言可以精确表达监督对象的内在

特征，通过数学上的演绎推理和分析求解，使检察人员能够深化对监督过程中实际问题的认识和解决。要实现上述要求，首先需要在法律监督行为要素定义和计算逻辑体系数字化基础上，进一步拓展和深化两者之间体系的耦合性，才能设计开发出基于数据搜集、管理、监测和评估为一体的法律监督平台。也只有研发出符合检察业务需要的底层监督要素系统，形成数据挖掘依据的实体要素系统，达到数据比对依据的规范要素体系，才能达到以数据辅助办案工作流程要素的目的，从而能够以更加科学的手段对搜集到的信息资源进行汇总、分析和反馈。

在法律监督过程中，要不断深化法律监督的要素体系，即法律要素、案件要素、数据要素，从而构建核心要素体系库，现实中各地各部门情况各异，涉及的可能触发相关监督规范情形多样，需要在检察要素的提取过程中，对实体原型进行必要的简化抽象，并用适当的规则将其主要特征标注出来，通过监督要素和行为对象之间量化数据关系的相互关联性匹配，实现对监督行为数字化处理的目的。在实践过程中，就要理清法律监督的法律要素、案件要素和数据要素三者的关系，法律要素是案件要素和数据要素的前提和基础，为案件要素和数据要素提供法律依据。案件要素是法律要素和数据要素的核心，是从案件的卷宗中提取出相关的证据要素和程序要素，目的是进一步规范案件办理的程序和形成完整的证据链条。数据要素是法律要素和案件要素的支撑，在大数据法律监督中没有数据的支撑就是无源之水、无本之木，数据要素在大数据法律监督模型构建中发挥着重要作用。而上述路径的实现，重点要围绕如何将法律监督由“经验”模式转变为“数据 + 经验”模式，以数据化分析提升法律监督合力，数据化监督催生“法律云监督”，构建起“数字检察 +”的理论体系架构，逐步建立并实现法律监督衔接机制，形成“数字检察”的目标体系、监督体系、要素体系、知识体系和治理体系的理论和实践闭环。而在实践过程中，要采用科学的方法，逐步构建起良性互动监督模式，形成“承办人发现个案监督线索→启动分析研判→快速构建类案监督模型→数据归集→实施监督→类案治理→社会治理”的闭环管理机制，引导检察官提升类案监督意识，使“能发现监督线索是真本领”这个导向更加鲜明。

（二）建立面向“数据”对象形态的监督流程体系

对数字检察及其运行机制的模型化体系构建是一个系统工程，每一个环节都紧密相连。而串联起上述系统运行的纽带和桥梁是“数据”，即以数字化形态存在的监督对象。因此，如何将现实法律监督过程进行模型化处理，进而形成能够被算法识别和处理的数据体系，成为数字检察建设和运行的核心环节。以数据要素为核心构建数字检察信息处理平台成为大数据时代的必然选择。在数字检察体系架构转换建设过程中，必然需要高度重视检察权运行机制的模式体系转换问题。在数字检察建设过程中，如何将文本性的数据量化为可供计算机系统识别和计算的数据种类和结构，成为实现监督模型数字化的重要途径。当前，在法律监督模型设计和实现过程中，往往采取指标化的量化模式，即通过分解检察业务流程相关指标体系，并以此为基础对真实情况的监督对象进行数字化流程转换，从而达到对监督活动数据进行自动化处理的目的。这种量化结构的最大特征是指标体系的离散性，很有可能导致因指标设置“粗粒化”而出现法律监督工具智能化不足的情形。这就需要在数字检察系统流程设计过程中，对实体原型进行必要的抽象化处理，即通过相应的数字化形态转换将监督事项主要特征标注出来，通过监督要素和行为对象之间量化数据关系的相互关联性进行相应的匹配。特别是在数字检察建设过程中，各级检察院要抓住运用模型方法推进法律监督全面深化变革的契机，从关键业务环节监督的多跨场景出发，既要善于从政务数据共享交换平台、政法跨部门大数据办案平台、行政执法与刑事司法信息共享平台及多跨场景中连接数据，又要充分挖掘检察机关内部数据，积极借鉴先行地区的好经验。特别是要强化检察一体化履职理念，上下级检察院要统筹数据资源运用，形成监督合力；各业务部门在运用大数据中，加强协作配合，敏于发现相关问题线索，通过模型化体系的不断发展完善促进各项检察业务的实质性融合。

因此，在实践过程中，要以数据为核心构建“自下而上”的数据分析模型，简化抽象实体原型，并用适当规则标注其主要特征，发挥数据分析在实践中的作用，实现数据模型普适性，对法律监督行为进行数字化处理。针对公益诉讼开展的重点领域、关键环节，积累实战经验，梳理归纳出普适模型，继续深入分析、构建更多模型、强化各项保障，贡献各类模型，发挥检察组织作用和系统优势。对检察规范体系中的复杂要素进行指标体系设定，将法律监督的监督要素划分为目标层、指标层和准则层三级指标体系，并组成网状结构的监督要素模型。从而将法律法规进行全面梳理和分析，明晰不同层级要素之间横向相互影响、纵向相互制约关系。将文本性的规范体系转化为系统抽象和体系明晰的架构体系与谱系结构。在具体指标设计过程中，指标的选取必须以未来系统实现的复杂程度作为衡量标准，并以能否有效量化作为操作依据。

（三）建立面向“场景”应用领域的监督模型体系

数字检察应用本身，依托大数据、云计算、移动互联网、5G技术、人工智能等数字技术，采取研发专用程序、在业务信息系统嵌入构建监督模型对海量数据进行分析研判等方式，进而提高检察机关在办公、办案、服务、决策、管理的智能化水平，推进检察工作现代化的一种全新信息化运行模式。从本质理解，数据形态的存在是对外部实体进行一定程度的简化和必要的抽象，通过运用适当的技术表现形式，用以揭示和描述实体基本特征和规则运行。而对于数字化法律监督体系的运行过程中看，监督对象只有当对其自身所蕴含的数字信息与调整的工具之间有效关联，才能实现以数字化手段进行检察业务工作调整的目的。具体而言，在监督流程构建过程中要以数据为中心，通过对现有法律监督规范进行数字化建模，通过构建现实数据对象和要素模型的关系，实现监督系统程序流程与现实数据运行之间的映射关系，从而实现监督活动的信息化管理和规范运行的目的。在算法模型体系构建过程中，各类检察案件案情情况各异，现实中涉及的可能触发相关法律规范的情形多样，这对系统有效进行数据识别、整理提出了较高的技术要求。当前各地级检察机关在智慧检察建设中，围绕数据模型构建、算法开发等各子系统开发取得了初步成效。目前法律监督模型的构建往往按照不同的业务领域特点而构建。虽然在一定程度上能够有效发挥不同模型对于具有监督对象的调整和规范作用，但从全局的角度来看，这些模型应用往往集中在一个领域或者几个领域，还没有达到全领域和全流程数据模型的效果，因此法律监督业务模型普适性需求更加迫切。因此，需要以场景化应用为模型设计的主要方向，在法律监督平台模型算法的构建要符合“全程性、主动性、实时性”的功能特征，实现事前监督指标对应、事中监督监测规范、事后监督严密准确的“全过程分析”自动化运行的目标。

（四）建立基于联动协作的监督模型体系

山西数字检察建设全面融入最高人民检察院数字检察建设和山西数字政府建设体系，敢于面对数字时代的挑战，善于把握数字时代的脉搏，勇于开创数字时代的先河。依托数字检察赋能法律监督，山西检察机关通过建立机制、沟通协调联通数据，推动从“个案监督”到“类案监督”再到“系统治理”办案思维的转变，构建了“京津冀＋晋蒙”五地数字检察领域深度合作的框架，建立了结对共建关系，共同研发了一批实用性强、应用前景广阔的法律监督模型，全面推进山西检察工作现代化。

1.“京津冀＋晋蒙”检察联动协作的新路径

2024年6月6日，首届“京津冀＋晋蒙”检察联动协作座谈会在京召开。会上，北京市人民检察院、天津市人民检察院、河北省人民检察院、山西省人民检察院、内蒙古自治区人民检察院联合会签《关于加强数字检察跨区域协作的意见》（以下简称《意见》），决定在深化数据资源共享、模型建用、线索移送、技术应用、人才培训等方面加强协作。《意见》的出台，旨在落实最高检数字检察建设规划方面凝聚形成跨区域协作共识，强化数字赋能检察战略对“京津冀＋晋蒙”检察联动协作的牵引带动作用，为在更大范围内推动“数字革命”与检察业务深度融合、充分释放检察联动协作服务保障京津冀协同发展国家战略的效能、切实以检察工作现代化更好服务中国式现代化指明了发展路径。山西检察机关认真落实最高人民检察院部署要求，持续在实施数字检察战略上布局落子，在数字检察组织保障体系、数据要素功能发挥、法律监督模型建用中力争取得更好成效。

2.“京津冀＋晋蒙”检察协同发展的新举措

山西与京津冀蒙地区山水相连、人文相亲、交流广泛。进入新时代，全省检察机关认真贯彻落实省委“更好承接京津冀协同发展溢出效应”工作部署，深度融入、强化协作，全方位服务国家战略。一是建立协作机制。山西省院与北京市院签署《京晋检察机关协同发展合作框架意见》，阳泉市院、忻州市院与石家庄市院建立滹沱河、太行山生态环境和资源保护公益诉讼协作机制，大同与北京海淀、石家庄、乌兰察布建立检察机关结对共建机制，太原铁检分院与北京市检四分院签署《京晋铁检机关协同发展合作实施意见》等。二是强化办案联动。京晋两地检察机关在职务犯罪侦查取证、信访积案化解、企业合规改革、生态环境公益保护等方面，全面加强协作。加强人才培养。共同举办数字检察、行政检察业务培训班，互派检察官在公益诉讼、知识产权执法司法培训班上授课，提升执法办案水平。三是推进数字赋能。依托自建的法律监督模型研发平台，全省检察机关累计研发150多个法律监督模型，目前已有56个模型在最高人民检察院模型平台上架。

3.“京津冀 + 晋蒙”检察协同发展的新定位

数字检察是推进检察工作现代化的重要引擎，也是深化检察机关联动协作的重要发力点、提升服务京津冀协同发展工作质效的重要着力点。下一步，山西检察机关要围绕京津冀协同发展新定位新使命，以深入推进全面落实《意见》为抓手，自觉为大局服务、为人民司法、为法治担当，充分运用法治力量服务京津冀协同发展。依托此次会签的《意见》，五地检察机关将协同加快实施数字检察战略，聚焦构建“业务主导、数据整合、技术支撑、重在应用”的工作机制，加快数字检察基础工程建设，推进执法司法数据共享，深化数字模型建用和场景拓展，探索人工智能的引进应用，切实以数字检察赋能法律监督提质增效。更要在协同为大局服务上持续用力，围绕北京非首都功能疏解、推进“新两翼”建设，充分履行“四大检察”职能，提供有力法治保障。以“检察护企”专项行动为抓手，持续推进法治化营商环境建设。要在协同为人民司法上持续用力，进一步健全跨区域司法便民机制，协同推进“检护民生”专项行动，持续做实各项检察为民实事。要在协同为法治担当上持续用力，加强检察监督办案的深层次协作，合力破解执法司法突出问题、共性问题，共同补短板、强弱项，推动“四大检察”全面协调充分发展。要立足毗邻实际，同频共振、同题共答，助力京津冀协同发展，更好服务本地经济社会高质量发展。

总之，作为检察数字化建设的关键一环，如何在理论和制度建构层面紧紧围绕数字化时代的革命性变化，进一步加快推进数字检察建设、进一步深化落实检察大数据战略，对于当前检察理论研究而言具有更加紧迫的现实意义。而面对数字检察发展的机遇与挑战，我们不仅要善于利用信息化手段提升专业化水平，坚持以案破题、以案促治，通过检察内部数据、外部数据共享，利用大模型的思路不断升级技术，精准发现问题，服务法律监督的落实，整改优化检察业务全流程，形成比较完善的社会治理体制机制。

附录：山西省上架大数据法律监督模型台账

序号	业务领域		模型研发院	模型名称	模型要旨	本院应用成效
1	刑事	侦查监督	太原市人民检察院	侦查监督与协作配合机制下侦查活动全流程监督模型	针对监督线索发现难、侦查监督与协作配合办公室实质化运行效果不明显等问题，对立案审查超期、违法采取强制措施、立而不侦“挂案”、不捕后“挂案”、侦查终结批诉未移等行为设定五个监督规则，实现对公安机关从立案到移送检察机关审查起诉全流程监督	发现疑似数据，并经上下联动核查，针对325件案件的不同违法情形，制发《督办函》等8类监督、治理类文书共计329份，已全部整改。积极转化监督成果，与公安机关开展联合执法检查，会签《大数据监督合作工作办法》等文件，规范侦查行为，推进侦查监督与协作配合办公室实质化运行。该模型已在山西省全域推广运行
2	刑事	刑事审判监督	太原市人民检察院第二检察部	缓刑考验期判决不当监督模型	刑事审判监督传统上聚焦于判决罪名、主刑刑种和刑期轻重，但随着认罪认罚从宽制度深入实施，刑事案件诉判高度一致，监督线索发现难，监督空间窄。为拓展刑事审判监督新路径，本监督模型应用而生。通过全国检察业务应用系统，提取生效判决中被告人姓名、罪名、刑期等基础数据和缓刑考验期、剥夺政治权利、罚金刑、从业禁止、禁止令等其他判决数据，与法律规定及案件个性化因素进行比对分析，发现判决不当或遗漏判罚的类案线索，再通过人工核查确定可监督线索，最终采取“个案—建议再审纠正违法”“类案—检察建议长效治理”等方式开展审判监督，实现由个案监督向类案治理、系统提升持续递进的审判监督新路径	依托山西省检察院模型开发管理平台搭建刑事审判非主刑判项数字监督模型，充分运用检察业务应用系统生效判决数据，通过“大数据分析＋人工核查”的方式开展类案监督，最终锁定刑事审判监督线索，分别运用再审检察建议、纠正违法通知、制发类案提示、制发检察建议等方式，促使审判机关改进司法、堵塞漏洞。在纠正问题的同时，检察机关还与法院建立刑事审判监督案件情况定期通报工作机制，抗诉案件一、二审办案检察官共同列席二审法院专业法官会议工作机制，编发抗诉示范案例工作机制以及特殊抗诉案件观摩庭审工作机制，努力推动刑事审判监督工作能力不断提升、长效治理的良好效果
3	刑事	刑事审判监督	太原市人民检察院第二检察部	判决遗漏罚金刑监督模型		
4	刑事	刑事审判监督	太原市人民检察院第二检察部	附加从业禁止判决不当监督模型		
5	刑事	刑事审判监督	太原市人民检察院第二检察部	附加剥夺政治权利判决不当监督模型		

续表

序号	业务领域		模型研发院	模型名称	模型要旨	本院应用成效
6	刑事	侦查监督	太原市迎泽区人民检察院	隐瞒中共党员身份监督模型	检察机关在办理刑事案件过程中，遇到犯罪嫌疑人在接受讯问时刻意隐瞒自身是中共党员身份的情况，企图逃避纪律处分。构建隐瞒党员身份信息数字检察模型，通过分析比对一审公诉案件中犯罪嫌疑人信息数据和中共党员信息数据，提取“姓名”“身份证号码”等关键词，主动筛查隐瞒党员身份人员，使其接受党纪处分，并对相关单位制发检察建议	运用构建隐瞒党员身份信息数字检察模型，发现了部分犯罪嫌疑人系隐瞒党员身份人员。其中涉及迎泽区的犯罪嫌疑人共 12 人，迎泽区院向部分犯罪嫌疑人的工作单位制发社会治理类检察建议，督促其强化对员工的管理。迎泽区纪检监察机关已经对其中的某些人员给予相应的党纪处分。对另外某些隐瞒党员身份的犯罪嫌疑人，迎泽区院已将线索移送相关单位
7	刑事	刑事执行检察监督	太原市清徐县人民检察院	非监禁刑执行数字监督模型	本模型聚焦社矫人员脱管、漏管、违法犯罪、违反禁止令、未收监执行问题，综合运用社区矫正一体化平台、检察业务应用系统、公安机关警综平台、行政机关数据等数据资源，通过解析个案提取社矫人员越界行为、报到时间、行政处罚、执业资格等要素特征，搭建数字模型并开展数据比对，批量得出社矫执行不当的类案监督线索，结合人工研判以实现精准监督和高质效办案	通过运行模型，发现批量异常监督线索，其中包括涉嫌脱管线索，涉嫌漏管线索，涉嫌违法犯罪线索，涉嫌违反禁止令线索。经调查核实，办理脱管、漏管、违反禁止令案件，共计制发 144 份纠正违法通知书，5 份检察建议，2 份工作提示函。通过模型应用，深入开展“一案多查”，充分发挥检察一体化优势，加强与相关单位协作配合，共同推进社区矫正工作高质量发展
8	刑事	刑事执行检察监督	大同市人民检察院	隐瞒事实类徇私舞弊减刑检察监督模型	通过对减刑罪犯的狱内工作岗位、账户汇款情况、日常消费情况、亲情电话使用等维度进行特征识别，确定存在可疑情形的减刑案件，进而将可疑减刑案件所涉监狱民警的交易往来资金流水同减刑罪犯亲属信息进行交叉对比，锁定监狱民警收受服刑罪犯亲属钱款后在服刑罪犯减刑办理过程中隐瞒有关事实，导致不符合减刑条件的服刑罪犯被违规提请减刑的徇私舞弊减刑行为	通过运用模型发现司法工作人员职务犯罪类案线索，经调查核实后，以涉嫌徇私舞弊减刑罪立案侦查，并提请撤销减刑裁定，对相关犯罪行为形成有效震慑，纠正与堵塞刑罚变更执行中存在的渎职风险点，有力维护了刑罚变更执行的权威性和公平性

续表

序号	业务领域		模型研发院	模型名称	模型要旨	本院应用成效
9	刑事	刑事执行检察监督	大同市人民检察院	“捎买带”检察侦查监督模型	徇私舞弊减刑、假释、暂予监外执行罪在犯罪的主观方面表现在徇私上，监管场所内通常为民警通过微信收受罪犯家属钱款，并将部分钱款用于罪犯购买香烟、生活用品等，剩余一部分钱款占为己有。并且民警在罪犯假释会议上隐瞒该罪犯违纪事实，签字同意该罪犯呈报减刑，致使违纪的罪犯被报请减刑，并最终获得减刑	通过运用该模型，成功办理3起滥用职权、徇私舞弊案件，1人被人民法院判处有期徒刑2年6个月，1人被人民法院判处有期徒刑2年，1起案件人民法院正在审理中。通过监督模型筛选数据，能够在短时间内筛选出有效数据，锁定服刑罪犯，提升侦查效率
10			大同市平城区人民检察院	社区矫正脱管漏管模型	随着数字化技术的不断发展和普及，检察机关在社区矫正工作中也逐渐实现了信息化、智能化管理。为进一步加强社区矫正工作的规范性和有效性，提升检察监督的精准度和效率，我们建立了社区矫正漏管检察监督数字模型。本模型旨在通过对社区矫正人员的基本信息进行数字化处理和分析比对，有效发现漏管问题线索，确保社区矫正工作的顺利进行	通过该模型的应用，发现问题线索，经过进一步数据对比及实地核查，确定实际情况，向司法局发出纠正违法通知书，提出具体的纠正建议和要求，确保了社区矫正工作的规范执行，也促进了法律的正确实施和司法公正
11			朔州市人民检察院	财产刑执行检察类案监督模型	聚焦刑事执行检察工作中的重点、难点和热点问题，通过构建财产刑执行检察类案监督模型，积极推动现有网络信息资源整合共享，实现政法网络互联互通，数据融通共用。旨在运用数字赋能深化法律监督，通过数据共享、线索归集、类案办理，进一步提升财产刑的执行率，强化法律监督手段，提升法律监督实效	指导基层院共办理7案，监督执行26.5万元

续表

序号	业务领域		模型研发院	模型名称	模型要旨	本院应用成效
12	刑事	立案监督和侦查活动监督	朔州市人民检察院	刑拘“下行案件”类案监督模型	提取公安机关刑事拘留、移送起诉等数据，与检察机关受理审查起诉数据进行对比，筛查发现刑事拘留“下行”案件批量线索，通过人工核查剔除依法撤案、移诉其他检察机关、转治安处罚等正常情况，针对性开展立案监督和侦查活动监督，进而发现查处公安侦查人员职务犯罪，完善刑拘案件监督机制	全市应用该模型监督撤案 12 件
13			忻州市人民检察院	盗窃、寻衅滋事、容留卖淫等多次违法行为构成犯罪类案监督模型	从全市公安机关办理的行政案件中选定上述重点罪名，通过警综平台对因盗窃、寻衅滋事、容留卖淫而受到行政处罚案件进行巡查，重点发现是否存在一定时间段内多次被行政处罚，达到刑事立案标准而未予以追诉的情形，检察机关及时进行精准有效监督，实现个案监督到类案监督再到社会治理的工作模式	建立了多次行政违法行为重点人员监测数据库。并将数据导入数字检察模型开发管理平台开展定期监控，经筛数据，清洗录入有效数据，形成线索 25 条，通过初步研判锁定了异常线索 9 条，其中盗窃线索 1 条，寻衅滋事线索 3 条，容留、介绍卖淫线索 5 条。制发建议督促相关行政主管机关认真履职。针对公安机关有案不立，怠于侦查的行为制发检察建议 1 份，督促其严格依法依规办案。针对市场监督管理局对废品回收站等场所监管不到位，经营者存在违法收赃等行为制发检察建议 1 份
14			阳泉市人民检察院	涉洗钱犯罪及关联犯罪监督模型	以检察业务应用系统中受理洗钱上游犯罪案件为基础数据，通过整合、提取、筛查洗钱上游犯罪案件内部数据和被告人、被告人家属、密切关联人员银行、房产、车辆等外部数据信息，筛查出问题线索，将问题线索通过与公安、检察机关刑事受案信息比对去重，发现监督线索	对近 5 年全市检察机关办理的 7 类上游犯罪案件进行整理、分析，提取基础数据，筛查出案件线索 51 条，已移送线索、监督公安机关立案查处洗钱犯罪 3 件 6 人

续表

序号	业务领域		模型研发院	模型名称	模型要旨	本院应用成效
15	刑事	刑事执行检察监督	阳泉市盂县人民检察院	社区矫正智慧法律检察监督模型	针对社区矫正监管中存在的脱管、漏管、收监执行以及数据填录错误，填录不及时等问题，设置了“检到法漏管”“检到法信息错误”“法到司法漏管”“法到司法脱管”“法到司法信息错误”“入矫后脱管”“应当收监而未收监”7个监督点，发现隐藏的问题线索。同时通过系统治理，协助社区矫正机构对社区矫正人员形成从判决到执行再到解除矫正全过程闭环管理，坚决治理社区矫正人员脱管、漏管等严重违法行为，对应当收监执行的社区矫正人员及时提出收监申请	先后从检察系统内部、人民法院、公安机关、司法行政机关调取数据，运用监督模型办理案件，其中包括纠正违法案件，行政检察案件，收监执行审查案件，经督促后有12人被分别处以训诫、警告处罚
16	刑事	刑事执行检察监督	吕梁市柳林县人民检察院	交通肇事、危险驾驶一体化监督模型	将公安交通管理综合应用平台、收拘平台、警务信息综合应用平台与检察业务应用系统、社区矫正人员等数据进行碰撞比对发现案件线索。对碰撞出的有案不立、压案不移、未及时吊销驾驶证、未执行拘留、不缴纳罚款未向法院申请强制执行等线索调查核实，通过开展立案监督、向公安局交通警察大队、司法局制发社会治理检察建议等形式，推动醉驾案件的全方位治理	筛查出有案不立，压案不移，未吊销驾驶证，未执行拘留，当事人逾期未缴罚款未向法院申请执行，当事人在社区矫正期间醉驾案件线索

续表

序号	业务领域		模型研发院	模型名称	模型要旨	本院应用成效
17	刑事	立案监督和侦查活动监督	晋中市人民检察院	盗窃案件社会治理监督模型	从公安机关调取2021年以来盗窃案件行政和刑事类信息，及同期涉毒、涉赌寻衅滋事人员信息，以个案查询形式获取同期盗窃案件人员、案情信息，形成模型数据源。确立立案监督方向的“两年三次”“数额2000元以上”“入户”“公共场合或公共交通工具”四组构罪条件要素和“流窜作案”“结伙作案”二组追漏条件要素，及融合监督方向的四组“盗窃+”条件要素。立足要素“辨识度”和规则“逻辑性”，分层推进数据要素，分类配置数字语言，从数据源、可疑点、特征集三方面设置6条研判规则，发现批量异常信息	发现立案监督线索10条和异常数据6条，已成功监督立案4件，监督撤案5件，有效发挥数字赋能法律监督作用。目前，我们正与公安机关会商“办理盗窃案件情况定期通报机制”与“未成年人违法犯罪分级保护机制”，深化检察履职，助力社会治理。随着盗窃案件拼图型监督模型运用的不断探索和实践，我们将持续完善模块内容，扩展模块应用，构建盗窃行为类案监督与系统治理的融合式监督模式，实现新时代检察机关法律监督工作与促进社会治理深度融合，助力国家治理体系和治理能力现代化
18		刑事执行检察监督	介休市人民检察院	社区矫正对象检察监督模型	提取矫正对象、关键监督事项和重要时间节点等要素特征，对矫正对象从评估、接收、监督管理到解矫的全过程矫正工作进行监督，对司法行政机关矫正工作形成的海量业务数据开展全程动态的业务分析研判即数据监督，批量发现社区矫正对象脱漏管、违法违规的类案监督线索。将大数据核查充分运用到社区矫正检察工作中，有效解决了基层力量不足、监管压力加剧、监管盲区频现、脱管漏管时有发生等现实问题，使社区矫正监督管理工作在大数据支持下精准化、及时化、规范化，真正提升了社区矫正工作质效	截至目前，介休市人民检察院利用该监督模型，核查社区矫正对象，调取介休市司法局与公安局数据，通过分析筛查、比对碰撞，对排查发现矫正过程中出现违法情形的情况及时向介休市司法局提出纠正意见。在介休市人民检察院同步监督下，介休市司法局对出现违法情形的矫正对象进行惩戒，起到了“惩戒一个、教育一片”的警示作用，充分发挥了“数字赋能监督，监督促进治理”作用，切实提高了社区矫正监督管理的办案质效

续表

序号	业务领域		模型研发院	模型名称	模型要旨	本院应用成效
19	刑事	立案监督和侦查活动监督	临汾市人民检察院	关于全市交通肇事类案件监督模型	检察机关在运用检警信息共享机制开展监督工作过程中，应当注重结合地区实际，针对公安机关在办理道路交通事故类案件过程中存在的问题，及时收集、调取、分析数据材料，从中提取伤情（尸体）鉴定、交通事故认定、受案登记、立案决定等数据要素，对已达到刑事立案标准却未予立案的案件，督促公安机关履职作为，有效推动监督线索转化成案，精准打击违法犯罪行为。同时，立足司法实践，对立案后未移送审查起诉的案件，未过追诉时效的及时监督公安机关移送审查起诉，已过追诉时效的依法监督撤案，有力彰显司法公正、维护社会稳定、促推社会治理	截至目前，从相关单位采集信息中检索出公安机关未立案并且有事故责任认定的案件5起，其中1起被害人交通事故类鉴定意见书鉴定为重伤、肇事者无驾驶资格驾驶机动车辆，符合司法解释之规定，肇事者可能构成交通肇事罪，公安机关需立案调查，检察机关拟监督公安机关立案，该案目前正在办理中。其余4起案件已监督公安机关立案，发出要求说明不立案理由通知书3起。检索出公安机关立案后未移送审查起诉已过追诉时效案件1起，已发出纠正违法通知书，检察机关拟监督公安机关撤案，该案件目前正在审查办理中
20	刑事	刑事执行检察监督	临汾市人民检察院	社区矫正对象脱管、漏管监督模型	随着近3年社区矫正对象人员的逐年攀升，在2022年七八月份人数达到历年最高点。面对社区矫正对象群体，司法行政机关在日常监督管理过程中，发现社区矫正对象的脱管、漏管问题的办法有限、能力不足，检察机关在检察监督过程中面对此问题也显得力不从心。为此，临汾市院为彻底改变脱管、漏管监督难的问题，收集公安、检察、法院和司法行政机关的相关数据，通过数据比对筛查出社区矫正对象脱管、漏管线索，查实后及时依法给予相应处罚，从源头上减少社区矫正对象再犯罪风险，为平安临汾建设贡献检察力量	本模型以H市社区矫正脱管、漏管作为试点，调取判处缓刑的罪犯信息、市司法局接收的矫正对象基本情况、在矫对象的请假记录、公安局查询出在矫对象的出行记录、住宿记录。筛查出漏管线索，脱管线索。2023年6月5日起，山西省人民检察院第九巡回检察组对吕梁进行巡回检察，期间使用本模型对L区社区矫正工作进行全面筛查，调取A市判处缓刑的罪犯信息、A市L区司法局接收的矫正对象基本情况、在矫对象的请假记录，调取L区公安局查询出的在矫对象出行记录、住宿记录。经过脱管、漏管模型的数据分析，筛选出脱管线索和漏管线索

续表

序号	业务领域		模型研发院	模型名称	模型要旨	本院应用成效
21	刑事	刑事执行检察监督	河津市人民检察院	社区矫正检察监督模型	社区矫正检察监督数字模型，通过调取司法局社区矫正人员数据；人民法院判处管制、缓刑、暂予监外执行等非监禁刑数据；公安机关治安处罚数据，通过数据比对与碰撞，发现社区矫正过程中“脱漏管”线索、社区矫正对象收监执行线索、调查评估结果前后矛盾监督线索。有效破解社区矫正监督线索发现难、监督碎片化、监督实效不明显等突出难题，实现社区矫正检察监督智能化、现代化	社区矫正工作中的不假外出即是脱管，河津市人民检察院先行调取了社区矫正机构“晋法通”平台定位越界报警信息，通过模型对其进行筛选，去除已请假、重复报警、已给予训诫、警告处罚、信号飘浮地等条件，划定时间为2023年1月至2024年5月剩余的均为不假外出脱管线索，逐个发出纠正违法通知书，责令社区矫正机构说明情况或给予矫正对象相应处罚。现已根据相关线索成案5件
22		刑事审判监督	新绛县人民检察院	法院刑事裁判交付执行检察监督模型	根据裁判文书判项内容，结合相关法律规定中关于交付执行的期限规定，设定以时间要素为核心的评价标准和监督规则，围绕“延迟交付”“判实未执”“不执不立”三个监督点建立监督模型。抓取公、检、法、司四机关交付执行信息，通过数据对碰查找出异常数据。通过监督办案，实现了对人民法院的交付执行活动的全面、实时监督，确保刑事裁判及时、高效执行	抓取公、检、法、司四机关交付执行信息，通过数据对碰查找出异常数据，对异常数据进行个案分析后，就法院未在法定期限内送达执行社区矫正执行文书构成漏管的情形，依法发出纠正违法通知书5份；就法院在清理“判实未执”工作中存在的决定作出周期过长、未书面听取检察机关意见的共性问题，以及在财产刑交付执行中存在的财产刑判项缴纳期限不明确，判决生效后未及时移送立案部门执行立案等突出问题，制作检察建议书各1份。通过监督办案，实现了对人民法院的交付执行活动的全面、实时监督，确保刑事裁判及时、高效执行

续表

序号	业务领域		模型研发院	模型名称	模型要旨	本院应用成效
23	刑事	立案监督和侦查活动监督	吕梁市孝义市人民检察院	交通肇事、危险驾驶类案监督模型	将已审结的交通肇事、危险驾驶案件与公安机关交通肇事案，醉酒驾驶案行政处罚情况进行比对，得出已判决或不起诉却未进行行政处罚人员情况。将社区矫正人员名单与酒驾醉驾人员名单进行比对，得出在矫人员醉驾酒驾名单。交通肇事立案监督，从人员伤亡、财产损失的事故表中筛选出死亡人数、逃逸事故记录与检察机关受理审查起诉表比对，调取公安机关事故档案，排查危险驾驶案件立案监督、压案不移，调取公安机关醉酒驾驶案件数据、立案数据，检察机关受理危险驾驶数据，比对出危险驾驶有案不立线索和未移送案件线索。对交警队人员伤亡和财产损失等数据中涉及的事故地点出现频次进行统计，了解事故多发原因，筛查出道路交通安全管理线索。对危险驾驶案件以情节和一审判决为关键字，找到血液酒精含量 200mg/ml 以上且无其他从重情节的案件，对比判决结果是否存在判决缓刑的情形	共制发社会治理类检察建议 6 份，会同公安、法院出台相关交通肇事、危险驾驶办理决议，有效解决交通肇事、危险驾驶相关治理难题
24	民事	公民违法代理监督	大同市云冈区人民检察院	公民违法代理监督模型	公民违法代理不仅损害当事人的合法权益，也扰乱法律服务市场秩序，为法律服务市场带来了负面影响，更是有损司法权威与公信力。民事检察监督多属于事后监督，监督纠正一起案件往往要耗费大量的司法资源和办案人员的心血。依靠传统的被动式个案审查，难以发现司法实践中的这类共性问题，通过搭建数字模型有助于快速发现公民违法代理类案线索，进而予以监督纠正，一定程度上实现了检察监督端口前移	针对发现的违法问题，向人民法院发出类案监督检察建议 3 件，提出抗诉案件 1 件，向区司法局提出社会治理类检察建议 1 件。该监督模型数据来源容易获取，可操作性强，监督效率高，以小切口撬动民事大检察。实现了类案监督、个案监督，规范了法律服务市场，推动了溯源治理

续表

序号	业务领域		模型研发院	模型名称	模型要旨	本院应用成效
25	民事	虚假诉讼监督	大同市平城区人民检察院	虚假诉讼获取京牌小客车指标法律监督模型	通过办理虚假诉讼获取京牌小客车指标离婚纠纷财产分割个案，对大同市两级人民法院2017年以来的民事纠纷诉讼案件以类案监督点逐层进行大数据筛查，最终发现20余条线索，经过逐案梳理、分析研判、调查核实，查实6起离婚诉讼案件系虚假诉讼，维护了首都小客车指标调控管理秩序	对人民法院通过提请抗诉对涉嫌虚假诉讼的4件离婚调解案件进行监督，法院均已经裁定再审。并对法院在立案、审判程序中的共性问题，发出类案监督检察建议，均获采纳，创造检法共同预防、打击虚假诉讼良好局面。对已经通过法院执行过户的车辆，请示上级检察机关，征求北京市检察院意见，建议北京市交通管理部门依法撤销机动车登记，由指标管理机构公布指标作废，同时3年内不予受理该申请人提出的指标申请
26		民事程序监督	朔州市朔城区人民检察院	民事简易程序未经裁定转普通程序模型	民事简易程序和普通程序在审理期限、审判组织、案件受理费收取等方面存在诸多差异。民事简易程序未经裁定转为普通程序，违反了民事诉讼法中关于简易程序转为普通程序的规定。同时，诉讼费属于国家财政收入，案件受理费、申请费全额上缴财政，纳入预算。民事简易程序未经裁定转为普通程序，造成案件受理费应收不收、减半收取，致使国家财产损失，严重损害国家利益。因此，检察机关依法监督，规范人民法院审判程序转换	对同类型案件集中监督，立案2件

续表

序号	业务领域		模型研发院	模型名称	模型要旨	本院应用成效
27	民事	民事支持起诉	晋中市榆次区人民检察院	民事支持起诉线索发现模型	民事支持起诉模型通过大数据碰撞、筛选，定位已向行政机关、社会团体等单位投诉，相关单位建议起诉但尚未自行起诉的特殊群体，从而让检察机关更主动高效地挖掘出案件线索，联系到潜在的支持起诉对象，扩大民事支持起诉制度的覆盖面，让更多特殊群体的诉权得到保障	从行政机关数据和法院相关立案数据中，碰撞、筛选出潜在的支持起诉线索。并在此基础上结合案件标的数额等要素进一步进行人工实质审查，共实质审查 50 条线索，并通过联系当事人和相关职能部门最终确定需要进行支持起诉的案件，办理支持起诉案件 20 余件
28		民间借贷监督	平遥县人民检察院	民间借贷类案件法律监督模型	民间借贷案件中，法官为避免被控告申诉，会适用简易程序，将很多符合适用小额诉讼程序的案件适用简易程序审理。案件审理中，员额法官随机轮案制，有时一个法官只分到一个民间借贷案件，导致对同一原告的民间借贷案件不能全面掌握，忽略了对“职业放贷人”的认定，出现“同案不同判”、虚假诉讼等情形。在案件执行过程中，由于法院执行系统与税务系统数据不能对接，申请人获得执行款项取得利息所得后不主动向税务机关纳税申报，导致存在税收漏征的情形。故需要突破部门条线界限，以数字检察一体化思路，对民间借贷类案件开展两个“全面监督”+两个“重点监督”的检察融合式监督，以民促公，以民促刑，民公刑联动，促进法律监督线索的共享和统筹	通过该模型，调取相关数据，发现线索，制发检察建议：(一)对民间借贷纠纷进行全面监督，化解民间金融风险；(二)促使法院建立“类案检索”机制；(三)促使法院严格适用小额程序；(四)遏制“职业放贷人”现象

续表

序号	业务领域		模型研发院	模型名称	模型要旨	本院应用成效
29	民事	虚假诉讼监督	临汾市人民检察院	涉保险虚假诉讼线索发现模型	涉保险虚假诉讼线索发现模型，从交通事故纠纷和保险纠纷的民事案件数据着手，依托大数据碰撞，集中筛选出法律服务工作者集中异常代理案件、虚开发票、维修费用异常等案件特征，充分利用侦查思维突破案件线索，准确识别交通事故纠纷案件中存在的违法情形，从源头打击利用诉讼方式骗取保险公司保险金的灰色产业链，维护全体被保险人的公共利益	碰撞出李某、曹某涉嫌虚假诉讼的案件线索 18 件，进一步调查核实固定证据后，查实李某存在通过买卖交通事故，虚构车辆维修费、虚开增值税发票等手段，骗取保险公司保险金的问题，案涉理赔总金额达到 140 余万元，目前系列案件已经提请抗诉 7 件，提出抗诉案件 7 件，移送行政违法线索 1 件，发出社会治理检察建议 1 件。涉保险虚假诉讼模型目前已经形成办案经验并在全市 17 个基层院推广，相信随着模型的继续完善和办案数量的增加，买卖交通事故的灰色产业链条将在源头上得到有效遏制
30	行政	行政争议化解监督	阳泉市矿区人民检察院	行政争议化解线索发现法律监督模型	行政争议线索发现法律监督模型主要运用行政争议易发领域的行政处罚、行政许可、行政强制案件数据，对发现到期未办结的行政争议类案线索和超期办结、确认违法等潜在行政争议类案线索。该模型主要针对行政争议化解线索发现难的问题，通过行政案件内部数据项以及行政数据表与复议、诉讼、非诉、信访数据表连接后外部数据项的比对、碰撞，筛选出可能引发行政争议的线索，进而开展法律监督，以达到纠正行政机关普遍性违法、实质性化解行政争议的社会治理成效	调取公安、检察、法院、信访、司法行政等机关行政处罚、行政复议、行政诉讼、申诉、信访数据，办理行政违法行为监督案件 4 件，有效推动了行政违法追查机制的运用，进一步规范了行政机关行政处罚程序

续表

序号	业务领域		模型研发院	模型名称	模型要旨	本院应用成效
31	行政	土地行政非诉执行监督	平遥县人民检察院	土地行政非诉执行数据监督模型	土地资源是不可再生的稀缺资源，制止土地违法行为，合理利用土地资源事关人民群众的共同利益。通过碰撞分析涉土地领域行政非诉执行案件的申请、受理环节的数据，提取行政机关强制执行申请时间、法院受理时间，发现行政机关超期申请、法院超期受理监督线索，进一步调查核实，发挥行政检察“一手托两家”职能，督促法院规范执行活动的基础上，同步监督行政机关依法行政	通过模型共摸排土地领域行政非诉执行监督数据线索，监督成案5件，发出检察建议6份，其中办理的某法院执行行政裁定监督案，通过从行政机关基础表中提取行政机关申请人民法院强制执行时间，再从法院执行基础表中提取法院受理强制执行申请时间，设定二者的时间差大于5天进行过滤筛查，对筛查出的异常数据调取卷宗核实，锁定异常数据，对存在的违法情形向县法院制发了类案检察建议
32		行政违法行为监督	沁源县人民检察院	道路货物运输行政违法行为监督模型	针对道路货物运输过程中行政机关对货运源头企业监管不到位、货运经营主体和货运车辆无证运营，货运司机违规驾驶货运车辆等道路交通运输违法问题，检察机关通过调取辖区内货运车辆权属登记、道路运输经营许可、检察机关办理的危险驾驶罪、交通肇事罪刑事案件等各类数据，通过数据的关联、筛查、碰撞发现异常数据	通过审查、调查核实线索，向政府、交通运输等相关职能部门发出检察建议3件，督促道路货物运输源头单位配置称重设施和信息监控设施，健全和完善超限超载工作机制；依法护航民生民利，促进货运经营主体降低营运成本、依法合规经营，切实保障道路交通安全和维护道路运输市场秩序

续表

序号	业务领域		模型研发院	模型名称	模型要旨	本院应用成效
33	行政	行政许可监督	晋城市泽州县人民检察院	旅游行业治理类案法律监督模型	国家对旅馆行业经营采取行政许可制度，经营旅馆业必须取得营业执照、“特种行业许可证”，方准营业。同时旅馆作为公共场所还应当取得“卫生许可证”“消防许可证”或者进行消防备案。但是现实中部分旅馆在办理了营业执照后并未按照法律规定及时向相关职能部门申请办理以上证件，违法经营时间较长，从而造成了监管漏洞，甚至成为了违法犯罪行为发生的场所。本监督模型通过调取旅馆行业营业执照、特种行业许可证、卫生许可证、消防许可或备案等各类数据，通过大数据碰撞分析，发现辖区内违法经营旅馆的各类线索 200 余条，已办理案件 5 件，以此督促相关职能部门全方位履职；同时发现行政审批部门未按照相关法律规定向监管部门推送旅馆行业营业执照登记情况，从而导致辖区内旅馆行业监管不到位，针对此情况，以社会治理检察建议促进行政审批规范化，从源头上优化旅馆行业营商环境	本模型应用以来，泽州县检察院将发现的各类线索以及发现的问题已反馈至旅馆行业各监管部门。在办案过程中发现，经营主体获得营业执照之后未按照法律规定在法定期限内去卫生、公安等部门申请行业许可，从而导致监管部门未全面掌握旅馆经营底数的情况，故监管环节存在缺位。针对此情形，泽州县院经过调查后发现，县行政审批局仅将旅馆业营业执照办理情况推送至市场监管部门，县行政审批局还应当将营业执照登记情况推送至公安、卫体、消防等监管部门，但是由于各类原因导致该推送流程并不完善，以致监管部门无法掌握辖区内旅馆行业的底数，从而形成了监管漏洞，因此，针对此情况，泽州县院向县行政审批局制发社会治理检察建议，建议其完善行政审批推送机制，助力旅馆业事前审批与事后监督有效衔接
34		行政从业禁止监督	晋城市城区人民检察院	从业禁止类案监督模型	针对禁止从业监管盲区，运用数据碰撞手段，将来源于行政主管部门的食品、交通运输领域（出租车、网约车）行业从业人员数据与检察业务应用系统中食品安全类犯罪、危险驾驶罪、交通肇事罪等禁止从事该行业的涉刑人员数据进行比对分析，筛查行业禁止从业人员名单	模型经收集数据发现线索 78 条，已办理行政公益诉讼类案监督 2 件，制发行政违法检察建议 2 件、社会治理类检察建议 1 件，移送线索 1 条，建立道路交通运输安全领域协作配合机制，搭建信息共享平台，实现行业从业人员全流程监督

续表

序号	业务领域		模型研发院	模型名称	模型要旨	本院应用成效
35	行政	强制隔离戒毒监督	临汾市尧都区人民检察院	强制隔离戒毒人员余期未执行模型	在开展司法行政强制隔离戒毒检察监督试点工作过程中，发现某戒毒所部分强制隔离戒毒人员可能存在短期刑罚执行完毕后未执行剩余强制隔离戒毒期限的情形，导致该部分戒毒人员处于失管、脱管状态。针对该问题，从“智慧戒毒平台”调取的近5年强制隔离戒毒人员基本信息、出所信息、回所信息等数据入手，依托大数据的对比、碰撞，筛选出强制隔离戒毒人员因刑事拘留、逮捕出所后未回所的异常数据。在此基础上，对存在异常数据涉及的强制隔离戒毒人员纸质档案进行严格的实质性审查，查明其是否存在短期刑罚执行完毕后强制隔离戒毒余期未执行的情况，就该类问题向所涉刑事案件办案机关制发检察建议	通过上述方法，共查实5名强制隔离戒毒人员存在因刑事拘留、逮捕出所后，剩余强制隔离戒毒期限未执行的违法情形，并向相关办案机关制发4份检察建议，督促其依法履职，在今后的工作中及时将短期刑罚执行完毕后仍存在剩余强制隔离戒毒期限的人员送回强制隔离戒毒所，确保刑罚执行和行政强制隔离戒毒的有序衔接。目前，已有1名戒毒人员由办案机关带回临汾戒毒所执行剩余戒毒期限。此外，涉及本辖区外的线索，因涉及管辖权问题，已全部移送至上级检察机关
36			运城市人民检察院	强制隔离戒毒行政检察数字监督模型	模型通过对获取的公安机关戒毒管理部门数据、强戒所数据、检察机关刑事检察部门涉戒毒人员数据进行分析和碰撞，筛查出刑罚执行完毕强戒尚未期满、未继续执行强戒导致强戒人员脱管漏管以及程序不合法不规范等9个监督点	通过监督模型筛查出刑罚执行完毕强戒尚未期满、未继续执行强戒导致强戒人员脱管漏管以及程序不合法不规范等线索。经深入核查监督线索，有针对性地制发检察建议15件，其中针对公安机关的13件，针对强戒所的2件。在加强公安机关、强戒所与羁押场所的衔接、改善管理和办案程序等方面给出充分建议，并按时进行督促整改和反馈交流，以我管促都管，及时堵塞漏洞。已收到回复且采纳整改的有6件，在推动解决强戒人员脱管漏管、程序不合法不规范等问题上获得重大进展，取得良好的社会治理效果

续表

序号	业务领域		模型研发院	模型名称	模型要旨	本院应用成效
37	行政	行政行为监督	河津市人民检察院	吊销驾照行政行为监督模型	吊销驾照行政行为监督模型，旨在通过到本院案件管理中心本市公安局交警大队向本院移送起诉的危险驾驶案件数据与公安局交警大队因醉酒驾驶吊销驾照数据进行对比，由传统意义上的个案监督向类案监督模式转变，发现因醉驾应移送而未移送起诉、应吊销驾照而未吊销驾照监督线索，促使行政机关及时吊销醉驾人员的驾照，促进依法行政	通过模型构建后的数据收集、上传、分析，发现应移送未移送案件线索 34 人，应吊销驾照而未吊销驾照人数 52 人。针对发现的案件线索，立即进行立案办理并召开听证会，向交警大队宣告送达检察建议。交警大队针对检察建议内容，高度重视，专题研究，制定出台了整改方案，成立了领导组，制定了具体措施。除 7 人符合撤案条件、2 人因当事人失联未移送外，其余 25 人全部移送本院审查起诉。对应吊销驾照的 35 人已经吊销，剩余 17 人交警部门成立专班正在办理
38		行政处罚监督	大同铁路运输检察院	治安管理行政处罚罚款类案件监督模型	公安机关在办理治安管理行政处罚罚款类案件过程中，存在被处罚人应到指定银行缴纳罚款而行政机关当场收缴的情形。大同铁路运输检察院通过对治安管理处罚案件的特定案件信息归集整理，建立监督模型，发现收缴方式不规范等类案监督线索。同时，通过数据碰撞，文书比对还发现存在部分旅客通过“买短坐长”“越站乘车”等方式逃票后在出站口尾随正常旅客出站等扰乱车站秩序的行为，铁路公安机关进行行政处罚后，被处罚人未补交票款致使铁路企业利益受损。针对这一情形，大同铁路运输检察院向公安机关、相关企业单位制发检察建议，建议企业单位、公安机关强化协调配合，堵塞漏洞，维护铁路企业的合法权益	发现公安机关“不应当场收缴而当场收缴”的案件监督线索 60 件。与《行政处罚决定书》进行比对，筛选出旅客“越站乘车”“买短坐长”后尾随出站但未补交票款的案件，共计发现此类案件监督线索 30 余件

续表

序号	业务领域		模型研发院	模型名称	模型要旨	本院应用成效
39	行政	违规领取养老金监督	太原市小店区人民检察院	涉刑人员违规领取养老金监督模型	利用网络信息、行政机关工作数据及刑事检察部门移送的线索，全程运用大数据分析方法，以违规领取养老金为切入点，针对辖区内涉刑人员违规领取社会保障资金开展专项监督。在监督阶段，将司法机关掌握的涉刑事案件人员基本情况，主要包括刑拘、逮捕、判处刑罚等数据，与人社部门养老金发放及调整人员情况进行碰撞对比，精准锁定违规领取人员名单	运用模型对小店区参保的养老金领取人员信息，并将其与小店区检察办案系统内近3年的在押服刑人员信息以及公安局刑拘信息，法院判决信息，司法局暂予监外执行、假释、社区矫正人员信息进行碰撞，最终获取相关线索，经进一步核查后，确定存在在押服刑期间违规领取养老金的犯罪事实，其中有小店区参保人员，也有外地参保人员，已将相关线索移交外地检察机关
40	行政	非法处置废机油监督	大同市人民检察院	督促整治非法处置废机油污染环境公益诉讼检察法律监督模型	检察机关利用大数据模型发现机动车维修企业产生的废旧机油等危险废物管理不规范，立足行业分布广、散、多的实际情况和属地政府的大环保职责，通过制发检察建议，多方联动，形成合力，共护民生福祉	通过运用督促整治非法处置废机油污染环境公益诉讼检察法律监督模型，制发1份诉前检察建议，4份社会治理检察建议，多方联动，形成合力，共护民生福祉
41	公益诉讼	刑事司法救助监督	大同市广灵县人民检察院	刑事案件司法救助及社会救助反向监督模型	针对司法救助案件线索来源少、救助不及时问题，检察机关通过建立司法救助监督模型，通过数据对比碰撞，精准、高效筛查司法救助案件线索，变当事人申请为检察机关主动排查，跑出司法救助“加速度”。同时利用监督模型筛查服刑人员违规领取救助金的线索，向公益诉讼检察部门移送线索，能动履职，参与社会治理	2022年9月，广灵县人民检察院搭建刑事案件司法救助及社会救助反向监督模型，在全省大数据法律监督模型竞赛中荣获二等奖，2022年底向全市推广应用。截至2024年4月，全市通过监督模型筛查发现救助线索并成案105件，发放救助金146.6942万元。同时发现疑似违规领取社会补助线索10条，移送公益诉讼检察部门后成案4件，制发检察建议4份，督促相关行政机关追回违规发放低保金共计7人42242.62元

续表

序号	业务领域		模型研发院	模型名称	模型要旨	本院应用成效
42	公益诉讼	水土保持监督	朔州市人民检察院、朔州市平鲁区人民检察院	水土保持问题类案监督模型	生产建设单位未编制水土保持方案或拒不缴纳、拖延缴纳、拖欠水土保持补偿费，影响水土流失防治工作进展和生态环境的改善。检察机关通过全面调取生产建设项目审批及监管部门、水土保持方案审批部门、水土保持补偿费征收部门、水土保持补偿工作监管执法部门相关数据进行分析比对，批量发现类案线索，在此基础上进一步通过人工分析研判、调查核实，精准确定应当监督的违法行为，以个案监督推动类案办理，确保水土保持补偿费应收尽收，有效防止国有财产流失	截至目前，已立案办理涉水土保持公益诉讼案件37件，其中16件为未依法编制水土保持方案问题，督促相关企业完成了水土保持方案的编制审批；21件为未依法缴纳水土保持补偿费
43	公益诉讼	耕地占用税监督	忻州市人民检察院	耕地占用税款清缴检察监督模型	实践中存在占用耕地且欠缴耕地占用税的情形，用地监管部门与税务机关涉税信息共享不够，导致耕地占用税款征缴不力。本模型主要围绕公益诉讼案件中国有财产保护领域“耕地占用税款欠缴、漏缴”的情况，重点对非法占用耕地、林地从事生产建设、采矿储矿、建房储物等情形，运用大数据分析其一定时间内的主要经营情况，再与其申报税款对比碰撞，从而发现耕地占用税款征缴不力的监督线索，进而深挖批量案件背后的制度漏洞，助力发现类案问题、系统问题，有力保障国有财产和耕地安全	全市基层院对3年以来违法占用耕地欠缴税款问题进行检察监督，共立案办理非法占用耕地行政公益诉讼案123件，督促保护收回耕地占用税及滞纳金2000万余元，2022年4月26日，忻州市检察院组织召开国有财产保护领域耕地占用税征收公开听证会，邀请市人大代表、政协委员、人民监督员等参与评议，助力明确相关行政机关职权职责，推动建立健全部门间沟通衔接、协作配合机制，形成税收共治共识

续表

序号	业务领域		模型研发院	模型名称	模型要旨	本院应用成效
44	公益诉讼	司法救助监督	忻州市人民检察院	司法救助线索全范围筛查监督模型	提取进人检察办案环节的因犯罪导致伤残类、死亡类、财产受到重大损失类刑事案件、涉法涉诉信访案件、民事支持起诉案件、在1个月内即将进入检察办案环节的刑事案件数据与最低生活保障人员、防止返贫监测人员、事实无人抚养儿童、残疾人、困境妇女与儿童、困难职工及家属、退役军人等7类困难人群数据、曾获得司法机关司法救助人员数据进行分步比对，引入民事赔偿、退赔及判决执行情况作为是否开展司法救助及救助金额的重要依据	本模型发现司法救助线索，并进一步对司法救助线索进行人工核查，目前已发放司法救助金68件68人，发放司法救助金38.5748万元。发现民事执行监督线索3条，并全部向本单位民行部门移送。发现社会救助线索并向有关社会救助管理单位制发社会救助建议函12份
45	公益诉讼	医保骗保监督	阳泉市人民检察院	套刷医保卡公益诉讼监督模型	针对4种常见、多发违规套取医疗保险基金行为，设置冒用他人医保、分解住院结算、盗用逝者医保、违规医保购物4个监督点，通过大数据关联分析碰撞比对，发现隐秘问题线索，将法律监督从个别、被动、人工监督，转变为系统、主动、智能监督，督促行政机关依法履职，推动医药机构规范医疗销售行为，完善内控机制，补齐补强医药机构执业行为监管短板弱项	调取全市医院、诊所和药店等数据，办理行政公益诉讼97件，刑事案件1件，发出社会治理检察建议6件，已追回医保基金420余万元

续表

序号	业务领域		模型研发院	模型名称	模型要旨	本院应用成效
46	公益诉讼	养老金违法继发监督	孝义市人民检察院	养老金违法续发检察监督模型	针对养老金发放过程中存在的多领、冒领现象，从社保中心、医院、殡仪馆、用人单位、公安、纪委监委等部门调取养老金发放数据、死亡数据、退休数据和处分数据，挖掘出“不及时报告死亡时间，冒领、多领养老金”“提供不准确、不完整人事档案资料，提前退休享受养老待遇”“受党政纪处分、行政、刑事处罚人员违规领取养老金”等三个监督点。并通过数据碰撞比对发现案件线索110余条，随后将发现的案件线索及时反馈给市人社局和社保中心，督促其对冒领、多领和违规领取养老金的个人及时追缴多领取的养老金差额。同时，针对社保中心履职不到位的问题，发出诉前检察建议	共发现监督线索110余条，制发诉前检察建议2份
47	公益诉讼	古树名木保护监督	方山县人民检察院	古树名木保护监督模型	古树名木的保护需要考虑的因素有古树名木完全被损毁、古树名木被移植导致受损、应当被列入名木古树保护对象而未列入的等多种情形，在设计此模型时，主要采用坐标定位的办法，通过护林员实际定位数据与国家林业和草原局业务系统中记录的古树名木坐标位置进行比对，筛选排查古树名木是否缺失损毁、位置变化、属新增古树等情形	共走访6名护林员，针对监管漏洞，向主管部门制发检察建议

续表

序号	业务领域		模型研发院	模型名称	模型要旨	本院应用成效
48	公益诉讼	非法占用林地监督	兴县人民检察院	非法占用林地大数据法律监督模型	本模型主要针对林业部门初查后将个人、企业涉嫌非法占用林地刑事案件线索移送公安局后，公安局对于移送的占用林地线索消极处理，未及时进行调查核实立案或敷衍回复不受案理由，导致被移送的非法占用林地行为持续存在，成为林业、公安“两不管”的真空地带，存在监管漏洞，致使国家利益和社会公共利益持续受损，对上述行政机关有案不查、消极处理的情况展开法律监督	共对3起非法占用农用地的行为向所涉及的5个乡镇，县水利局、自然资源局、林业局制发行政公益诉讼诉前检察建议
49		国土资源保护监督	昔阳县人民检察院	国土资源保护类案监督模型	通过大数据处理多平台数据，使林业部门、公安部门、检察机关接收的申诉控告数据、接受移送的数据、天眼查同国土部门的数据形成勾稽关系，发现数据间的内在联系，进一步构建国土资源类案监督模型，从而发现“对行政机关应立案而未立案怠于履职的情形”“对行政机关立案后做出行政处罚过程中，是否存在逾期等程序违法情形”“对行政机关作出处罚决定后，当事人未履行，行政机关应向法院申请强制执行而未申请的情形”“对法院收到行政机关强制执行申请后，应当立案而未立案的情形”等，排查出风险案件，梳理出有价值线索，为批量办理有影响案件提供基础，助推监督模式实现变革重塑，创新国土资源类案治理式监督模式	第一，整合数据，以大数据赋能助推案件办理。依托监督模型，对收集汇总的数据进行筛查、对比、碰撞、重构、整合，共发现线索55条。昔阳县院立案3件，制发行政公益诉讼检察建议2件，提起刑事附带民事公益诉讼1件；第二，检察机关与自然资源部门在国土资源保护领域形成监督合力；第三，将获取的30余条行政检察线索移送至行政检察监督部门，实现公益诉讼检察监督和行政检察监督的融合

续表

序号	业务领域		模型研发院	模型名称	模型要旨	本院应用成效
50	公益诉讼	耕地占用税监督	沁县人民检察院	耕地占用税法律监督模型	严守18亿亩耕地红线，是保障我国粮食安全的底线。耕地保护是“国之大者”，是关系国计民生的大事。农业生产历来是沁县的主导产业，依法征收耕地占用税对于保障税收收入、保护耕地意义重大。检察机关通过搭建法律监督模型，调取耕地占用税入库信息和自然资源等部门占用农用地信息等数据，提取纳税人名称、违法占用农用地主体名称等数据要素进行碰撞分析，经比对筛查发现漏征线索59条	经调查核实，针对存在的漏征情形和监管漏洞，向县税务局等部门发出诉前检察建议3件，督促复垦耕地90余亩，核实漏征税款，并推动县政府办公室出台《沁县耕地占用税征管分工协作机制》，堵塞管理漏洞、促进源头治理
51	公益诉讼	骗取医保基金监督	沁县人民检察院	隐瞒病因类骗取医保基金法律监督模型	医疗保障基金是人民群众的“看病钱”“救命钱”，是支撑医保制度的物质基础。为整治隐瞒病因类医保诈骗，检察机关调取城乡居民住院补偿、涉人身伤害、交通事故、工伤保险待遇纠纷案件等数据，提取案涉当事人身份信息、出入院时间、案件信息等数据要素进行碰撞分析，经比对筛查发现被第三方侵权、领取过工伤保险医疗待遇后仍领取医保基金的异常线索19条	经调查核实，针对发现的套取医保基金情形和监管漏洞，对县医保局立案并发出诉前检察建议1件，督促其挽回国家医保基金损失1万余元，并推动相关单位出台《关于建立医疗保障基金监管协作机制的实施意见》，将涉嫌诈骗犯罪、职务犯罪线索移送公安机关、监察机关，不断深化探索“两项监督”“监检衔接”，取得个案办理、融合监督、诉源治理的成效

续表

序号	业务领域		模型研发院	模型名称	模型要旨	本院应用成效
52	公益诉讼	临时用地到期未复垦土地监督	阳城县人民检察院	临时用地到期未复垦土地监督模型	检察机关以个案办理中发现的临时用地到期未复垦土地问题为切入点，通过搭建大数据法律监督模型，调取临时用地审批数据、土地复垦费交纳退还数据、耕地占用税数据、水土保持补偿费数据、土地行政处罚数据等，挖掘出临时用地到期未复垦土地、未缴纳耕地占用税、未缴纳水土保持补偿费、超期占地未处罚等 4 个监督要点。通过数据比对碰撞，明确辖区未复垦临时用地数量。依托模型共办理各类案件 31 件，督促行政机关在一年内复垦土地 1200 余亩，其中复垦耕地 1107 亩，林地 93.31 余亩，复垦率 37.5%。督促收缴耕地占用税及滞纳金 1.3 亿余元，水土保持补偿费 260 余万元。与自然资源、农业农村等部门建立“农用地保护”工作机制，形成农用地保护合力，以法治方式推动了涉田社会治理能力现代化，做法得到省委领导的充分肯定	土地资源是重要的自然资源，也是一切生产建设活动的物质基础。随着经济社会发展，在生产建设中不可避免临时使用土地，但临时用地到期未复垦土地，侵占耕地红线，使临时用地“不临时”。检察机关通过公益诉讼检察、行政检察等监督方式，破解临时用地复垦难题，办理案件 31 件（类案 5 件），其中公益诉讼案件 30 件：土地复垦公益诉讼 18 件，耕地占用税公益诉讼 2 件，水土保持补偿费公益诉讼 9 件；行政违法行为监督案件 2 件
53		环境保护税监督	临汾市人民检察院	环境保护税数字监督模型	环境保护税数字监督模型，实质就是通过对从环保、住建、行政审批局等行政单位调取的相关企业信息进行筛查，分析排污许可、行政处罚等信息，找到可能存在排污行为的企业，再将这些企业与在税务部门已经缴纳过环境保护税的企业名单进行比对碰撞，发现应当缴纳环境保护税而实际没有缴纳的企业。促进行政部门、税务部门之间建立高效的信息共享机制，破除数据壁垒，完善环境保护税征收管理机制，保护国有财产安全	针对辖区内部分企业长期未缴纳环保税问题，临汾市院搭建了环境保护税数字检察监督模型、截至目前，基于该模型，共发现线索 70 余条，立案办理 13 件

续表

序号	业务领域		模型研发院	模型名称	模型要旨	本院应用成效
54	公益诉讼	未成年人保护监督	临汾市人民检察院	“未成年人保护法律监督”模型	聚焦未成年人保护社会领域，搭建数据共享平台，通过对学校周边社会治理、娱乐场所经营主体保护义务等相关数据碰撞比对，发现学校周边开设娱乐场所、烟酒售卖点和娱乐场所违规接纳未成年人进入两类线索，进一步运用未成年人检察公益诉讼、社会治理类检察建议等手段，实现对学校周边开设不适宜未成年人进入场所、娱乐场所违规接纳未成年人、相关部门未履职的检察监督。以“我管”促“都管”，凝聚社会合力，从源头上堵塞未成年人保护社会漏洞，净化未成年人成长环境，切实有效预防和减少涉未成年人违法犯罪现象	截至目前，共从相关单位采集烟酒销售点信息，娱乐场所信息，未成年人违法犯罪信息，相关场所行政处罚信息。通过碰撞比对，共发现学校周边设置未成年人不适宜场所线索153条，娱乐场所违规接待未成年人线索41条。经进一步调查核实，形成公益诉讼案件8件，制发社会治理类检察建议2份。据此，市文旅局开展“文化娱乐场所违规接纳未成年人专项治理行动”，检查经营场所，发现违规接纳未成年人行为6件，全部立案查处
55	公益诉讼	未成年人失学复学监督	永济市人民检察院	未成年人义务教育阶段失学复学法律监督模型	通过监督模型对辖区内学校学籍库数据、各年度学生登记数据和学校留级、转学、休学学生数据进行筛查和碰撞，统计排查出疑似失学、辍学学生信息。对发现的疑似失学辍学学生信息进行梳理，生成线索，通过实地走访，与教育部门、学校核实等方式，掌握失学辍学具体情况，联合政府、教育、民政、团委等部门开展家庭教育指导、督促监护、行政公益诉讼、民事支持起诉等工作，确保适龄少年儿童全部接受义务教育	排查出13条辍学信息，发现部分失学、辍学的学生流入社会后经常出入的场所涉及网吧、宾馆等地点，发现行业经营者未履行未成年人入住登记审核等安全保障义务，行政机关监管职能缺失，已向主管部门制发检察建议1份，整改回复1份。对失学未成年人父母开展家庭教育指导5次，制发督促监护令3份，已促成3名未成年人复学，继续接受教育。目前发现的问题均已得到整改

续表

序号	业务领域		模型研发院	模型名称	模型要旨	本院应用成效
56	公益诉讼	控辍保学公益诉讼监督	吕梁市人民检察院	控辍保学监督模型	通过调取学籍与学生保险信息（模拟实际在校学生数据），得到“籍在人不在”的“疑似辍学名单”，经过进班点名、实地核实锁定“隐形辍学名单”；基于学籍地、户籍地不同的管理职责，分别针对教育行政部门、乡镇（街道）政府履职不到位问题开展公益诉讼监督；针对学校不登记、不劝返、不报告等履职不到位问题发出社会治理类检察建议	整合多方力量，形成控辍保学合力；促推民政部门为因贫困辍学的未成年人落实福利保障政策；促推妇联、团委为因家庭教育不当辍学的未成年人落实“爱心妈妈”、心理辅导等帮扶措施。共制发 11 份诉前检察建议，4 份社会治理类检察建议

后　记

最高检应勇检察长指出“数字检察是数字中国的重要组成部分，是检察机关履行法律监督职能的重要抓手，是推进检察工作现代化的重要引擎，是提高法律监督能力的重要依托”。聚焦数字化建设对法治工作、检察履职的深刻影响，“破题”之策在于数字检察战略。而检察机关通过数字检察战略的贯彻实施，不仅能够有效提高我国数字法治水平，还能为“数字中国”建设提供法治保障，从而解决社会治理的深层问题提供检察方案，进而为服务经济社会高质量发展作出贡献。

当前，发展大数据已经成为国家战略，大数据法律监督在助力国家治理体系和治理能力现代化建设中发挥了重要作用。2021 年 6 月，《中共中央关于加强新时代检察机关法律监督工作的意见》对数字检察工作提出了更具体要求：“运用大数据、区块链等技术推进公安机关、检察机关、审判机关、司法行政机关等跨部门大数据协同办案。”2022 年 6 月，全国检察机关数字检察工作会议提出了以“数字革命”驱动新时代法律监督提质增效，以检察工作高质量发展服务经济社会高质量发展。2023 年 3 月，应勇检察长在全国检察机关学习贯彻两会精神电视电话会议上强调“深化实施数字检察战略，构建业务主导、数据整合、技术支撑、重在应用的数字检察工作机制，以数字革命赋能法律监督”。2024 年 1 月，应勇检察长在全国检察机关学习贯彻两会精神会议上强调“深入实施数字检察战略，赋能法律监督提质增效”。近期最高检又下发了《数字检察建设规划》的通知，该规划从总体要求、重点工作内容、保障措施等方面作了详细设计，特别是重点内容从四大方面十项具体工作进行了规划设计，成为当前和今后一个时期数字检察工作的纲领性文件。从中央到最高检的部署可以看出数字化正在深刻影响、塑造着法治建设、检察履职的工作模式。

为认真贯彻落实最高检数字检察建设规划要求和应勇检察长在山西调研时强调的“四个一网”重要指示精神，2024 年 1 月，山西省人民检察院出台《数字检察建设规划实施意见》(以下简称《实施意见》)，确定了以推动新时代检察工作高质量发展为主题，以“业务主导、数据整合、技术支撑、重在应用”工作机制为主导，坚持统筹规划、集约化建设，按照“省院统建、一级部署、三级共享应用”的原则，围绕“四大检察”主责主业，在整体上推进“数字赋能监督，监督促进治理”法律监督模式的重塑变革。建设实施方面，《实施意见》更加项目化，将诉讼监督平台建设和数字检察一期项目等融入了数字检察战略；责任分工方面，《实施意见》更加具体化，细化了数字检察每一项工作，将其分解到每一个部门。

近年来，山西省人民检察院党组高度重视数字检察工作，认真贯彻落实中央和最高检的决策部署要求，将数字检察工作列入“一把手”工程，统筹全省数字检察工作，先后出台了《山西省检察机关深化检察大数据战略加快数字检察建设实施意见》《山西省检察机关贯彻落实〈数字检察建设规划〉的实施意见》及检察官业绩考核数字检察通用指标、数字检察人才团队建设和数字检察理论课题研究等一系列配套机制，形成了具有山西特色的数字检察运行机制。省检察院成立数字检察建设领导小组，案件管理办公室和检察技术处共同建立了数字检察办案指挥中心，采取专班化运作，坚持“业务主导、数据整合、技术支撑、重在应用”的数字检察工作模式，先后组织 3 批数字检察人才实训，参与模型研发，初步解决人才短缺问题。我们积极与高校合作，围绕数字法学理论基础、数字司法运行机理、数字检察机制实现、数字模型实践应用等角度，撰写了《数字检察基础理论与模型应用》的专题报告。新增 15 个数字检察理论课题和 28 个法律监督模型构建科研课题立项。开展全省检察机关“8+N”数字监督集中专项行动，全省检察干警在省检察院统一模型开发管理平台上自行研发了 150 余个可推广、可复制、能共享的法律监督模型，办理了一批有影响力的数字监督类案。通过共同努力，山西省数字检察工作喜讯连连，自主研发的法律监督模型多次获奖，数字检察工作经验做法获最高检肯定。目前，全省数字检察工作已形成了高效协同、一体推进的工作格局，为推动解决社会治理深层次问题，服务经济社会高质量发展作出了积极贡献。

为宣传推广好山西数字检察工作的理念、做法和数字检察优秀案例，营造良好的社会舆论氛围，山西省人民检察院数字办案指挥中心与高校资深老师合作，对全省数字检察工作开展以来的一些工作机制、理论研究、优秀模型案例进行整理和编制，形成《数字检察基础理论与模型应用》。在中国检察出版社的大力支持下，本书得以出版，供各地在运用大数据进行监督办案时学习和借鉴。

在本书的编写和出版过程中，由衷感谢山西省人民检察院杨景海检察长、崔国红副检察长、苑涛副检察长等院领导的大力支持和鼓励。感谢山西省人民检察院法律政策研究室提供“数字检察战略研究”和“‘区块链’赋能数字检察建设研究”课题的支撑。感谢山西省人民检察院数字办及全体工作人员的大力支持和配合。感谢太原科技大学科学技术研究院段丽副教授提供的行政检察大数据法律监督机制构建研究。同时，中国检察出版社编辑同志为本书的出版做了大量的工作，在此一并表示感谢！